TEUBNER *kochen | erleben*

DAS GROSSE BUCH VOM
FISCH

DAS GROSSE BUCH VOM
FISCH

Fotos: Westermann Studios GbR: Jan-Peter Westermann, Nikolai Buroh

Teubner Foodfoto GmbH: Odette Teubner, Andreas Nimptsch

IN DIESEM BUCH

WARENKUNDE 12

EINLEITUNG 6
Zum Gebrauch dieses Buches

FISCH IM WANDEL DER ZEITEN 8
Fisch in der kulinarischen Geschichte der Menschheit

SPEISEFISCHE DER WELT IM ÜBERBLICK 18
Fischordnungen und -familien im Überblick

SÜSSWASSERFISCHE 20
Von Aitel bis Zwergwels

MEERESFISCHE 40
Von Aal bis Zackenbarsch

FISCHPRODUKTE UND IHRE HERSTELLUNG 128
Von Stockfisch, Kaviar und mehr

KÜCHENPRAXIS 136

FISCHQUALITÄT ERKENNEN 142
Worauf es beim Fischkauf ankommt

WELCHE GARMETHODE FÜR WELCHEN FISCH 144
Wie man Fische richtig zubereitet

RUNDFISCHE VORBEREITEN 148
Schuppen, Häuten, Ausnehmen und Filetieren

PLATTFISCHE VORBEREITEN 160
Ausnehmen, Häuten, Filetieren und Portionieren

FISCHE ZERTEILEN UND VORLEGEN 164
Rund- und Plattfische servieren wie ein Profi

FONDS IN DER FISCHKÜCHE 166
Fonds zum Pochieren und für Suppen und Saucen

Küchengeheimnisse – *ausgeplaudert*

Der Weihnachtskarpfen kommt aus China 31
Fishfarming statt Wildfisch 50
Kleines Herings-ABC 94
Bismarcksauer und heringsmädchenzart 96
Maischolle – so jung, so gut 113
Norwegisch-spanische Verbindung: Bacalao 129
Spezielle Geräte und wie Profis sie verwenden 156
Viel Aroma durch Beizen 179

Sushi – ein Fischhäppchen erobert die Welt 184
Bouillabaisse – eine Suppe macht Karriere 203
Fisch blaukochen 212
Klößchen und Nocken 216
Skrei: Kabeljau der Extraklasse 233
Weißwein in der Fischküche 293
Fette in der Fischküche 295

IN DIESEM BUCH

REZEPTE 172

Alle Rezepte sind für 4 Portionen berechnet, sofern nicht anders angegeben.

KALTE FISCHKÜCHE UND VORSPEISEN 176
   Kleine Gerichte mit Fisch: von Carpaccio über Salate bis zur Terrine. Altbewährtes und Neuentdecktes mit Genussgarantie.

SUPPEN UND EINTÖPFE 194
   Klare und gebundene Suppen, kleine und feine Suppeneinlagen mit Fisch sowie gehaltvolle Eintöpfe. Von leicht bis edel.

DÜNSTEN, DÄMPFEN, POCHIEREN 210
   Von der Forelle blau über Fischfondue bis zum geschmorten Stockfisch. Ganz einfach Aroma pur genießen.

BRATEN UND FRITTIEREN 238
   Von Forelle Müllerin bis zur Makrele süßsauer aus dem Wok. Klassiker von heute und morgen.

AUS DEM OFEN 258
   Fisch in Folie, Papier und Teig, aber auch gefüllt und unter einer delikaten Kruste. Immer für eine Überraschung gut.

GRILLEN UND RÄUCHERN 278
   Fisch im Ganzen oder portioniert, perfekt zubereitet auf dem Grill oder im Räucherofen. Nicht nur einen Sommer lang.

SAUCEN UND DIPS 290
   Warme und kalte, klassische und auch innovative Saucen und Dips. Die perfekte Ergänzung zu Fisch.

GLOSSAR 302
REGISTER 304
UNSERE SPITZENKÖCHE 316
IMPRESSUM 320

Teubner Edition 5

EINLEITUNG

Fisch aus aller Welt

Es ist einfach, Fisch zu lieben: Zart und leicht, gesund und delikat, so trifft das Nahrungsmittel Fisch den Geschmack aller Genießer weltweit – immer vorausgesetzt, dass auch die Zubereitung stimmt.

DIE FISCHKÜCHE ist zweifelsfrei eines der wunderbarsten und vielseitigsten Gebiete der Kochkunst überhaupt. Mit Hilfe der einfachsten Zutaten gelingen Kreationen, die die Sinne betören und den Gaumen begeistern. Oft sind es nur Kleinigkeiten, die ein Allerweltsrezept in eine kulinarische Köstlichkeit verwandeln. Die große Kunst besteht darin, die Besonderheit jeden Gerichts zu ergründen, um ihm so einen individuellen und unverwechselbaren Charakter zu verleihen.

KOCHEN MIT ALLEN SINNEN

Für den Rezeptteil dieses Buch haben zwölf renommierte Spitzenköche ihre Lieblings-Fischrezepte zusammengestellt, ihre Küchengeheimnisse gelüftet und uns einen Blick über ihre Schulter in die Profiküche erlaubt. Jedem Klassiker haben sie eine Variante beigefügt und ihn auf diese Weise modern übersetzt. Daraus ist eine Sammlung entstanden, die ebenso einfach zuzubereitende wie auch aufwändige Gerichte, Klassiker und innovative Rezepte – in jedem Fall überraschende Kreationen enthält.

AUS HANDWERK WIRD KOCHKUNST

Die opulente Fotografie setzt jedes Gericht ins richtige Licht, beflügelt die Phantasie und animiert zum sofortigen Weg an den heimischen Herd. Damit sich die Leidenschaft beim Kochen ungebremst entfalten kann, beginnt das Buch mit den Kapiteln Warenkunde und Küchenpraxis, denn Fisch ist nicht gleich Fisch: Süßwasser- und Meeresfische, Rund- und Plattfische erfordern besondere Verarbeitung und Zubereitung. Die Warenkunde gibt Aufschluss darüber, zu welcher Gruppe der Fisch im Einkaufskorb gehört und leistet natürlich auch vor dem Gang zum Fischhändler gute Dienste, wenn man nichts dem Zufall überlassen will.

Im Kapitel Küchenpraxis werden alle Sachfragen schnell und unkompliziert geklärt – schließlich fußt die hohe Kunst des Kochens vor allem auf solidem Handwerk. Unverzichtbar für den vollendeten Genuss ist die sachgemäße Zubereitung der Fische. Das erfordert Geschick, vor allem aber fachkundige Anleitung. Anschauliche Bildfolgen zeigen Schritt für Schritt, wie man schuppt und ausnimmt, zerlegt, pochiert und dünstet.

Handwerk allein ist aber noch keine Kunst. Zur Vollendung gehört die Inspiration. Die eingestreuten Texte rund um den Fisch, die Reportagen und Geschichten verführen dazu, den Alltag hinter sich zu lassen und in eine andere Welt einzutauchen. Die Rezepte stehen so nicht unverbunden nebeneinander, sondern rücken in einen größeren Zusammenhang. Und nun – ran an den Fisch und viel Vergnügen beim Kochen und Genießen!

Teubner Edition 7

Fisch im Wandel der Zeiten

Fisch fasziniert – ästhetisch wie auch kulinarisch. Schon der Anblick der silbrig glänzenden Fische übt eine fast magische Anziehungskraft aus. Und sein frischer, salziger Geruch erinnert an Meer und weite Ferne. Welche Beziehung haben wir zu diesen fremden Wesen, die scheinbar schwerelos schwebend einen Teil der Unterwasserwelt bevölkern? Die Faszination, die von Fischen auf den Menschen ausgeht und die Bedeutung von Fisch, nicht nur als wichtiger Bestandteil der Ernährung hat eine lange Geschichte.

ALTE LIEBE – FISCH UND MENSCH

Bereits seit Jahrtausenden ernährt Fisch den Menschen. Funde weisen darauf hin, dass man bereits 8.000 Jahre vor unserer Zeitrechnung dem Fischfang nachging. Doch nicht nur aus diesem Grund zieht Fisch den Menschen an. Es ist zum einen seine unbekannte, nur teilweise erreichbare Lebenswelt, die ihn für uns seit alters her so interessant macht. In Mythen, Sagen und Legenden ist das Meer, der See oder Fluss ein geheimnisumwobener Platz und der Fisch ein Teil oder Beherrscher dieser ihm eigenen dunklen Wasserwelt. Zum anderen begeisterte bereits 3.000 v. Chr. seine Ästhetik. Schon damals schwammen die ersten gezüchteten Goldfische in chinesischen Gartenteichen und auch in Japan waren Fische, wie zum Beispiel der wertvolle Zierkarpfen Koi, wegen ihres hübschen Aussehens in Gartenteichen sehr beliebt.

Bereits seit Urzeiten war der Fisch auch Symbol, am wichtigsten vielleicht als Erkennungszeichen der Christen, die sich vor den römischen Verfolgern durch dieses zu schützen wussten. Die getauften Christen nannten sich selbst Fisch. Das Wort stammt aus dem Altgriechischen von »Ichthys« (»Fisch«, »Menschenfischer« und in der Ableitung »Jesus Christus Gottes Sohn Erlöser«). Es spiegelte das Bekenntnis der Christen wieder: »Jesus ist Herr«. Dies war natürlich für einen römischen Kaiser, der diesen Titel für sich beanspruchte, ein Affront. Als Kaiser Nero einen Sündenbock für den (selbst gelegten) Großbrand in Rom benötigte, erinnerte er sich dieser angeblichen Aufrührerschaft der Christen und so begann deren Verfolgung.

FISCH AUF DEM TISCH

Fisch stand schon in grauer Vorzeit auf dem Esstisch des Menschen. Hieroglyphen und andere Funde bezeugen, dass schon die alten Ägypter Fischfang mit System und Strategie ausübten. Eine der ältesten Darstellungen in einer Grabstätte zeigt, wie zwei Fischer mit ihrem Lehnsherren über ihre Arbeit und die Methoden des Fischfangs sprechen. Darüber, wie der Fisch in antiken Zeiten zubereitet wurde, weiß man wenig, wohl aber, dass er als leicht verderbliches Lebensmittel mittels Dörren, Räuchern, Pökeln und Marinieren haltbar gemacht wurde – Konservierungsarten, die noch bis in das Mittelalter hinein und zum Teil auch weit darüber hinaus angewandt wurden.

Während Homers Helden in der »Ilias« und »Odyssee« eher deftige Fleischgerichte bevorzugen, erlebte Fisch im 5. und 4. Jahrhundert v. Chr. in Griechenland einen wahren Boom, vor allem in nahe am Meer gelegenen Städten. Als Luxusgut, das keinen Bestandteil der Opferzeremonien bildete (ebenso wie Wild, aber eben nicht wie Lamm, Rind und Schwein), war Fisch sehr begehrt, aber auch schon damals außerordentlich teuer. Archestratos von Gela (4. Jh. v. Chr.), dessen Koch-Ode an den Fisch in Hexametern als der erste Gastroführer der Antike angesehen werden kann, verlangte dessen unbedingte Frische. Für den Dichter war das eine große Selbstverständlichkeit, denn er lebte auf Sizilien, der Hochburg der damaligen Fischküche, wo der Fisch ganz frisch aus dem Meer kam und daher auch eine natürliche Zubereitung »man bestreue ihn (den Fisch) mit ein wenig Salz und öle ihn ein, da er über einen köstlichen Eigengeschmack verfügt« möglich war.

Im alten Rom beschrieb Lukullus (114 bis ca. 57 v. Chr.) den delikaten Geschmack des Fisches, seine gute Verträglichkeit (sicherlich kein unwichtiges Argument, wenn man an die üppigen Gelage der alten Römer denkt), aber auch die stolzen Preise, die beispielsweise die Lieblingsfische der Römer Stör und Steinbutt erzielten. Manchmal war ein solcher Fisch teurer als ein ganzer Ochse.

ALTE ÜBERLIEFERUNGEN AUS DEM STRENGEN KLOSTERLEBEN

Im Mittelalter hatte der Fisch fast das ganze Jahr über Konjunktur – allerdings in frischer Form als Süßwasserfisch nur bei Klostergemeinschaften oder dem Adel, die alleinig das Recht auf Fischzuchten innehatten. Da die katholische Kirche nahezu das halbe Jahr mit Fastentagen belegte, an denen unter anderem Fleischkonsum verboten war, musste Fisch als Ersatz herhalten. Und da man in diesen Zeiten natürlich auch nicht auf die Freuden des Gaumens verzichten wollte, wurden Fischgerichte kreiert, die mit reduzierter Kost ganz sicherlich nichts zu tun hatten. Die Fische wurden in üppigen Saucen und einer Vielfalt an Zutaten auf den Tisch

Fisch statt Fleisch –
das Motto der
katholischen Fastentage
gilt noch heute!

gebracht. Durch den Untergang der Klosterkultur sowie das in deutschen Landen herrschende Adelsprivileg auf Fischfang konnte sich Fisch nie so richtig in der bürgerlichen wie einfachen Küche etablieren – ein Grund, warum Fisch in unseren Regionen bis heute seltener als Fleisch auf den Tisch kommt.

WIEDERGEBURT IN DER FISCHKÜCHE

Eine wahre Fischkultur entwickelte sich dagegen in Italien, dem Geburtsland der westeuropäischen Küche. So schrieb Platina ein 1474 in Rom erschienenes Kochbuch mit dem Titel: »De honesta voluptate et valetudine« (»von der eerlichen, zimlichen auch erlaubten Wollust des Leibs«). Neben Ess- und Lebensgewohnheiten und dem Aufruf zu einer gemäßigten Lebensweise, enthält das Werk die erste und maßgebliche Rezeptsammlung der Renaissance. Sie wird dem damals den Standard setzenden Meisterkoch Martino (belegt zwischen 1450 bis 1475) zugeschrieben. In fünf Kapiteln sind Tafelfreuden beschrieben und es werden vielfältige Gerichte mit Fisch zelebriert. Aber erst La Varenne (etwa 1615 bis 1678), der als Begründer der heutigen klassischen französischen Küche gilt, machte Seefische salonfähig. Das lag unter anderem auch daran, dass das ca. 180 Kilometer von Paris entfernt liegende Meer aufgrund besserer Straßenverhält-

Teubner Edition **9**

nisse nun besser mit der Hauptstadt verbunden war – und dem Meisterkoch somit eine Fülle an frischen Fischen zur Verfügung stand. Dieser Fortschritt konnte jedoch nicht eines der größten Dramen in

Im 19. Jahrhundert rückte Fisch auch auf dem Teller in den Mittelpunkt – mit wenigen feinen Zutaten als Begleitung.

der Fischkochgeschichte verhindern: 1671 beging Vatel, erster Koch beim Prinzen von Condé, Selbstmord, da für eine Festivität für den König nur zwei anstatt der bestellten zwölf Karren Fisch geliefert worden waren. Diese kamen zwar eine Viertelstunde später nach, was der hitzige Kochmeister aber leider nicht mehr erlebte. Zurück zum Erfinder der Bouillon roux, der klassischen blonden Mehlschwitze als Grundsauce für eine Sauce velouté, mit der La Varenne Maßstäbe setzte, die bis in die heutige Zeit reichen. Für die Fischküche war dies das Zertifikat der Frische, das nun Einzug hielt: weg von konservierter Ware oder nur noch Teich- und Flussfischen, hin zu frischen Meerestieren, so wie wir sie heute kennen und schätzen. Eine weitere wichtige, die Fischküche beeinflussende Kreation des Meisters soll hier nicht unerwähnt bleiben: die Erfindung der Champignonsauce à la Uxelles (eine heute oft auch Duxelles genannte Sauce auf besagter Velouté-Basis) mit Kräutern und Schalotten komponiert, die heute noch gerne zu Fischgerichten serviert wird.

WEGE IN DIE MODERNE

Als Jahrhundertkoch Auguste Escoffier (1846 bis 1935) seinen Gästen zum ersten Mal die Seezungenfilets »Otéro« kredenzte, war das Erstaunen groß. Der Fisch wurde nicht, wie gewohnt, in einer austerngetränkten, mit reichlich Gewürzen versehenen Sauce angerichtet, umkränzt von Trüffeln und einer Vielfalt kaum mehr erkennbarer Zutaten. Die Fischfilets waren vielmehr zusammengerollt, in eine gekochte Kartoffel gesteckt und mit einer Sauce Mornay (eine Form der Béchamelsauce) übergossen worden. Endlich hatte einmal ein Koch den Mut,

Fische spielen überall in der Welt als Nahrungsmittel eine Rolle. Daher dürfen nur Fische, die eine vorgeschriebene Mindestgröße erreicht haben, kommerziell gefangen werden.

mit überholten Traditionen aufzuräumen, indem er überladene Tafeln leerte, üppige Teller entschlackte und das Produkt seiner Wahl, den Fisch, in den Mittelpunkt rückte. Der Geschmack – und später auch der Erfolg – gaben ihm Recht: Klar und einfach schmeckte das, was man schmecken sollte, ohne Schnörkel und Schnickschnack, und die feine Pariser Gesellschaft im Ritz hatte zum ersten Mal das Erlebnis, tatsächlich eine Seezunge auf der Zunge zu spüren und zu schmecken. Der vollmundige und einstimmige Tenor der heutigen Köche – das Produkt in den Mittelpunkt zu stellen und so frisch wie möglich auf den Tisch zu bringen – erlebte hier seine Geburtsstunde.

Escoffier setzte Maßstäbe in Bezug auf Frische, Würzung und Saucen, die bis heute in der Fischküche gelten.

Auguste Escoffier war es auch, der das so genannte »mise-en-place« einführte, was bedeutete, dass nicht mehr alle Speisen zur gleichen Zeit serviert, sondern in Reihenfolge ihres Verzehrs à point, auf den Punkt gegart, dem Gast kredenzt wurden. Dies war ein echter Fortschritt in der Tafel- und Kochkultur, vor allem für Fisch, denn nun konnten endlich auch frisch gebratene, sautierte, gedünstete, gedämpfte und pochierte Fischgerichte angerichtet werden, die deutlich anders schmeckten, als solche, die schon ein Weile gestanden hatten. Seine Fischküche, basierend auf Frische, Reduktion der Würzung und weiterer Zutaten sowie verfeinerten, aber einfachen Saucen, ist heute noch Maßstab der Fischzubereitung und wurde von berühmten Köchen wie Bocuse und Witzigmann weiterentwickelt.

FISCH IN DER HEUTIGEN KÜCHE

Für jedes gute Restaurant, für fast jeden ambitionierten Koch oder Hobbykoch ist Fisch eine Herausforderung – vor der manche ein bisschen zurückschrecken, denn das empfindliche Produkt bedarf einer gewissen Sorgfalt und auch einiger spezifischer Kochkenntnisse.
Eine der wichtigsten Grundregeln im Umgang mit Fisch, die vor allem auch in der Gastronomie beherzigt wird, ist: Das Angebot der Fischer oder des Fischhändlers schreibt die Speisekarte mit. Die Frische des Fischs steht über allem anderen.

Fischfang war bereits im Mittelalter ein wichtiger Broterwerb, wie dieser mittelalterliche Stich zeigt. Die knochenharte Arbeit erforderte viel Geschicklichkeit.

Auch Sie sollten in erster Linie auf das zur Verfügung stehende Fischangebot achten und erst dann entscheiden, was Sie kochen möchten.
Bringen Sie öfter einmal Fisch auf Ihren Tisch und schrecken Sie nicht davor zurück, denn das Hintergrundwissen, das Sie brauchen, finden Sie im Kapitel Warenkunde in diesem Buch: Detaillierte Informationen über die verschiedenen Produkte, woran Sie Frische erkennen, was Sie beim Einkauf beachten sollten und für welche Zubereitungsart sich ein Fisch besonders eignet.
Fest steht, und daran hat sich bis heute nichts geändert: Fisch ist nicht nur eine Delikatesse, sondern vor allem gesund und bekömmlich.

Einkauf und Zubereitung von Fisch erfordern Wissen und etwas Fingerspitzengefühl. Die Infos gibt es hier im Buch, das Gefühl haben Sie schon ...

Heute empfehlen Ernährungswissenschaftler den regelmäßigen Genuss von Fisch als Alternative zu Fleisch. Nur Fisch hat einen hohen Anteil an den gesunden mehrfach ungesättigten Omega-3-Fettsäuren, Vitaminen und Mineralstoffen. Seine günstige Eiweißzusammensetzung und der in aller Regel geringe Energiegehalt machen den köstlichen und variantenreichen Fisch zu einem gut verträglichen Lebensmittel und wahren Gesundbrunnen.

WARENKUNDE

WARENKUNDE
Fisch-Lexikon

Alles über Fisch

Die bunte Welt der Fische – so groß
und so vielseitig: Ob aus dem Meer oder
Süßwasser, Feinschmecker lieben sie!

WARENKUNDE   KÜCHENPRAXIS   REZEPTE
→ *Einführung*

Fische für Töpfe und Teller

*Selbst passionierte Köche greifen gerne zu Altbewährtem: Mit Lachs,
Forelle und Steinbutt kann man zwar nicht viel falsch machen, doch
kulinarisch hat die Welt der Fische weitaus mehr zu bieten.*

WENN GANZ FRÜH am Morgen die kleinen Fischkutter im Hafen einlaufen, warten bereits zahlreiche Insider am Kai. Kaum sind die dicken Taue verzurrt, drängt sich das Volk der Schau- und Kauflustigen an die Reling, um einen Blick auf die fangfrische Ware zu erhaschen. Was es wohl gibt? Ob die Fischer reiche Beute machen konnten?

DIE VIELFALT ERKENNEN

Was heute bei uns nur noch selten zu beobachten ist, können wir in südlichen Urlaubsländern beinahe täglich erleben. Wer hier auf kulinarische Entdeckungsreise gehen mag, sollte unbedingt einmal ganz früh zu den heimischen Fischern pilgern: Es ist beeindruckend zu erleben, wie Sizilianer einen Kraken anlanden, amerikanische Fischer riesige Barsche abladen oder Einheimische der Südseeinseln tropische Speisefische in buntester Vielfalt präsentieren. Eines ist allen Fischern gleich: Der Stolz auf den Fang und die Frische der Beute.

FRISCH ODER NICHT GANZ FRISCH?

Bedauerlicherweise hat nicht jeder Koch das Glück, in der Nähe eines Fischereihafens zu leben und dort nahezu jederzeit fangfrischen Fisch zu ergattern. Doch das leicht verderbliche Produkt Fisch hat sich durch immer besser werdende Transportbedingungen und Kühlmöglichkeiten zu einem absoluten Qualitätsprodukt entwickelt – und das nicht nur in Fischereihafennähe. Dank eines ausgeklügelten Liefersystems gelangt Fisch von europäischen Häfen auf Eis gebettet in längstens zwei Tagen zum Verbraucher. Und auch aus Übersee kommen Exportfische per Luftfracht auf die Schnelle zu uns. Absolut frisch, weil meist noch lebend, sind jedoch viele Süßwasserfische bei uns erhältlich: Sie werden für den Käufer direkt aus Zuchtteichen gefangen oder in Fachgeschäften bis zum Verkauf in Bassins gehalten, im Fachjargon heißt das »hältern«.

Für die meisten Fischarten ist Fangfrische das allerbeste Gütesiegel. Es gibt aber auch andere Fische, die ein oder zwei Tage brauchen, um ihr Aroma und ihre Festigkeit zur besten Qualität zu entfalten, etwa Seezunge und Rochen. Von solchen Ausnahmen einmal abgesehen gilt jedoch: Frische ist der Qualitätsmaßstab – und wer sich ihrer einmal nicht ganz sicher ist, sollte besser auf qualitativ hochwertige Tiefkühlware ausweichen. Daneben gibt es aber auch noch eine breite Palette an Fischprodukten mit unterschiedlich hohen Conveniencegraden, die ebenfalls kulinarische Genüsse versprechen, etwa Stockfisch, Räucherlachs, Salzheringe oder Kaviar.

ENTDECKE DIE MÖGLICHKEITEN

Wer die Wahl hat, hat die Qual: Wir sind in der glücklichen Lage, wählen zu können, denn das Marktangebot ist groß – und das quer durch alle Preisklassen: ob wilder, natürlicher Meeresfisch mit dem Hauch von Luxus oder hochwertiger (Bio)Zuchtfisch, Süßwasserfische für Liebhaber der heimischen Küche oder Exoten für besondere Anlässe, Magerfisch für Ernährungsbewusste oder Fettfisch für deftige Brat- und Grillgerichte. Kreative Köche nutzen diese Vielfalt und lassen sich durch das Fisch-Lexikon unterstützen: Es ist nicht nur Orientierungshilfe beim Einkaufen und Bestimmen unbekannter Fischarten, sondern auch eine Einladung zum Schmökern und Entdecken. Schon bald werden Sie ein Experte in Sachen Fisch sein: Ob Platt- oder Rundfisch, einheimisch oder exotisch – Erkennungsmerkmale, wie Größe, Farbe, Musterung und Flossenarten dienen dazu, jeden Fisch genau zu bestimmen. Und nur wer weiß, was er vor sich hat, kann auch entscheiden, was er damit kochen kann. Lassen Sie sich zu neuen Kreationen inspirieren, denn in der Vielfalt des Marktangebots sind unzählige kulinarische Genüsse versteckt, die es zu entdecken gilt. Viel Spaß dabei!

Teubner Edition **17**

WARENKUNDE   KÜCHENPRAXIS   REZEPTE
→ *Übersicht Fische*

Speisefische der Welt im Überblick

DIE VIELFALT DER FISCHE ist riesig. Sie alle haben die gleichen Grundmerkmale, obwohl sie, zoologisch gesehen, keine einheitliche Tiergruppe wie etwa die Säugetiere sind. Fische sind Wirbeltiere, die zahntragende Kiefer haben, im Wasser leben und Flossen besitzen. Speisefische werden zweckmäßigerweise in Knorpel- und Kochenfische gliedert sowie in Süßwasser- und Meeresfische.

KNORPELFISCHE IM ÜBERBLICK

Zu den weltweit kulinarisch wichtigsten Knorpelfischen gehören Haie und Rochen. Trotz ihrer unterschiedlichen Gestalt haben sie eine Reihe gemeinsamer Merkmale. Ihr Skelett ist rein knorpelig angelegt, so dass verknöcherte Gräten oder Rippen fehlen, daher auch der Name Knorpelfische. Die Haut bei Knorpelfischen ist ledrig und weist Hautzähne und -verknöcherungen auf. Haie und Rochen besitzen von außen erkennbare Kiemenspalten, durch die das Atemwasser ausströmt (siehe Skizze unten). Ihre Zähne stehen in mehreren Zahnreihen hintereinander und wachsen zeitlebens nach, so dass die äußerste Zahnreihe in regelmäßigen Abständen ersetzt wird. So wird dafür gesorgt, dass die funktionale Zahnreihe im besten Zustand ist und keine Abnutzungen aufweist.

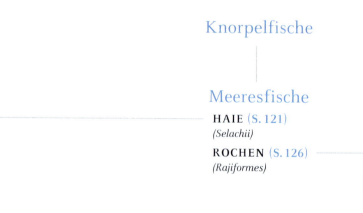

Knorpelfische

Meeresfische

HAIE (S. 121)
(Selachii)
ROCHEN (S. 126)
(Rajiformes)

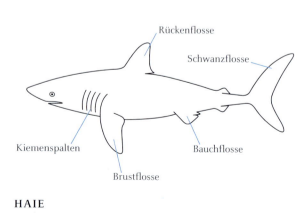

HAIE
Sie weisen eine stromlinienartig spindelförmige Gestalt auf und besitzen häufig eine asymmetrisch geformte Schwanzflosse.

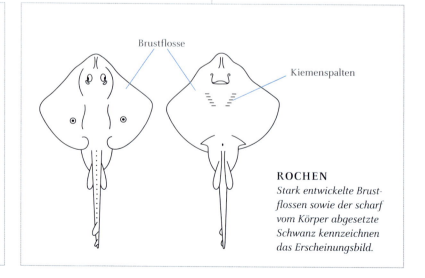

ROCHEN
Stark entwickelte Brustflossen sowie der scharf vom Körper abgesetzte Schwanz kennzeichnen das Erscheinungsbild.

WARENKUNDE   KÜCHENPRAXIS   REZEPTE
→ *Übersicht Fische*

KNOCHENFISCHE IM ÜBERBLICK

So sehr sie sich äußerlich auch unterscheiden, alle Knochenfische entsprechen einem gemeinsamen Grundschema (siehe Skizze unten). Von den Knorpelfischen unterscheiden sie sich vor allem dadurch, dass ihr Skelett größtenteils aus echtem Knochengewebe besteht, dass sie Kiemendeckel, Schuppen oder Knochenschilder und durch Flossenstrahlen geschützte Flossen haben. Diese Flossenstrahlen können hart wie Stacheln (Stachelstrahlen) oder weich und gegliedert (Gliederstrahlen) sein. Je nach Bedarf können die Flossen ausgebreitet oder zusammengelegt werden. Die Schwanzflosse dient hauptsächlich der Fortbewegung, die Rücken- und Afterflossen sowie die Bauchflossen sind eher Steuerungs- und Stabilisierungsorgane. Die deutliche Linie, die an der Seite vom Kopf bis zum Schwanz verläuft, ist Sitz des Strömungssinns. Sie ermöglicht es dem Fisch auch, feste Hindernisse, Beutetiere und Feinde wahrzunehmen. Sie besteht aus lauter kleinen Sinnesknospen. Bei der Bestimmung der Fischarten spielt sie eine wichtige Rolle.

Knochenfische

Meeresfische

AALARTIGE FISCHE (S. 40)
(Anguilliformes)

ÄHRENFISCHARTIGE FISCHE (S. 42)
(Atheriniformes)

ARMFLOSSER (S. 43)
(Lophiiformes)

BARSCHARTIGE FISCHE (S. 44)
(Perciformes)

DORSCHARTIGE FISCHE (S. 87)
(Gadiformes)

HERINGSARTIGE FISCHE (S. 93)
(Clupeiformes)

KUGELFISCHVERWANDTE (S. 97)
(Tetraodontiformes)

LACHSARTIGE MEERESFISCHE (S. 98)
(Salmoniformes)

PANZERWANGEN (S. 99)
(Scorpaeniformes)

PETERSFISCHE (S. 107)
(Zeiformes)

PLATTFISCHE (S. 108)
(Pleuronectiformes)

SCHLEIMKOPFARTIGE FISCHE (S. 118)
(Beryciformes)

STÖRARTIGE FISCHE (S. 119)
(Acipenseriformes)

Süßwasserfische

BARSCHARTIGE FISCHE (S. 20)
(Perciformes)

DORSCHARTIGE FISCHE (S. 23)
(Gadiformes)

HERINGSARTIGE SÜSSWASSERFISCHE (S. 24)
(Clupeiformes)

KARPFENARTIGE FISCHE (S. 25)
(Cypriniformes)

LACHSARTIGE FISCHE (S. 32)
(Salmoniformes)

NEUNAUGENARTIGE FISCHE (S. 38)
(Petromyzoniformes)

WELSARTIGE FISCHE (S. 39)
(Siluriformes)

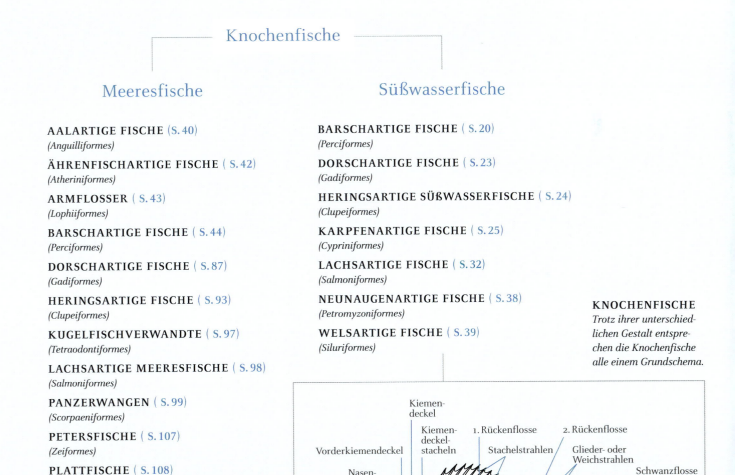

KNOCHENFISCHE
Trotz ihrer unterschiedlichen Gestalt entsprechen die Knochenfische alle einem Grundschema.

Teubner Edition 19

WARENKUNDE   KÜCHENPRAXIS   REZEPTE
→ *Süßwasserfische*
  Barschartige Fische

Barschartige Fische
Große und kleine, unscheinbar graue und farbenprächtig strahlende Exemplare: Die Barschartigen Fische sind in jeder Hinsicht vielfältig – rein äußerlich wie kulinarisch.

(1) Der **FLUSSBARSCH** *(Perca fluviatilis)* wird maximal 50, meist aber nur 25 cm lang. Der relativ hochrückige Körper ist am Rücken dunkelgrau bis olivgrün und weist 5 bis 9 dunklere Querstreifen auf. Er gilt als delikater Süßwasserfisch, der aber aufgrund der oftmals geringen Größe nicht sehr häufig im Angebot ist.

- Die Barschartigen sind die größte Fischordnung von allen.
- Die erste Rückenflosse ist mit starken Stachelstrahlen besetzt.
- Ihre artenreichen Familien kommen sowohl im Süßwasser als auch im Meer vor.

Barschartige Fische *(Perciformes)*

Diese größte Fischordnung umfasst überwiegend Meeresfische, doch auch im Süßwasser kommen artenreiche Familien vor.

Echte Barsche *(Percidae)*

Die Echten Barsche sind Süßwasserfische; einige wenige halten sich zeitweise in Brackwasser auf. Es gibt über 100 Arten, von denen etwa 12 in Europa und Kleinasien bis Sibirien verbreitet sind, die anderen leben in nordamerikanischen Gewässern.

FLUSSBARSCH (1) *(Perca fluviatilis)*

engl. perch; franz. perche; ital. pesce persico; port. perca europeia; bulg. kostur; dän. aborre; finn. ahven; kroat. grgeč; niederl. baars; norw. abbor; poln. okoń; rumän. biban; russ. okun; schwed. abborre; tschech. okoun; türk. tatlı su levreği; ung. sügér.

Der Flussbarsch lebt in stehenden und fließenden Gewässern von den Pyrenäen bis Nordostsibirien. Er kommt jedoch nicht in Spanien, Italien, Griechenland, Irland, Nordschottland und Nordskandinavien vor. Seine Nahrung sind kleine Fische.
<u>Merkmale:</u> Die vordere der beiden Rückenflossen besitzt Stachelstrahlen und trägt am Hinterende einen schwarzen Fleck.
<u>Verwendung:</u> Er ist ideal zum Braten oder Dünsten.

KAULBARSCH (2) *(Gymnocephalus cernua)*

engl. ruffe, pope; franz. grémille; ital. acerina; bulg. biban; dän. hork; finn. kiiski; kroat. balavac; niederl. pos; norweg. hork; poln. jazgarz; rumän. ghibort; russ. ersh; schwed. gärs; slowak. hrebenačka obyčajná; slowen. okun; tschech. ježdík òbecný; ung. durbincs.

Der Kaulbarsch ist in Europa nördlich der Pyrenäen und der Alpen bis Sibirien und dem Kaspischen Meer verbreitet, er fehlt auf dem Balkan, in Irland, Schottland und Norwegen. Er lebt in großen Flüssen, Seen und Haffen.
<u>Merkmale:</u> Der Kaulbarsch wird bis 25 cm lang.
<u>Verwendung:</u> Im Ganzen gebraten oder als Suppe.

(2) Der **KAULBARSCH** *(Gymnocephalus cernua)* kommt meist nur mit 15 cm Länge auf den Markt. Er wird jedoch aufgrund seiner geringen Größe ähnlich wie der Flussbarsch eher selten angeboten.

ZANDER (3) *(Stizostedion lucioperca)*

engl. pike perch; franz. sandre; ital. sandra; port. lucioperca; bulg. biala ribba; dän. sandart; finn. kuna; kroat. smudj; niederl. snoekbaars; norw. gjors; poln. sandacz; rumän. saláu; russ. šudak; schwed. gös; tschech. candát; türk. sudak; ung. fogas süllö.

Er ist von Deutschland nördlich der Alpen und des Balkans nach Osten bis zum Aralsee verbreitet. Durch Besatz ist er auch in weitere Länder Europas gekommen. Er lebt in größeren Seen und Flüssen, stellt hohe Ansprüche an den Sauerstoffgehalt des Wassers und ernährt sich von kleineren Fischen.
<u>Merkmale:</u> Die erste Rückenflosse trägt längs verlaufende Punktreihen.
<u>Verwendung:</u> Mit einem Gewicht von 1 bis 1,5 kg eignet er sich gut zum Füllen. Delikat schmeckt er auch gegrillt, gebraten und unter einer Salzkruste gegart. Sein Fleisch wird für Fischfarcen verwendet.

(3) Der **ZANDER** *(Stizostedion lucioperca)* ist nicht so hochrückig wie der Flussbarsch. Die erste Rückenflosse trägt längs verlaufende Punktreihen. Er wird maximal 1,30 m lang, meist bleibt er bei 40 bis 50 cm. Er ist ein delikater Speisefisch.

Wolfsbarsche *(Moronidae)*

Bei den Wolfsbarschen spielt nur eine Art auf dem europäischen Markt eine kulinarische Rolle.

AMERIKANISCHER STREIFENBARSCH (4)
(Morone americana)

engl. white perch; franz. bar américain.

Sein Verbreitungsgebiet erstreckt sich auf die Richtung Atlantik fließenden Gewässer Kanadas und der USA. Er ist regelmäßig im Angebot.
<u>Merkmale:</u> Er wird bis zu 50 cm lang und gut 2 kg schwer. Er hat einen grünlichen Rücken, die Flanken sind deutlich blasser, der Bauch ist weißlich.
<u>Verwendung:</u> Sein zartes weißes Fleisch schmeckt am besten gedünstet, eignet sich aber auch gut zum Braten oder Grillen.

(4) Der **AMERIKANISCHE STREIFENBARSCH** *(Morone americana)* wird nicht nur kommerziell gefischt, sondern spielt in den USA auch eine bedeutende Rolle in der Sportfischerei. Er kommt mit einem Gewicht von bis zu 2 kg auf den Markt.

Glas- und Nilbarsche *(Centropomidae)*

Die Glas- oder Nilbarsche kommen im Süßwasser mit einer Reihe von Arten vor. Nur der Nilbarsch ist in der europäischen Küche wichtig.

NILBARSCH, VIKTORIASEEBARSCH
(Lates niloticus)

engl. nile perch; franz. perche du Nil; dän. nilaborre; niederl. nijlbaars, victoriabaars.

Ursprünglich war die Art auf die Stromgebiete des Nil, Niger und Senegal beschränkt. Die Aussetzung im Viktoriasee, von dort stammen die bei uns angebotenen Filets, kam einer ökologischen Katastrophe gleich. Die Artenzahlen der nur von dort bekannten Buntbarsche gingen drastisch zurück, und eine erhebliche Verarmung setzte ein. Heute wird der Nilbarsch meist in ostafrikanischen Seen gefangen.
<u>Merkmale:</u> Der Nilbarsch ist hochrückig und hat kräftige Schuppen. Die Schnauze ist spitz ausgezogen und weist leicht nach oben. Er wird bis zu 2 m lang und 80 kg schwer.
<u>Verwendung:</u> Die Filets eignen sich gut zum Braten, sie sind zart, fest und von ausgezeichneter geschmacklicher Qualität.

Teubner Edition 21

WARENKUNDE   KÜCHENPRAXIS   REZEPTE
→ *Süßwasserfische*
  Barschartige Fische

Buntbarsche (Cichlidae)

Die Familie der in Afrika, Madagaskar und Südamerika verbreiteten Buntbarsche ist mit etwa 1.000 Arten überaus groß. Als Speisefische finden nur die größer werdenden Arten der Gattungen Tilapia (Bodenbrüter) und Sarotherodon (Maulbrüter) Verwendung. Sie werden in Aquakulturen gezüchtet und gehören zu den erfolgreichsten Zuchtfischen der letzten Jahrzehnte, die auch etwas wärmeres Wasser tolerieren und so beispielsweise in industriellem Kühlwasser gehalten werden können.

Kinder der Sonne

Sonnenbarsche, oder engl. sunfishes, tragen ihren Namen zu Recht. Sie strahlen und funkeln in der Sonne, dass es eine wahre Pracht ist. Im Süßwasser gibt es keine andere Fischgruppe, die es an Farbenpracht mit ihnen aufnehmen kann.

Sonnenbarsche (Centrarchidae)

Die Sonnenbarsche oder Sonnenfische sind eng mit den Echten Barschen verwandt. Sie bevölkern mit etwa 50 Arten die Flüsse und Seen Nordamerikas.

FORELLENBARSCH (Micropterus salmoides)

engl. black bass, largemouth bass; franz. perche d'Amérique à grande bouche.

Der Forellenbarsch wurde ab 1883 in Süddeutschland, Österreich und Südrussland ausgesetzt. Merkmale: Der Fisch hat einen gestreckten Körper mit großem, seitlich zusammengedrücktem Kopf. Auf dem Rücken ist er olivgrün, an den Flanken heller und am Bauch weißlich. Er hat ein dunkles Längsband entlang der Seitenlinie und am Kopf dunkle Schrägstreifen. Der Forellenbarsch wird 60 bis 90 cm lang und bis 10 kg schwer.
Verwendung: Er eignet sich vor allem zum Braten.

SONNENBARSCH (Lepomis gibbosus)

engl. pumpkinseed sunfish; franz. perche soleil; ital. persico sole; port. perca sol; dän. solbars; kroat. sunčanica; niederl. zonnebaars; norw. rodgjellet solabbor; rumän. biban-soare; russ. soletschnaja ryba; tschech. slunečnice pestrá; ung. naphal.

Ursprünglich stammt dieser Fisch aus Nordamerika, 1887 wurde er nach Europa eingeführt und kommt heute in Mittel- und Südeuropa vor.
Merkmale: Der Sonnenbarsch ist hochrückig, die Außenkontur des Körpers rundlich. Die Rückenflosse ist vorn mit Stachel- und hinten mit Weichstrahlen versehen. Der Körper ist olivbraun gefärbt und trägt eine variable bunte Fleckung. Am Hinterrand des Kiemendeckels liegt ein deutlicher dunkler Fleck. Der Fisch wird 15 bis 30 cm groß.
Verwendung: Er ist vor allem zum Braten geeignet.

Weitere amerikanische Sunfishes sind der **Bluegill** (Lepomis macrochirus), der **Redbreast Sunfish** (1) (Lepomis auritus) und der **Shellcracker** (Lepomis microlophus). Beliebt sind auch der **Black Crappie** (2) (Pomoxis nigromaculatus), der **White Crappie** (Pomoxis annularis) und der **Flier** (Centrarchus macropterus).

(1) Der **REDBREAST SUNFISH** (Lepomis auritus), auch **SUN PEARCH** oder **YELLOW BELLY SUNFISH** genannt, ist in den USA vom St.-Lorenzstrom und den Great Lakes bis Florida verbreitet.

(2) Der **BLACK CRAPPIE** (Pomoxis nigromaculatus) ist ein amerikanischer Sunfish, der in den USA mit seinem etwas süßlichen, an Staudensellerie erinnernden Aroma sehr beliebt ist.

WARENKUNDE   KÜCHENPRAXIS   REZEPTE
→ *Süßwasserfische*
  Dorschartige Fische

Dorschartige Fische

Nur eine einzige Art, die Quappe, lebt im Süßwasser, und auch die bekommt man nur selten zu Gesicht: Trotzdem hat sie sich einen Namen gemacht, denn wer sie fängt, dem eröffnet sich ein kulinarischer Hochgenuss.

Dorschartige Fische *(Gadiformes)*

Die Fische dieser Ordnung sind meist Meeresbewohner. Im Süßwasser kommt nur eine einzige Art vor, die Quappe. Sie hat – je nach Landstrich – sehr unterschiedliche Namen.

QUAPPE, RUTTE, TRÜSCHE, AALRUTTE, AALQUAPPE, AALRAUPE (1) *(Lota lota)*

engl. burbot, ealpout; franz. lotte de rivière, barbotte; ital. bottatrice; bulg. mihaltza; dän. knude; finn. made; kroat. manič; niederl. kwabaal; norweg. lake; poln. mietus; rumän. mihalt; russ. nalim; schwed. lake; slowak. mieň; slowen. menek; tschech. mník jednvousý; ung. menyhal.

Die Quappe ist in Europa nördlich der Alpen und Pyrenäen verbreitet, mit Unterarten in Nordasien (im Amur- und Baikalseegebiet) und in Nordamerika. Sie fehlt westlich der Rhône und südlich des Pos sowie auf den Britischen Inseln, mit Ausnahme des äußersten Südostens. Sie bevorzugt kühle, klare Fließgewässer bis in 1.200 m Höhe und kommt auch in tiefen, kalten Seen mit hartem Grund vor.

Merkmale: Sie kann bis 1,20 m werden, bleibt aber meist kleiner (etwa 30 bis 50 cm) und erreicht im Schnitt 500 g. Ihr Körper ist lang gestreckt, vorne walzenförmig und hinten seitlich abgeflacht. Der flache, aber breite Kopf hat ein leicht unterständiges Maul. Die Quappe besitzt Barteln am Nasenloch und Bartfäden am Unterkiefer. Der Rücken und die Seiten sind marmoriert, die Färbung ist gelblichbraun bis olivfarben; die Unterseite ist schmutzigweiß. Die zweite Rücken- und die Afterflosse sind wie beim Aal sehr lang; daher auch die Namen »Aalrutte«, »Aalquappe« und »Aalraupe«.

Obwohl Quappen zu beträchtlicher Größe heranwachsen können, haben sie keine wirtschaftliche Bedeutung, da sie ein sehr verstecktes Leben führen und wegen ihrer Nachtaktivität nur schwer zu fangen sind. Wegen der Aufnahme von Bodennahrung wird die Quappe vielfach zum Nachweis von Schwermetallen in Gewässern verwendet. Die Schadstoffe lagern sich in der Leber ab (2). Bei Fischen aus belasteten Gewässern (etwa Oder und Elbe) sollte die Leber daher nicht verwertet werden.

Verwendung: Das Fleisch ist weiß, zart, sehr aromatisch und wird am besten goldbraun gebraten. Die Leber schmeckt am besten sanft in Butter gebraten.

- Nur eine einzige Art der Dorschartigen, die Quappe, lebt im Süßwasser.
- Das Fleisch und die Leber der Quappe gelten als Delikatesse.

(1) Die **QUAPPE** *(Lota lota)* hat einen walzenförmigen Körper und einen breiten, flachen Kopf mit 3 Bartfäden. Da sie gerne von Parasiten befallen wird, sollte man Fleisch und Leber immer durchbraten.

(2) Die **LEBER DER QUAPPE** ist eine Delikatesse, vor allem in Butter gebraten.

Teubner Edition **23**

WARENKUNDE   KÜCHENPRAXIS   REZEPTE
→ *Süßwasserfische*
  Heringsartige Fische

Heringsartige Süßwasserfische
Frühlingsgefühle kosten Maifisch-Weibchen oft das Leben: Sie wandern zum Laichen in Flüsse, wo sie leicht gefangen werden können.

(1) Die **FINTE** *(Alosa fallax)* wird bis zu 50, meist aber nur 20 bis 30 cm lang. Kulinarisch ist sie dem Maifisch leicht unterlegen, was allerdings nicht für ihre Artverwandten im Schwarzen und Kaspischen Meer gilt.

- Nur wenige Heringsartige Fische leben im Süßwasser.
- Maifisch und Finte sind hochrückiger als ihre Meeresverwandten.

Heringsartige Fische *(Clupeiformes)*

Die meisten Arten dieser Ordnung leben im Meer, jedoch gibt es bei den Heringsfischen *(Clupeidae)* wie bei den Sardellen *(Engraulidae)* anadrome, das heißt zum Laichen vom Meer ins Süßwasser ziehende Fische, aber auch stationäre, reine Süßwasser-Arten.

MAIFISCH, ALSE *(Alosa alosa)*

engl. allis shad; franz. alose vraie; ital. alosa; span. sábalo; port. sável; dän. majsild; finn. pilkkusilli; niederl. elft; norw. maidild; schwed. majfisk; tschech. placka pomořanská.

Das Verbreitungsgebiet des Maifisches erstreckt sich von Südnorwegen bis Mauretanien inklusive des westlichen Mittelmeeres. Er lebt in Küstengewässern bis 100 m Tiefe und steigt im Frühjahr zum Laichen in die Flüsse auf, daher der Name. Gegenwärtig ist der Bestand durch die Verschmutzung der Flüsse sehr stark zurückgegangen.
Merkmale: Maifische gehören zwar zu den Heringen, sind aber hochrückiger. An den Flanken weisen sie dunkle Punkte auf, ansonsten sind sie silbrig. Sie werden bis 70 cm lang, meist bleibt es jedoch bei etwa 30 bis 50 cm. Weibliche Tiere sind in der Regel viel größer und fetter als ihre männlichen Artverwandten und deshalb vor allem als Lieferanten für Filets gefragt.
Verwendung: Ganze Maifische eignen sich gut zum Braten, die Filets werden für alle Zubereitungsarten verwendet. Geräuchert schmeckt Maifisch nur vor dem Ablaichen gut, später wird er zu trocken.

FINTE (1) *(Alosa fallax)*

engl. twaite shad; franz. alose feinte; ital. cheppia; span. saboga; port. savelha; dän. stamsild; griech. frissa; kroat. čepa, lojka; niederl. fint; norw. stamsild; poln. parposz; schwed. stamsill; türk. tirsi.

Die Finte ist von Südnorwegen und der nördlichen Ostsee bis Marokko, im Mittelmeer und in Teilen des Schwarzen Meeres verbreitet.
Merkmale: Die Finte ist für den Nichtfachmann nur schwer vom Maifisch zu unterscheiden: Sie hat allerdings mehr Punkte auf den Flanken.
Verwendung: Finte wird am besten gebraten, die Filets eignen sich für alle Zubereitungsarten. Geschmacklich ist die Finte dem Maifisch aber leicht unterlegen.

24 Teubner Edition

WARENKUNDE   KÜCHENPRAXIS   REZEPTE
→ *Süßwasserfische*
Karpfenartige Fische

Karpfenartige Fische
Sie sind die echten Lebenskünstler unter den Süßwasserfischen: Egal, ob trüber Tümpel oder sauberer See – Karpfenartige Fische fühlen sich fast überall zu Hause.

Karpfenartige Fische *(Cypriniformes)*

Sie sind fast ausschließlich Süßwasserbewohner und die in Artenzahl und Formenvielfalt dominierende Gruppe. Doch nur Karpfenfische und Sauger sind kulinarisch und wirtschaftlich von Bedeutung.

Karpfenfische *(Cyprinidae)*

Die Karpfenfische stellen eine der artenreichsten Familien, der kennzeichnende Fisch ist das Rotauge.

ROTAUGE, PLÖTZE (1) *(Rutilus rutilus)*

engl. roach; franz. gardon blanc, vangeron; port. pardelha dos alpes; bulg. babushka; dän. skalle; finn. särki; kroat. bodorka; niederl. blankvoorn; norw. mort; poln. plóc; rumän. babu ca; russ. plotva; schwed. mört; tschech. plotice; türk. kızılgöz; ung. vörösszárnyú.

Das Rotauge ist von den Pyrenäen bis Sibirien verbreitet. Es lebt in stehenden und langsam fließenden Gewässern, meist in Schwärmen in der dicht bewachsenen Uferregion.
Merkmale: Das Rotauge hat gut ausgebildete Schuppen, eine weiche Rückenflosse, eine gegabelte Schwanzflosse und ein rot gefärbtes Auge, daher der Name. Der Körper ist silberfarben, die Flossen rötlich. Die Art wird bis zu 30 cm lang. Ihr Fleisch schmeckt sehr gut.

Verwendung: Das sehr schmackhafte Fleisch des Rotauges eignet sich zum Braten, Panieren, Frittieren und Grillen (etwa für Steckerlfisch).

Eng verwandt sind der **Pigo** *(Rutilus pigus)* in oberitalienischen und Schweizer Seen sowie der **Frauennerfling** *(Rutilus pigus virgo)* im Donaugebiet. Die **Südeuropäische Plötze** *(Rutilus rubilio)* ist in Italien, Dalmatien und Westgriechenland beheimatet, die **Schwarzmeerplötze** *(Rutilus frisii)* lebt als Wanderfisch im nordwestlichen Teil des Schwarzen Meeres. Der **Perlfisch** *(Rutilus frisii meidingeri)* kommt im Attersee, Chiemsee, Mondsee und Traunsee vor.

ROTFEDER (2) *(Scardinius erythrophthalmus)*

engl. rudd; franz. gardon rouge; ital. scardola; port. olho vermelho; bulg. chervenoperka; dän. rudskalle; finn. sorva; griech. platitsa; kroat. crvenperka; niederl. rietvoorn; norw. sørv; poln. wzdrega; rumän. ro ior; russ. krasnoperka; schwed. sarv; tschech. perlin; türk. kızılkanat; ung. bodorka.

Das Verbreitungsgebiet der Rotfeder erstreckt sich von den Pyrenäen bis zum Aralsee.
Merkmale: Sie ist vom Rotauge durch ein goldfarbenes Auge und hellrote Flossen zu unterscheiden. Sie wird bis 40 cm lang, meist bleibt es bei 20 cm.
Verwendung: Ihr Fleisch hat viele feine Gräten und wird gegrillt, gebraten oder frittiert.

- Die Karpfenartigen Fische sind die in Zahl und Vielfalt dominierende Ordnung unter den Süßwasserfischen.
- Alle Vertreter dieser Ordnung haben viele feine Gräten, ansonsten weisen sie jedoch unterschiedliche Fleischqualität auf.

(1) Das **ROTAUGE** *(Rutilus rutilus)* am besten filetieren und dann die Gräten mehrmals einschneiden, das Entfernen ist zu mühsam.

(2) Die **ROTFEDER** *(Scardinius erythrophthalmus)* ist dem Rotauge geschmacklich unterlegen.

WARENKUNDE   KÜCHENPRAXIS   REZEPTE
→ *Süßwasserfische*
  Karpfenartige Fische

MODERLIESCHEN *(Leucaspius delineatus)*

franz. able de Heckel; bulg. varlovka; dän. regnløje; kroat. belka; niederl. vetje; poln. slonecznica; rumän. fuf ; russ. ovsianka; schwed. gropløja; slowak. ovsienka; slowen. belica; tschech. slunka stříbřitá; ung. kurta baing.

Das Moderlieschen ist in stehenden und langsam fließenden Gewässern in Mittel- und Osteuropa vom Rhein bis zum Kaspischen Meer verbreitet.
Merkmale: Das 9 bis 12 cm lange Fischchen hat große silbrige Schuppen und einen blaugrünen Längsstreifen auf dem Rücken.
Verwendung: Es wird frittiert oder im Ganzen gebraten und mit Kopf und Schwanz verzehrt.

DÖBEL, AITEL (1) *(Leuciscus cephalus)*

engl. chub; franz. chevaine; ital. cavedano; span. cacho; port. escalo; bulg. rechenclen; dän. döbel; finn. turpa; fläm. kopvoorn; griech. cephalos; kroat. klen; niederl. meun; norw. stam; poln. klen; rumän. clean; russ. golowij; schwed. färna, bjelke; slowak. jalec tmavý; slowen. klen; tschech. jelec tloušť; türk. tatlısu kefalı; ung. fejes domolykó.

Der Döbel lebt in fließenden Bächen und Flüssen in ganz Europa und Vorderasien. In Deutschland ist er vor allem in den Gewässern in Süd- und Westdeutschland anzutreffen.
Merkmale: Der gestreckte und füllige Körper trägt eine silberhelle Färbung. Bauch- und Afterflossen sind blassrot. Der Döbel hat große, dunkel gerandete Schuppen, die das typische Netzmuster ausmachen. Der Schwanzflossenbereich ist schwarz gefärbt, die Bauchflossen sind abgerundet. Der Döbel wird bis zu 60 cm lang und etwa 4 kg schwer, meist bleibt es aber bei einer Größe von etwa 40 cm.
Verwendung: Der Döbel hat ein feines, festes und weißes Fleisch, das sich zum Braten, Frittieren und Grillen (etwa für Steckerlfisch) eignet.

HASEL (2) *(Leuciscus leuciscus)*

engl. dace; franz. vandoise; bulg. klen; dän. strømskalle; finn. seipi; kroat. klenič; niederl. serpeling; norweg. gulbrust; poln. jelec; rumän. clean-mic; russ. jelez; schwed. stäm; slowak. jalec obyčajný; slowen. klenič; tschech. jelec proudník; ung. nyúldomolykó.

Der Hasel kommt in Europa nördlich der Pyrenäen und Alpen vor, und über den Ural bis nach Ostsibirien. Der gesellige Fisch liebt kühle, schnell strömende Gewässer mit festem Grund oder klare Seen und frisst Plankton, Würmer und Schnecken.
Merkmale: Der Hasel ist durch seinen lang gestreckten Körper und die etwas eingebuchtete Afterflosse gekennzeichnet.
Verwendung: Aufgrund der vielen Gräten ist er nicht sehr beliebt. Am besten wird der Hasel gebraten oder gegrillt und dann sauer eingelegt.

ALAND, ORFE, NERFLING (3) *(Leuciscus idus)*

engl. orfe; franz. ide mélanote; bulg. mazdruga; dän. rimte; finn. säyne; kroat. jez; niederl. winde; poln. jaz; rumän. v duvi ; russ. jasj; slowak. jalec tmavý; slowen. jez; schwed. id; tschech. jelec jesen; ung. jász keszeg.

(1) Der **DÖBEL** *(Leuciscus cephalus)* frisst zunächst Würmer, Kleinkrebse und Insekten. Der im Alter gefräßige Raubfisch ernährt sich aber auch von kleinen Fischen und Fröschen.

WARENKUNDE   KÜCHENPRAXIS   REZEPTE
→ *Süßwasserfische*
  Karpfenartige Fische

Der Aland kommt in Flüssen und Seen in Europa nördlich der Alpen vom Rheingebiet bis zum Ural und im anschließenden Sibirien vor. In Westeuropa wurde er mit Erfolg ausgesetzt, im Süden fehlt er.
Merkmale: Er ähnelt dem Döbel, ist aber hochrückiger und schmaler. Alle bauchseitigen Flossen sind tiefrot. Er hat eine gerade endende Afterflosse und silbrige Flanken mit goldenem Schimmer. Er wird bis 80 cm lang und 4 kg schwer, meist bleibt es jedoch bei einer Größe von 30 bis 40 cm.
Verwendung: Aufgrund der vielen Gräten ist er nicht sehr beliebt; am besten braten oder grillen und dann sauer einlegen. Der Aland sollte vor dem Garen 1 Stunde in Essig liegen, so werden die Gräten weich und genießbar.

RAPFEN, SCHIED *(Aspius aspius)*

bulg. razper; dän. stam; finn. toutain; kroat. bolen; niederl. roofblei; norweg. asp; poln. boleń; rumän. žerekh; russ. scherespjor; schwed. asp; slowak. boleň; slowen. bolen; tschech. bolen dravý; türk. kocaağız balığı; ung. ragadozó őn.

Der Rapfen lebt gesellig in fließenden Gewässern und größeren Seen, ernährt sich anfangs von Kleintieren und wird später zum Raubfisch, der Fische, Frösche und kleine Wasservögel angreift.
Merkmale: Er ist durch den vorstehenden Unterkiefer und die tiefe Maulspalte charakterisiert, die bis unter das Auge reicht. Seine Schuppen sind sehr klein und die paarigen Flossen rötlich gefärbt. Er kann bis zu 1 m lang und 9 kg schwer werden, meist bleibt es jedoch bei 50 cm und 3 kg.
Verwendung: Der Rapfen gilt, sofern man die Gräten sorgfältig entfernt, als guter Speisefisch. Er schmeckt wie auch der Döbel als Steckerlfisch.

NASE (4) *(Chondrostoma nasus)*

franz. alonge, hotu; ital. savetta; bulg. skobar; griech. syrtis; kroat. podust; niederl. sneep; poln. swinka; rumän. scobar; russ. podust; slowak. podustva; slowen. podust; tschech. ostroretka stěhovavá; türk. karaburun balığı; ung. paduc.

Die Nase kommt vom Rhône-, Rhein- und Donaugebiet bis zum Kaspischen Meer vor.
Merkmale: Sie hat einen schlanken Körper und eine weit vorstehende Schnauze, daher der Name. Ihre Lippen sind hornig und kantig (zum Abweiden der Algen von Steinen). Sie wird 50 cm lang und 1,5 kg schwer, meist bleibt es aber bei 40 cm.
Verwendung: Die Nase eignet sich – ähnlich wie ihre Artverwandten – aufgrund der vielen Gräten nur zum Braten oder Grillen und anschließendem Einlegen in eine saure Lake.

Eine verwandte Art ist der **Italienische Näsling** *(Chondrostoma soetta)* aus den Flüssen der Poebene. Er wird unter dem Namen »Savetta« gehandelt.

(2) Der **HASEL** *(Leuciscus leuciscus)* kommt in Europa nördlich der Alpen und Pyrenäen vor. Er kann bis zu 30 cm lang werden, meist bleibt es aber bei etwa 20 cm. Der weichfleischige, grätenreiche Fisch wird kulinarisch nicht sehr hoch eingestuft.

(3) **ALAND** *(Leuciscus idus)* unterscheidet sich von seinen engen Verwandten, dem Döbel und dem Hasel, durch den höherrückigen Körper und die rötliche Farbe der Bauch- und Afterflossen. Wie alle seine Verwandten, hat auch er viele feine Gräten.

(4) Die **NASE** *(Chondrostoma nasus)* wird aufgrund der vielen Gräten als Speisefisch nur wenig geschätzt. Entfernt man die Gräten, was allerdings mit einiger Mühe verbunden ist, kann man den schmackhaften Fisch braten oder grillen.

WARENKUNDE KÜCHENPRAXIS REZEPTE
→ *Süßwasserfische*
  Karpfenartige Fische

SCHLEIE (1) *(Tinca tinca)*

engl. green tench; franz. tanche; ital. tinca; span. tenca; port. tenca; bulg. lin; dän. suder; finn. suutari; griech. glini; kroat. linjak; niederl. zeelt; norw. suter; poln. lin; rumän. lin; russ. lin; schwed. sutare; tschech. lin; türk. kadife balığı; ung. compó.

Die Schleie kommt in ganz Europa bis Sibirien vor, nur in Nordskandinavien, -schottland und den Zuflüssen des Eismeeres fehlt sie.
Merkmale: Sie hat an der Oberlippe 2 Barteln, die Schwanzflosse ist kaum eingebuchtet. Die Schleie wird bis 60 cm, meist aber nur 20 bis 30 cm lang.
Verwendung: Schleien zählen zu den besten unter den Karpfenfischen, etwa als »Schleie blau« oder als »Speckschleie«. Bei der Zubereitung ist Vorsicht geboten: Nach dem Schlachten bleiben das Rückenmark und die Muskulatur noch stundenlang funktionsfähig. Der Fisch ist zwar tot, die Reflexe sind aber noch aktiv. Es kann zu Unfällen und Verbrühungen führen, wenn frisch geschlachtete Tiere im offenen Topf gegart werden. Die Fische sollten deshalb vor der Zubereitung einen halben Tag liegen.

Hautschutz als Name

Ihren Namen verdankt die Schleie ihrer schleimigen Oberfläche: Der Schleim soll die mit zahlreichen kleinen Schuppen versehene Lederhaut der Schleie vor Verletzungen schützen.

BARBE (2) *(Barbus barbus)*

engl. barbel; franz. barbeau; port. barbo europeu; bulg. dunavska mriana; dän. flodbarbe; griech. briana, potamolavrako; kroat. mrena; niederl. barbeel; norw. flodbarbe; poln. brzana; rumän. mreana; russ. usatsch; tschech. parma obecná; ung. rózas márna.

Das Verbreitungsgebiet der Barbe reicht von der Bretagne bis zur Nordwestküste des Schwarzen Meeres. Auch in Südostengland kommt sie vor, nicht aber in Süd- und Nordeuropa. Die Barbe lebt in schnell fließenden Flüssen mit klarem, sauerstoffreichem Wasser und Sand- oder Kiesboden.
Merkmale: Die Barbe ist schlank und bauchseitig abgeplattet. Sie wird bis zu 90 cm lang, meist bleibt es aber bei 50 cm.
Verwendung: Vorsicht bei Barben ist in der Laichzeit (Mai bis Juli) geboten. Dann ist der Rogen giftig und kann bei Verzehr zu heftigen Durchfällen und Erbrechen führen. Das Gift ist hitzebeständig. Am besten verzehrt man den wohlschmeckenden Fisch daher nur im Herbst und Winter. Sein grätenreiches Fleisch eignet sich für alle Zubereitungsarten.

UKELEI, LAUBE (3) *(Alburnus alburnus)*

engl. bleak; franz. ablette; bulg. bleskach; dän. løje; finn. salakka; kroat. uklija; niederl. alver; norweg. laue; poln. ukleja; rumän. oblet; russ. ukléika; schwed. löja; slowak. belička; slowen. zelenika; tschech. ouklej obecná; türk. inci balığı; ung. küsz.

Das Verbreitungsgebiet des Ukelei umfasst ganz Europa nördlich der Pyrenäen und der Alpen und reicht bis zum Ural (ohne Irland, Schottland und Nordskandinavien). Er lebt in langsam fließenden oder stehenden Gewässern und ernährt sich von Plankton und Insektenlarven.
Merkmale: Der Ukelei kann bis zu 20 cm erreichen, meist bleibt es bei 15 cm.
Verwendung: Der schmackhafte Speisefisch wird ohne Kopf und Gräten paniert oder frittiert.

Bedeutender ist die verwandte **Mairenke** *(Chalcalburnus chalcoides)* aus dem Donau- und Schwarzmeergebiet. Sie wird gebraten und geräuchert.

(1) Die **SCHLEIE** *(Tinca tinca)* ist ein grünlich gefärbter Karpfenfisch mit dunklen Flossen und dicker Haut, die kleine Schuppen trägt.

(2) Die **BARBE** *(Barbus barbus)* kann ihre Färbung dem Gewässergrund anpassen. Typisch sind das unterständige Maul und 4 Barteln.

(3) Die **LAUBE** *(Alburnus alburnus)* ist wirtschaftlich unbedeutend. Früher wurde aus den Schuppen Fischsilber, ein Pigment, gemacht.

WARENKUNDE KÜCHENPRAXIS REZEPTE
→ *Süßwasserfische*
 Karpfenartige Fische

BRACHSEN, BLEI, BRASSE (4) *(Abramis brama)*

engl. bream; franz. brème; port. brema; bulg. platika; dän. brasen; finn. lahna; griech. lestia; kroat. deverika; niederl. brasem; norw. brasme; poln. leszcz; rumän. pl tic ; russ. leshtsch; schwed. braxen; tschech. cejn velky; türk. çapak; ung. dévér keszeg.

Der Brachsen kommt in allen großen, stehenden und langsam fließenden Gewässern mit weichgründigem und schlammigem Boden vor.
Merkmale: Er wird maximal 75 cm, meist aber nur 40 cm lang, und bis zu 9 kg schwer. Sein Fleisch ist mittelmäßig und enthält viele Gräten.
Verwendung: Er eignet sich zum Braten und wird in Süddeutschland auch gerne geräuchert.

GÜSTER, BLICKE, PLIETE (5) *(Abramis bjoerkna)*

engl. white bream; franz. brème bordelière; ital. blicca; bulg. bellitza; dän. flire; finn. pasuri; kroat. krupatica; niederl. kolblei; norweg. flire; poln. krap; rumän. batc ; russ. gustera; schwed. björkna; slowak. piest; slowen. androga; türk. tahta balığı; tschech. cejnek malý; ung. karika keszeg.

Der Güster kommt in Mitteleuropa, Großbritannien und im südlichen Skandinavien vor.
Merkmale: Er wird bis zu 35 cm lang. Seine großen Augen stehen weit vorne. Brust- und Bauchflossen weisen einen rötlichen Ansatz auf.
Verwendung: Er eignet sich vor allem zum Braten.

KARAUSCHE, BAUERNKARPFEN, MOORKARPFEN *(Carassius carassius)*

engl. crucian carp, bronze carp; franz. carassin; ital. carassio; span. carpín; dän. karuds; finn. ruutana; griech. petalouda; kroat. karaš; niederl. kroeskarper; poln. karać; rumän. caracud ; russ. kruglyi; schwed. ruda; slowak. karas obyčajný; tschech. karas obecný; türk. havuz balığı; ung. kárász.

(4) Der **BRACHSEN** *(Abramis brama)* ist ein hochrückiger und seitlich abgeplatteter Weißfisch mit langer Afterflosse. Der Rücken ist bleigrau, die Flanken leuchten silbrig. Größere Exemplare schmecken besser als kleine.

Das Verbreitungsgebiet der Karausche erstreckt sich von England bis Ostrussland, wo sie in flachen, pflanzenreichen Tümpeln und Seen lebt.
Merkmale: Sie besitzt eine gedrungene Karpfenform, ist goldbraun und am Rücken dunkler als am Bauch. Sie wird bis 45 cm lang und über 2 kg schwer; meist bleibt es aber bei 25 cm.
Verwendung: Der schmackhafte Fisch wird nur sehr selten angeboten und genießt allenfalls regional ein hohes Ansehen. Am besten ist er gebraten.

Die **Goldkarausche** (6) *(Carassius auratus)* schimmert goldgelb, ihre Flossen weisen einen rötlichen Ansatz auf. Bei der **Silberkarausche** (7) *(Carassius auratus gibelio)* glänzen Bauch und Seiten silbrig. Sie sind beide ebenso schmackhaft wie die Karausche.

(5) Der **GÜSTER** *(Abramis bjoerkna)* ist hochrückig, seitlich stark abgeflacht und grau bis schwarzgrün gefärbt.

(6) Die **GOLDKARAUSCHE** *(Carassius auratus)* mit hochrückigem, gedrungenem Körper ist ein guter Speisefisch.

(7) Die **SILBERKARAUSCHE** oder Giebel *(Carassius auratus gibelio)* ist die Stammform der heutigen Goldfische.

Teubner Edition **29**

(1) Der **SCHUPPENKARPFEN** *(Cyprinus carpio)* ist die Karpfen-Stammform. Er unterscheidet sich in der Qualität kaum vom Spiegelkarpfen, nur das Schuppen der Fische ist mühsamer. Kleinere Exemplare bis etwa 1 kg kann man mitsamt der Schuppen grillen.

(2) Der **SPIEGELKARPFEN** *(Cyprinus carpio)* ist eine Zuchtform des Karpfens. Er hat nur wenige und unregelmäßig verteilte Schuppen und wird traditionell an Silvester und Weihnachten serviert. Standardzubereitungen sind »Gebackener Karpfen« und »Karpfen blau«.

KARPFEN (1, 2) *(Cyprinus carpio)*

engl. carp; franz. carpe; ital. carpa; span. carpa; port. carpa; dän. karpe; griech. kiprinos; niederl. karper; norw. karpe; poln. karp; schwed. karp; tschech. capr; türk. sazan.

Der Karpfen ist ursprünglich ein asiatischer Fisch, der in China schon sehr früh in Teichen gezüchtet wurde. Er kam als Nutzfisch für die Teichwirtschaft im 13. bis 15. Jahrhundert nach Europa. Seither ist er zum wichtigsten Zuchtfisch geworden.

Merkmale: Er kann über 1 m erreichen, angeboten werden meist 30 bis 40 cm lange, 3-jährige Exemplare mit 1 bis 2 kg. Der Karpfen ist ein hochrückiger Fisch mit langer Rückenflosse. An der Oberlippe trägt er 2 kurze und 2 lange Barteln. Bei der Stammform, dem Schuppenkarpfen, ist die Haut mit großen Schuppen bedeckt; bei uns wird überwiegend Spiegelkarpfen angeboten, der nur wenige, unregelmäßig verteilte Schuppen hat. Andere Zuchtformen sind der **Zeilkarpfen** mit einer Reihe von großen Schuppen entlang der Seitenlinie und der **Lederkarpfen** mit ganz wenigen Schuppen.

Verwendung: Größere Karpfen schmecken in der Regel besser als kleine, denn Tiere unter 1 kg haben noch relativ geringe Fettreserven, was ihr Fleisch leicht strohig schmecken lässt. Größere Karpfen sind traditionell ein Festtagsgericht für mehrere Personen. Karpfen eignet sich zum Pochieren, Dünsten, Braten, Frittieren und auch zum Räuchern.

Drei wichtige, gute Karpfenfische stammen aus China und dem Amurgebiet, seit mehreren Jahren werden sie auch in Europa gehalten. Der **Graskarpfen** (3) oder **Weiße Amur** *(Ctenopharyngodon idella)*, engl. grass carp, white amur, lebt in tiefen, ruhigen Seen, langsam strömenden Flüssen und wird auch in Teichen gehalten. Er ernährt sich fast nur von Pflanzen und wird bis zu 1,20 m lang, hat einen großen Kopf mit eingedrückter Schnauze, keine Bartfäden und große Schuppen. Der **Silberkarpfen**, **Algen-Amur** oder **Tolstolob** (4) *(Hypophthalmichthys molitrix)*, engl. silver carp, kommt in tiefen Fließgewässern und Seen vor. Er liebt Wärme und wird bis 1 m lang. Sein Körper ist gestreckt, etwas hochrückig, seitlich abgeflacht. Er hat einen kräftigen, breiten, zugespitzten Kopf, trägt keine Bartfäden und hat sehr kleine Schuppen. Der **Marmorkarpfen** oder auch

(3) Der **GRASKARPFEN** *(Ctenopharyngodon idella)* hat grätenreiches, wohlschmeckendes Fleisch, das sich besonders für Farcen eignet.

(4) Der **SILBERKARPFEN** *(Hypophthalmichthys molitrix)* hat sehr kleine Schuppen und einen dunklen Rücken. Er wird meist frittiert.

(5) Der **MARMORKARPFEN** *(Hypophthalmichthys nobilis)* kommt aus China und Osteuropa. Die Filets eignen sich gut zum Braten.

WARENKUNDE   KÜCHENPRAXIS   REZEPTE
→ *Süßwasserfische*
Karpfenartige Fische

Gefleckte Silberkarpfen (5) *(Hypophthalmichthys nobilis)*, engl. bighead carp, stammt aus warmen Flüssen und Seen Südchinas, ist in Mittel- und Osteuropa eingeführt und wird bei uns auch als »Breitkopf« oder »Großköpfiger Karpfen« bezeichnet. Er wird bis zu 1,80 m lang.

Sauger *(Catostomidae)*

Die Sauger oder Sucker, wie sie in Amerika heißen, sind in den USA mit 59 Arten die häufigsten und populärsten Süßwasserfische. Sie haben Ähnlichkeit mit dem Karpfen und werden dort auch ersatzweise für die einheimischen, relativ kleinen Karpfenfische verwendet. Ihren Namen haben sie von den Lippen, die bei der Nahrungsaufnahme eine Saugscheibe bilden. Die wichtigsten sind der **Blue Sucker** *(Cycleptus elongatus)*, der von Missouri bis Pennsylvania und bis zum Golf von Mexiko vorkommt, der **Longnose Sucker** *(Catostomus catostomus)*, der **Redhorse Sucker** *(Gattung Moxostoma)*, von dem es 10 Arten vom St. Lorenzstrom bis zum Golf von Mexiko gibt, und der **White Sucker** *(Catostomus commersoni)*. Er hat von allen das beste Fleisch.

Der Weihnachtskarpfen kommt aus China

Der Weihnachtskarpfen hat eine lange und beschwerliche Wanderung hinter sich. In grauer Vorzeit, so scheint es, lange bevor Nudeln und Tee ihren Weg zu uns gefunden haben, ist er vor ungefähr zwei Millionen Jahren aus China nach Mitteleuropa gekommen. Dies belegen Fossilienfunde bei Belzig im Fläming, südlich von Berlin. Die Eiszeiten drängten ihn zurück nach Südosten, doch er arbeitete sich unermüdlich wieder vom Kaspischen und Schwarzen Meer die Donau hinauf zurück und nutzte dabei sehr geschickt die große Vorliebe der Griechen und Römer für frischen Fisch aus: »Der Privatmann mag essen, was ihm die Gelegenheit bietet; auf fürstliche Tafeln gehören seltene Delikatessen, wie zum Beispiel der in der Donau lebende Fisch Carp,« schrieb der römische Gelehrte Flavius Magnus Aurelius, genannt Cassiodorus noch im 6. Jahrhundert.

Willig und zäh ließ er sich dann vor allem von den Mönchen im Mittelalter zu buckliger Körperform mit schuppenarmer Haut züchten. Dabei nahm er das stehende, sauerstoffarme Wasser der Teiche geduldig in Kauf und eroberte sich so schließlich einen festen Platz auf der traditionellen Weihnachtstafel, dem Silvestertisch und auch beim Karfreitagsmahl. Etwa um das Jahr 1585 hatte er es über Schlesien wieder nach Brandenburg geschafft. Vor allem eins hat unser Weihnachtskarpfen mit dem goldfischförmigen Wildkarpfen und dem in China weit verbreiteten Graskarpfen nach wie vor gemeinsam: die vielen Gräten, die eigentlich verknöchertes Bindegewebe sind, und sich bis jetzt allen züchterischen Bemühungen hartnäckig widersetzt haben. Nicht umsonst ist der Karpfen in China ein Symbol für Stärke und Beharrlichkeit.

Ursula Heinzelmann

Teubner Edition 31

WARENKUNDE KÜCHENPRAXIS REZEPTE
→ *Süßwasserfische*
  Lachsartige Fische

Lachsartige Fische
Diese Familie hat Fische, die fast jeder mag, und kulinarische Raritäten, die kaum einer kennt.

- Lachsartige Fische verbringen den größten Teil ihres Lebens in Süßwasser.
- Lachsfische lieben kalte und sauerstoffreiche Gewässer.
- Lachsfische haben eine so genannte Fettflosse.

Lachsartige Fische *(Salmoniformes)*

Diese Fische kommen überwiegend im Süßwasser vor, zumindest während eines Teils ihres Lebenszyklus. Nur bei den Stinten gibt es echte Seefische.

Lachsfische *(Salmonidae)*

Zu den Lachsfischen zählen Lachse, Forellen, Saiblinge und Huchen. Ihr Körper ist mäßig gestreckt, seitlich wenig abgeflacht und mit vielen kleinen Schuppen besetzt. Ihre weite Maulöffnung ist mit kräftigen Zähnen versehen. Zwischen Rücken- und Schwanzflosse liegt eine »Fettflosse«, eine dicke Hautfalte. Alle Arten lieben kalte, sauerstoffreiche Gewässer und laichen im Herbst und Winter. Es gibt Wanderformen, die im Süßwasser ablaichen, bis dahin aber im Meer leben, und Standformen, die nur in Flüssen oder Seen leben. Fast alle Lachsfische haben große wirtschaftliche Bedeutung.

ATLANTISCHER LACHS, SALM (1) *(Salmo salar)*
engl. salmon; franz. saumon; ital. salmo; span. salmón; port. sãlmao do Atlântico; dän. laks; finn. lohi; griech. solomos; niederl. zalm; norw. laks; poln. losos; russ. losos; schwed. lax; tschech. losos.

Der Atlantische Lachs ist im kalten und kaltgemäßigten Nordatlantik sowie an der nordamerikanischen Atlantikküste verbreitet. Atlantische Lachse leben im Freiwasser und ernähren sich von kleinen Fischen und Krebsen. Letztere sind verantwortlich für die schöne Rotfärbung des Lachsfleisches. Atlantische Lachse gibt es in kanadischen Flüssen noch reichlich. Im Alter von 3 bis 6 Jahren wandern sie in kleineren Trupps zum Laichen in die Flüsse ein und werden zu »Buntlachsen« – ihre Flanken verfärben sich grün bis braun. Währenddessen nehmen sie keine Nahrung auf, und viele, vor allem die Männchen, sterben nach der Fortpflanzung. Die geschlüpften Jungfische bleiben 2 bis 3 Jahre im Süßwasser und wandern dann als »Blanklachse« ins Meer. Lachse werden im Meer oft mit Treibnetzen oder treibenden Langleinen (Lachsketten) gefischt; in Flüssen während der Laichwanderungen mit Stell- und Treibnetzen.
Merkmale: Sein Rücken ist bläulich, die Flanken silbrig mit dunklen Flecken oberhalb der Seitenlinie. Er wird maximal 1,50 m lang und 36 kg schwer, meist bleibt es bei 1 m.
Verwendung: Für alle Zubereitungsarten geeignet.

ADRIATISCHER LACHS (2)
(Salmothymus obstusirostris)
kroat. mekousna pastrmka.

Der Adriatische Lachs kommt in kühlen, sauerstoffreichen Fließgewässern an der dalmatinischen Küste und im Ochrid-See vor. Seine wirtschaftliche Bedeutung ist gering, er wird nur lokal angeboten.
Merkmale: Er hat einen kleinen Kopf mit stumpfer Schnauze, ist grünlich bis bräunlich; die Flanken sind heller und mit dunkleren oder kleinen roten Punkten besetzt.
Verwendung: Für alle Zubereitungsarten geeignet.

(1) **WILDLACHS**, hier ein Atlantischer Lachs *(Salmo salar)*. Er zeichnet sich durch muskulöses Fleisch aus, das erheblich teurer ist als bei Zuchtlachs, der regelmäßigen Ertrag garantiert.

WARENKUNDE   KÜCHENPRAXIS   REZEPTE
→ *Süßwasserfische*
Lachsartige Fische

KÖNIGSLACHS (3) *(Oncorhynchus tschawytscha)*

engl. king salmon, chinook salmon; franz. saumon royal; ital. salmone reale; span. salmón chinook, salmón real; neuseel. quinnat.

Der Königslachs kommt im Westpazifik vor und wurde in neuseeländischen Gewässern eingebürgert. Er gehört zur Gruppe der Pazifischen Lachse, zu denen auch die folgenden vier Arten gehören. Sie unterscheiden sich vom europäischen Lachs durch eine längere Afterflosse. Als Wanderfische steigen sie in die Zuflüsse des nördlichen Pazifiks und Eismeeres auf.
Merkmale: Der relativ hohe Körper des Königslachses hat einen sehr kleinen Kopf, einen gepunkteten Rücken und eine große, kräftige Schwanzflosse.
Verwendung: Er ist magerer als der Atlantische Lachs, sehr gut im Geschmack und gilt als der feinste Pazifiklachs. Am besten wird er pochiert, gedämpft oder in Folie gegart.

KETA-LACHS, CHUM (4) *(Oncorhynchus keta)*

engl. chum salmon, dog salmon; franz. saumon chien, saumon keta; ital. salmone keta; japan. sake.

Die Art kommt im Nordpazifik entlang der asiatischen Küste bis Nordkorea und Japan sowie an der amerikanischen Küste bis San Francisco vor.
Merkmale: Laichreife Männchen sind hochrückig und haben Querstreifen.
Verwendung: Er eignet sich vor allem zum Braten, Grillen und Räuchern.

ROTLACHS, BLAURÜCKENLACHS, SOCKEY SALMON *(Oncorhynchus nerka)*

engl. red salmon, blueback, quinalt; franz. saumon sockeye, saumon rouge; ital. salmone rosso; span. salmón rojo

Der Rotlachs ist ein Konsumfisch aus der pazifischen Lachsgruppe. Er kommt von Alaska bis Oregon vor und wird in großen Mengen gefangen.
Merkmale: Er hat einen relativ schlanken Körper und ein intensiv rotes Fleisch.
Verwendung: Sein Fleisch ist von mittlerer Qualität und eignet sich zum Braten und für Farcen.

BUCKELLACHS *(Oncorhynchus gorbuscha)*

engl. pink salmon, humpback salmon; franz. saumon rose; ital. salmone rosa; span. salmón rosado; japan. kaofuimasu.

Der Buckellachs ist in den Küstengewässern des Eismeeres, im Nordpazifik und im Weißen Meer verbreitet. Die Laichzeit ist von August bis Oktober.

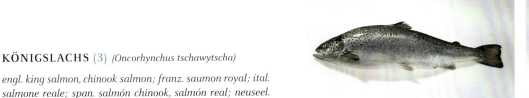

(2) Der **ADRIATISCHE LACHS** *(Salmothymus obstusirostris)* hat nur lokale Bedeutung entlang der dalmatinischen Küste und am Ochrid-See.

(3) Der **KÖNIGSLACHS** *(Oncorhynchus tschawytscha)* ist mit bis 1,6 m und 4 bis 10 kg der größte und beste unter den Pazifischen Lachsen.

(4) Der **KETA-LACHS** *(Oncorhynchus keta)* kann bis zu 1 m lang und 6 kg schwer werden. Er ist an der Eismeerküste und im Nordpazifik verbreitet.

(5) Der **SILBERLACHS** *(Oncorhynchus kisutch)* wird im Durchschnitt 3,5 kg schwer. Er gilt unter Kennern als der zweitbeste Pazifiklachs.

Merkmale: Er hat einen gedrungenen, im Alter sehr hochrückigen Körper mit schlankem Schwanzstiel und ist von ganz kleinen Schuppen besetzt. Der Buckellachs ist der kleinste der Pazifiklachse und wird im Schnitt etwa 2 kg schwer.
Verwendung: Wie der Keta-Lachs eignet er sich zum Braten und Grillen.

SILBERLACHS, COHO-LACHS (5)
(Oncorhynchus kisutch)

engl. coho salmon, silver salmon; franz. saumon argenté; ital. salmone argentato; span. salmón coho, salmón plateado.

Der Silberlachs kommt im nördlichen Eismeer sowie an der asiatischen und amerikanischen Pazifikküste vor. Er wird in den USA und Europa in Aquakulturen gehältert.
Merkmale: Er ist weniger hochrückig als der Keta-Lachs und erreicht im Durchschnitt 3,5 kg. Die beiden Flanken und der obere Teil des Schwanzes tragen jeweils einige dunkle Flecken.
Verwendung: Der Silberlachs eignet sich für alle Zubereitungsarten. Sein Laich wird zu allerfeinstem Kaviar verarbeitet (siehe S. 133).

Beute bringt Farbe

Lachs ist beliebter denn je – auch aufgrund seiner appetitlichen Fleischfarbe. Sie wird durch Beutetiere wie Garnelen hervorgerufen, in Zuchten auch durch spezielle Futterkomponenten.

Teubner Edition 33

WARENKUNDE KÜCHENPRAXIS REZEPTE
→ *Süßwasserfische*
  Lachsartige Fische

(1) Die **REGENBOGENFORELLE** *(Oncorhynchus mykiss)* ist schnellwüchsig und toleriert auch wärmeres Wasser, was ihre Haltung in Teichwirtschaft vereinfacht und den Ertrag verbessert. Sie kann – futterbedingt – auch rotes Fleisch haben.

(2) Der **HUCHEN** *(Hucho hucho)* ist der eleganteste unter den Salmoniden. Für Gourmets ist er zugleich der beste der Familie. Man muss allerdings Glück haben, einen Huchen zu erstehen, denn die Bestände haben erheblich abgenommen.

REGENBOGENFORELLE (1) *(Oncorhynchus mykiss)*

engl. rainbow trout; franz. truite arc en ciel; ital. trota iridea; span. trucha arco iris; bulg. daggova pastarva; finn. kirjolohi; griech. iridisusa pestrofa; kroat. kalifornijska pastrmka; niederl. regenboogforel; norw. regnbueørret; poln. pstrang reczowy; rumän. p str v cucurbeu; russ. radužnaja forel; schwed. regnbåge; ung. szivárványos pisztrángi.

Die Regenbogenforelle stammt aus den Flüssen der Pazifikküste Nordamerikas. Sie wurde seit 1880 bei uns eingeführt und wird seither in Teichwirtschaft gehalten. Sie ist schnellwüchsiger als die Bachforelle und toleriert auch wärmeres Wasser, so dass die Haltung einfacher und zugleich der Ertrag höher ist. Die Regenbogenforelle ist die bei uns wirtschaftlich weitaus wichtigste Art.

Merkmale: Die Regenbogenforelle unterscheidet sich von der Bachforelle durch ein rotes Band auf den Flanken und das Fehlen der roten Augenflecken. Das Band haben auch die als »Lachsforellen« gehandelten großen, rotfleischigen Exemplare, die ebenfalls Regenbogenforellen sind.

Verwendung: Regenbogenforellen eignen sich besonders zum Pochieren, Braten oder Grillen.

LACHSFORELLE, MEERFORELLE
(Salmo trutta trutta)

engl. sea-trout, salmon-trout; franz. truite de mer; span. trucha del mar; port. truta marisca; dän. laksörred; niederl. zeeforel; norw. ørret, aure; schwed. laxöring; tschech. pstruh mořskyi.

Das Verbreitungsgebiet der Lachsforelle reicht von der Barentssee bis Nordspanien. Im Mittelmeer gibt es isolierte Populationen (Nordspanien, Südfrankreich, Norditalien und nördliche Adria). Sie ist ein Wanderfisch, der in Flüsse aufsteigt, um zu laichen. Die meisten auf dem Markt angebotenen Lachsforellen stammen aus skandinavischen Zuchten.

Merkmale: Die Lachs- oder Meerforelle ähnelt dem nahe verwandten Lachs, auch ihr Fleisch ist ähnlich rot. Maximal wird sie 1,40 m groß.

Verwendung: Kleinere Lachsforellen schmecken gut im Ganzen im Ofen gegart; ansonsten kann man sie wie Lachs zubereiten.

Eine weitere Rasse, die **Schwarzmeerforelle** *(Salmo trutta labrax)* lebt im Schwarzen Meer.

HUCHEN (2) *(Hucho hucho)*

engl. huchen; franz. huchone; kroat. mladica; niederl. Donauzalm; norw. Donaulaks; poln. glowacica; rumän. lostarit ž; russ. dunaiskii losos; schwed. huchen; slowak. hlaváta; tschech. hlavatka podunajská; ungar. dunai galóca.

Der Huchen ist in klaren, sauerstoffreichen Gewässern im Bereich des Mittel- und Oberlaufs der Donau verbreitet. Heute ist er eher selten im Angebot.

Merkmale: Der Huchen hat eine im Querschnitt fast runde Form, alle anderen Lachsfische sind dagegen seitlich abgeplattet. Er wird maximal 1,50 m lang und über 50 kg schwer.

Verwendung: Der feine Geschmack des Huchens kommt am besten beim Dünsten, Pochieren und sanften Braten in Butter zur Geltung. Er sollte nicht durch zu starkes Würzen überdeckt werden.

Der dem Huchen verwandte **Taimen** *(Hucho taimen)* ist in Russland von wirtschaftlicher Bedeutung. Er wird bis 1,60 m lang.

Lachsforellen

Die bei uns als »Lachsforelle« gehandelten Fische sind in der Regel besonders ernährte und daher rotfleischige Regenbogenforellen. Sie sind qualitativ nicht mit echten Meerforellen zu vergleichen.

WARENKUNDE   KÜCHENPRAXIS   REZEPTE
→ *Süßwasserfische*
  Lachsartige Fische

BACHFORELLE (3) *(Salmo trutta fario)*

engl. brook trout; franz. truite; ital. trotta fario; span. trucha; port. truta; bulg. balkanska pastarva; dän. baekørred; finn. puro taimen; griech. agria pestrofa; kroat. pastrmka; niederl. beekforel; norw. bekkeørret; poln. pstrag potokowy; rumän. p str v; russ. rutschevnaja forel; schwed. bäckforell; tschech. pstruh potočni; türk. alabalığı; ung. sebes pisztrang.

Die Bachforelle ist keine eigene Art, sondern eine zeitlebens im Süßwasser lebende Rasse der Lachsforelle. Sie ist in Nordwesteuropa verbreitet und an sauerstoffreiche und schnell fließende Gewässer gebunden. Dort laicht sie auch.
Merkmale: Sie ist äußerlich nur schwer von der Lachsforelle zu unterscheiden. Auf und unter der Seitenlinie hat die Bachforelle hell umrandete rote Augenflecken. Ihr Fleisch ist weiß, niemals rot. Die Bachforelle wird bis zu 50 cm lang.
Verwendung: Bachforellen eignen sich zum Pochieren, Braten oder Grillen.

Zwei weitere Arten aus dem Westen der USA sind in europäischen Gewässern bekannt: Die **Cutthroat-Forelle** *(Salmo clarki)*, mit einem langen roten Streifen beiderseits der Kehle, und die gold glänzende **Golden Trout** *(Salmo aguabonita)*.

BACHSAIBLING (4) *(Salvelinus fontinalis)*

engl. brook trout; franz. saumon, omble de fontaine; ital. salmerino di fontana; span. salvelino; port. truta das fontes; bulg. siven; dän. kildeørred; finn. puronieriä; kroat. potočna zlatovčica; niederl. bronforel; norw. bekkerøye; poln. pstrag Zródlany; schwed. bäckröding; rumän. fintînel; russ. amerikanski goletz; ung. pataki galóca.

Frei lebende Bestände des Bachsaiblings gibt es in den meisten europäischen Ländern. Da aber die robustere Regenbogenforelle den Markt fast völlig erobert hat, wird der Bachsaibling kaum angeboten.
Merkmale: Saiblinge sind an ihrer während der Laichzeit bunten Färbung und am strahlend weißen Längsband am Vorderrand der Brust- und Bauchflossen zu erkennen.
Verwendung: Er eignet sich wie die Forelle zum Pochieren, Braten und Grillen. Das feine Aroma (viel delikater als bei Regenbogenforellen) nicht durch zu starkes Würzen oder Braten überdecken.

Der **Amerikanische Seesaibling** *(Salvelinus namaycush)*, amerikan. lake trout, wird über 1 m lang und bis 8 kg schwer. Er wurde in europäischen Seen eingesetzt. Im nordpazifischen Raum ist der **Dolly Varden** *(Salvelinus malma)* wirtschaftlich wichtiger.

SEESAIBLING (5) *(Salvelinus alpinus salvelinus)*

engl. char; franz. omble chevalier; ital. salmerino alpino; port. salvelino áretico; dän. fjeldørred; finn. nieriä; kroat. jezerska zlatovčica; niederl. riddevis, arktische zalmforel; norw. røye; russ. goletz; schwed. röding.

Der Seesaibling ist eine stationäre Rasse des Wandersaiblings und lebt in tiefen, kalten, sauerstoffreichen Seen der Britischen Inseln, der Alpenländer (bis in 2.000 m Höhe), Skandinaviens, Islands, Nordrusslands, Japans und Nordamerikas.
Merkmale: Er wird 15 bis 75 cm lang und hat sehr feines, festes und zart lachsfarbenes Fleisch.
Verwendung: Der Seesaibling wird in Mitteleuropa nur lokal angeboten. Er eignet sich zum Pochieren, Braten und Grillen.

(3) Die **BACHFORELLE** *(Salmo trutta fario)* gehört zu den besten Forellen und wird vorwiegend frisch angeboten.

(4) Der **BACHSAIBLING** *(Salvelinus fontinalis)* hat orange Brust-, Bauch- und Afterflossen sowie eine dunkel marmorierte Rückenflosse.

(5) Der **SEESAIBLING** *(Salvelinus alpinus salvelinus)* hat rote Brust-, Bauch- und Afterflossen. Die Rückenflosse ist einheitlich gefärbt.

WARENKUNDE
→ *Süßwasserfische*
  Lachsartige Fische

Renken, Felchen oder Maränen
(Coregonidae)

Renken, Felchen oder Maränen sind schlanke, silbrige Fische mit seitlich abgeflachtem Körper, Fettflosse und einer tief eingeschnittenen Schwanzflosse. Man unterscheidet verschiedene Typen: Schwebrenken sind so genannte Freiwasserfische, die von Plankton leben, Bodenrenken ernähren sich von kleinen Bodentieren. Es gibt Wanderformen (vom Brackwasser der Küsten in die Flüsse) und stationäre Fluss- und Seenbestände.

KLEINE MARÄNE, MAIRENKE, ZOLLFISCH, ZWERGMARÄNE (1) *(Coregonus albula)*

engl. white fish, vendace; franz. petite marêne, corégone blanc; dän. heltling; finn. muikku; norweg. lagesild; poln. sielawa; rumän. coregon-mic; russ. europeiskaya ryapushka; schwed. siklöja, småsik; slowak. und tschech. maréna malá.

Die Kleine Maräne ist in Nordeuropa beheimatet. In Deutschland kommt sie in holsteinischen und mecklenburgischen Seen vor, durch Besatz auch in süddeutschen, in französischen und südrussischen Seen. Sie lebt in der Ostsee auch als Wanderfisch, der zum Laichen in Flüsse aufsteigt.
Merkmale: Sie wird meist etwa 20 cm, seltener auch bis zu 45 cm lang.
Verwendung: Sie eignet sich gut zum Pochieren und Dünsten, geräuchert gilt sie als Delikatesse.

FELCHEN, OSTSEESCHNÄPEL, GROSSE SCHWEBRENKE (2) *(Coregonus lavaretus)*

engl. pollan; franz. lavaret du Bourget; ital. coregone lavarello; dän. helt; finn. vaellussiika; niederl. grote marene; norweg. sik; poln. sieja; rumän. coregon; russ. prokhodskoi sig; schwed. sik; slowak. und tschech. maréna velká.

Der Felchen ist in englischen und schottischen Seen, in der Ostsee, Skandinavien, Nordrussland und in den Seen des Voralpengebietes verbreitet.
Merkmale: Er hat silbrige Flanken, große Schuppen und wird bis 70 cm lang.
Verwendung: Ideal zum Räuchern und Braten.

KLEINE BODENRENKE *(Coregonus pidschian)*

engl. humpback whitefish; finn. pohjasiika, russ. ledovitomoskje sighi; schwed. Storsik

Die Kleine Bodenrenke kommt entlang der arktischen Grenze in Sibirien, Nordrussland, Finnland und Norwegen bis Alaska vor, auch in Mittelschweden und in den Seen des Alpengebietes.
Verwendung: Sie eignet sich zum Räuchern, sanft Braten, Pochieren oder auch zum Dünsten.

GROSSE MARÄNE, SANDFELCHEN, GROSSE BODENRENKE (3) *(Coregonus nasus)*

amerikan. lake whitefish; franz. palée du Léman; dän. helt; finn. karisiika; russ. tschir; schwed. älvsik.

Die Große Bodenrenke kommt von Neu-England bis zur kanadischen Arktis, in Skandinavien, Nordrussland und Sibirien, und in zahlreichen Seen Norddeutschlands und im Alpengebiet vor.
Merkmale: Sie wird bis 85 cm lang und 15 kg schwer, in den Alpenseen bleibt es bei 50 bis 60 cm und etwas über 1 kg.
Verwendung: Ideal zum Räuchern und Braten.

KLEINE SCHWEBRENKE, EDELMARÄNE, NORDSEESCHNÄPEL *(Coregonus oxyrhynchus)*

engl. houting; franz. bondelle; ital. coregona bondella; port. coregono bicudo; dän. snaebel; finn. järvisiika; griech. korégonos; niederl. houting; schwed. planktonsik; älvsik.

(1) Die **KLEINE MARÄNE** *(Coregonus albula)* ist am oberständigen Maul – der Oberkiefer steht weiter vor als der Unterkiefer – zu erkennen.

(2) Der **FELCHEN** *(Coregonus lavaretus)* gehört zu den Großen Renken mit unterständigem Maul. Er wird bevorzugt gebraten und geräuchert, aber auch gegrillt

Die Kleine Schwebrenke kommt von Alaska bis Nordeuropa vor, auch in der Ost- und Nordsee, wo sie zum Laichen in Flüsse aufsteigt.
Merkmale: Typisch ist die nasenförmig verlängerte Schnauze (»Schnäpelnase«).
Verwendung: Sie eignet sich gut zum Pochieren und Dünsten, geräuchert gilt sie als Delikatesse.

Äschen *(Thymallidae)*

Die Familie der Äschen ist durch ihre lange Rückenflosse gekennzeichnet. In Europa kommt sie nur mit einer Art vor.

ÄSCHE (4) *(Thymallus thymallus)*

engl. grayling; franz. ombre; ital. temolo; port. peixe sombra; dän. stalling; finn. harjus; kroat. lipljen; niederl. vlagzalm; norw. harr; poln. lipień; rumän. lipan; russ. kharius; schwed. harr; tschech. lipan podhorní; ung. pénzes per.

Die Äsche ist in Frankreich, Norditalien und dem nördlichen Balkan bis zu den Zuflüssen des Weißen Meeres verbreitet.
Merkmale: Sie ist silbrig gefärbt, der Rücken dunkler als Bauch und Flanken. Sie wird bis 60 cm lang und 2,5 kg schwer.
Verwendung: Das feste, magere weiße Fleisch duftet nach Thymian und entfaltet gedämpft oder pochiert sein feines Aroma am besten.

Hechte *(Esocidae)*

Hechte haben eine lange Schnauze, die an einen Entenschnabel erinnert, und einen flachen Körperquerschnitt. Sie leben als lauernde Jäger sowohl in Fließ- als auch in stehenden Gewässern.

(3) Die **GROSSE MARÄNE** *(Coregonus nasus)*, auch Sandfelchen oder große Bodenrenke genannt, wird in den holsteinischen und mecklenburgischen Seen sowie in Polen gefangen. Ihr Fleisch ist von ebenso guter Qualität wie das ihrer Verwandten.

HECHT (5) *(Esox lucius)*

engl. pike; franz. brochet; ital. luccio; span. lucio; port. lúcio; dän. gedde; finn. hauki; griech. turna; kroat. štuka; niederl. snoek; norw. gjedde; poln. sczupak; rumän. stiuc ; russ. shtschuka; schwed. gädda; tschech. tschtika; türk. turna.

Das Verbreitungsgebiet des Hechts erstreckt sich von Westeuropa (ohne die Iberische Halbinsel) bis nach Kamchatka. Die Art kommt aber auch in Nordamerika von der kanadischen Atlantikküste bis zum Pazifik vor, Teile Alaskas eingeschlossen.
Merkmale: Seine Grundfarbe variiert je nach Standort und Alter: Einjährige Hechte aus der verkrauteten Uferregion sind grünlich gefärbt, die aus Brackwasser gelblich. Bei älteren Tieren herrschen graue und braune Farbtöne vor. Die Flanken und der Bauch sind heller gefärbt. Der ganze Körper ist mit unregelmäßigen helleren Flecken bedeckt.
Verwendung: Hecht ist von September bis Januar (außerhalb der Laichzeit) am schmackhaftesten. Zum Dünsten, Kochen und Pochieren eignen sich junge Hechte; ältere Exemplare (über 2,5 kg) werden oft zu Füllungen und Farcen verarbeitet. Das feste weiße Fleisch ist sehr wohlschmeckend. Unangenehm sind nur die vielen gabelartig verzweigten Gräten, die den Genuss etwas schmälern können.

(4) Die **ÄSCHE** *(Thymallus thymallus)* ist ein delikater Speisefisch. Sie kommt meist mit einer Größe von etwa 30 cm und einem Gewicht von 250 g in den Handel.

(5) Der **HECHT** *(Esox lucius)* ist an seinem an einen Entenschnabel erinnernden Kopf zu erkennen. Er wird bis 1,50 m lang und 35 kg schwer. Sein feines weißes Fleisch ist sehr wohlschmeckend.

WARENKUNDE   KÜCHENPRAXIS   REZEPTE
→ *Süßwasserfische*
 Neunaugenartige

Neunaugenartige
Die Täuschung ist nahezu perfekt: Was wie Fisch aussieht, ist in Wahrheit gar keiner. Doch wer Fisch derart gut nachahmt, wird auch wie Fisch gefangen und gekocht.

- Neunaugenartige sind keine echten Fische, ähneln diesen jedoch in Aussehen und Verwendung sehr.
- Sie saugen sich an ihrer Beute fest.

Neunaugenartige *(Petromyzoniformes)*

Neunaugen sind keine Fische im eigentlichen Sinn. Vielmehr zählen sie mit den Schleimaalen (Myxiniformes) zu den so genannten Rundmäulern – der ursprünglichsten der heute noch lebenden kieferlosen Wirbeltiergruppe. Sie besitzen im Gegensatz zu den Knochen- und Knorpelfischen weder einen Kieferapparat noch paarige Flossen.

Neunaugen *(Petromyzonidae)*

Neunaugen haben ein trichterförmiges, mit Hornzähnen bestücktes Maul, mit dem sie sich an ihrer Beute, etwa Fischen, festsaugen. Ihre Raspelzunge schürft die Fischhaut auf. Das in die Wunde abgesonderte Sekret verhindert die Blutgerinnung und löst das Gewebe weiter auf, von dem das Neunauge lebt. Die aalförmigen Neunaugen haben eine schuppenlose, schleimige Haut und auf jeder Seite 7 Kiemenöffnungen, die zusammen mit dem Auge und der Nasenöffnung 9 »Augen« ergeben.

MEERNEUNAUGE *(Petromyzon marinus)*

engl. sea lamprey; *franz.* lamproie marine; *ital.* lampreda di mare; *span.* lamprea de mar; *dän.* havlampret; *finn.* merinahkiainen; *griech.* lámprena; *kroat.* morska paklara; *niederl.* zeeprik; *norweg.* havniøye; *russ.* morskaya minoga; *schwed.* hafsnejonöga; *slowen.* morski piškur.

Das Meerneunauge ist wegen der Verschmutzung der Flüsse heute selten und wird kaum angeboten. Im Winter schmeckt das fettreiche Fleisch sehr gut.
Merkmale: Die Maulscheibe weist viele ringförmige Reihen von Hornzähnen auf; der Körper ist gescheckt und bis 70 cm lang.
Verwendung: Frisch wird es gebraten, dann oft sauer eingelegt; auch geräuchert schmeckt es sehr gut.

FLUSSNEUNAUGE (1) *(Lampetra fluviatilis)*

engl. lampern; *franz.* lamproie de rivière; *ital.* lampreda di fiume; *span.* lamprea de río; *port.* lampreia do rio; *dän.* flodlampret; *finn.* nahkiainen; *kroat.* riječna paklara; *niederl.* rivierprik; *norweg.* elveniøye; *poln.* minog rzeczny; *russ.* retschnaja minoga; *schwed.* flodnejonöga; *slowak.* mihuľa riečna; *slowen.* recni piškur; *tschech.* mihle říční.

Merkmale: Die Färbung ist am Rücken einheitlich graugrün, der Bauch ist heller.
Verwendung: Das Flussneunauge wird wie das Meerneunauge gebraten und geräuchert. Es eignet sich besonders gut zum Marinieren.

(1) Das **FLUSSNEUNAUGE** *(Lampetra fluviatilis)* hat nur eine Reihe von Hornzähnen und bleibt mit etwa 30 cm deutlich kleiner als das Meerneunauge. Kulinarisch ist es ihm jedoch bei weitem überlegen.

WARENKUNDE   KÜCHENPRAXIS   REZEPTE
→ *Süßwasserfische*
Welsartige Fische

Welsartige Fische
Sie haben das Zeug zum Star in der Küche – ihre stattliche Statur und imposanten Bartfäden machen sie unverwechselbar. Und das Beste: sie sind fast grätenfrei!

Welsartige Fische *(Siluriformes)*

Die meisten der etwa 2.000 Arten kommen im Süßwasser vor, nur wenige Familien sind Meeresfische.

Welse *(Siluridae)*

Welse haben einen breiten, abgeplatteten Kopf mit mehreren, verschieden langen Bartfäden, eine kleine Rückenflosse und eine sehr lange Afterflosse.

WELS, WALLER (1) *(Silurus glanis)*

engl. wels; franz. silure; port. siluro europeu; bulg. som; dän. malle; finn. monni; griech. goulianos; kroat. som; niederl. meerval; norw. malle; poln. sum; rumän. somn; russ. som; schwed. mal; tschech. sumec; türk. yayın; ung. harcsa.

Das Verbreitungsgebiet des Welses ist Osteuropa, bei uns erreicht er seine Westgrenze.
Merkmale: Der Körper ist unbeschuppt, Ober- und Unterkiefer tragen lange Bartfäden. Der Rücken ist blauschwarz, der Bauch heller, die Flanken sind grünlich. Er wird bis 3 m lang und 150 kg schwer.
Verwendung: Das Fleisch ist sehr fett, große Welse werden vor der Laichzeit (Mai bis Juni) fast ungenießbar. Geeignet sind Zubereitungsarten wie Braten oder Grillen, die das Fett durch Hitze ausbraten. Nach der Laichzeit und im Spätherbst eignet er sich zum Pochieren oder Dünsten, da er fettärmer ist.

Die Welsart **Pangasius** ist sehr weißfleischig und wird in Aquakultur in Vietnam gezogen. Es gibt 2 Arten: *Pangasius bocourti* ist fettreich und wird auf dem asiatischen Markt angeboten, *Pangasius hypothalamus* ist fettarm und in Europa verfügbar.

Zwergwelse, Katzenwelse *(Ictaluridae)*

Die Familie der Zwerg- oder Katzenwelse ist auf Nord- und Mittelamerika beschränkt.

ZWERGWELS *(Ictalurus nebulosus)*

engl. American catfish, brown bullhead; franz. poisson chat noir; ital. pesce gatto; dän. dvaergmalle; kroat. američki somić; niederl. dwergmeerval; poln. sumik karlowaty; rumän. somn-american; russ. amerikanskii som; slowak. sumček; tschech. sumeček zakrský; ung. törpe harcsa.

Der Zwergwels ist seit 1885 in Europa eingeführt und stellenweise eingebürgert, vor allem in Schlesien, Weißrussland und der Ukraine.
Merkmale: Wie die Lachsartigen hat auch der Zwergwels eine Fettflosse und wird bis 45 cm lang.
Verwendung: Er ist ideal zum Braten und Frittieren.

Der **Blue Catfish** (2) *(Ictalurus furcatus)* und der **Channel Catfish** (3) *(Ictalurus punctatus)* sind vor allem in den USA beliebt. Sie haben festes Fleisch.

- Welse haben verschieden lange Bartfäden, kleine Rückenflossen und lange Afterflossen.
- Die meisten Welsarten sind sehr fettreich.

(1) Der **WELS** *(Silurus glanis)* hat einen lang gestreckten Körper und schleimige Haut. Sein Fleisch ist weiß, fast grätenlos und eignet sich gut zum Braten oder Grillen.

(2) Der **BLUE CATFISH** *(Ictalurus furcatus)* ist mit über 1 m Länge einer der größten Süßwasserfische Nordamerikas. Sein festes Fleisch schmeckt sehr gut.

(3) Der **CHANNEL CATFISH** *(Ictalurus punctatus)* ist in den USA der wichtigste Zuchtwels und auch in Südostengland heimisch. Sein Fleisch schmeckt hervorragend.

WARENKUNDE   KÜCHENPRAXIS   REZEPTE
→ *Meeresfische*
  Aalartige Fische

Aalartige Fische
Fische ohne »Hinterbeine«? Die gibt es tatsächlich: Die »Fußlosen« haben nämlich keine Bauchflossen.

- Aalartige haben keine Bauchflossen, daher der Zweitname »Fußlose«.
- Aalartige sind alle schuppenlos oder haben tief eingebettete Rundschuppen.
- Sie haben eine sehr schleimige Haut.

Aalartige Fische *(Anguilliformes)*

Zu dieser Ordnung gehören Fische mit lang gestrecktem, schlangenförmigem Körper und stark schleimiger Haut, die meist schuppenlos oder mit tief eingebetteten Rundschuppen bedeckt ist. Die Kiemenöffnungen sind sehr eng. Da Bauchflossen fehlen, werden sie auch als »Fußlose« *(Apodes)* bezeichnet. Es sind meist Meeresbewohner, mit Ausnahme der Familie der Flussaale *(Anguillidae)*, deren Fortpflanzung jedoch auch im Meer erfolgt. Die Familie der Flussaale enthält nur eine Gattung *(Anguilla)*, die mit 16 Arten an allen Meeresküsten (außer der Westküste der USA und dem Südatlantik) vertreten ist.

FLUSSAAL (1) *(Anguilla anguilla)*

engl. eel; franz. anguille; ital. anguilla; span. anguila; port. enguia; dän. ål; griech. cheli; kroat. jegulja; niederl. paling; norw. ål; schwed. ål; türk. yllan baliği.

Der Flussaal ist in sämtlichen europäischen Süßgewässern verbreitet, besiedelt aber auch die Küstengewässer vom Weißen Meer bis zur mauretanischen Küste. Nach 4 bis 10 Jahren in Flüssen und Seen beginnt der Flussaal als »Blankaal« im August/September mit der Abwanderung zum Laichen ins Meer. Die Laichplätze liegen in der Sargassosee über großen Tiefen. Mit dem Golfstrom treiben die fast durchsichtigen Larven nach Osten und erreichen mit 3 Jahren als »Glasaale« die europäischen Küsten. Hier nehmen sie die gelbbraune Farbe der »Steigaale« an und beginnen, in die Flussmündungen einzudringen.

Merkmale: Beim Flussaal beginnt der Flossensaum auf der Rückenseite weit hinter den Brustflossen. Der Flussaal ist grünlich braun gefärbt, der Bauch gelblich (Grünaal). Im Alter von 6 Jahren wird der Rücken dunkler, der Bauch silbrig (Blankaal). Weibliche Tiere können bis zu 1 m lang werden, Männchen bis etwa 50 cm.

Verwendung: Aal gilt als Edelfisch. Man kann ihn kochen, schmoren oder braten. Zum Braten eignen sich kleinere, fingerdicke Exemplare; größere und fettere Aale werden vorzugsweise geräuchert.

Verwandte Arten sind der an der nordamerikanischen Atlantikküste vorkommende **Amerikanische Flussaal** *(Anguilla rostrata)*, der dem europäischen Aal sehr ähnlich ist, sowie der **Japanische Aal (2)** *(Anguilla japonica)*, japan. unagi, der ebenso wie der **Marmoraal** *(Anguilla marmorata)* traditionell in Japan genutzt wird. Der **Australische Aal** *(Anguilla australis)* ist im Südteil Australiens, in Tasmanien und Neuseeland verbreitet. Zunehmend kommt er wie auch

Wenn im Frühsommer das Wasser der Flüsse und Seen wärmer wird, kommen die Aale aus den tieferen Regionen an die Oberfläche und können gefangen werden.

WARENKUNDE KÜCHENPRAXIS REZEPTE
→ *Meeresfische*
  Aalartige Fische

der **Neuseeländische Aal** *(Anguilla dieffenbachii)* auf den europäischen Markt, da die heimischen Bestände im Abnehmen begriffen sind.

MITTELMEER-MURÄNE (3) *(Muraena helena)*

engl. moray eel; franz. murène; ital. murena; span. morena; port. moreia; griech. smerna; kroat. murina; niederl. moeraal, murene; schwed. muräna; türk. merina.

Die Mittelmeer-Muräne ist von Südengland bis zum Senegal verbreitet.

Merkmale: Muränen haben keine Brustflossen, ihre Färbung ist veränderlich, charakteristisch ist allerdings ein dunkles Fleckenmuster auf hell bräunlichem Untergrund.

Verwendung: Das Fleisch ist weiß, sehr fett und relativ weich, daher ist die Muräne nicht transportfähig und eher eine regionale Spezialität. Zu manchen Jahreszeiten und in bestimmten Regionen kann das Fleisch toxisch wirken; die genauen Gründe hierfür müssen noch erforscht werden.

MEERAAL *(Conger conger)*

engl. conger; franz. congre; ital. grongo; span. congrio; port. congro, safio; dän. havål; griech. mougri; kroat. ugor; niederl. congeraal, zeepaling; norw. havål; schwed. hafsål; türk. miğri.

Der Meeraal ist von Norwegen bis zum Senegal sowie im Mittelmeer verbreitet und wird regelmäßig angeboten. Aale werden, besonders in Nordeuropa, mit Angeln, Bundgarn, Reusen und Schleppnetzen gefangen. Das Schlachten ist sehr schwierig, so dass man dies am besten vom Profi im Fischgeschäft vornehmen lässt.

Merkmale: Im Gegensatz zum Flussaal beginnt beim Meeraal der Flossensaum auf der Rückenseite knapp hinter dem Ansatz der Brustflossen. Auch wird der Meeraal mit bis zu 3 m Länge fast doppelt so groß wie sein Artverwandter aus dem Fluss. Er hat eine grau gefärbte Haut, die auf der Bauchseite wesentlich heller ist.

Verwendung: Meeraal hat zwar kein ganz so delikates Fleisch wie der Flussaal, eignet sich aber dennoch sehr gut zum Schmoren.

Aalblut ist giftig!

Aale sollte man vorsichtshalber am besten vom Profi im Fischgeschäft schlachten lassen, denn ihr Blut enthält das Nervengift Ichthyotoxin, das erst durch Kochen oder Räuchern zerstört und damit ungefährlich wird.

(1) Der **FLUSSAAL** *(Anguilla anguilla)* wird bis zu 1 m lang und ist grünlich braun gefärbt, der Bauch ist gelblich. Der Flossensaum beginnt weit hinter den Brustflossen. In Frankreich wird der Flussaal gerne frisch zubereitet.

(2) Der **JAPANISCHE AAL** *(Anguilla japonica)* ist ein wichtiger Wirtschaftsfisch. In Japan werden Satzaale, die häufig aus Nordamerika stammen, erfolgreich und in großen Mengen in Aquakulturen gemästet.

(3) Die **MITTELMEER-MURÄNE** *(Muraena helena)* findet man auf Fischmärkten rund ums Mittelmeer, besonders an der Westküste Italiens und auf Zypern. Sie galt im antiken Rom als Delikatesse, ihr kulinarischer Wert ist heute umstritten.

WARENKUNDE   KÜCHENPRAXIS   REZEPTE
→ *Meeresfische*
  Ährenfischartige Fische

Ährenfischartige Fische *Im Aussehen eher unscheinbar, verzaubern einige Arten durch ihr Können: Sie »fliegen«!*

- Zu den Ährenfischartigen Fischen gehören Flugfische, Hornhechte und Ährenfische.
- Der spektakulärste Vertreter dieser Ordnung ist der Fliegende Fisch.

Ährenfischartige Fische

(Atheriniformes)

Flugfische *(Exocoetidae)*

Ihr lang gestreckter Körper hat eine weit nach hinten gerückte Rückenflosse und tragflügelähnliche Brustflossen. Bei Gefahr setzen sie zum »Gleitflug« an, der bis zu 200 m weit reicht.

FLIEGENDER FISCH *(Exocoetus volitans)*

engl. tropical two-wing flying fish; franz. exocet; ital. pesce volante; span. pez volador.

Der Fliegende Fisch kommt in allen tropischen Gewässern vor, im Mittelmeer eher selten.
Merkmale: Er wird bis zu 20 cm lang. Sein Rücken schillert blau, der Bauch ist silbrig, die Flossen sind fast durchsichtig.
Verwendung: Fliegender Fisch eignet sich vor allem zum Panieren oder Frittieren.

Hornhechte *(Belonidae)*

Hornhechte haben lang gestreckte, schmale Körper, lange, dünne Kiefer mit vielen nadelspitzen Zähnen. Sie sind sehr gute Schwimmer, die sich ihren Verfolgern durch hohe, weite Sprünge entziehen.

HORNHECHT (1) *(Belone belone)*

engl. garfish; franz. orphie; ital. aguglia; span. aguja; port. agulha; dän. hornfisk; griech. zargana; kroat. iglica; niederl. geep; norw. horngjel; schwed. horngädda, näbbgädda; türk. zargana.

Der Hornhecht kommt an allen europäischen Küsten von Mittelnorwegen an südwärts vor und ist auch im Mittelmeer zu finden.
Merkmale: Die Wirbelsäule und die anschließenden Gräten dieses Fisches sind grün gefärbt, daher heißt er im Deutschen auch »Grünknochen«.
Verwendung: In Stücke geschnitten ist er ideal zum Braten. Kleinere Exemplare werden geschmort.

Ährenfische *(Atherinidae)*

Sie sind kleine, zarte, fast durchsichtige Schwarmfische, die oft mit Sardinen verwechselt werden.

ÄHRENFISCHE (2) *(Atherina spp.)*

engl. sand smelt; franz. sauclet; ital. latterino; span. chucleto, pejerrey; port. peixe-rei; griech. atherina; kroat. zeleniš šiljan; niederl. kornaarvis; norw. stripefisk; türk. gümü.

Ährenfische kommen vor allem im Mittelmeer. vor.
Merkmale: Sie haben 2 kurze Rückenflossen und werden bis 20 cm, meist nur 15 cm lang.
Verwendung: Ährenfische werden nicht ausgenommen, nur gewaschen, getrocknet und ganz frittiert.

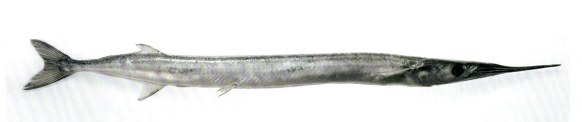

(1) Der **HORNHECHT** *(Belone belone)* wird bis zu 90 cm lang, meist bleibt er jedoch unter 50 cm. Die Rückenseite ist grünlich gefärbt, die Flanken tragen einen grünen Längsstreifen. Hornhechte haben ein delikates, festes Fleisch, das sich sehr gut für Suppen, Eintöpfe, zum Braten und Räuchern eignet.

(2) **ÄHRENFISCHE** *(Atherina ssp.)* haben grünliche Rücken und »Seitenstreifen«.

Armflosser

Fische können nicht nur schwimmen: Einige, wie etwa die Armflosser, können auch am Meeresboden kriechen. Die armartig vergrößerten Brustflossen machen es möglich.

Armflosser *(Lophiiformes)*

Bei dieser mit etwa 280 Arten in tropischen bis gemäßigten Gebieten der Weltmeere verbreiteten Gruppe ist der erste Strahl der Rückenflosse zu einem frei stehenden, beweglichen Angelorgan umgebildet und verlängert. Dieses wird im Wasser hin und hergeschwenkt, bis Beute anbeißt. Durch Aufreißen des riesigen Schlunds entsteht ein Sog, der die Beute in den Fischmund treibt.

Seeteufel *(Lophiidae)*

Von der Familie der Seeteufel sind aus allen tropischen bis gemäßigten Meeresteilen der Welt ungefähr 25 Arten bekannt. Die wichtigste Art ist in den Gourmet-Restaurants der Welt als »Lotte« oder als »Baudroie« bekannt.

(1) Der **SEETEUFEL** *(Lophius piscatorius)* gehört als »Lotte« oder »Baudroie« weltweit zum festen Repertoire der Gourmet-Restaurants. Sein feines, festes Fleisch – meist wird nur das verwendbare Schwanzstück, mit oder auch ohne Haut, gehandelt – wird zu hohen Preisen angeboten.

SEETEUFEL (1) *(Lophius piscatorius)*

engl. angler; franz. lotte, baudroie; ital. rana pescatrice; span. rape; port. tamboril; dän. havtaske; griech. peskantritsa, fanari; kroat. grdobina; niederl. zeeduivel; norw. breiflabb, havtaske; schwed. marulk; türk. fener.

Das Verbreitungsgebiet des Seeteufels reicht von der südwestlichen Barentssee bis nach Gibraltar und schließt das Mittelmeer und das Schwarze Meer mit ein. Sein Lebensraum reicht vom Flachwasser bis in etwa 500 m Tiefe. Durch seine Tarnung kaum erkennbar, liegt der Seeteufel träge auf dem Meeresboden und schwenkt seine »Angel« langsam hin und her. Ein nach diesem Köder schnappender Fisch gerät direkt über die Maulspalte, die der Seeteufel ruckartig öffnet und durch den dabei entstehenden Sog die Beute einsaugt. Hauptfanggebiet ist der Nordatlantik; Seeteufel gehört zum Beifang der Grundschleppnetzfischer.
Merkmale: Der Seeteufel ist ein abgeplatteter Bodenfisch. Er hat einen großen Kopf und eine gewaltige Maulspalte. Die Brustflossen liegen horizontal an den Körperseiten. Die Rückenflosse ist im vorderen Teil in einzelne Stacheln aufgelöst, von denen der vorderste direkt hinter der Maulspalte liegt. Die Rückenseite ist olivbraun, gescheckt und dem Meeresboden gut angepasst. Der Fisch kann bis zu 2 m lang werden, bleibt aber meist unter 1 m.
Verwendung: Seeteufel ist vielseitig, sein feines, festes Fleisch eignet sich gut zum Braten oder Schmoren. Seeteufel zählt zu den erlesenen Fischdelikatessen und wird mittlerweile zu hohen Preisen angeboten. Früher wurde er auch als »Forellenstör« gehandelt. Besonders angenehm: Außer der Wirbelsäule ist das Fleisch des Seeteufels praktisch grätenfrei. Der Fisch mit dem festen Fleisch wird von Fischern gerne in Würfel geschnitten, in Ei getaucht und dann ausgebacken.

Im gleichen Verbreitungsgebiet findet sich der bis 70 cm lange **Kleinfüßige Seeteufel** *(Lophius budegassa)*, franz. baudroie rousse, der bauchseitig schwarz ist. Entlang der amerikanischen Atlantikküste ist der bis 1,20 m lange **Amerikanische Seeteufel** *(Lophius americanus)*, engl. goosefish oder monkfish, beheimatet und als Speisefisch sehr geschätzt.

- Der erste Strahl der Rückenflosse ist zu einem Angelorgan umgebildet.
- Die Brustflossen der Armflosser sind armartig vergrößert.

Barschartige Fische

Der riesige Clan zählt stolze 180 Familien. Die Vielzahl der Mitglieder macht ihren Einfluss geltend: Wirtschaftlich wie kulinarisch laufen sie vielen Fischen den Rang ab.

- Barschartige Fische haben eine geteilte Schwanzflosse und einen hohen Rücken.
- Sie sind exzellente Speisefische, die vor allem gedünstet und gebraten gut schmecken.

(1) Der **SÄGEBARSCH** *(Serranus cabrilla)* gilt in einigen Mittelmeerländern als der beste der kleinen Barschartigen Fische. Sein zartes, aber trockenes Fleisch wird beim Braten mürbe und delikat. Im östlichen Mittelmeergebiet wird er regelmäßig angeboten, bei uns gelangt er nur sporadisch in den Handel. In diesem Fall lohnt es sich aber, zuzugreifen.

Barschartige Fische *(Perciformes)*

Die Barschartigen Fische bilden eine der umfangreichsten Ordnungen der Knochenfische und sind dabei innerhalb der Stachelflosser die arten- und formenreichste Ordnung überhaupt. Sie umfasst etwa 180 Familien und 8.000 Arten. Die meisten leben im Meer, einige in Brack- oder Süßwasser. Viele davon sind wirtschaftlich von großer Bedeutung.

Wolfsbarsche *(Moronidae)*

Die Familie der Wolfsbarsche ist gekennzeichnet durch die zwei deutlich getrennten Rückenflossen, von denen die vordere mit Stachelstrahlen und die hintere mit Weichstrahlen besetzt ist. Die Wolfsbarsch-Familie umfasst sowohl Süßwasser- als auch Meeresarten, überwiegend leben sie jedoch in kalten und warm-gemäßigten Meeren.
Achtung beim Einkauf! Der französische Name »Loup de mer« hat sich für den Wolfsbarsch allgemein eingebürgert. In dessen Kielwasser schwimmt aber noch ein weiterer »Loup« mit, der Seewolf oder Katfisch, der kulinarisch bei weitem nicht an den Wolfsbarsch heranreicht. Das ist kein Schwindel, denn der Begriff »Loup«-Filet ist durchaus korrekt. Der Käufer sollte aber den kleinen Unterschied kennen und sich klar darüber sein, dass er bei preisgünstigem »Loup«-Filet Katfisch kauft. Der Wolfsbarsch wird nur sehr selten als Filet angeboten, dann sind aber die länglichen Einzelfilets, die denen der Dorsche sehr ähnlich sehen, leicht zu erkennen.

WOLFSBARSCH (2) *(Dicentrarchus labrax)*

engl. seabass; franz. bar, loup de mer; ital. spigola; span. lubina; port. robalo legítimo; dän. bars; griech. lavraki; kroat. lubin; niederl. zeebaars; norw. havabbor; schwed. havsabborre; türk. levrek.

Der Wolfsbarsch wird maximal 1 m lang und ist von Südnorwegen bis zum Senegal, im gesamten Mittelmeer und auch im Schwarzen Meer verbreitet. Er lebt küstennah über verschiedenem Untergrund und bevorzugt Felsküsten. Er ist ein flinker und sehr gefräßiger Raubfisch, der sich von Krebsen und Fischen ernährt. Gefangen wird er mit ver-

WARENKUNDE   KÜCHENPRAXIS   REZEPTE
→ *Meeresfische*
Barschartige Fische

schiedenen Arten von Treib- und Schleppnetzen, oft auch mit Langleinen und Handangeln.

Merkmale: Wolfsbarsche werden maximal 1 m lang. Sie haben zwei etwa gleich lange Rückenflossen, von denen die erste nur Stachelstrahlen aufweist. Die Afterflosse ist kurz und liegt unterhalb der hinteren Rückenflosse. Die Bauchflossen setzen hinter den Brustflossen an. Die Körperhaut trägt große Schuppen. Die Rückenseite ist dunkel-aschgrau, manchmal ins Grünliche oder Bläuliche gehend, die Flanken sind silbrig, der Bauch heller. Auf dem Kiemendeckel befindet sich ein nicht scharf umgrenzter dunkler Fleck.

Verwendung: Der Wolfsbarsch ist ein ausgezeichneter Speisefisch. Er gehört mit seinem festen, grätenarmen Fleisch zu den mit am höchsten bewerteten Speisefischen überhaupt und ist für alle Zubereitungsarten geeignet, nur sollte er sparsam gewürzt werden, um das feine Aroma nicht zu überdecken.

Von gleicher Qualität ist der **Gefleckte Seebarsch** (3) *(Dicentrarchus punctatus)*, der sich durch die auf Rücken und Flanken verteilten schwarzen Flecken vom Wolfsbarsch unterscheidet. Er ist genauso beliebt wie der Wolfsbarsch, aber weniger bekannt, denn er wird seltener angeboten als dieser und eignet sich für alle Zubereitungsarten.

Sägebarsche *(Serranidae)*

Sägebarsche leben im Küstenbereich gemäßigter und tropischer Meere. Viele Arten können im Alter das Geschlecht wechseln, andere sind echte Zwitter. Ihr Körper ist mit Kammschuppen bedeckt; an den Kiemendeckeln sitzen Dornen.

SÄGEBARSCH (1) *(Serranus cabrilla)*

engl. comber; franz. serran chèvre; ital. perchia, sciarrano; span. cabrilla; port. serrano alecrim; griech. chanos; kroat. kanjak; niederl. zaagbaars; norw. abborkilling; türk. hani.

Der Sägebarsch ist eine weit verbreitete atlantische Warmwasserart und kommt vom Ärmelkanal bis nach Südafrika und im Mittelmeer bis in Tiefen von 500 m vor. Auf den Märkten des östlichen Mittelmeergebiets wird er öfter angeboten, sonst eher selten. Zu uns gelangt er allenfalls sporadisch.

Merkmale: Er hat eine lange Rückenflosse, deren vorderer Teil Stacheln trägt, der hintere ist mit weichen Strahlen versehen. Charakteristisch ist die bunte Färbung, besonders die drei orange gefärbten Längsstreifen. Der Sägebarsch wird bis 40 cm lang, meist bleibt es bei 20 cm.

Verwendung: Sein zartes, aber trockenes Fleisch wird beim Braten mürbe und delikat.

FELSENBARSCH (4) *(Morone saxatilis)*

engl. striped bass, rockfish; franz. bar d'Amérique; ital. persicospigola striata; span. lubina estriada; port. robalo-muge; niederl. gestreepte zeebaars.

Der Felsenbarsch ist an der amerikanischen Atlantikküste vom St.-Lorenz-Strom bis zum Golf von Mexiko zu Hause.

Merkmale: Bei dieser Sägebarschart ist, abgesehen vom attraktiven Streifenmuster, seine enge Verwandtschaft mit dem Wolfsbarsch unverkennbar. Das durchschnittliche Marktgewicht des Felsenbarsches liegt jedoch bei 600 g bis 2 kg.

Verwendung: Sein Fleisch hat ebenso gute Qualität wie das des Wolfsbarschs. Es ist für alle Garmethoden geeignet und schmeckt in Butter sanft gebraten besonders gut.

(2) Der **WOLFSBARSCH** *(Dicentrarchus labrax)* wird bis zu 1 m lang. Er ist ein ausgezeichneter Speisefisch mit zartem Aroma.

(3) Der **GEFLECKTE SEEBARSCH** *(Dicentrarchus punctatus)* ist ebenso beliebt, aber weniger bekannt als der Wolfsbarsch.

(4) Der **FELSENBARSCH** *(Morone saxatilis)*, besser bekannt als »Striped bass«, schmeckt ebenso delikat wie der Wolfsbarsch.

WARENKUNDE   KÜCHENPRAXIS   REZEPTE
→ *Meeresfische*
  Barschartige Fische

(1) Der **CONEY** *(Cephalopholis fulva)* lebt in Korallenriffen des Golfs von Mexiko und in den Gewässern rund um die Karibischen Inseln. Er wird auch als »strawberry grouper« bezeichnet. Sein festes weißes Fleisch ist ideal zum Grillen.

SCHRIFTBARSCH *(Serranus scriba)*

engl. painted comber; franz. serran écriture; ital. sciarrano scrittura; span. serrano; port. serrano riscado; griech. perca; kroat. pirka; niederl. schriftbaars; türk. yazılı hani.

Der Schriftbarsch kommt im Ostatlantik, im Mittelmeer und im Schwarzen Meer vor. Er wird in kleinen Mengen gefischt und ist im Mittelmeerraum etwas häufiger als Sägebarsch im Angebot.
Merkmale: Er wird bis 35 cm lang und ist im Aussehen dem Sägebarsch ähnlich.
Verwendung: Schriftbarsch schmeckt am besten, wenn er gebraten wird.

ATLANTISCHER WRACKBARSCH *(Polyprion americanus)*

engl. wreckfish; franz. cernier commun; ital. cernia di fondo; span. cherna; port. cherne; griech. vlachos; kroat. kirnja glavata; niederl. wrakbaars; norw. vrakfisk; schwed. vrakfisk; türk. iskorpit hanisi.

Der Atlantische Wrackbarsch kommt im Atlantik und in westlichen Teilen des Indischen Ozeans vor.
Merkmale: Der bis zu 2 m lange Wrackbarsch hat eine dunkle Farbe. Im Mittelmeerraum wird er regelmäßig angeboten, zu uns gelangt er nicht.
Verwendung: Sein saftiges weißes Fleisch wird meist in Stücken geschmort.

Kulinarisch interessant ist auch der **Neuseeländische Wrackbarsch** *(Polyprion oxygeneios)*. Sein hervorragendes, festes Fleisch eignet sich für alle Zubereitungen, besonders gut ist er aber als Steak gebraten oder auch geräuchert.

Groupers oder Zackenbarsche

Groupers oder Zackenbarsche sind eine spezielle Gruppe der Sägebarsche. Sie sind in allen gemäßigten und tropischen Meeren vertreten, immer rund um Korallen- und Felsriffe, was ihren Fang schwierig macht. Groupers sind wertvoll: Sie ernähren sich von Krebs- und Weichtieren und haben daher festes, weißes Fleisch von überdurchschnittlich guter Qualität. Hauptfanggebiete auf atlantischer Seite sind die Küstenregionen von North Carolina, um Florida, der Golf von Mexiko und die Karibik, zum Teil bis zur Nordküste Brasiliens. Die pazifischen Groupers erscheinen südlich von Kalifornien bis Zentral- und Südamerika sowie im gesamten ostasiatischen Raum. Groupers sind gute Speisefische und sehen zudem oft prächtig aus: Der **Pantherfisch** (2) *(Cromileptis altivelis)* fällt durch seine schöne Musterung auf, der **Juwelenbarsch** (3) *(Cephalopholis miniata)* ist prächtig rot gefärbt.

WARENKUNDE KÜCHENPRAXIS REZEPTE
→ *Meeresfische*
Barschartige Fische

CONEY (1) *(Cephalopholis fulva)*

engl. coney; franz. coné ouatalibi; span. cherna cabrilla; small grouper (Puerto Rico); deady (Jamaika).

Der Coney kommt in den Riffgebieten der Westindischen Inseln und Südfloridas häufig vor.
Merkmale: Meist ist der Fisch orangebraun gefärbt und übersät mit blauen Punkten.
Verwendung: Der Coney hat festes weißes Fleisch und eignet sich zum Braten, Grillen und Schmoren.

BRAUNER ZACKENBARSCH *(Epinephelus guaza)*

engl. dusky grouper; franz. mérou gris; ital. cernia; span. cherne denton; port. mero legítimo; griech. rophos, orfos; kroat. kirnja; türk. orfoz.

Das Verbreitungsgebiet des Braunen Zackenbarsches erstreckt sich vom Ärmelkanal bis Südafrika einschließlich des gesamten Mittelmeeres, aber ohne das Schwarze Meer, sowie im Westatlantik von den Bermudas bis Brasilien. Es handelt sich um sehr standorttreue Tiere der Felsküsten, die ab etwa 8 m bis in 200 m Wassertiefe leben. Sie werden mit Langleinen gefangen oder harpuniert. Deshalb sind sie an den meisten Felsküsten des Mittelmeeres selten geworden. Die Tiere auf den Märkten des Mittelmeergebiets kommen meist aus tieferem Wasser.
Merkmale: Vom Wrackbarsch unterscheidet sich dieser Sägebarsch durch die rotbraune Grundfarbe, die von hellen Flecken unregelmäßig durchsetzt ist. Mit maximal 1,5 m Länge bleibt er etwas kleiner, die meisten Exemplare sind nur etwa 90 cm lang.
Verwendung: Sein delikates Fleisch ist für alle Zubereitungsarten geeignet.

Der **Schwarze Zackenbarsch** (4) *(Epinephelus caninus)* kommt seltener auf den Markt als sein brauner Vetter. Er ist aber geschmacklich ebenso fein.

RIESENZACKENBARSCH, JUDENFISCH, JEWFISH *(Epinephelus itajara)*

engl. esonue grouper, giant grouper; franz. mérou géant; ital. cernia gigante; span. mero gigante; port. canapú; merote; dän. havaborre, jødefisk; finn. raitameriahven; griech. rophós; norweg. havabbor; poln. itajara zmienna; schwed. havsabborre, judefisk; türk. orfoz, ortoz; vartari (Island); goliath grouper (USA).

Der Riesenzackenbarsch kommt um Florida, im Golf von Mexiko und bis Brasilien vor.
Merkmale: Er ist der größte Grouper und kann bis zu 300 kg wiegen.

(2) Der **PANTHERFISCH** *(Cromileptes altivelis)*, engl. hump-backed sea bass, polka-dot grouper, wird 60 cm lang, ist fahl- oder lilabraun mit kleinen schwarzen Punkten. Er hat zartes weißes Fleisch, schmeckt hervorragend und wird meist gebraten.

(3) Der **JUWELENBARSCH** *(Cephalopholis miniata)*, engl. coral hind, ist eine der auffallendsten Arten unter den tropischen Groupern. Bei uns wird er fälschlicherweise oft als »Erdbeerfisch« bezeichnet. Er ist ideal für Suppen und feine Schmorgerichte.

(4) Der **SCHWARZE ZACKENBARSCH** *(Epinephelus caninus)*, Black Grouper oder Brazilian Grouper kommt im südlichen Florida und tropischen Atlantik vor. Er hat ein Marktgewicht von 10 kg. Sein festes weißes Fleisch wird sehr geschätzt.

Verwendung: Sein etwas süßlich schmeckendes Fleisch eignet sich für alle Zubereitungsarten.

NASSAU-ZACKENBARSCH,
NASSAU-GROUPER *(Epinephelus striatus)*

engl. Nassau grouper, Hamlet; franz. mérou rayé; ital. cernia di Nassau; span. cherna criolla, mero gallina; port. merocrioulo, garoupa pintada; dän. Nassau-koralbars; finn. Nassaunmeriahven; niederl. Jacob Peper; schwed. Nassaugrouper; Jakupepu (Karibik).

Der Nassau-Zackenbarsch ist vor allem im tropischen Atlantik bekannt. Wirtschaftlich gesehen ist er einer der wichtigsten Grouper in den USA.

Merkmale: Er kann je nach Untergrund seine Körperfarbe wechseln und wird bis 1,20 m lang und etwa 25 kg schwer.

Verwendung: Der Nassau-Zackenbarsch eignet sich für alle Zubereitungsarten. Sein Fleisch ist in Geschmack und Konsistenz hervorragend.

GELB GESÄUMTER ZACKENBARSCH,
YELLOWEDGE GROUPER
(Epinephelus flavolimbatus)

engl. Yellowedge grouper; franz. mérou aile jaune; span. mero aleta amarilla, cherna blanca; port. cherne amarelo; poln. granik strojny; japan. kiherihata; Yellowfinned grouper, Poey`s grouper (Cuba); White Grouper (Barbados).

Der Gelb Gesäumte Zackenbarsch wird im Atlantik von Carolina bis nach Brasilien, einschließlich des gesamten Golfs von Mexiko und rund um die Karibischen Inseln gefangen.

Merkmale: Er wird bis 1,15 m lang und 20 kg schwer, meist bleibt er aber kleiner. Er gilt als hervorragender Speisefisch.

Verwendung: Der Gelb Gesäumte Zackenbarsch eignet sich für alle Zubereitungsarten.

Im gleichen Verbreitungsgebiet wird der **Snowy Grouper** *(Epinephelus niveatus)* gefangen. Auch er ist ein hervorragender Speisefisch und für alle Zubereitungsarten geeignet. Weitere gute Speisefische sind der **Rote Zackenbarsch** *(Epinephelus guttatus)*, der mit roten Punkten übersät ist, der **Mondsichel-Juwelenbarsch** (1) *(Variola louti)* sowie der **Tomaten-Zackenbarsch** (2) *(Cephalopholis sonnerati)*.

BRAUNROTER ZACKENBARSCH,
RED GROUPER *(Epinephelus morio)*

engl. red grouper; franz. mérou rouge; ital. cernia; span. mero americano; schwed. Röd grouper; Brown Grouper (Guyana, Barbados); Deer Grouper (Bahamas).

Der Braunrote Zackenbarsch ist vor allem im südlichen Florida und im tropischen Atlantik anzutreffen. Er ist im ganzen Golfgebiet wirtschaftlich sehr bedeutend und ein ausgezeichneter Speisefisch.

Merkmale: Er wird bis 1,25 m lang und bis 23 kg schwer. Er ist braunrot, mit weißen Flecken oder rosafarbigen Schatten an den Seiten und am Bauch.

Verwendung: Der frisch oder tiefgekühlt vermarktete Fisch eignet sich für alle Zubereitungsarten.

(1) Der **MONDSICHEL-JUWELENBARSCH** *(Variola louti)*, engl. lyretail grouper, kommt vom Roten Meer bis in die Südsee vor. Bei uns gelangt er zunehmend in den Handel, wo er als »Croissant« vermarktet wird.

(2) Der **TOMATEN-ZACKENBARSCH** *(Cephalopholis sonnerati)*, engl. tomato grouper, kommt auch als »Vieille Ananas« in den Handel. Er ist im Indopazifik von Ostafrika bis Samoa vertreten.

PAZIFISCHER FLECKENBARSCH, SPOTTED GROUPER, SPOTTED CABRILLA

(Epinephelus analogus)

engl. spotted grouper, rock bass; franz. mérou cabrilla, mérou marbré; ital. cernia; span. mero moteado, cabrilla pinta, murique moteado; schwed. fläckig grouper.

Der Pazifische Fleckenbarsch ist an der Pazifikküste Amerikas der größte und wichtigste Grouper.
Merkmale: Er wird etwa 1 m lang und bis 20 kg schwer. Auch er hat exzellentes Fleisch.
Verwendung: Geeignet für alle Zubereitungsarten.

SCHWARZER SÄGEBARSCH (3)

(Centropristis striata)

engl. black sea-bass, blackfish, black will; franz. séran noir, fanfre noir; ital. perchia striata, perchia nera; span. mero, serrano estriado.

Der Schwarze Sägebarsch kommt im gemäßigten Nordatlantik an der Ostküste der USA vor.
Merkmale: Der Fisch besitzt einen massigen Körper, seine Flossen haben Stachelstrahlen.
Verwendung: Das leicht verderbliche Fleisch eignet sich vor allem zum Braten.

KALIFORNISCHER JUDENFISCH, GIANT SEA BASS *(Stereolepis gigas)*

engl. giant sea bass; franz. mérou géant du Pacifique; poisson juif; ital. cernia gigante del Pacifico; span. mero gigante del Pacífico.

Der Kalifornische Judenfisch kommt im Pazifik von der Humboldt Bay bis zum Golf von Kalifornien vor.
Merkmale: Er kann bis 2 m lang und 300 kg schwer werden. Er ist ein wichtiger weißfleischiger, magerer Speisefisch, dessen Bestände durch Überfischung bedroht sind.
Verwendung: Für alle Zubereitungsarten geeignet.

Zu den wichtigen asiatischen Zackenbarschen gehören der nur 25 cm lange **Braune Zackenbarsch** *(Cephalopholis pachycentrum)*, engl. brown coral cod. Sein Fleisch wird für Fischsuppen verwendet oder in Form von Steaks gegrillt. Der **Blau gefleckte** oder **Leopard-Felsenbarsch** *(Plectropomus leopardus)*, engl. bluespotted sea bass, kommt im gesamten Indopazifik und von Japan bis Ostafrika vor. Er ist ein exzellenter, teurer Speisefisch. Delikat schmecken auch der indopazifische **Merra-Wabenbarsch** (4) *(Epinephelus merra)* und der **Weißflecken-Zackenbarsch** (5) *(Epinephelus multinotatus)*.

(3) Der **SCHWARZE SÄGEBARSCH** *(Centropristis striata)* ernährt sich von Krustentieren und Fischen, was ihm ein delikates Fleisch verleiht, das allerdings schnell verdirbt. Er schmeckt gebraten sehr gut.

(4) Der **MERRA-WABENBARSCH** *(Epinephelus merra)*, engl. dwarf spotted grouper oder Honeycomb, ist im Indopazifik zu Hause und von Ostafrika bis Polynesien verbreitet. Er wird etwa 30 cm lang.

(5) Der **WEISSFLECKEN-ZACKENBARSCH** *(Epinephelus multinotatus)*, engl. white-blotched grouper, wird auch unter dem Namen »white blotched rock cod« gehandelt. Er ist auf den Indischen Ozean beschränkt.

Fishfarming statt Wildfisch

Die Welternährungsorganisation (FAO) mahnt bereits seit einigen Jahren die Überfischung der meisten kommerziell genutzten Fischarten an. Im nord-östlichen Atlantik sind zwei Drittel der wichtigsten Speisefischartbestände bedroht. Immer mehr hochgerüstete Fangflotten machen Jagd auf immer weniger Fisch. Viele Bestände sind zudem durch den so genannten Beifang gefährdet, Fische, die versehentlich mit in die Netze geraten und meistens tot wieder zurück ins Meer befördert werden. Die Ressource »Wildfisch« wird knapp, der Fang stagniert, während Verbrauch und Nachfrage jedoch stetig weiter ansteigen.

FISCH FÜR ALLE DURCH AQUAKULTUR

Um den Bedarf des Menschen an Nahrung aus dem Meer weiterhin decken zu können, wird als Alternative zum herkömmlichen Fischfang Fishfarming beziehungsweise Aquakultur eingesetzt. Hierunter versteht man die Produktion von Fischen und Meeresfrüchten unter mehr oder weniger kontrollierten Bedingungen. Aquakultur, ein Teil der Meereskunde, der sich in zwei Bereiche, nämlich die Marikultur (Salzwasser) und die Limnokultur (Süßwasser) teilt, ist der am stärksten expandierende Zweig der Weltfischerei. Der Schwerpunkt der Süßwasserfischzucht ist Asien, vor allem China. Viele Salzwasserzuchtanlagen – vor allem für Lachs – befinden sich in kälteren Gewässern, wie in Norwegen, Irland, Schottland, in Nord- und Südamerika. Schon heute stammt fast ein Drittel der weltweiten Fischernte aus Aquakulturen, allen voran der Lachs, dessen Verbrauch in Europa beständig steigt und den sich viele Menschen ohne Aquakultur nicht leisten könnten. Neben Lachs kommen inzwischen aber auch andere Fischarten wie Kabeljau, Dorsch, Heilbutt oder Wolfsbarsch aus den Wasserfarmen.

ARTGERECHTE HALTUNG FÜR ZUCHTFISCH

Allerdings sind Fischfarmen, auf denen Aquakultur betrieben wird, teilweise vergleichbar mit Massentierhaltung an Land. Hier wie dort kommt es wesentlich auf die Zuchtbedingungen an – die Größe der Becken, Wasserqualität und richtige Wassertemperatur, die Schnelligkeit des Wachstums der Fische (haben sie mehr Zeit zum Wachsen, so wirkt sich das positiv auf ihren Geschmack aus), Qualität und Zusammensetzung des Futters sowie die Verabreichung von Medikamenten – alles das hat schließlich Einfluss auf den Geschmack und nicht zuletzt die Gesundheit des Menschen. Wurden noch bis Anfang der neunziger Jahre in vielen Fischfarmen Antibiotika zum Schutz vor Krankheiten eingesetzt, so hat man seit einigen Jahren die Vorschriften diesbezüglich massiv verschärft. Vor allem für Importe aus China, denn dort kippte man lange Zeit großzügig Antibiotika ins Wasser, bis ein Einfuhrverbot für Zuchtfisch aus China verhängt wurde. Heute ist durch starke Rückstandskontrollen zumindest bei Fisch aus norwegischen Zuchtanlagen gewährleistet, dass keine Arzneimittelreste auf den Teller kommen und die Tiere auch ohne umstrittene Medikamente gesund bleiben. Sie werden lediglich gegen Bakterien- und Virusinfektionen geimpft, und an Lachse im Zuchtbecken verfüttert man weiterhin Karotinoide, denn wer möchte schon auf die rosa Farbe seines Lachsfilets verzichten?

ZUCHTFISCH FRISST WILDFISCH

Ob Zuchtfisch nun tatsächlich eine Entlastung der Weltmeere darstellt, ist umstritten. Zuchtanlagen verunstalten und belasten Küstengebiete, immer wieder gelingt Zuchtfischen die Flucht, um dann Wildfischpopulationen zu stören. Auch wird bislang das Futter für den gezüchteten Fisch in der Farm aus Wildfisch aus dem Meer gewonnen, was der Erhaltung des Wildfischbestandes erst einmal wenig nützt. Für die Produktion einer Tonne Lachs in der Aquakultur sind ganze fünf Tonnen Fisch als Futter nötig, weshalb man neuerdings auch nach pflanzlichen Futteralternativen forscht und versucht, den Lachs zum Vegetarier zu erziehen. Ob so ein mit Raps- oder Sonnenblumenöl aufgepäppelter Fisch dann überhaupt schmeckt, wird noch getestet. Grundsätzlich schmeckt man jedenfalls den Unterschied zwischen Zucht- und Wildfisch nicht, und grundsätzlich liefert auch Zuchtfisch die wichtigen Omega-3-Fettsäuren, sagen die einen. Wildfisch schmeckt einfach intensiver, weniger lappig, weniger strohig, meinen die anderen. Egal, ob Wild- oder Zuchtfisch, wichtig ist, dass er frisch ist und möglichst rasch zubereitet wird.

AUGEN AUF BEIM FISCHKAUF

Am besten, Sie machen Ihre geschmacklichen Erfahrungen selbst. Immerhin gibt es seit 2003 eine Verordnung der EU-Kommission, die eine Kennzeichnung der Produktionsmethoden von Fisch (»gefangen in«, »aus Binnenfischerei« oder eben »aus Aquakultur« und »gezüchtet«) vorschreibt.

Wild gefangener Fisch ist teurer und hat im Vergleich mit Zuchtfisch einen intensiveren Meeresgeschmack. In Kombination mit Gewürzen schmeckt man diesen Unterschied allerdings kaum noch heraus. Achten Sie auf Zuchtfisch aus ökologischer Aquafarm!

Will man zur Erhaltung der Fischbestände beitragen, sollte man grundsätzlich keine bedrohten Fischarten kaufen. Achten Sie bei tiefgekühltem Fisch auf das Siegel des »Marine Stuartship Council« (MSC), eine Initiative des World Wide Fund for Nature (WWF) und eines großen Lebensmittelkonzerns, der unter anderem Tiefkühlfisch produziert. Dieses zeigt an, dass der Fisch aus »bestandserhaltendem« Fang kommt.
Im Zweifelsfall entscheiden Sie sich genauso wie bei Eiern, beim Ökogemüse oder beim Biofleisch für das etwas teurere Produkt aus artgerechter Haltung von der Bio-Fischfarm.

Claudia Bruckmann

Forschung lohnt sich nur bei teuren Fischen. Beim Steinbutt hat man in einigen europäischen Ländern große Anstrengungen unternommen, diesen Meeresfisch in Aquakulturen zu züchten.

Glas- und Nilbarsche *(Centropomidae)*

Zur Familie der Glas- oder Nilbarsche, engl. snooks, gehören einige große Arten. Typisch sind die getrennten stachel- und weichstrahligen Rückenflossen und die eingedellte Stirn.

BARRAMUNDI (1) *(Lates calcarifer)*

engl. giant sea perch, barramundi; franz. perche barramundi; ital. barramundi; span. perca gigante.

Der Barramundi kommt im gesamten Indopazifik vor, kann bis zu 2 m lang werden, erreicht jedoch meist nur eine Länge von 1 m. In Australien wird er sogar gezüchtet und kommt als Portionsfisch mit 400 bis 600 g in den Handel.
Merkmale: Der hochrückige Fisch hat eine große Maulspalte, der Vorderkiemendeckel hat Dornen, die Schwanzflosse ist hinten gerundet. Er ist silbrig, am Rücken dunkler grünlich oder bräunlich.
Verwendung: Am besten schmeckt sein zartes weißes Fleisch aus dem Ofen oder gegrillt.

Im westlichen Atlantik wichtig ist der **Echte Snook** *(Centropomus undecimalis)*. Er ist so delikat wie der Barramundi und wird in Mexiko und Venezuela gefischt; die Vorkommen in Florida sind erschöpft.

Ziegelbarsche *(Branchiostegidae)*

Angehörige der Familie der Ziegelbarsche haben einen großen, rundlichen Kopf, eine weite Maulöffnung, fleischige Lippen und einen flossenartigen Auswuchs hinter dem Kopf.

WEISSER ZIEGELFISCH, PAZIFISCHER ZIEGELFISCH (2) *(Caulolatilus principes)*

engl. ocean whitefish, ocean tilefish, tile, blanquillo; franz. tile fin, poisson blanc; ital. tile bianco; span. peje fino, blanquillo, cabezudo.

Der Weiße Ziegelfisch kommt an der Pazifikküste von Vancouver bis Niederkalifornien vor.
Merkmale: Sein Körper ist lang gestreckt, er hat eine lange Rücken- und Afterflosse, ist bräunlich grün, die Schwanzflosse gelblich.
Verwendung: Sein feines weißes Fleisch schmeckt am besten gebraten.

Der bis 60 cm lange **Blaue Ziegelfisch** *(Lopholatilus chamaeleonticeps)*, engl. golden tilefish oder rainbow tilefish, kommt an der Ostküste der USA vor. Sein delikates Fleisch ist für alle Garmethoden geeignet.

Blaubarsche *(Pomatomidae)*

Die Vertreter dieser Familie sind schnelle Raubfische, die im Freiwasser in großen Schwärmen alles angreifen, was in ihre Nähe kommt.

BLAUFISCH (3) *(Pomatomus saltator)*

engl. bluefish; franz. tassergal; ital. ballerino; span. anjova; port. anchova; griech. gofari; kroat. bilizmica zubatica; niederl. blauwe baars; türk. lüfer.

Der Blaufisch kommt weltweit in allen Meeren vor, außer im Ostpazifik.
Merkmale: Der vordere, Stachel tragende Teil der Rückenflosse ist niedriger als der hintere weich-

(1) Der **BARRAMUNDI** *(Lates calcarifer)* wird in seinem ganzen Verbreitungsgebiet gefischt und gehört zu den Edelfischen. In Australien gilt er als König der Fische, das Beste, was man haben kann.

(2) Der **WEISSE ZIEGELFISCH** *(Caulolatilus principes)* kann bis 1 m lang und 5 kg schwer werden. Sein feines weißes Fleisch eignet sich hervorragend für alle Zubereitungsarten; gebraten ist er jedoch am besten.

strahlige. Die Rückenseite ist grünlich, die Flanken silbrig. Maximal wird er 1,30 m lang und bis 15 kg schwer, meist bleibt er jedoch unter 60 cm.
Verwendung: Größere Exemplare sind ziemlich fett und sollten gegrillt oder geräuchert werden, kleinere Fische bis 30 cm Länge schmecken gebraten oder gedünstet sehr gut.

Stachelmakrelen *(Carangidae)*

Die Familie der Stachelmakrelen umfasst über 150 Arten verschiedener Gestalt. Fast alle haben sie eine stark gegabelte Schwanzflosse und leben in gemäßigten und tropischen Meeren.

STÖCKER, BASTARDMAKRELE (4)
(Trachurus trachurus)

engl. horse mackerel; franz. chinchard; ital. suro; span. jurel; port. carapau; dän. hestemakrel; griech. stavridi; kroat. šarun; niederl. horsmakreel; norw. taggmakrell; schwed. taggmakril; türk. istavrit.

Der Stöcker ist weit verbreitet und kommt von Island bis zu den Kapverden vor. Die Fänge verteilen sich im Wesentlichen auf den Nordatlantik und aufs Mittelmeer.
Merkmale: Er hat eine kurze vordere und eine lange hintere Rückenflosse. Die Schuppen der Seitenlinie sind groß und auffällig, sonst hat er keine weiteren Schuppen. Der Körper ist bläulich oder grünlich, die Flanken silbrig. Am Hinterrand des Kiemendeckels ist ein dunkler Fleck. Er wird bis 60 cm lang.
Verwendung: Große Exemplare schmecken etwas »strohig«, am besten sind 10 bis 15 cm lange Tiere, knusprig gebraten.

GABELMAKRELE *(Trachinotus ovatus)*

engl. pompano; franz. palomine; ital. leccia stella; span. palometa blanca; port. sereia camochilo; griech. litsa; kroat. lica modrulja; niederl. gaffelmakreel; norw. gaffelmakrell; türk. yaladerma.

Die Gabelmakrele ist von der Biskaya bis Angola und auch im Mittelmeer verbreitet.
Merkmale: Die Seitenlinie trägt keine Schuppen. Charakteristisch sind 3 bis 5 dunkle Flecken im vorderen Bereich der Seitenlinie. Die Rückenseite ist grünlich gefärbt, die Flanken sind silbrig. Die Art wird bis zu 70 cm lang.
Verwendung: Das delikate, feste Fleisch schmeckt am besten sanft in Butter gebraten oder gegrillt.

WARENKUNDE   KÜCHENPRAXIS   REZEPTE
→ *Meeresfische*
  Barschartige Fische

(3) Der **BLAUFISCH** *(Pomatomus saltator)* ist in tropischen und subtropischen Meeren weltweit vertreten und wird kommerziell gefangen. Sein Fleisch ist leicht grau und weist relativ große Gräten auf, die sich leicht entfernen lassen.

(4) Der **STÖCKER** *(Trachurus trachurus)* ist vor allem im Schwarzen Meer und Mittelmeer ein wichtiger Nutzfisch, während er im Nordatlantik als minderwertig gilt, daher auch der Zweitname Bastardmakrele, das heißt keine echte Makrele.

PALOMA POMPANO *(Trachinotus paitensis)*

engl. paloma pompano; franz. pompaneau colombe; span. palometa, pampanito, pompano, chaso.

Das Verbreitungsgebiet des Paloma Pompano erstreckt sich über die subtropischen Gewässer des Ostpazifik von Südkalifornien bis Peru, einschließlich rund um die Galapagos-Inseln.
Merkmale: Er ist seinem Verwandten, dem Gemeinen Pompano in Aussehen und Verhalten sehr ähnlich, allerdings wird er nur bis 50 cm lang. Er ernährt sich von Weich- und Krustentieren sowie von kleinen Fischen. Er ist ein exzellenter Speisefisch – zu uns gelangt er allerdings nur sehr selten.
Verwendung: Der Paloma Pompano eignet sich für alle Zubereitungsarten.

Die echte Fischgabel

Die schwarz gefärbten Spitzen der Rücken-, After- und Schwanzflosse sowie die tiefe Gabelung der Schwanzflosse verleihen der Gabelmakrele den Namen: Mit Phantasie lässt sich eine Gabel erkennen.

WARENKUNDE   KÜCHENPRAXIS   REZEPTE
→ *Meeresfische*
  Barschartige Fische

GEMEINER POMPANO (1) *(Trachinotus carolinus)*

engl. Florida pompano, common pompano, butterfish, cobblerfish; franz. carangue, pompaneau sole, tanche grise; ital. leccia stella; span. palometa, pámpano amarillo; port. sereia, enxova, píraroba; dän. atlantisk pompano; schwed. vanlig pompano; poln. sierpnik karolinski.

Der Gemeine Pompano kommt im gemäßigten und warmen Westatlantik von Massachusetts bis Brasilien vor. Er lebt in Schwärmen über sandigem Grund und frisst Krusten- und Weichtiere.
Merkmale: Er ist leicht zu erkennen an seiner kurzen, stumpfen Schnauze. Der ovale Körper ist gedrungen. Er ist einer der wenigen Fische, die außerhalb des Wassers eine viel intensivere Färbung haben: Der blaugrau-silbrige Rücken wird dunkelblaugrün, die Flanken sind silbrig-weiß. Er wird bis etwa 65 cm lang und 4 kg schwer.
Verwendung: Der vor allem in Florida geschätzte Fisch eignet sich für alle Zubereitungsarten.

BERNSTEINMAKRELE, BERNSTEINFISCH, GRÜNEL, GELBSCHWANZMAKRELE (2)
(Seriola dumerili)

engl. greater amberjack, rudderfish; franz. sériole couronnée, sériole du Dumerie; ital. ricciola; span. pez de limón, medregal; griech. magiatico; kroat. orhan; türk. sarıkuyruk.

Die Bernsteinmakrele kommt im gemäßigten und tropischen Atlantik, im Mittelmeer, Indischen Ozean, in Südafrika, Japan und Australien vor.
Merkmale: Der lang gestreckte, seitlich abgeflachte Körper ist am Rücken silberblau oder grau gefärbt.
Verwendung: Ihr festes weißes Fleisch hat wenige Gräten. Der Fisch ist für alle Zubereitungsarten geeignet, sehr gut sind die Filets in Butter gebraten.

(1) Der **GEMEINE POMPANO** *(Trachynotus carolinus)* ist an den Küsten Floridas – ebenso wie die Pferde-Stachelmakrele – ein viel gefangener Fisch. Der Pompano gilt jedoch als der bessere von beiden und erzielt auf dem Markt sehr hohe Preise.

(2) **DIE BERNSTEINMAKRELE** *(Seriola dumerili)* kann bis 2 m lang werden, bleibt aber meist unter 1 m. Sie ist silberblau oder grau gefärbt, an den Flanken aber deutlich heller und schimmert in der Regel bernsteinfarben, was dem Fisch seinen Namen gab.

(3) Der **KÖNIGSGELBSCHWANZ** *(Seriola lalandi)*, engl. yellowtail amberjack, gehört zu den weit verbreiteten großen Arten der tropischen Meere. Er wird bis zu 2,50 m lang und 100 kg schwer. Er kommt frisch, gesalzen oder getrocknet in den Handel.

(4) Die **NEUSEELÄNDISCHE STACHELMAKRELE** *(Caranx georgianus)* lebt in dichten Schwärmen und ernährt sich von tierischem Plankton. Auf der Nahrungssuche kommt der Schwarm bis an die Wasseroberfläche, die dann vor Fischen zu »schäumen« scheint.

WARENKUNDE KÜCHENPRAXIS REZEPTE
→ *Meeresfische*
   Barschartige Fische

(5) Die **PFERDE-STACHELMAKRELE** *(Caranx hippos)* wird an den Küsten Floridas gefangen. Kommt sie aus dem Wasser, macht sie häufig grunzende oder krächzende Geräusche.

(6) Die **BLAUE STACHELMAKRELE** *(Caranx crysos)* kommt im Atlantik von Cape Cod bis Brasilien vor, besonders zahlreich jedoch im Golf von Mexiko, vor Florida und den Westindischen Inseln.

Ihr Verwandter, der **Königsgelbschwanz** (3) *(Seriola lalandi)*, gehört zu den weit verbreiteten großen Arten der tropischen Meere.

NEUSEELÄNDISCHE STACHELMAKRELE, TREVALLY (4) *(Caranx georgianus)*

engl. trevally, white trevally, guelly jack, silver trevally, toothed trevally; franz. carangue, dentue; ital. carango dentice; span. jurel dentón; port. xaréu; japan. shimaaji.

Der Trevally kommt im Indopazifik um Neuseeland vor und hat große wirtschaftliche Bedeutung.
Merkmale: Sein hoher, etwas plumper Körper wird bis zu 1,20 m lang und 20 kg schwer.
Verwendung: Große Trevallies werden leicht trocken und sollten mit etwas Fett geschmort werden. Kleinere eignen sich zum Braten oder für den Ofen.

PFERDE-STACHELMAKRELE (5) *(Caranx hippos)*

engl. crevalle jack, Samson fish, sea kingfish; franz. sériole cheval, carangue cheval, grande carangue; ital. carango cavallo; span. seriola caballo.

Die Pferde-Stachelmakrele wird an den Küsten Floridas von April bis November gefangen.
Merkmale: Sie kann bis zu 1,25 m lang und 30 kg schwer werden. In den Handel kommen allerdings meist kleine Exemplare mit etwa 3 kg.
Verwendung: Sie eignet sich vor allem gut zum Braten und Räuchern.

Zur selben Familie gehört auch die **Blaue Stachelmakrele** (6) *(Caranx crysos)*, auch **Blauer Jack** genannt, engl. blue runner. Sie wird 1 bis 2 kg schwer und eignet sich vor allem zum Braten.

SCHWARZFLOSSEN-JACK *(Atropus atropus)*

engl. blackfin jack, cleftbelly trevally, thin crevalle; span. pámpano de quilla; dän. kløftbuget trevalle; poln. atropus indyjski.

Der Schwarzflossen-Jack ist in den Küstengewässern des Indopazifiks verbreitet.
Merkmale: Er wird bis 35 cm lang und fällt durch seine schwarze Bauchflosse auf; oben ist er blaugrün, an der Bauchseite silbrig.
Verwendung: Er wird für Suppen verwendet, ansonsten eingesalzen und getrocknet.

TORPEDO-STACHELMAKRELE
(Megalaspis cordyla)

engl. torpedo scad; franz. saurel torpille; ital. leccia scagliosa; span. panga, tetenkel.

Die Torpedo-Stachelmakrele kommt um Ost- und Südafrika und im gesamten Indopazifik vor.
Merkmale: Sie ist am torpedoförmigen Körper und an den kleinen Flossen hinter der zweiten Rückenflosse und der Afterflosse zu erkennen; auffallend ist auch der dunkle Fleck an den Kiemendeckeln.
Verwendung: Für alle Zubereitungsarten geeignet.

INDISCHE FADENMAKRELE *(Alectis indicus)*

engl. threadfin-trevally, diamond trevally; franz. cordonnier plume; ital. carango indiano; span. pámpano índico.

Die Indische Fadenmakrele kommt im Indopazifik, um Hawaii und im Roten Meer vor.
Merkmale: Sie wird bis 1,50 m lang und 15 kg schwer. Im Jugendstadium sind die ersten Strahlen der Rücken- und Afterflossen fadenartig verlängert.
Verwendung: wie beim Trevally.

Teubner Edition **55**

WARENKUNDE   KÜCHENPRAXIS   REZEPTE
→ *Meeresfische*
  Barschartige Fische

Ein ebenso hervorragender Speisefisch ist der **Black Pomfret** (1) *(Parastromateus niger)*, der in tiefen Küstengewässern lebt. Die **Indische Fadenmakrele** (2) *(Alectis indicus)* kommt im gesamten Indopazifik einschließlich des Roten Meeres vor. Sie ist ein guter Speisefisch, kommt aber nur lokal in den Handel.

Goldmakrelen *(Coryphaenidae)*

Die kleine Familie der Goldmakrelen ist in gemäßigten und tropischen Meeren verbreitet. Die farbenprächtigen Fische finden sich auch im Mittelmeer.

GROSSE GOLDMAKRELE (4) *(Coryphaena hippurus)*

engl. common dolphinfish; franz. grande coryphène; ital. lampuga, contaluzzo; span. lampuga; griech. kynigòs.

Die Große Goldmakrele ist weltweit in tropischen und subtropischen Meeren inklusive Mittelmeer verbreitet, wird aber meist nur in Einzelexemplaren gefangen. Sie ernährt sich von Fliegenden Fischen, Krebstieren und Tintenfischen.

Merkmale: Sie wird bis 2 m lang und 30 kg schwer. Ihr Körper ist lang gestreckt, seitlich abgeflacht, das Stirnprofil steil, die Maulöffnung weit, mit vorstehendem Unterkiefer. Die Rückenflosse reicht vom Kopf bis zur tief gegabelten Schwanzflosse. Der Rücken ist bläulich grün, der Bauch silbrig-weiß, die Seiten haben einen starken Goldglanz.

Verwendung: Das zarte Fleisch schmeckt gegrillt sehr gut oder, mit Kräutern belegt, im Ofen gegart.

Brachsenmakrelen *(Bramidae)*

Die Mitglieder der Familie der Brachsenmakrelen haben einen ovalen, hochrückigen Körper und sind sowohl im Atlantik als auch im Pazifik zuhause.

ATLANTISCHE BRACHSENMAKRELE
(Brama brama)

engl. Atlantic pomfret, ray's bream; franz. grande castagnole, hirondelle de mer; ital. pesce castagna; span. japuta, castañeta; port. xaputa; dän. havbrasen; griech. kastanófaro; niederl. braam; norweg. havbrasen; schwed. havsbraxen.

Die Atlantische Brachsenmakrele kommt im Ostatlantik vor, von Madeira bis Nordnorwegen und Island, im Ärmelkanal, in der nördlichen Nordsee und im westlichen und zentralen Mittelmeer.

Merkmale: Der hochrückige schwarze Fisch mit Silberglanz hat eine tief gegabelte Schwanzflosse und wird im Schnitt etwa 50 cm groß.

Verwendung: Im Ofen wird der Fisch delikat, seine Koteletts schmecken am besten gegrillt.

PAZIFISCHE BRACHSENMAKRELE (3)
(Brama japonica)

engl. Pacific pomfret, bigtooth pomfret; franz. castagnole du Pacifique; ital. castagnola, pesce castagna; span. castañeta del Pacífico, japuta; dän. Pacifisk havbrasen; finn. voikala.

Die Pazifische Brachsenmakrele lebt im Nordpazifik, von Japan bis zur Beringsee und südlich bis Niederkalifornien.

(1) Der **BLACK POMFRET** *(Parastromateus niger)* oder Schwarze Pampel ist mit echten Pomfrets nicht verwandt, sondern gehört zu den Stachelmakrelen. Er wird bis 75 cm lang und kommt von Ostafrika bis nach Japan und Australien vor.

(2) Die **INDISCHE FADENMAKRELE** *(Alectis indicus)*, besser bekannt als diamond trevally, ist am hohen Körper und der gewinkelten Stirn zu erkennen. Sie kommt im Indopazifik und im Roten Meer vor und wird bis 1,50 m lang.

Merkmale: Sie wird bis etwa 60 cm lang und hat eine auffallende Unterlippe.
Verwendung: Ihr festes, sehr wohlschmeckendes Fleisch schmeckt gegrillt oder aus dem Ofen.

Lachsmakrelen *(Arripidae)*

Obwohl sie auch als »Australische Lachse« bezeichnet werden, haben sie mit Lachsfischen außer einer entfernten Formähnlichkeit nichts gemein.

AUSTRALISCHER LACHS *(Arripis trutta)*

engl. Eastern Australian salmon, Pacific salmon; franz. saumon australien; ital. salmóne australiano; span. salmón australiano; neuseeländ. (maori) kahawai.

Der Australische Lachs ist von Südaustralien bis Neuseeland verbreitet.
Merkmale: Der lang gestreckte Körper ist am Rücken grünlich blau, am Bauch heller. Der Australische Lachs wird bis 80 cm lang.
Verwendung: Das relativ dunkle Fleisch wird meist zu Konserven verarbeitet. Frisch zubereitet schmeckt es etwas streng, doch gegrillt (vorher in Öl, Zitrone, Salz und Knoblauch marinieren), geräuchert oder aus dem Ofen schmeckt es gut.

GEORGIA-LACHS, RUFF *(Arripis georgianus)*

engl. Australian herring, Australian salmon, bay trout; franz. saumon de Georgie; ital. salmóne di Georgia; span. salmón de Georgia; austral. Ruff, Tommy Rough.

Kleine Boote – große Frische: Der Fang dieses spanischen Fischers wandert direkt auf den Markt oder in nahe gelegene Restaurants.

Der Georgia-Lachs ist im Südteil Australiens verbreitet und bildet große Schwärme.
Merkmale: Er wird bis 40 cm lang und etwa 800 g schwer. Am Rücken ist er grünlich, unten silbrig.
Verwendung: Sein Fleisch hat einen sehr guten Geschmack. Wegen des hohen Fettgehalts wird es überwiegend gegrillt oder geräuchert, beides Zubereitungsarten, die den Fettgehalt etwas reduzieren.

(3) Die **PAZIFISCHE BRACHSENMAKRELE** *(Brama japonica)* ist in ihrem Verbreitungsgebiet häufig nahe der Wasseroberfläche auszumachen. Sie ernährt sich von Krustentieren, kleinen Fischen und Tintenfischen und wird bis 60 cm lang.

(4) Die **GROSSE GOLDMAKRELE** *(Coryphaena hippurus)* hält sich stets auf offener See auf. Sie lebt gesellig in kleinen Schwärmen, die aus nicht erforschten Gründen gerne größeres Treibgut begleiten. Auch macht sie gerne Jagd auf Fliegende Fische, wobei sie im Jagdeifer hoch aus dem Wasser springt.

Teubner Edition 57

WARENKUNDE KÜCHENPRAXIS REZEPTE
→ *Meeresfische*
  Barschartige Fische

Schnapper *(Lutjanidae)*

Die Familie der Schnapper umfasst etwa 185 Arten, die in allen subtropischen Meeren vorkommen. Die Raubfische erbeuten ihre Nahrung durch plötzliches Zupacken, daher auch ihr Name. Schnapper haben Fleisch von bester Qualität. Allerdings kommt es von Zeit zu Zeit nach dem Verzehr zur so genannten Ciguaterra-Vergiftung, die durch eine Reihe von Toxinen ausgelöst wird. Das Gift stammt von bestimmten Algen, die von Fischen gefressen und in der Nahrungskette akkumuliert werden. In Raubfischen kann so die Konzentration der Giftstoffe sehr hoch sein. Die Gift-Algen kommen in allen warmen Meeren vor, besonders aber um Madagaskar, auf den Seychellen und in der Karibik. Das Gift ist geschmacksneutral und wird durch Kochen und Braten nicht zerstört. Das Auftreten der Algen und der Vergiftung ist jedoch saisonal und regional begrenzt. Bei importierter Ware ist die Gefahr gering, da im Heimatland bei Auftreten von Vergiftungen der Fang eingestellt wird. Vorsicht ist aber bei selbst gefangenen Fischen und bei Angeboten lokaler Fischer geboten.

Der feine Unterschied

Red Snapper und Roter Schnapper sind nicht identisch: Was in den USA als Red Snapper verkauft werden darf, ist – zoologisch gesehen – ein Lutjanus campechanus. In Deutschland ist die Bezeichnung Roter Schnapper jedoch ausschließlich für den Malabar Schnapper zugelassen (Lutjanus malabaricus).

RED SNAPPER (1) *(Lutjanus campechanus)*

engl. northern red snapper; franz. vivaneau rouge, vivaneau campèche; ital. lutjanido, lutiano rosso; span. pargo del Golfo; huachinango del Golfo (Mexiko).

Der Red Snapper wird im Nordwestatlantik von Carolina bis Mexiko gefangen.
Merkmale: Er hat einen dreieckigen Kopf mit einem tief gespaltenen Maul.
Verwendung: Der beliebte Speisefisch hat weißes Fleisch und nur wenige, große Gräten. Er eignet sich für alle Garmethoden und lässt sich gut füllen.

MALABAR-SCHNAPPER *(Lutjanus malabaricus)*

engl. malabar blood snapper, saddletail snapper; franz. vivaneau malabar; ital. lutjanido; span. pargo malabarico; hamrah (Arabien).

Der Malabar-Schnapper wird im Persischen Golf sowie in Australien auf dem nördlichen Schelf gefangen. Sein Verbreitungsgebiet erstreckt sich im Osten bis nach Melanesien und Japan.

Merkmale: Er hat eine bis zum Schwanz reichende Rückenflosse. Junge Fische haben ein braunschwarzes Band vom Unterkiefer bis zur Schwanzflosse.
Verwendung: Zum Braten, Grillen und Pochieren.

KAISER-SCHNAPPER *(Lutjanus sebae)*

Red Emperor (Australien); Emperor Snapper (Südafrika); Bourgeois (Seychellen)

Der Kaiser-Schnapper ist der wirtschaftlich wichtigste Schnapper im Indopazifik. Besonders häufig ist er an den Küsten Australiens.
Merkmale: Er ist in Aussehen und Fleischqualität dem Red Snapper ähnlich, kann aber bis 1 m lang werden. Die Marktgröße liegt deutlich darunter.
Verwendung: Sein wohlschmeckendes weißes Fleisch eignet sich zum Braten und Grillen.

CUBERA SNAPPER *(Lutjanus cyanopterus)*

span. pargo cubera, guasinuco in Puerto Rico, pargo caballo

(1) Der **RED SNAPPER** *(Lutjanus campechanus)* ist in den USA der begehrteste Snapper. Er kommt mit etwa 3 kg auf den Markt und ist so teuer wie Pompano.

(2) Der **DOPPELFLECK-SCHNAPPER** *(Lutjanus bohar)* ist vom Roten Meer bis zur Südsee verbreitet und hat viele lokale Namen, was seine kulinarische Bedeutung zeigt.

WARENKUNDE   KÜCHENPRAXIS   REZEPTE
→ *Meeresfische*
  Barschartige Fische

Der Cubera-Schnapper kommt von der Atlantikküste der USA über den Golf von Mexiko und die Karibik bis hin zur Amazonasmündung vor.
Merkmale: Der Cubera Snapper in Venezuela ist der Größte seiner Familie, mit einem maximalen Gewicht bis 40 kg und einer Länge von 1,60 m.
Verwendung: Er hat ein delikates Fleisch, das sich zum Braten und Grillen eignet.

DOPPELFLECK-SCHNAPPER (2) *(Lutjanus bohar)*

engl. red bass, twin spot snapper; franz. vivaneau chien rouge; Bohar (Arabien); Vara vara (Seychellen).

Der Doppelfleck-Schnapper kommt vom Roten Meer bis zur Südsee vor.
Merkmale: Jungtiere besitzen zwei helle Flecken, die mit dem Alter verschwinden. Adulte Tiere haben eine silbrige Färbung mit Roteinfluss.
Verwendung: Er eignet sich vor allem zum Braten. In seinem östlichen Verbreitungsgebiet (Südsee-Inseln) gab es schon Ciguaterra-Vergiftungen.

SEIDEN-SCHNAPPER *(Lutjanus vivanus)*

engl. silk snapper, Westindian snapper, Yelloweye; franz. vivaneau soie; span. pargo de lo alto; schwed. sidensnapper.

Der Seiden-Schnapper kommt im Westatlantik von den Bermudas und North Carolina bis Brasilien vor.
Merkmale: Er ist ein Tiefwasserfisch mittlerer Größe, rosa bis rot gefärbt, ähnlich wie der Red Snapper, hat aber sehr feine gelbe Längsstreifen.
Verwendung: Er eignet sich vor allem zum Braten und Grillen. Auch von dieser Art sind bereits Ciguaterra-Vergiftungen bekannt geworden.

Gute Speisefische sind auch der **Blut-Schnapper** (3) *(Lutjanus sanguineus)*, der **Barracuda-Schnapper** (4) *(Aprion virescens)*, der **Rosa Gabelschwanz-Schnapper** (5) *(Aphareus rutilans)*, der **Gelbschwanz-Schnapper** (6) *(Ocyurus chrysurus)* sowie der **Hammelfisch** oder **Mutton Schnapper** *(Lutjanus analis)*, der orange-rot gefärbt ist und zugleich einen olivgrünen Rücken aufweist.

(3) Der **BLUT-SCHNAPPER** *(Lutjanus sanguineus)* kommt im westlichen Teil des Indischen Ozeans vor und gelangt als »Bordomar« zu uns. Sein Fleisch ist hervorragend.

(4) Der **BARRACUDA-SCHNAPPER** *(Aprion virescens)* wird von Ostafrika bis in die Südsee lokal vermarktet. Der Handelsname bei Importfischen ist »Job Gris«, teilweise wird er auch »Green Jobfish« genannt.

(5) Der **ROSA GABELSCHWANZ-SCHNAPPER** *(Aphareus rutilans)* heißt auch »Job Jaune«, »Rusty Jobfish« oder »vivaneau Rouillé«. Er kommt von Ostafrika bis in die Südsee vor.

(6) Der **GELBSCHWANZ-SCHNAPPER** *(Ocyurus chrysurus)* kommt als »Yellowtail Snapper«, in spanischsprachigen Ländern als »Rabirrubia«, auf den Markt. Er kommt von Massachusetts bis Brasilien vor.

WARENKUNDE   KÜCHENPRAXIS   REZEPTE
→ *Meeresfische*
   Barschartige Fische

Schnauzenbrassen *(Centracanthidae)*

Die Familie der Schnauzenbrassen hat einen weit vorstreckbaren Unterkiefer und einen dunklen, rechteckigen Fleck auf der Mitte der Flanken.

SCHNAUZENBRASSEN
(Spicara smaris und Spicara maena)

engl. picarel; franz. mendole, picarel; ital. zerro; span. chucla; port. trombeiro; griech. marida; kroat. gera, tragalj; türk. izmarit.

Der Schnauzenbrassen ist auf das Mittelmeer und den anschließenden Atlantik (Portugal, Kanarische Inseln) beschränkt. Er gelangt selten zu uns, falls er angeboten wird, sollte man zugreifen.
Merkmale: Der Schnauzenbrassen ähnelt den Sägebarschen. Die durchgehende Rückenflosse hat vorn Stachelstrahlen und hinten Weichstrahlen. Typisch ist die weit vorstreckbare Schnauze. Der Körper hat Schuppen, ist silbrig gefärbt und weist einen schwarzen Fleck in der Mitte über der Brustflossenspitze auf. Er wird bis 25 cm lang.
Verwendung: Er schmeckt vor allem gebraten delikat. Vorher sollte man ihn allerdings schuppen.

Regionale Feinheiten

Der Brassen hat einen »eineiigen Zwilling«: die Brasse. Während in Nord- und Mitteldeutschland der Brassen gehandelt wird, spricht man im Süden, in Österreich und der Schweiz über die Brasse. Ganz ähnlich verhält es sich auch beim Brachsen.

GOLDSTRIEMEN (1) *(Sarpa salpa)*

engl. salema; franz. saupe; ital. salpa; span. salema; port. salema; griech. salpa; kroat. salpa; niederl. gestreepte bokvis; türk. çitari.

Das Verbreitungsgebiet des Goldstriemens reicht von der Biskaya bis Südafrika, inklusive des gesamten Mittelmeeres.
Merkmale: Der Goldstriemen ist viel hochrückiger als der Gelbstriemen. Typisch sind die 11 goldgelben Längsstreifen auf den Flanken. Die Fische werden bis zu 45 cm lang, meist bleibt es bei 30 cm.
Verwendung: Das weiche Fleisch ist nicht gut transportfähig und wird lokal meist gegrillt serviert.

GELBSTRIEMEN (2) *(Boops boops)*

engl. bogue; franz. bogue; ital. boga; span. boga; port. boga do mar; griech. gopa; kroat. bukva, sivac; niederl. bokvis; norw. okseøyefisk; türk. kupez, istrongiloz.

Das Hauptverbreitungsgebiet des Gelbstriemens erstreckt sich vom Ärmelkanal bis Angola. In der Nordsee ist er selten, im Mittelmeer häufig. Im Westatlantik kommt er im Golf von Mexiko und der Karibik vor. Auf den Mittelmeermärkten taucht er häufig auf und auch zu uns gelangt er regelmäßig.
Merkmale: Der Gelbstriemen ist weniger hochrückig als andere Brassen. Struktur und Anordnung der Flossen sind ähnlich wie beim Schnauzenbrassen; er hat jedoch 3 bis 5 goldgelbe Längsstreifen auf den silbrigen Flanken. Maximal wird er 35 cm lang, meist bleibt es bei 20 cm.
Verwendung: Nicht zu fest drücken beim Schuppen, sonst entsteht Mus; geschmacklich ist das weiche Fleisch jedoch gut, vor allem gebraten.

Meerbrassen *(Sparidae)*

Die Familie der Meerbrassen ist mit etwa 100 Arten in allen gemäßigten und tropischen Meeren verbreitet. Manche begeben sich als Einzelgänger in Brack- und Süßwasser, viele erscheinen in großen Schwärmen in Küstengebieten. Mehr als 20 Arten sind im Mittelmeer beheimatet.
Die meisten Mitglieder der Meerbrassen haben ein ausgezeichnetes Fleisch, sind als Speisefische sehr geschätzt und eignen sich vor allem zum Braten und Grillen. Am besten werden sie beim Grillen immer wieder mit Öl bepinselt, damit ihr Fleisch nicht zu trocken gerät. Größere Exemplare der Meerbrassen schmecken auch aus dem Ofen gut.

(1) Der **GOLDSTRIEMEN** *(Sarpa salpa)*, im Mittelmeer häufig vorkommend, ist ein Fisch von mittlerer Fleischqualität. Zu erkennen ist er an den 11 goldgelben Längsstreifen auf den Flanken.

SACKBRASSEN (3) *(Pagrus pagrus)*

engl. seabream; franz. pagre; ital. pagro dentice; span. pargo; port. pargo legítimo; griech. fangri; kroat. pagar; türk. mercan.

Der Sackbrassen kommt von der südlichen Biskaya bis zum Senegal inklusive des Mittelmeeres vor. Er kommt dort häufig auf die Märkte und wird bei uns regelmäßig importiert.

Merkmale: Der Sackbrassen wird wegen seiner rosa Färbung oft mit dem Rotbrassen verwechselt; er hat aber eine sehr viel hochrückigere Körperform. Auch fehlt der Fleck an der Basis der Brustflosse, und die Spitzen der Schwanzflosse sind hell. Er wird maximal 75 cm lang, meist bleibt es bei 30 bis 35 cm. Qualitativ ist er dem Rotbrassen vergleichbar.

Verwendung: Das feine Fleisch schmeckt am besten gebraten, gegrillt oder aus dem Ofen.

ROTBRASSEN (4) *(Pagellus erythrinus)*

engl. pandora; franz. pageot; ital. fragolino; span. breca; port. bica; griech. lethrini; kroat. rumenac; niederl. rode zeebrasem; norw. rødpagell; schwed. rödpagell; türk. mercan.

Der Rotbrassen kommt von der Biskaya bis zu den Kanaren und im Mittelmeer vor. Er lebt bodennah. Gefangen wird er hauptsächlich im Mittelmeer, wo er zum regelmäßigen Angebot zählt. Und auch bei uns taucht er regelmäßig auf.

Merkmale: Der Rotbrassen ist relativ hochrückig und einheitlich rosa gefärbt. An der Basis der Brustflosse liegt ein tiefroter Fleck. Die Länge beträgt bis zu 60 cm, bleibt meist aber unter 25 cm.

Verwendung: Mit seinem festen, delikaten Fleisch gehört er zu den schmackhaftesten Brassen. Er eignet sich für Suppen, zum Kochen und Braten. Grillt man ihn, muss man ihn mit Öl bepinseln.

ACHSELFLECK-BRASSEN (5) *(Pagellus acarne)*

engl. axillary sea bream; franz. pageot acarné; ital. pegello mafrone; span. aligote; dän. akarnisk blankesten; griech. murmuli; niederl. zeebrasem; portug. besugo; türk. kırma mercan.

Der Achselfleckbrassen ist von der Biskaya bis zum Senegal und im Mittelmeer verbreitet. Im Mittelmeergebiet wird er oft auf Märkten angeboten.

Merkmale: Er ist im Gegensatz zum Rotbrassen weniger hochrückig und weist an der Basis der Brustflosse einen etwas nach oben verschobenen dunklen Fleck auf. Die Färbung ist mehr grau als rosa. Er wird etwa 35 cm lang.

Verwendung: Sein Fleisch ist von mittlerer Qualität und dem des Rotbrassen unterlegen. Am besten wird er gebraten, da er beim Pochieren oder Dünsten strohig wird.

GRAUBARSCH, SEEKARPFEN *(Pagellus bogaraveo)*

engl. blackspot sea bream; franz. dorade rose; ital. occhialone; span. besugo; dän. spidstandet blankesten; griech. kefalas; niederl. zeebrasem; port. goraz.

(2) Der **GELBSTRIEMEN** *(Boops boops)* ist frisch zu empfehlen und hat mit 300 g die ideale Portionsgröße.

(3) Der **SACKBRASSEN** *(Pagrus pagrus)* hat feines Fleisch. Seine Qualität ist mit dem Rotbrassen vergleichbar.

(4) Der **ROTBRASSEN** *(Pagellus erythrinus)* hat festes und schmackhaftes Fleisch, das sich gut transportieren lässt.

(5) Der **ACHSELFLECK-BRASSEN** *(Pagellus acarne)* taucht auf dem Markt nicht so häufig auf wie andere Brassen.

Der Graubarsch kommt von Norwegen bis zum Kap Blanco in Mauretanien vor. Im westlichen Mittelmeer ist er häufig anzutreffen, im östlichen Mittelmeer ist er sehr selten.

Merkmale: Ein auffälliger dunkler Fleck im vorderen Teil der Seitenlinie unterscheidet diesen Brassen von seinen Verwandten. Der Körper ist grau mit einem Rosaschimmer. Er kann bis 70 cm lang werden, meist bleibt er aber deutlich kleiner.

Verwendung: Am besten schmeckt er gebraten. Sein Fleisch entspricht in der Qualität etwa dem des Achselfleck-Brassens.

WARENKUNDE KÜCHENPRAXIS REZEPTE
→ *Meeresfische*
  Barschartige Fische

GOLDBRASSEN *(Sparus aurata)*

engl. gilthead seabream; franz. dorade royale; ital. orata; span. dorada; griech. tsipura; kroat. lovrata; niederl. goadbrasem; port. dourada; türk. çipura.

Der Goldbrassen ist von den Britischen Inseln bis zu den Kapverden und im Mittelmeer verbreitet. Gefischt wird er im Mittelmeer mit Strandnetzen oder Angeln. Er wird bei uns regelmäßig angeboten.
Merkmale: Er hat seinen Namen von einem goldfarbenen Band, das sich von der Stirn zu den Augen zieht und dunkel eingerahmt ist. Ein dunkler Fleck befindet sich am Vorderende der Seitenlinie und greift auf den Kiemendeckel über. Der Goldbrassen wird bis 70 cm, meist aber nur etwa 35 cm lang.
Verwendung: Ideal zum Braten und Grillen.

GEISSBRASSEN *(Diplodus sargus)*

engl. white seabream; franz. sar commun; ital. sarago; span. sargo; port. sargo legítimo; griech. sargós; türk. karagöz.

Der Geißbrassen ist von der Biskaya bis zu den Kapverden und im Mittelmeer verbreitet.
Merkmale: Er hat einen schwarzen Fleck an der Schwanzwurzel und einige schmale dunkle Querbänder an den Flanken. Die Art wird bis 45 cm, meist aber nur etwa 30 cm lang.
Verwendung: Beim Braten und Grillen häufig mit Öl einpinseln, damit er nicht trocken wird.

SPITZBRASSEN *(Diplodus puntazzo)*

engl. sharpsnout seabream; franz. sar à museau pointu; ital. sarago pizzuto; span. sargo picudo; port. sargo bicudo; griech. úgena mitáchi; türk. sivriburun karagöz.

Der Spitzbrassen kommt im Ostatlantik, im Mittelmeer und im Schwarzen Meer vor.
Merkmale: Er hat eine spitz vorgezogene Schnauze und dunkle Querbänder an den Flanken. Die Schwanzwurzel hat einen dunklen Fleck. Er wird bis 60 cm, meist aber nur 25 bis 30 cm lang.
Verwendung: Sein zartes, delikates Fleisch wird in Italien zum Braten und aus dem Ofen geschätzt.

RINGELBRASSEN *(Diplodus annularis)*

engl. annular seabream; franz. sparaillon commun; ital. sparaglione; span. raspallón; port. sargo alcorraz; griech. sparos; kroat. špar, kolorep; türk. karagöz.

Der Ringelbrassen ist im Mittelmeer, im Schwarzen Meer und im angrenzenden Atlantik verbreitet.
Merkmale: Er wird bis 25 cm, meist aber nur 15 cm lang. Teils wird er mit der Oblada verwechselt, er ist aber hochrückiger.
Verwendung: Er eignet sich vor allem zum Braten.

Zur gleichen Familie gehört auch der **Zweibinden-Brassen** (1) *(Diplodus vulgaris)*, der sich für kräftige Garmethoden wie Grillen und Braten eignet.

OBLADA (2) *(Oblada melanura)*

engl. saddled bream; franz. oblade; ital. occhiata; span. oblada; port. dobradiça; griech. melanuri; kroat. ušatz; niederl. oblada; türk. melanurya.

Die Oblada ist von der Biskaya bis Angola verbreitet. Im Mittelmeer ist sie häufig, im Schwarzen Meer selten. Zu uns gelangt die qualitativ nicht sehr hoch bewertete Oblada nur selten.

(1) Der **ZWEIBINDEN-BRASSEN** *(Diplodus vulgaris)* ist ein Fisch mit nur mittlerer Fleischqualität. Er eignet sich frisch vor allem zum Braten und Grillen.

(2) Die **OBLADA** *(Oblada melanura)* ist hochrückig und am hell eingerahmten dunklen Fleck vor der Schwanzflosse zu erkennen. Ihr Fleisch verträgt kräftiges Würzen.

(3) Der **MARMORBRASSEN** *(Lithognathus mormyrus)* ist einer der häufigsten Meerbrassen. Er ernährt sich von Krebs- und Weichtieren. Sein Fleisch weist mittlere Qualität auf.

WARENKUNDE   KÜCHENPRAXIS   REZEPTE
→ *Meeresfische*
  Barschartige Fische

Merkmale: Die nicht sehr hochrückige Art wird bis 30 cm, meist aber nur 20 cm lang.
Verwendung: Sie ist ideal zum Braten und Grillen und verträgt auch kräftiges Würzen.

ZAHNBRASSEN *(Dentex dentex)*

engl. dentex; franz. denté; ital. dentice; span. denton; port. capatão legítimo; griech. sinagrida; kroat. zubatac; niederl. tandbrasem; türk. sinarit.

Der Zahnbrassen ist von der Biskaya bis zum Senegal und im Mittelmeer verbreitet. Bei uns wird er sporadisch angeboten.
Merkmale: Die kräftige Bezahnung hat der Art den Namen gegeben. Mittelgroß ist der Fisch rosa, älter graublau gefärbt; mit bis zu 1 m Länge ist er einer der größten Brassen der europäischen Gewässer.
Verwendung: Er schmeckt gebraten, gegrillt und auch aus dem Ofen.

MARMORBRASSEN (3) *(Lithognathus mormyrus)*

engl. striped seabream; franz. marbré; ital. mormora; span. herrera; port. ferreira; griech. murmura; kroat. kopač; türk. çizgili mercan.

Der Marmorbrassen ist von der Biskaya bis Südafrika, im Mittelmeer, im Roten Meer und im südwestlichen Indischen Ozean verbreitet.
Merkmale: Die nicht sehr hockrückige, silbrig-glänzende Art ist mit 14 bis 15 dunklen Querstreifen versehen. Der Marmorbrassen wird bis 55 cm lang, meist bleibt es bei etwa 25 cm.
Verwendung: Sein festes, leicht graues Fleisch schmeckt gebraten, gegrillt und aus dem Ofen.

STREIFENBRASSEN (4) *(Spondylosoma cantharus)*

engl. black seabream; franz. dorade grise; ital. cantara; span. chopa; port. choupa; dän. havsrude; griech. scathari; kroat. kantar; norw. havkaruss; schwed. havsruda; türk. sarıgöz.

Der Streifenbrassen kommt von Mittelnorwegen bis Angola vor. Im Mittelmeerraum wird er regelmäßig, bei uns sporadisch angeboten.
Merkmale: Die hochrückige, bläulich bis grünliche Art hat an den Flanken goldfarbene, meist unterbrochene Linien und wird bis 60 cm lang.
Verwendung: Er eignet sich vor allem zum Braten und Grillen im Ganzen auf dem Rost.

Die Meerbrassen rund um Südafrika gelten als delikate Speisefische, etwa die **Weiße Stumpfnase** *(Rhabdosargus globiceps)*. Ihre Marktgröße liegt bei 35 cm und 750 g. Auch der **Königsbrassen** (5) *(Argyrops spinifer)*, der im Indopazifik vom Roten Meer und der ostafrikanischen Küste bis nach Australien verbreitet ist, hat hervorragende Qualität. In den USA von Bedeutung ist der **Schafskopf** (6) *(Archosargus probatocephalus)*, engl. sheepshead, der an der Atlantikküste der USA von Neufundland bis Florida gefangen wird. Mit seinem kräftigen Gebiss knackt er Austern, Muscheln und Schnecken. Die Filets werden auch tiefgekühlt angeboten. Ein besonders feiner Vertreter an der nördlichen USA-Küste ist der **Scup** *(Stenotomus chrysops)*, der mit bis 1 kg Gewicht auf den Markt kommt und für alle Garmethoden geeignet ist. Mit wenigen und großen Gräten ist er sehr einfach zuzubereiten.

(4) Der **STREIFENBRASSEN** *(Spondylosoma cantharus)* zählt zwar nicht zu den Spitzenvertretern seiner Art, er eignet sich aber dennoch gut zum Grillen im Ganzen auf dem Rost.

(5) Der **KÖNIGSBRASSEN** *(Argyrops spinifer)* ist gut an den verlängerten Rückenflossenstrahlen zu erkennen. Sein Fleisch schmeckt hervorragend, vor allem gegrillt.

(6) Der **SCHAFSKOPF** *(Archosargus probatocephalus)*, mit seinem weißen, trockenen, aromatischen Fleisch ist in den USA beliebt. Er hat ein Marktgewicht von 2 bis 6 kg.

WARENKUNDE   KÜCHENPRAXIS   REZEPTE
→ *Meeresfische*
  Barschartige Fische

(1) Der **WEISSE GRUNZER** *(Haemulon plumieri)* ist der am häufigsten vorkommende Vertreter seiner Familie. Er wird vor allem frisch vermarktet und mit Erfolg auch in Gefangenschaft gehalten.

Grunzerfische *(Pomadasyidae)*

Die Familie der Grunzerfische, engl. grunts, franz. grondeurs, zeichnet sich durch gute Fleischqualität aus. Ihre Mitglieder kommen in den tropischen und subtropischen Meeren vor. Besonders farbenprächtige Grunts halten sich in Korallenriffen auf.

Ihren Namen haben diese Fische wirklich vom »Grunzen«; sobald sie aus dem Wasser kommen, erzeugen sie mit den Zähnen ein mahlendes, deutlich an Grunzen erinnerndes Geräusch, das durch die Schwimmblase noch verstärkt wird.

SCHWEINSFISCH *(Anisotremus virginicus)*

engl. porkfish; *franz.* daurade américaine, poisson cochon, lippu rondeau; *ital.* burro della Virginia; *span.* dorade americana, burro catalina, catalineta, cagalona de piedra.

Der Schweinsfisch kommt im Westatlantik von den Bermudas und Florida bis nach Brasilien vor.
Merkmale: Er ist der wohl beste Grunzer überhaupt. Er wird etwa 40 cm lang, besitzt schneeweißes Fleisch und wird höchstens bis zu 1 kg schwer.
Verwendung: Kleine Schweinsfische sind ideal für eine Bouillabaisse, Bourride oder für einen anderen Fischeintopf. Auf den französischen Antillen liebt man sie im »Blaff«, einem kreolischen Eintopf.

WEISSER GRUNZER (1) *(Haemulon plumieri)*

engl. white grunt; *franz.* gorette blanche; *span.* ronco margariteño, ronco arara, corocoro margariteño.

Der Weiße Grunzer kommt an der Atlantikküste der USA von Maryland an südwärts bis Brasilien vor, einschließlich der Karibischen See und der Antillen.
Merkmale: Seine Grundfarbe kann variieren, ist jedoch meist gelblich. Das charakteristische Erkennungsmerkmal sind blaue Längsstreifen am Kopf. Der Weiße Grunzer wird 50 cm lang.
Verwendung: Die Fleischqualität ist mit der des Schweinsfisches vergleichbar. Kleine Weiße Grunzer eignen sich für Suppen und Eintöpfe, größere Exemplare sind hervorragend zum Grillen.

Weitere delikate und wichtige Grunzerfische sind der **Silber-Grunzer (2)** *(Diagramma pictum)* sowie der **Blaustreifen-Grunzer (3)** *(Haemulon sciurus)*.

(2) Der **SILBER-GRUNZER** *(Diagramma pictum)* wird von den Seychellen zu uns importiert und dann meist als »Capitaine du Port« gehandelt. Er eignet sich für alle Zubereitungsarten.

(3) Der **BLAUSTREIFEN-GRUNZER** *(Haemulon sciurus)* ist im selben Gebiet verbreitet wie sein weißer Vetter, von dem er sich durch blaue Streifen unterscheidet. Er ist ein guter Grillfisch.

Straßenkehrer *(Lethrinidae)*

Die Familie der Straßenkehrer kommt überwiegend im Indopazifik vor und wird kulinarisch geschätzt.

SPITZKOPF-STRASSENKEHRER

(Lethrinus microdon)

engl. smalltooth emperor; franz. empereur tidents, Capitaine gueule longue; span. emperador boquidulce; khutam , sheiry (Arabien); long-nosed emperor (Papua-Neuguinea).

Der Spitzkopf-Straßenkehrer ist im Indopazifik sehr weit verbreitet und kommt auch im Roten Meer, Persischen Golf und in Ostafrika bis Sri Lanka und Papua-Neuguinea vor.
Merkmale: Der Körper ist bläulich-grau oder braun und weist häufig dunkle, unregelmäßige Flecken auf. Er wird bis 80 cm groß und knapp 5 kg schwer.
Verwendung: Für alle Zubereitungsarten geeignet.

BLAUSCHUPPEN-STRASSENKEHRER (4)

(Lethrinus nebulosus)

engl. bluescale emperor; franz. capitaine rouge, écrivain; span. emperador relámpago; blue keiser (Afrikaans).

Der Blauschuppen-Straßenkehrer kommt vom Roten Meer bis Samoa vor.
Merkmale: Die Färbung des Körpers ist grünlich, mit linienartig blau gekennzeichneten Schuppen, vor allem im Kopfbereich. Er wird 85 cm lang.
Verwendung: Er ist ideal zum Garen im Ofen.

Ebenfalls von den Seychellen gelangt der **Weiße Straßenkehrer** (5) *(Gymnocranius robinsoni)* zu uns.

Umberfische *(Sciaenidae)*

Umberfische sind Raubfische, die sehr anfällig für Parasiten, etwa Saugwürmer, sind. Wenn der Fisch nicht roh, wie etwa bei Sashimi, gegessen wird, sind sie aber harmlos. Daher sollte man den Fisch grundsätzlich erhitzen und sich auch beim Räuchern für das Heißräuchern entscheiden.

MEERRABE *(Sciaena umbra)*

engl. brown meagre; franz. corb commun; ital. corvo; span. corvallo; port. roncadeira preta; griech. skios; kroat. skrap; niederl. zeeraaf; türk. i˛skine.

Der Meerrabe kommt vom Ärmelkanal bis zum Senegal vor. Sein Verbreitungsgebiet schließt das Mittelmeer und das Schwarze Meer ein.
Merkmale: Er hat eine durchgehende Rückenflosse, die durch einen Einschnitt unterteilt wird. Der Unterkiefer hat keinen Bartfaden. Der Fisch ist braun bis grau gefärbt, am Bauch heller.
Verwendung: Sein zartes Fleisch ist von guter Qualität und eignet sich für alle Zubereitungsarten.

SPOTTED CROAKER *(Protonibea diacanthus)*

engl. blackspotted croaker, speckled drum; franz. courbine pintade; span. corvina pintada.

Der Spotted Croaker kommt in den warmen Gewässern des Westatlantiks und im Indopazifik vor.
Merkmale: Er wird bis zu 1,50 m lang und gilt in Asien als der beste Umberfisch.
Verwendung: Der Spotted Croaker ist für alle Zubereitungsarten geeignet.

Fisch oder Schwein?

Der Schweinsfisch ist ein typischer Vertreter seiner Familie: Sobald er aus dem Wasser kommt, macht er ein deutlich an Grunzen erinnerndes Geräusch.

(4) Der **BLAUSCHUPPEN-STRASSENKEHRER** *(Lethrinus nebulosus)* gehört zu den häufigsten Vertretern der Familie und zählt zu den großen Arten der Gattung. Er ist ideal zum Garen im Ofen.

(5) Der **WEISSE STRASSENKEHRER** *(Gymnocranius robinsoni)* ist ein sehr schmackhafter Rifffisch. Sein zartes weißes Fleisch eignet sich für alle Zubereitungsarten. Zu uns gelangt er als »Capitaine Blanc«.

WARENKUNDE KÜCHENPRAXIS REZEPTE
→ *Meeresfische*
Barschartige Fische

ADLERFISCH (1) *(Argyrosomus regius)*

engl. meagre; franz. maigre; ital. bocca d'oro; span. corvina; port. corvina legítima; dän. ørnefisk; griech. aetos, kranios; kroat. sjenka; niederl. ombervis; norw. ørnefisk; schwed. havsgös; türk. sarıağız.

Der Adlerfisch kommt von der südnorwegischen Küste bis zum Kongo einschließlich des Mittelmeeres und in Teilen des Schwarzen Meeres vor.
Merkmale: Er wird bis 2 m lang und hat die gleiche Ausbildung der Rückenflosse wie der Meerrabe, ist aber nicht so hochrückig. Ein untrügliches Frischezeichen ist bei diesem Fisch die gelb-orange Färbung der Innenseite der Mundhöhle. Diese verfärbt sich bald bräunlich, später grau.
Verwendung: Sein zartes Fleisch eignet sich für alle Zubereitungsarten. Er sollte nicht zu stark gewürzt werden, um das feine Aroma nicht zu überdecken.

BARTUMBER (2) *(Umbrina cirrosa)*

engl. shi drum; franz. ombrine; ital. ombrina; span. verrugato; port. calafate de riscas; griech. mylokopi; kroat. kurjal; niederl. gestreepte ombervis; türk. kötek.

Trommler

Umberfische sind auch als »Drummer« bekannt, denn sie können mit Hilfe der Schwimmblase und spezieller Muskeln laute, trommelnde Geräusche erzeugen.

Der Bartumber ist von der Biskaya bis zum Senegal verbreitet und kommt auch im Mittelmeer und Schwarzen Meer vor.
Merkmale: Der Bartumber hat einen Bartfaden am Unterkiefer. Die Körperfarbe ist dunkelsilbrig, auf der Rückenseite verlaufen schräge dunkle Linien. Die Maximallänge beträgt 1 m, meist bleibt es aber bei 60 cm.
Verwendung: Er eignet sich für alle Zubereitungsarten, vor allem auch zum Dünsten und für den Ofen.

ZEBRA-UMBERFISCH, PUNKT-UMBERFISCH, SPOT (3) *(Leiostomus xanthurus)*

engl. spot, spot croaker, post croaker, goody; franz. tambour croca; ital. corvina striata; span. verrugato croca

Der Zebra-Umberfisch ist vor allem im Westatlantik häufig. Im Sommer und Herbst werden große Mengen zwischen Delaware Bay und Georgia gefangen.
Merkmale: Trotz des höheren Rückens ist seine Verwandtschaft zum Atlantic Croaker unverkennbar. Der Fleck hinter dem Kiemendeckel weist ihn jedoch als Zebra-Umberfisch oder Spot aus.
Verwendung: Der Zebra-Umberfisch hat exzellentes Fleisch. Ein beliebtes Rezept aus Virginia ist »Panfried Spot« mit Rosmarin.

WESTATLANTISCHER UMBERFISCH (Micropogonias undulatus)

engl. Atlantic croaker, crocus, hardhead, King billy; franz. tambour du Brésil; ital. ombrina; span. corvinón brasilieño.

Der Westatlantische Umberfisch gehört zu den wichtigsten Marktfischen entlang den Küsten Nord- und Südamerikas.
Merkmale: Er ist schlanker als der Zebra-Umberfisch und hat eine konvexe Schwanzflosse. Er erreicht ein Durchschnittsgewicht von etwa 1 kg.
Verwendung: Sein Fleisch ist von guter Qualität. Er eignet sich zum Braten und zum Grillen, die Filets größerer Exemplare lassen sich gut braisieren.

SCHWARZER UMBERFISCH, TROMMELFISCH (4) *(Pogonias cromis)*

engl. black drum, sea drum; franz. grand tambour, grondeur noir; ital. ombrina nera; span. corvinón negro.

Der Trommelfisch gehört zu den großen Umberfischen des westlichen Atlantiks und wird von Cape Cod bis Argentinien gefangen.
Merkmale: Er kann zwar 50 bis 60 kg schwer werden, das gängige Marktgewicht liegt aber nur zwischen 5 und 10 kg.
Verwendung: Sein weißes, aromatisches Fleisch ist für alle Garmethoden geeignet. Das der größeren Exemplare ist beliebt für »Chowders«.

ROTER UMBERFISCH, AUGENFLECK-UMBERFISCH *(Sciaenops ocellatus)*

engl. red drum, channel bass; franz. tambour rouge; ital. ombrina ocellata; span. corvinón ocelado, pescado colorado.

Der Rote Umberfisch wird entlang der Küste von Neuengland bis Mexiko gefangen.
Merkmale: Er ist der Zweitgrößte und zugleich der Beste der Familie. Er kommt mit einem Gewicht von 2 bis 3 kg auf den Markt.
Verwendung: Der hervorragende Speisefisch hat ein aromatisches, festes und saftiges Fleisch. Er eignet sich sehr gut zum Braten oder Grillen.

GEFLECKTER UMBERFISCH, SPOTTED SEA TROUT (5) *(Cynoscion nebulosus)*

engl. spotted sea trout, spotted weakfish; franz. acoupa pintade; ital. ombrina dentata; span. corvinata pintada, trucha de mar.

Der Gefleckte Umberfisch kommt von New York bis in den Golf von Mexiko vor. Die englische Bezeichnung für diesen Umberfisch ist irreführend, aller-

WARENKUNDE　KÜCHENPRAXIS　REZEPTE
→ *Meeresfische*
Barschartige Fische

dings ist rein äußerlich durchaus eine gewisse Ähnlichkeit mit einer Forelle gegeben.
Merkmale: Der Gefleckte Umberfisch hat ein durchschnittliches Marktgewicht von etwa 1 kg.
Verwendung: Er hat sehr gutes Fleisch, das allerdings extrem leicht verderblich ist. Er lässt sich leicht filetieren und eignet sich gut zum Braten.

Der **Gulf Kingfish** oder **Whiting** *(Menticirrhus littoralis)* kommt von der Chesapeake Bay bis Brasilien vor. Ebenso begehrt sind der **Southern Kingfish** *(Menticirrhus americanus)*, der von Cape Cod bis Argentinien gefangen wird, und der **Northern Kingfish** *(Menticirrhus saxatilis)*. Sie werden 1 bis 1,5 kg schwer. Ihr mageres, festes weißes Fleisch ist sehr aromatisch, ebenso das der **California Corbina** *(Menticirrhus undulatus)*, die bis 4 kg schwer wird.

WEISSER SEEBARSCH *(Atractoscion nobilis)*

engl. white seabass, white weakfish; franz. acoupa blanc, mamselle mexicaine; ital. ombrina bianca; span. corvinata blanca.

Der Weiße Seebarsch kommt im Pazifik vom südlichen Alaska bis nach Niederkalifornien vor.
Merkmale: Er wird bis 1,65 m lang und kann ein Gewicht von bis zu 40 kg erreichen.
Verwendung: Das feine weiße Fleisch ist für alle Garmethoden geeignet.

Ebenso begehrte Verwandte aus dem Pazifik sind der **White Croaker** *(Genyonemus lineatus)*, der relativ weiches Fleisch hat, und der **Yellowfin Croaker** *(Umbrina roncador)*. Beide kommen mit einem durchschnittlichen Gewicht von 1 kg auf den Markt und eignen sich gut zum Braten in der Pfanne.

(1) Der **ADLERFISCH** *(Argyrosmus regius)* hat als »Maigre« in Frankreich einen guten Ruf. Sein zartes Fleisch hat ein feines Aroma und wird frisch und tiefgekühlt vermarktet, zu uns gelangt er allerdings nur selten.

(2) Der **BARTUMBER** *(Umbrina cirrosa)* gehört zwar zur Familie der Meerraben, hat aber – im Gegensatz zum Adlerfisch und anderen Familienangehörigen – einen Bartfaden am Unterkiefer, der ihm zu seinem Namen verholfen hat. Außerdem besitzt er eine durchgehende, lange Rückenflosse, deren vorderer Teil sehr viel höher ist als der hintere und von diesem durch einen kräftigen Einschnitt getrennt wird. Er eignet sich für alle Zubereitungsarten, besonders aber zum Dünsten und für Ofengerichte.

(3) Der **SPOT** *(Leiostomus xanthurus)* ist mit dem Atlantic Croaker nahe verwandt, hat aber einen höheren Rücken sowie einen dunklen Fleck hinter dem Kiemendeckel. Sein Fleisch hat einen exzellenten Geschmack.

(4) Der **SCHWARZE UMBERFISCH** *(Pogonias cromis)* oder Black Drum wird von Cape Cod bis Argentinien gefangen. Er ist wegen seiner Größe einfach zu verarbeiten: Man kauft ihn nur in grätenfreien Scheiben oder Stücken.

(5) Der **GEFLECKTE UMBERFISCH** *(Cynoscion nebulosus)* oder Spotted Sea Trout ist ein exzellenter Fisch, der sich leicht filetieren lässt. Er ist leicht verderblich und sollte daher stets gut gekühlt und rasch verbraucht werden.

WARENKUNDE   KÜCHENPRAXIS   REZEPTE
→ *Meeresfische*
   Barschartige Fische

(1) Die **GEFLECKTE MEERBARBE** *(Pseudupeneus maculatus)* hat meist eine blasse Körperfarbe, die zu den Flossen hin intensiver wird. Die Flossenenden sind meist rot oder gelblich-braun gefärbt. Der Kopf weist diagonale, feine blaue Linien auf. Das typische Erkennungsmerkmal sind jedoch die drei dunklen Flecken entlang der Seitenlinie.

Meerbarben *(Mullidae)*

Meerbarben sind Bodenfische, die in gemäßigten und tropischen Meeren leben. Meist treten sie in kleinen Rudeln auf. Von Herbst bis Frühjahr leben sie in größeren Tiefen, im Sommer bevorzugen sie Küstennähe, und sind auch im Brackwasser zu finden. Am Kinn tragen sie zwei lange, gabelförmige Bartfäden, die mit Geschmacks- und Tastorganen zum Aufspüren der Nahrung ausgestattet sind. Diese beiden »Barteln« können vorgestreckt und auch zurückgelegt werden. Schon im griechischen und römischen Altertum waren Meerbarben hoch geschätzte und teuer bezahlte Speisefische. Ihr weißes Fleisch schmeckt delikat und hat nur wenige Gräten.

Gut ausgerüstet
Wer in sehr großen Tiefen lebt oder in trübem Brackwasser schwimmt, braucht eine gute »Sehhilfe«: Meerbarben haben zwei lange, gabelförmige Barteln, die vor allem zum Tasten, aber auch zum Schmecken dienen.

ROTE MEERBARBE (2) *(Mullus barbatus)*

engl. red mullet; franz. rouget de vase; ital. triglia di fango; span. salmonete de fango; port. salmonete da vasa; griech. kutsomura; kroat. trlja od blata; niederl. zeebarbel; schwed. skäggmullus; türk. barbunya.

Die Rote Meerbarbe kommt selten in der Nordsee, regelmäßiger vom Ärmelkanal bis zum Senegal vor. Auch das gesamte Mittelmeer und das Schwarze Meer werden von ihr besiedelt. Sie lebt auf Schlickgründen von 10 bis 500 m Tiefe und wühlt im Boden nach wirbellosen Meerestieren. Die Barteln werden dabei als Tast- und Geschmacksorgane eingesetzt. Der Fang erfolgt mit Bodennetzen. Zu uns gelangt sie zeitweilig. Dann sollte man aber zugreifen, da sie die beste der angebotenen Arten ist.

Merkmale: Meerbarben haben zwei kurze Rückenflossen, sind auf der Bauchseite abgeplattet und haben ein Paar lange Barteln am Unterkiefer. Die Rote Meerbarbe hat ein sehr steiles Kopfprofil und ist am ganzen Körper einheitlich rot gefärbt. Die großen Schuppen werden meist nach dem Fang entfernt, damit die Rötung der Haut besser zum Vorschein kommt. Die Rote Meerbarbe wird bis 30 cm lang, die meisten Exemplare werden jedoch nicht größer als etwa 20 cm.

Verwendung: Ihr feines Fleisch schmeckt delikat gedünstet und mit Zitronensaft beträufelt. Beim Braten wird der feine Geschmack leicht überdeckt.

STREIFENBARBE (3) *(Mullus surmuletus)*

engl. striped red mullet; franz. rouget de roche; ital. triglia di scoglio; span. salmonete de roca; port. salmonete legítimo; griech. barbouni; kroat. trlja od kamena; niederl. mul; norw. mulle; türk. tekir.

Das Verbreitungsgebiet der Streifenbarbe entspricht ungefähr dem der Roten Meerbarbe. Die

Streifenbarbe lebt in geringen Tiefen auf rauerem Untergrund, aber auch häufig auf Sand und in Seegraswiesen. Gefischt wird sie meist mit Strand- und Stellnetzen und ist regelmäßig auf den Fischmärkten vertreten. Zu uns gelangt die Streifenbarbe häufiger als die Rote Meerbarbe. Sie wird dabei meist als »Rougets de Roche« bezeichnet.

Merkmale: Die Streifenbarbe unterscheidet sich von der Roten Meerbarbe durch das flachere Kopfprofil, durch eine rote und gelbbraune Längsstreifung des Körpers und durch eine dunkle Längsstreifung der ersten Rückenflosse. Ihre Maximallänge beträgt etwa 40 cm, meist bleibt es aber bei 25 cm.

Verwendung: Besonders schmackhaft sind kleinere Exemplare von bis zu 15 cm Körperlänge. Streifenbarben werden auch »Schnepfen des Meeres« genannt, da sie keine Galle haben. Kleinere Exemplare kann man daher auch unausgenommen grillen oder braten. Auch gedünstet schmecken sie gut.

STACHELBARBE *(Pseudupeneus prayensis)*

engl. West-African goatfish; franz. rouget du Sénégal; span. salmonete barbudo.

Das Verbreitungsgebiet der Stachelbarbe umfasst die Atlantikküste Marokkos bis Angola. Das Siedlungsgebiet sind Sand- und Schlickgründe mittlerer Tiefen. In Westafrika werden sie in der Trawlfischerei in großen Mengen erbeutet. Die Stachelbarbe stellt das Hauptkontingent an tiefgefrorenen Meerbarben auf dem Markt, kulinarisch ist sie aber weniger wertvoll als die Echten Meerbarben.

Merkmale: Die Stachelbarbe trägt ihren Namen nach einem kräftigen Dorn am Hinterrand des Kiemendeckels, der sie von den Echten Meerbarben der Gattung Mullus unterscheidet. Das Kopfprofil ist außerordentlich flach, flacher noch als das der Streifenbarbe. Charakteristisch ist auch das Färbungsmuster mit 3 bis 4 roten Längslinien. Die Maximallänge beträgt 55 cm, meist bleibt es bei etwa 30 cm.

Verwendung: Wegen des weniger zarten Fleisches wird die Stachelbarbe am besten gebraten.

GEFLECKTE MEERBARBE, GEFLECKTER ZIEGENFISCH (1) *(Pseudupeneus maculatus)*

engl. spotted goatfish, goat mullet; franz. rouget-barbet tacheté, barbaray rouge; ital. triglia macchiata; span. salmonete manchado, salmonete colorado; port. canaiú, beija-moça, salmonejo, salmao-pequeno; dän. plettet mulle; niederl. barbeel; poln. sultanka trójpalma; copper pilot (Barbados); red goatfish (Cuba, Haiti, Martinique).

Die Gefleckte Meerbarbe kommt an der Westatlantikküste von Cape Cod bis Florida vor und ist auch im Golf von Mexiko und südlich bis zur brasilianischen Küste verbreitet. Das Gebiet schließt auch den Golf von Mexiko sowie die Karibik mit ein. Die gefleckte Meerbarbe ist im gesamten Verbreitungsgebiet ein wirtschaflich bedeutender Fisch.

Merkmale: Sie ist sehr gut an den drei dunklen Flecken entlang der Seitenlinie zu erkennen. Sie kann ihr Aussehen ändern und innerhalb von einer Minute auf Kopf und Körper ein Muster aus roten Flecken erzeugen, daher auch ihr Name. Der geschätzte Speisefisch wird bis 30 cm lang und lebt in Wassertiefen bis 90 m.

Verwendung: Sie eignet sich besonders zum Pochieren, Dünsten und Dämpfen. Von ihr sind gelegentlich Ciguaterra-Vergiftungen bekannt geworden.

(2) Die **ROTE MEERBARBE** *(Mullus barbatus)* gilt als die Beste unter den Meerbarben. Sie erreicht meist nur eine Länge von etwa 20 cm und eignet sich besonders gut für Zubereitungsarten, bei der ihr feines Aroma nicht überdeckt wird, etwa Dünsten.

(3) Die **STREIFENBARBE** *(Mullus surmuletus)* war schon im Altertum berühmt, vor allem wegen ihres schönen Farbenspiels. Sie ernährt sich von Krebs- und Weichtieren, die sie mit ihren Bartfäden auf dem Meeresboden aufspürt.

Bandfische *(Cepolidae)*

Die Familie der Bandfische hat bandartige, lang gestreckte Körper. Die Schuppen sind klein, die Flossen haben keine Stachelstrahlen.

ROTER BANDFISCH (1) *(Cepola macrophthalma)*

engl. red bandfish; franz. cépole; ital. cepola; span. cepola; port. suspensório; griech. kordella; kroat. kurdela; niederl. rode bandvis; türk. kurdela.

Das Verbreitungsgebiet des Roten Bandfisches reicht von der britischen Westküste bis zum Senegal, einschließlich des gesamten Mittelmeeres.
Merkmale: Die aalförmige, seitlich stark abgeplattete Art wird bis 70 cm lang.
Verwendung: Das gute, grätenreiche Fleisch wird am besten in Stücken gebraten.

Brandungsbarsche *(Embiotocidae)*

Die Familie findet man, bis auf wenige Arten, an der nördlichen Pazifikküste vom südlichen Alaska bis Nieder- und Südkalifornien.

WEISSER BRANDUNGSBARSCH (2)
(Phanerodon furcatus)

engl. white surfperch, sea perch; dän. hvid braendingsaborre; poln. szumien bialy.

Der Weiße Brandungsbarsch kommt an der Pazifikküste von Vancouver bis Niederkalifornien vor.
Merkmale: Der geschätzte Speisefisch wird bis zu 30 cm lang. Seine Färbung ist bläulich silbrig bis olivfarben, zum Bauch hin heller, manchmal auch mit gelbem oder rosa Schimmer. An der Basis der Rückenflosse verläuft eine schmale schwarze Linie.
Verwendung: Ideal zum Braten und Grillen.

Morwongs *(Cheilodactylidae)*

Die Familie der Morwongs kommt in den Gewässern um Japan, Australien, Südafrika sowie rund um Südamerika vor.

GROSSFLOSSEN-MORWONG, TARAKIHI *(Nemadactylus macropterus)*

engl. jacksass fish, silver bream; franz. castanette Tarakihi; ital. pseudosarago; span. pintadilla cola larga.

Der Großflossen-Morwong kommt im Indischen Ozean um Südaustralien und Neuseeland vor. Er ist auch im Südwest-Atlantik an der Südspitze Südamerikas verbreitet.
Merkmale: Er kann 70 cm lang werden, meist bleibt es bei 30 bis 50 cm und einem Gewicht von knapp 2 kg. Er wird in großen Mengen gefangen.
Verwendung: Sein Fleisch ist mittelfest und sehr gut. Es eignet sich gut zum Dünsten, Braten, Pochieren und zum Garen im Ofen.

Meeräschen *(Mugilidae)*

Meeräschen sind Küstenfische aller gemäßigten und tropischen Meere. Die Schwarmfische wandern in Flussmündungen und Lagunen, ernähren sich von Plankton und Kleinsttieren. Im Mittelmeerraum, am Schwarzen und Kaspischen Meer sowie an der US-Atlantikküste sind sie wirtschaftlich be-

(1) Der **ROTE BANDFISCH** *(Cepola macrophthalma)* ist aalförmig lang gestreckt. Die Rücken- und Afterflosse bilden einen Saum, die Schwanzflosse ist aber abgetrennt und gut zu erkennen. Als Speisefisch wird er vor allem in Italien geschätzt. Bei uns kommt er nur gelegentlich auf den Markt und wird am besten in Stücke geschnitten und gebraten.

(2) Der **WEISSE BRANDUNGSBARSCH** *(Phanerodon furcatus)* ist ein sehr beliebter Speisefisch an der Westküste der USA, wo er vor allem als Grillfisch besonderes Ansehen genießt. Er wird bis zu 30 cm lang und hat eine bläulich-silbrige bis olivfarbene Tönung.

deutend. In europäischen Gewässern gibt es sieben Meeräschen-Arten, die der Handel nicht unterscheidet. Meeräschen können, je nachdem, wo sie gefangen wurden, unterschiedliche Qualität haben. Am besten sind kleinere Exemplare, während große oft aus Flussmündungen mit trübem Wasser stammen und entsprechend »muffig« schmecken. Besser sind große Tiere aus strömungsreichen Gegenden.

GROSSKÖPFIGE MEERÄSCHE (3) *(Mugil cephalus)*

engl. flathead grey mullet; franz. mullet à grosse tête; ital. cefalo; span. pardete; port. tainha olhalvo; griech. kephalos; kroat. cipal glavač; türk. kefal.

Die Großköpfige Meeräsche ist weltweit verbreitet; in europäischen Gewässern kommt sie von der Biskaya bis zum Mittelmeer und im Schwarzen Meer vor. Gefischt wird sie mit Stell-, Wurf- oder Strandnetzen. An die Angel gehen nur Jungtiere.
Merkmale: Sie hat einen großen, vorne abgeflachten Kopf und 2 kurze, getrennte Rückenflossen. Die Bauchflossen liegen knapp hinter den Brustflossen.
Verwendung: Kleinere Exemplare lassen sich gut braten, größere werden besser gedünstet oder geschmort. Meeräschen eignen sich auch zum Räuchern oder Salzen. In Griechenland und in der Türkei werden die Rogen der Meeräsche gesalzen, gepresst und damit entwässert. Nach dem Trocknen werden sie mit Bienenwachs überzogen und durch den Luftabschluss haltbar. Dieses »avgotaracho« ist eine teure Delikatesse, die hier zu Lande nicht zu bekommen ist. Ähnlich wird in der Provence und in Japan verfahren. Die Produkte heißen dort »boutargue« und »karasumi«.

DICKLIPPIGE MEERÄSCHE, GRAUÄSCHE
(Chelon labrosus)

engl. thick-lipped grey mullet; franz. mulet lippu, muge à grosse lèvre; ital. cefalo, bosega, cerina; span. lisa, corcón, lisa negra, mugle.

Die Dicklippige Meeräsche kommt im Ostatlantik von Skandinavien und Island bis zum Senegal vor sowie im Mittelmeer und dem Schwarzen Meer.
Merkmale: Sie wird bis 60 cm lang und 5 kg schwer. Ihre dicke Oberlippe weist kleine Warzenreihen auf.
Verwendung: Wie bei der Großköpfigen Meeräsche.

GOLDMEERÄSCHE, GOLDÄSCHE *(Liza aurata)*

engl. golden grey mullet, glory mullet; mulet doré, mulet daurin, muge doré; ital. cefalo dorato, muggine dorato, lotregano; span. galupe, dabeta, laban, lisa dorada.

Die Goldmeeräsche kommt im Ostatlantik von Schottland bis zum Cap Verde vor und ist im gesamten Mittelmeerraum wirtschaftlich bedeutend.
Merkmale: Sie hat auf Wangen und Kiemendeckeln einen goldenen Fleck
Verwendung: Wie bei der Großköpfigen Meeräsche.

Zur selben Gattung gehören auch die **Dünnlippige Meeräsche** (4) *(Liza ramada)* sowie die **Springmeeräsche** (5) *(Liza saliens)*. Wichtige asiatische Vertreter aus der Familie der Meeräschen sind die **Grünrücken-Meeräsche** *(Liza dussumieri)*, engl. greenback grey mullet, die bis 35 cm lang wird, die **Diamantschuppige Meeräsche** *(Liza vaigiensis)*, engl. diamond-scaled grey mullet, die bis 60 cm lang werden kann, und die **Blaurücken-Meeräsche** *(Valamugil seheli)*, engl. blue-spot grey mullet.

(3) Die **GROSSKÖPFIGE MEERÄSCHE** *(Mugil cephalus)* glänzt silberfarben, ihr Körper ist mit großen Schuppen besetzt. Sie wird bis zu 1,20 m lang und etwa 9 kg schwer. Damit zählt sie zu den größten Meeräschen.

(4) Die **DÜNNLIPPIGE MEERÄSCHE** *(Liza ramada)* ähnelt in Form und Aussehen der Großköpfigen Meeräsche. Sie kommt im Ostatlantik vor und hat festes, etwas fettes Fleisch, das sehr gut schmeckt.

(5) Die **SPRINGMEERÄSCHE** *(Liza saliens)* ist etwas schlanker als ihre Verwandten und bevorzugt sehr salzhaltiges Wasser. Sie kommt im Ostatlantik von Marokko bis zur Biskaya vor und gilt vielerorts als Delikatesse.

(1) Der **GROSSE BARRAKUDA** *(Sphyraena barracuda)* kommt weltweit in tropischen und subtropischen Meeren mit Ausnahme des Ostpazifiks vor. Er lebt in Wassertiefen bis 100 m, hält sich aber bevorzugt nahe der Wasseroberfläche auf. Er kann eine Länge von bis zu 2 m und ein Gewicht von 50 kg erreichen. Der Große Barrakuda wird in seinem gesamten Verbreitungsgebiet als delikater Speisefisch geschätzt. Er wird frisch, getrocknet oder gesalzen vermarktet und eignet sich sowohl als Koteletts zum Braten als auch für Schmorgerichte.

Pfeilhechte *(Sphyraenidae)*

Pfeilhechte oder Barrakudas sind hechtähnliche Raubfische mit zwei getrennten, weit auseinander liegenden Rückenflossen und gegabelter Schwanzflosse. Sie leben vor allem in tropischen Gewässern und dringen beim Verfolgen ihrer Beute auch in gemäßigt warme Gewässer vor.

PFEILHECHT, EUROPÄISCHER BARRAKUDA MITTELMEER-BARRAKUDA

(Sphyraena sphyraena)

engl. European barracuda; *franz.* bécune européenne; *ital.* luccio di mare; *span.* espetón; *port.* bicuda; *griech.* lutros; *kroat.* škaram; *türk.* iskarmoz.

Der Pfeilhecht kommt im Ostatlantik von den Kanarischen Inseln bis zur Biskaya und im Mittelmeer vor. Er ist ein hervorragender Schwimmer, der beim Verfolgen kleiner Schwarmfische (Sardinen) weite Strecken zurücklegt. Er ist sehr angriffslustig und kann, gereizt oder gefangen, mit seinem Gebiss böse Verletzungen verursachen.

Merkmale: Der Körper ist gestreckt, hechtartig, mit sehr langem, spitzem Kopf und weiter Maulöffnung. Der Unterkiefer ist vorgeschoben und trägt kräftige Fangzähne. Die Färbung am Rücken ist grau-grünlich, am Bauch silbrig glänzend, am Rücken hat er bis zu 24 dunkle Querstreifen. Sein Fleisch hat hohe Qualität.

Verwendung: Barrakudas eignen sich sowohl als Koteletts zum Braten als auch für Schmorgerichte.

Der **Kalifornische Barrakuda** (Sphyraena argentea) ist von den Kodiak-Inseln bis Niederkalifornien verbreitet und dort wirtschaftlich von Bedeutung. Der in Küstennähe lebende Fisch wird bis 1,20 m lang und etwa 8,5 kg schwer. Sein Fleisch ist hervorragend. Weltweit in tropischen und subtropischen Meeren mit Ausnahme des Ostpazifiks ist dagegen der **Große Barrakuda** oder auch **Atlantischer Pfeilhecht** (1) (Sphyraena barracuda), engl. sea pike oder great barracuda, verbreitet. Er wird in seinem gesamten Verbreitungsgebiet gefangen und zum Verkauf angeboten. Sein Fleisch ist delikat. Große Exemplare werden jedoch eher gemieden, da bei ihnen Ciguaterra-Vergiftungen häufiger auftreten. Ein Risiko ist bei allen tropischen Vertretern dieser Fischgruppe gegeben.

Lippfische *(Labridae)*

Die Familie der Lippfische ist eine sehr große Gruppe von Fischen, die in allen tropischen, gemäßigten und kühleren Meeren leben. Ihr Körperbau ist dem der Barsche ähnlich; dabei gibt es enorme Größen- und Farbunterschiede. Lippfische haben eine lange, durchgehende Rückenflosse, deren vorderer Teil stachelstrahlig ist, während der hintere Weichstrahlen aufweist. Die Bauchflossen liegen etwas hinter den Brustflossen. Die Haut trägt kräftige Schuppen. Charakteristisch sind die großen, fleischigen Lippen, die ihnen zu ihrem Namen verhalfen. Lippfische leben zwischen Korallen- und Felsriffen und in Algenwäldern. Sie ernähren sich von Krebs- und Weichtieren, manche leben als Putzerfische, die Parasiten und Nahrungsreste aus dem Maul und von der Haut anderer Fische fressen. In tropischen Ländern werden alle Arten gegessen, doch nur wenige sind wertvolle Speisefische.

GEFLECKTER LIPPFISCH (2) (Labrus berggylta)

engl. ballan wrasse; franz. vieille; ital. tordo marvizzo; span. maragota; port. bodião reticulado; dän. berggylt; griech. chilou papagallos; kroat. vrana atlanska; niederl. gevlekte lipvis; norw. berggylt; schwed. berggylta; türk. kikla.

Das Verbreitungsgebiet des Gefleckten Lippfischs reicht von Mittelnorwegen bis zu den Kanaren. Im Mittelmeer kommt er nur lokal vor, besonders in türkischen Gewässern, etwa im Marmarameer, wo er regelmäßig gefangen wird.

Merkmale: Der Gefleckte Lippfisch ist an dem typischen hellen Fleckenmuster auf dunklerem Grund zu erkennen. Die Körperfarbe selbst ist variabel, die Palette reicht von Braunrot bis Grün. Mit 60 cm Maximallänge gehört diese Art zu den größten europäischen Lippfischen.

Verwendung: Sein schmackhaftes Fleisch eignet sich besonders gut zum Braten.

KUCKUCKSLIPPFISCH (3) (Labrus bimaculatus)

engl. cuckoo wrasse; franz. vieille coquette; ital. tordo fischietto, labro pavone; span. gallano; port. bodião canário; dän. blaastaal (Männchen), rodnaeb (Weibchen); griech. chilou; kroat. smokva; niederl. gestreepte lipvis; norw. blåstål (Männchen), rødnebb (Weibchen); schwed. blågylta (Männchen), rödnäbba (Weibchen); türk. lâpin.

Der Kuckuckslippfisch kommt von Mittelnorwegen bis zum Senegal sowie im Mittelmeer vor. Er lebt in 20 bis 40 m Tiefe, dringt aber auch ins Flachwasser vor. Eine nennenswerte Fischerei existiert nur im westlichen Mittelmeer, sonst kommt es nur zu Gelegenheitsfängen.

Merkmale: Der Kuckuckslippfisch ist farbenfroh, außerdem in beiden Geschlechtern unterschiedlich gefärbt. Bei den Männchen ist der Körper gelb-orange, auf der Rückenseite mit tiefblauen Längsstreifen versehen, die nach vorn zusammenfließen und an den tiefblauen Kopf anschließen. Die Weibchen haben einen ziegelroten Körper mit drei großen schwarzen Flecken am Hinterende des Rückens. Die Maximallänge beträgt 35 cm.

Verwendung: Zu uns gelangt der Kuckuckslippfisch eher selten. Sein Fleisch ist zwar von guter Qualität, aber wie das aller Lippfische sehr grätenreich. Die Gräten sind stark verkalkt und damit hart. Am besten schmeckt er in der Pfanne gebraten.

Weitere große europäische Arten sind der blaugrau bis oliv oder braun gefärbte **Braune Lippfisch** *(Labrus merula)* und der etwas schlankere **Grüne Lippfisch** *(Labrus viridis)*, der sich leicht an seiner Grünfärbung erkennen lässt. Beide Arten sind von Portugal bis Marokko und im gesamten Mittelmeer verbreitet und kommen nur selten auf den Markt. Ihr Fleisch ist mittelmäßig; oft werden diese Tiere in Fischsuppen verwendet.

(2) Der **GEFLECKTE LIPPFISCH** *(Labrus berggylta)* gelangt nur selten zu uns auf den Markt – und wenn, dann aus der Türkei. Er ist sehr schmackhaft und eignet sich zum Braten.

(3) Der **KUCKUCKSLIPPFISCH** *(Labrus bimaculatus)* lebt paarweise. Er ist ein geschätzter Speisefisch, im Gegensatz zu vielen anderen der rund 450 Lippfisch-Arten, die meist klein und ohne kulinarischen Wert sind.

WARENKUNDE   KÜCHENPRAXIS   REZEPTE
→ *Meeresfische*
   Barschartige Fische

Papageifische *(Scaridae)*

Noch farbenprächtiger als die Lippfische sind die Papageifische der artenreichen Familie der Scaridae. Sie leben an steil abfallenden Korallenriffen in tropischen Meeren. Mit den zu einem Papageienschnabel verwachsenen Zähnen kratzen sie Kleingetier und Algen von den Korallen. Einige Arten brechen ganze Korallenzweige ab, die sie mit ihren kräftigen Schlundknochen zermahlen.

ROTSCHWANZ-PAPAGEIFISCH (1)

(Sparisoma chrysopterum)

engl. parrotfish; *franz.* scare, perroquet vert; *ital.* pesce papagallo; *span.* loro verde, jabón; *port.* papagaio, budião; *japan.* munaten-budai; blisterside, kwab (Jamaica).

Der Rotschwanz-Papageifisch kommt im tropischen Westatlantik von Florida bis Brasilien vor.
Merkmale: Er hat einen länglich ovalen Körper mit großem Kopf, der Oberkiefer ist etwas vorgewölbt. Die Färbung ist geschlechtsspezifisch: Die Männchen sind blau, die Weibchen kommen dagegen in verschiedenen Rottönen vor.
Verwendung: Papageifische sollten enthäutet werden, da die Haut einen etwas strengen Geschmack hat. Kleinere Tiere können sowohl gebraten als auch gedünstet werden, größere hingegen eignen sich besser für Eintöpfe oder auch Schmorgerichte.

Irreführend

Namengebend ist bei den Papageifischen nicht die prächtige Färbung ihres Schuppenkleides, vielmehr standen dafür die zu einem Papageienschnabel verwachsenen Zähne Pate.

Die Männchen des eng verwandten **Nasenhöcker-Papageifisches** *(Scarus rubroviolaceus)* (2) sind überwiegend grün gefärbt, die Weibchen tiefrot. Sein Verbreitungsgebiet beschränkt sich auf den Indischen Ozean von Ostafrika bis zum Indomalayischen Archipel. Im Mittelmeer ist nur eine Papageifisch-Art vertreten, der **Seepapagei** *(Sparisoma cretense)*, engl. parrotfish, der vor allem auf zyprischen und türkischen Märkten eine Rolle spielt.

BLAUFLECKEN-PAPAGEIFISCH (3)

(Scarus ghobban)

engl. bluebarred parrotfish, yellowscale parrotfish; *franz.* perroquet à ecailles jaunes, perroquet barbe bleu; *span.* loro barba azul, loro de escamas amarillas; *dän.* blåbåndet papegøjefisk; *poln.* kaliodon natalski; *japan.* hibudai; babbegha (Arabien); ying gor lie (Hongkong); noo landaa (Malediven); cateau bleu, robinne (Mauritius); molmol (Philippinen).

Der Blauflecken-Papageifisch kommt vom Roten Meer über den Indischen Ozean bis zur mittelamerikanischen Pazifikküste vor.
Merkmale: Er ist gelb mit blauen Flecken und wird bis 90 cm lang.
Verwendung: Kleinere Exemplare eignen sich gehäutet zum Braten und Dünsten, größere für Eintöpfe und zum Schmoren.

SANDBARSCHE *(Mugiloididae)*

Die Familie der Sandbarsche gehört ebenfalls zu den Küstenfischen der gemäßigt-warmen bis tropischen Meere. Der spindelförmige Körper ist mit

(1) Beim **ROTSCHWANZ-PAPAGEIFISCH** *(Sparisoma chrysopterum)* ist das Männchen blau gefärbt, die Schwanzflosse hat einen roten oder auch orangen Innenrand, die Weibchen sind in den verschiedensten Rottönen gefärbt.

(2) Beim **NASENHÖCKER-PAPAGEIFISCH** *(Scarus rubroviolaceus)* sind die Männchen überwiegend grünlich, die Weibchen dagegen tiefrot gefärbt. Von den Seychellen stammende Ware wird als »Kakatoi« gehandelt.

(3) Der **BLAUFLECKEN-PAPAGEIFISCH** *(Scarus ghobban)* lebt meist alleine. Erwachsene Männchen bevorzugen geringe Wassertiefen, Weibchen treten bis in 35 m Tiefe auf. Er ist vor allem in Hongkong sehr beliebt.

kleinen Schuppen besetzt. Die Rückenflosse ist geteilt in einige niedrige Stachelstrahlen und einen höheren, langen, weichen Teil. Vorsicht! Die kleinen Stachelstrahlen können schmerzhaft verletzen.

NEUSEELÄNDISCHER BLAUBARSCH, BLUE COD (4) *(Parapercis colias)*

engl. New Zealand blue cod; *franz.* morue bleue de Nouvelle-Zélande; *ital.* paraperca blu; *span.* paraperca azúl, namorado; *japan.* toragisu.

Der Neuseeländische Blaubarsch kommt ausschließlich um Neuseeland bis in 150 m Wassertiefe vor.
<u>Merkmale:</u> Die Färbung am Rücken ist grünlich blau bis blauschwarz, seitlich mehr braun. Er ernährt sich von Fischen, Krebsen und Weichtieren, wird bis zu 45 cm lang und etwa 2,5 kg schwer.
<u>Verwendung:</u> Er hat sehr gutes Fleisch und eignet sich für fast alle Zubereitungsarten, ganz besonders auch zum Räuchern.

Der **Rollizo** *(Mugiloides chilensis)* bevorzugt etwas kühlere Gewässer und ist an der Küste Chiles stark vertreten. Sein Fleisch ist exzellent und kommt häufig auf den Markt.

Petermännchen *(Trachinidae)*

Petermännchen sind Bodenfische mit lang gestrecktem, seitlich abgeflachtem Körper. Die Augen liegen an der Oberseite, der Mund ist schräg nach oben gerichtet. Die Kiemendeckel tragen starke Giftstacheln, auch die erste Rückenflosse hat 5 bis 7 Giftstacheln. Das nervenlähmende Gift ist nicht hitzebeständig; Wunden sofort und 1,5 Stunden lang sehr heiß abtupfen. Bei größeren Fischen wird die erste Rückenflosse mitsamt dem Kopf nach dem Fang oft abgetrennt. Selbst schneidet man die Stacheln am besten mit einer kräftigen Schere ab.

GROSSES PETERMÄNNCHEN (5) *(Trachinus draco)*

engl. greater weever; *franz.* grande vive; *ital.* dragone; *span.* escorpión; *port.* peixe aranha maior; *dän.* fjäsing; *griech.* drakena; *kroat.* pauk byeli; *niederl.* grote pieterman; *norw.* fjesing; *schwed.* tjärsing; *türk.* trakonya.

Das Verbreitungsgebiet des Großen Petermännchens erstreckt sich von Norwegen bis Madeira und schließt das Mittelmeer und das Schwarze Meer ein.
<u>Merkmale:</u> Die Art wird bis zu 40 cm lang und ist am Muster zu erkennen: gelbe und blaue schräge

(4) Der **NEUSEELÄNDISCHE BLAUBARSCH** *(Parapercis colias)* ist mit seinem lang gestreckten Körper als Bodenbewohner sehr gut angepasst. Beim Gleiten über Sand und Felsen kann er sich mit den Brustflossen aufstützen.

(5) Das **GROSSE PETERMÄNNCHEN** *(Trachinus draco)* lebt vom Flachwasser bis in 150 m Tiefe auf Schlick- und Sandgründen, in die es sich tagsüber eingräbt, so dass nur Augen und Giftstacheln herausschauen. Wer barfuß auf die Stacheln tritt, wird schmerzhaft verletzt.

(6) Das **GESTREIFTE PETERMÄNNCHEN** *(Trachinus radiatus)*, *engl.* streaked weever, kennzeichnen ringförmige dunkelbraune Flecken auf hellem Grund. Es kommt ausschließlich im Mittelmeerraum vor und ist ebenso gut wie sein großer Vetter.

Linien auf weißgelbem Grund. Auf dem Kiemendeckel steht ein kräftiger, nach hinten gerichteter Giftstachel. Die kurze erste Rückenflosse mit den Giftstacheln ist auffallend schwarz. Petermännchen werden bei uns regelmäßig angeboten.
<u>Verwendung:</u> Das feste weiße Fleisch ist etwas trocken, aber schmackhaft. Die Fische werden im Ganzen gebraten oder in Fischsuppen verwendet. In Italien gehören sie in jede gute Zuppa di pesce.

Im Mittelmeerraum gibt es noch 2 weitere Arten: das **Gestreifte Petermännchen** *(Trachinus radiatus)* (6) und die **Sinnenqueise** *(Trachinus araneus)*. Der Handel unterscheidet sie jedoch meist nicht.

WARENKUNDE KÜCHENPRAXIS REZEPTE
→ *Meeresfische*
  Barschartige Fische

(1) Der **GESTREIFTE SEEWOLF** *(Anarhichas lupus)* hat 9 bis 13 dunkle Querstreifen und wird bis zu 1,25 m lang. Die Rückenflosse geht vom Kopf bis zum Schwanz. Er wird im Handel meist ohne Kopf und Haut angeboten.

Himmelsgucker *(Uranoscopidae)*

Himmelsgucker oder Sternseher kommen weltweit in gemäßigten und tropischen Gewässern vor.

HIMMELSGUCKER *(Uranoscopus scaber)* (3)

engl. stargazer; franz. uranoscope; ital. uranoscopo, lucerna; span. miracielo; port. cabeçudo; griech. lychnos; kroat. batogla; niederl. sterrenkyker; türk. kurbağa.

Der Himmelsgucker ist von der Biskaya bis Marokko, im Mittelmeer und im Schwarzen Meer verbreitet. Er lebt in 15 bis 400 m Tiefe und gräbt sich gerne am Meeresgrund im Sand oder Schlick ein.
Merkmale: Hinter dem Kiemendeckel sitzt auf der Rückenseite ein Giftstachel. Der graugelbe Körper ist unregelmäßig gefleckt. Er wird bis 35 cm lang.
Verwendung: Er wird klassischerweise für Fischsuppen verwendet.

Der **Monkfish** oder **Neuseeländische Himmelsgucker** *(Kathetostoma giganteum)*, austral. stargazer; neuseel. giant stargazer; japan. mishima-okoze, ist ein wirtschaftlich wichtiger Fisch. Das Fleisch ähnelt in gegartem Zustand dem der Languste.

Seewölfe *(Anarhichadidae)*

Die Familie der Seewölfe umfasst neun Arten, die alle die kalten Meere der Nordhalbkugel bewohnen. Typisch sind ein dicker Kopf, ein breites Maul, glatte Haut ohne Schuppen und ein starkes Gebiss.

GESTREIFTER SEEWOLF, KATFISCH, STEINBEISSER (1) *(Anarhichas lupus)*

engl. wolf fish; franz. loup de mer; port. peixe lobo riscado; dän. havkat; niederl. zeewolf; norw. gråsteinbit; schwed. havskatt.

Der gestreifte Seewolf ist im Nordatlantik von Spitzbergen bis zu den Britischen Inseln verbreitet und lebt in mehr als 20 m Tiefe bevorzugt auf hartem Grund. Sein französischer Name »Loup de mer« führt oft zu Verwechslungen mit dem namensgleichen kulinarisch weitaus wertvolleren Wolfsbarsch. Wer also preisgünstiges Loup-Filet kauft, erhält garantiert Katfisch-Filet.

(2) Der **GEFLECKTE SEEWOLF** *(Anarhichas minor)* wird mit maximal 1,45 m Länge größer als sein gestreifter Vetter. Im Handel werden beide Arten nicht unterschieden, und auch kulinarisch sind sie identisch.

(3) Der **HIMMELSGUCKER** *(Uranoscopus scaber)* hat einen massiven Körper mit abgeflachtem Kopf und nach oben verlagerten Augen. Daher hat er auch seinen Namen.

WARENKUNDE   KÜCHENPRAXIS   REZEPTE
→ *Meeresfische*
Barschartige Fische

Merkmale: Er ist bläulich, die Bauchflossen fehlen.
Verwendung: Er wird frisch oder tiefgekühlt gehandelt, entweder im Ganzen (ohne Kopf), in Form von Filets oder Scheiben (Karbonadenfisch). Er eignet sich gut zum Braten.

GEFLECKTER SEEWOLF (2) *(Anarhichas minor)*

engl. spotted wolf fish; port. peixe lobo malhado; niederl. gevlekte zeewolf; norw. flekksteinbitt; schwed. fläckig havskatt.

Das Verbreitungsgebiet des Gefleckten Seewolfes ist ähnlich wie beim Gestreiften Seewolf und stimmt im nördlichen Teil völlig überein.
Merkmale: Der Gefleckte Seewolf unterscheidet sich vom Gestreiften durch die Fleckung.
Verwendung: Er eignet sich gut zum Braten.

Sandaale *(Ammodytidae)*

Sandaale sind aalähnliche Schwarmfische. Sie leben an den Küsten der nördlichen Meere und auch im Indopazifik.

GROSSER SANDAAL (4) *(Hyperoplus lanceolatus)*

engl. greater sand eel, launce; franz. lançon; port. galeota maior; dän. store tobis; niederl. smelt; norw. storsil; schwed. tobiskung.

Der Große Sandaal ist von Spitzbergen bis Portugal sowie in der Nord- und Ostsee verbreitet.
Merkmale: Er ist blaugrün gefärbt, die Flanken sind silberfarben. Die Rückenflosse ist saumartig ausgebildet, Bauchflossen fehlen.
Verwendung: Er schmeckt knusprig gebraten gut.

Der **Nacktsandaal** *(Gymnammodytes semisquamatus)* (5) hat eine bräunliche Farbe. Er kommt von der portugiesischen Küste bis Südnorwegen vor. Der **Mittelmeer-Nacktsandaal** *(Gymnammodytes cicerelus)* lebt im Mittelmeer und im Schwarzen Meer.

Doktorfische *(Acanthuridae)*

Sie leben in tropischen Meeren, meist in und um Korallenriffe. Größere Arten sind gute Speisefische.

WESTLICHER DOKTORFISCH, SCHWARZDORN-DOKTORFISCH *(Acanthurus bleekeri)*

engl. elongate surgeonfish, blue-lined surgeonfish; franz. chirurgien; port. cirurgião comprido; dän. aflang kirurgfisk.

Der Westliche Doktorfisch kommt im Roten Meer bis Französisch Polynesien und von Japan bis Kwa-Zulu-Natal vor. Zu uns gelangt er immer häufiger als »Chirurgien«, importiert von den Seychellen.
Merkmale: Der Schwarzdorn-Doktorfisch wird bis 50 cm lang. Seine Körperfarbe ist braun, er kann jedoch seine Farbe wechseln und erscheint dann hellblau. Charakteristisch ist die gelbe Augenbinde sowie der gelbe Fleck vor dem Skalpell.
Verwendung: Doktorfische sollte man häuten, filetieren und braten.

Mit Skalpell

Er schneidet mit der Präzision eines Chirurgs: Der Doktorfisch oder Seebader trägt seinen Namen aufgrund des skalpellartigen Schwanzstachels, der tiefe Schnittwunden verursachen kann.

Auch der mit den Doktorfischen eng verwandte **Weißpunkt-Kaninchenfisch** (6) *(Siganus canaliculatus)* ist sehr schmackhaft. Er kommt zunehmend zu uns und wird von den Seychellen importiert.

(4) Der **GROSSE SANDAAL** *(Hyperoplus lanceolatus)* ist lang gestreckt und hat einen spitz zulaufenden Kopf. Er wird bis 40 cm lang. Bei Verfolgung verschwindet er im Sand. Knusprig gebraten schmecken alle Sandaale gut.

(5) Der **NACKTSANDAAL** *(Gymnammodytes semisquamatus)* wird noch seltener angeboten als Große Sandaale. Kulinarisch unterscheiden sich die beiden eigentlich nicht: Am besten brät man sie kräftig an.

(6) Der **WEISSPUNKT-KANINCHENFISCH** *(Siganus canaliculatus)* ist im Indopazifik in trüben Küstengewässern verbreitet. Er wird als »Cordonnier Brisdant« importiert und am besten gehäutet und gedünstet.

WARENKUNDE   KÜCHENPRAXIS   REZEPTE
→ *Meeresfische*
   Barschartige Fische

Die Fischqualität ist auf Märkten, die in der Nähe von Fangplätzen liegen, besonders gut. Nutzen Sie die Gelegenheit zum Marktbummel, um sich inspirieren zu lassen.

Grundeln *(Gobiidae)*

Grundeln sind weltweit verbreitet und stellen innerhalb der Barschartigen Meeresfische die größte Artenzahl. Sie sind auf der Bauchseite abgeplattet. Fast alle Arten besitzen zwei Rückenflossen, die vordere ist kürzer. Die Bauchflossen beider Körperseiten sind trichterartig zusammengewachsen. Die meisten Arten können ihre Farbe schnell verändern und leben auf oder aber nahe des Bodengrundes in Flachwasserregionen.

SCHWARZGRUNDEL (1) *(Gobius niger)*

engl. black goby; franz. gobie noir; ital. ghiozzo nero; span. chaparrudo; port. caboz negro; dän. sort kutling, smorbutte; griech. gobios; kroat. glavoč melar; niederl. zwarte grondel; norw. svartkutling; schwed. svart smörbult; türk. kömürcü kayası.

Die Schwarzgrundel kommt von Mittelnorwegen bis Mauretanien vor. Im Mittelmeerraum wird sie regelmäßig auf den Märkten gehandelt.
<u>Merkmale:</u> Sie ist am ganzen Körper dunkel gefärbt und hat an den Flanken und Spitzen der Rückenflosse dunkle Flecken.
<u>Verwendung:</u> Das Schuppen und Ausnehmen der relativ kleinen Fische ist etwas mühsam, goldbraun gebraten schmecken sie aber sehr gut.

RIESENGRUNDEL (2) *(Gobius cobitis)*

engl. giant goby; franz. gobie céphalote; ital. ghiozzo testone; span. gobito de roca; port. caboz cabeçudo; griech. gobios; kroat. glavočpločar; niederl. reuzegrondel; norw. kjempekutling; türk. dev kaya.

Die Riesengrundel kommt vom Ärmelkanal bis Marokko, im Mittelmeer und in Teilen des Schwarzen Meeres vor. Sie lebt im Flachwasser bis in 10 m Tiefe auf mit Algen bewachsenem Felsgrund.
<u>Merkmale:</u> Ihr ganzer Körper ist grau gefleckt und wird bis etwa 25 cm lang.
<u>Verwendung:</u> Die geschuppten Fische eignen sich besonders zum Braten.

Schlangenmakrelen *(Gempylidae)*

Schlangenmakrelen sind Tiefseebewohner, die in allen gemäßigten und tropischen Meeren verbreitet sind. Sie haben eine geteilte, vorn stachelstrahlige Rückenflosse und kleine oder keine Bauchflossen. Der verlängerte Unterkiefer hat starke Zähne.

ATUN-SCHLANGENMAKRELE *(Thyrsites atun)*

engl. snoek; franz. thyrsite, escolier, escolar; ital. tirsite; span. sierra, sierra común, sierra del sur; japan. okisawara; barracouta (Neuseeland, Australien).

Die Atun-Schlangenmakrele ist wirtschaftlich wichtig im südlichen Atlantik und Pazifik.
<u>Merkmale:</u> Sie wird bis 1,40 m lang und 6 bis 10 kg schwer. In Europa kommt sie gelegentlich auch als »Butterfisch« oder »Buttermakrele« in den Handel, genauso wie der verwandte **Ölfisch** *(Ruvettus pretiosus)*, da beide sehr fettreich sind.
<u>Verwendung:</u> Die Filets, die eine für Fisch intensive und appetitliche rosa Farbe haben, eignen sich am besten zum Frittieren mit oder ohne schützende Teighülle (etwa Bierteig). Auch geräuchert sind sie ein kulinarischer Genuss.

Haarschwänze *(Trichiuridae)*

Die Familie der Haarschwänze hat einen langen, bandartigen Körper, eine lange, weiche Rückenflosse und eine kleine, gegabelte oder fadenförmig ausgezogene Schwanzflosse.

STRUMPFBANDFISCH (4) *(Lepidopus caudatus)*

engl. silver scabbard fish; franz. sabre argenté; ital. pesce bandiera; span. pez cinto; port. peixe espada; griech. spathopsaro; kroat. sablja; niederl. kousebandvis; norw. slirefisk; türk. çatalkuyruk.

Der Strumpfbandfisch ist von der Bretagne bis zum Senegal und im westlichen Mittelmeer verbreitet und auch in der Südhemisphäre (Australien, Neuseeland, Südafrika) anzutreffen. Gefischt wird er vor Portugal und Marokko, im Mittelmeer auch bei Messina. Er wird regelmäßig angeboten.
Merkmale: Er ist ein sehr lang gestreckter und seitlich abgeflachter, aalförmiger Fisch. Der Kopf ist lang gestreckt, mit vorstehendem Unterkiefer, beide Kiefer tragen kräftige Fangzähne. Die Rückenflosse ist als Flossensaum ausgebildet. Die schuppenlose Haut ist einheitlich silbrig gefärbt.
Verwendung: Er hat weißes, aromatisches Fleisch, das sich zum Braten und Schmoren eignet.

SCHWARZER STRUMPFBANDFISCH
(Aphanopus carbo)

engl. black scabbard fish; franz. sabre noir; span. sable negro; port. peixe espada preto; niederl. zwarte Kouselandvis; norw. dolkfisk.

Der Schwarze Strumpfbandfisch kommt von Island bis Nordwestafrika vor. Er lebt bis in 1.600 m Tiefe.
Merkmale: Er ist völlig schwarz gefärbt und trägt eine eingebuchtete Rückenflosse. Er wird bis 1,10 m lang und lebt in großen Wassertiefen.
Verwendung: Schwarzer Strumpfbandfisch gerät besonders gut, wenn man ihn anbrät und dann auf kleiner Flamme schmort. Auf Madeira liebt man sein zartes weißes Fleisch mit Bananen.

Ein sehr begehrter Speisefisch ist auch der verwandte **Atlantische Degenfisch** *(Trichiurus lepturus)*, engl. Atlantic cutlass-fish. Sein Fleisch ist hervorragend. Sein pazifisches Gegenstück ist der **Pazifische Degenfisch** *(Trichiurus nitens)*, engl. Pacific cutlass-fish, der im westlichen Pazifik und im Indischen Ozean verbreitet ist.

WARENKUNDE   KÜCHENPRAXIS   REZEPTE
→ *Meeresfische*
   Barschartige Fische

(1) Die **SCHWARZGRUNDEL** (Gobius niger) wird bei uns auch als Schwarzkühling bezeichnet. Sie lebt in 1 bis 75 m Tiefe und erreicht eine Länge bis zu 20 cm. Im Mittelmeerraum kommt sie regelmäßig auf den Markt. Sie schmeckt gebraten besonders gut.

(2) Die **RIESENGRUNDEL** (Gobius cobitis) ist eine grau gefleckte Grundelart, die bis 25 cm lang wird. Sie ist vom Ärmelkanal bis Marokko, im Mittelmeer und in Teilen des Schwarzen Meeres verbreitet. Kulinarisch ist sie mit der Schwarzgrundel vergleichbar.

(3) Der **STRUMPFBANDFISCH** (Lepidopus caudatus) wird bis zu 2 m lang. Seine Rückenflosse ist als Flossensaum ausgebildet. Er lebt als Tiefwasserfisch in 100 bis 200 m Tiefe und ernährt sich räuberisch. Gefischt wird er vor allem vor Portugal und Marokko.

WARENKUNDE   KÜCHENPRAXIS   REZEPTE
→ *Meeresfische*
 Barschartige Fische

(1) Die **ATLANTISCHE MAKRELE** *(Scomber scombrus)* hat zwei Rückenflossen und eine kurze Afterflosse. Unverwechselbar ist sie durch das unregelmäßige dunkle Bänderungsmuster des sonst blau-grünen Rückens. Ihre Länge beträgt bis zu 50 cm, meist bleibt es aber bei etwa 30 cm.

Makrelenfische *(Scombridae)*

Die Makrelenfische sind Hochseefische, die in großen Schwärmen nahe der Oberfläche weite Wanderungen unternehmen. Ihr Körper ist stromlinienförmig, die Rückenflossen getrennt, vor der gegabelten Schwanzflosse sitzen 5 bis 7 winzige Flossen. Alle unpaarigen Flossen können in einer Furche an den Körper gelegt werden.

ATLANTISCHE MAKRELE (1) *(Scomber scombrus)*

engl. mackerel; franz. maquereau; ital. scombro; span. caballa; port. sarda; dän. makrel; griech. skumbri; kroat. skuša; niederl. makreel; norw. makrell; schwed. makrill; türk. uskumru.

Die Atlantische Makrele ist ein schneller Schwimmer und Hochseebewohner. Die Art ist von Norwegen bis Marokko, im Mittelmeer und im Schwarzen Meer verbreitet. Im Frühsommer kommt sie zum Laichen in Küstennähe, und dies ist traditionell die Hauptfangsaison.
Merkmale: Sie hat zwei Rückenflossen und eine kurze Afterflosse. Unverkennbar ist sie durch das unregelmäßige dunkle Bänderungsmuster des sonst blau-grünen Rückens. Ihre Länge beträgt maximal 50 cm, meist bleibt es aber bei 30 cm. Sie ist sehr fett und folglich leicht verderblich. Daher beim Einkauf auf straffe, glänzende Haut, klare Augen und rote Kiemen achten.
Verwendung: Sie ist sehr vielseitig verwendbar: Zum Schmoren, Braten und Grillen sind die 300 bis 400 g schweren Portionsfische geradezu ideal.

MITTELMEERMAKRELE *(Scomber japonicus)*

engl. chub mackerel; franz. maquereau espagnol; ital. lanzardo; span. estornino; port. cavala, sarda; griech. kolios; kroat. plavica; niederl. spaanse makreel; türk. kolyoz.

Die Mittelmeermakrele ist in tropischen und subtropischen Gewässern weltweit verbreitet. In europäischen Gewässern kommt sie von der Biskaya bis zu den Kanaren, im Mittelmeer und im südlichen Schwarzen Meer vor.
Merkmale: Die Mittelmeermakrele unterscheidet sich von der Atlantischen durch den unregelmäßig gefleckten Bauch.
Verwendung: Zum Schmoren, Braten und Grillen.

BLAUE MAKRELE, SCHLEIMIGE MAKRELE *(Scomber australasicus)*

engl. blue mackerel; neuseel. English mackerel; japan. saba.
Das Verbreitungsgebiet der Blauen Makrele reicht von Australien bis Japan.
Merkmale: Ihr Rücken ist blau-grünlich mit dunklen Punkten und Streifen, Seiten und Bauch sind silberweiß. Sie wird 40 cm lang und 1,5 kg schwer.
Verwendung: Das dunkle Fleisch hat einen sehr hohen Fettgehalt und eignet sich gut zur Konservenherstellung. In Australien werden die Filets frittiert.

Pelamiden *(Scomberomoridae)*

Die Familie der Pelamiden umfasst makrelenähnliche Schwarmfische. Ihre Rückenflossen liegen nahe beieinander; sie haben einen aus Schuppen gebilde-

WARENKUNDE   KÜCHENPRAXIS   REZEPTE
→ *Meeresfische*
   Barschartige Fische

ten Brustpanzer (»Korselett«) sowie einen schlanken und gekielten Schwanzstiel. Die Schwanzflosse ist halbmondförmig.

SPANISCHE MAKRELE (2)

(Scomberomorus maculatus)

engl. Spanish mackerel; franz. thazard; span. carita.

Vorkommen der Spanischen Makrele gibt es im westlichen Nordatlantik von Cape Cod bis nach Kuba und Haiti. Auch um Florida und im Golf von Mexiko ist die Art weit verbreitet.
Merkmale: Ihr Körper ist spindelförmig, der Kopf klein und spitz. Kennzeichnend sind auch die etwa drei Reihen länglicher Flecken auf den Flanken.
Verwendung: Ideal zum Grillen und Braten.

Eine verwandte Art, die **Serra-Makrele** *(Scomberomorus brasiliensis)* kommt von Belize bis Brasilien vor. Die **Ostatlantische Königsmakrele** *(Scomberomorus tritor)* ist auf den östlichen Atlantik beschränkt und von den Kanaren bis nach Angola verbreitet.

PELAMIDE (3) *(Sarda sarda)*

engl. Atlantic bonito; franz. bonite à dos rayé; ital. palamita; span. bonito altlántico; port. serrajão; dän. rygstribet pelamide; griech. palamida; kroat. polanda; niederl. bonito; norw. striped pelamide; schwed. rygstrimmig pelamid; türk. palamut, torik.

Das Verbreitungsgebiet der Pelamide umfasst den gesamten Ostatlantik vom Skagerrak bis nach Südafrika. Die europäischen Populationen laichen im Mittelmeer, was zu großen Laichwanderungen führt, bei denen sie gefangen werden. Besonders hoch ist der Anteil der Türkei, wo große Mengen während der Wanderung der Schwarzmeerpopulation durch den Bosporus gefangen werden.
Merkmale: Die Pelamide kann bis 90 cm lang werden, meist bleibt es bei 50 cm.
Verwendung: Sie eignet sich für alle Zubereitungsarten. Große Fische können sehr fett sein und sollten dann vor allem gegrillt werden. Zum Braten den Fisch in Koteletts schneiden, damit die Hitze überall gleichmäßig einwirken kann.

Eng verwandt ist der **Pazifische Bonito** *(Sarda chilensis)*, engl. Pacific bonito, der an der amerikanischen Pazifikküste von Alaska bis Peru und Chile verbreitet ist. Er wird bis zu 1 m lang bei einem Gewicht von gut 5 kg. Große wirtschaftliche Bedeutung hat er an der gesamten Pazifikküste. Ebenfalls zu dieser Familie gehört die **Ungestreifte Pelamide** *(Orcynopsis unicolor)*, die die auffälligen Schrägstreifen nicht hat. Sie lebt in tropischen Gewässern des Ostatlantiks, wird vor allem an der Küste von Marokko gefangen und dann zu Konserven verarbeitet. Der bis 2 m lange und 60 kg schwere **Wahoo** (4) *(Acanthocybium solandri)*, engl. kingfish, ist in warmen Meeren weltweit verbreitet. Einzelne Exemplare sind auch aus dem Mittelmeer bekannt.

(2) Die **SPANISCHE MAKRELE** *(Scomberomorus maculatus)* hat dicht beieinander stehende Rückenflossen und eine weit gegabelte, halbmondförmige Schwanzflosse. Sie gilt an der Ostküste der USA als der Barbecue-Fisch Nr. 1.

(3) Die **PELAMIDE** *(Sarda sarda)* ist an der relativ langen, ersten Rückenflosse, an die die zweite anschließt, sowie an den blauen Streifen zu erkennen. Sie ist die wirtschaftlich wichtigste Tunfischverwandte. Zu uns gelangen meist kleine Exemplare bis 30 cm Länge.

(4) Der **WAHOO** oder **KINGFISH** *(Acanthocybium solandri)* bildet niemals größere Schwärme, sondern tritt stets einzeln oder in kleinen Trupps auf. Er ist ein sehr schneller Raubfisch, der die offene See bevorzugt. In der Karibik wird sein Fleisch gerne gebraten serviert.

WARENKUNDE   KÜCHENPRAXIS   REZEPTE
→ *Meeresfische*
   Barschartige Fische

Tunfische *(Thunnidae)*

Tunfische haben einen mehr oder weniger lang gestreckten Körper, der nur entlang der Seitenlinie und an Brust und Rücken bis zum Ende der ersten Rückenflosse mit Schuppen (»Korselett«) besetzt ist. Sie sind aufgrund ihres stark entwickelten Blutgefäßsystems Warmblüter. Tunfische haben im Körper eine höhere Temperatur – bei Erregung zwischen 6 und 12 °C – als das Wasser. Sie sind in allen Meeren verbreitet. Die meisten Arten laichen während der Sommerzeit und begeben sich dazu in küstennahe Gebiete, wo sie viel gefangen werden. Anschließend legen die geselligen Tiere bei der Nahrungssuche große Entfernungen zurück, zum Teil über die Ozeane. Den Winter verbringen sie in Regionen bis zu 180 m Tiefe. Tunfische gehören weltweit zu den wichtigsten Nutzfischen. Das Angebot von frischem Tun auf den Märkten der südeuropäischen Länder spiegelt nur einen geringen Teil des Gesamtertrags wider. Die großen Fischereinationen, allen voran Japan, und die verarbeitende Industrie machen das große Geschäft mit diesen feinen Fischen. Für Spezialitäten wie »latume«, so nennen die Sizilianer die Milch oder das Sperma der männlichen Tiere, sind allerdings nur Feinschmecker zu begeistern.

Ferrari-Fisch

Er ist einer der schnellsten und größten Fische: Der Blauflossentun gilt als Ferrari unter den Meerestieren. Sein Bewegungsdrang ist überlebenswichtig, denn seine Kiemen funktionieren nur, wenn er in Aktion ist. Deshalb ist er ununterbrochen unterwegs, selbst im Schlaf.

ROTER TUN, BLAUFLOSSENTUN (1, 2)
(Thunnus thynnus)

engl. *bluefin tuna;* franz. *thon rouge;* ital. *tonno;* span. *atun;* port. *atum rabilho;* dän. *thunfisk;* griech. *tonnos;* kroat. *tun;* niederl. *tonijn;* norw. *makrellstørje;* schwed. *tonfisk;* türk. *ton balığı, orkinoz.*

Das Verbreitungsgebiet des Roten Tuns umfasst den Nordatlantik von Norwegen bis zu den Azoren, das Mittelmeer sowie das Schwarze Meer. Im Nordpazifik lebt eine besondere Rasse. Die Art lebt im Freiwasser und führt weite Wanderungen durch. Der Rote Tun besticht durch seinen besonderen Schwimmstil: Er bewegt lediglich sein Hinterteil – und erreicht Geschwindigkeiten bis zu 70 km/h. Die Fortpflanzung findet in den Monaten Juni und Juli im Mittelmeer und vor der spanischen Küste statt.

Merkmale: Der Rücken ist blau, die Flanken und der Bauch sind silbrig. Die Maximallänge beträgt über 3 m, solche Exemplare wiegen bis zu 700 kg, meist bleibt es aber bei 2 m.

Verwendung: Das fettarme Fleisch ist sehr fest und rot. Es eignet sich zum Grillen und Braten. Damit es nicht zu trocken wird, die Garzeit beachten und das Fleisch nach dem Anbraten besser mit wenig Flüssigkeit fertig schmoren. Es ist auch als Konserve beliebt und wird in Japan für Sushi verwendet.

(1) Der **ROTE TUN** wird fast ausschließlich in Form von Filets oder Scheiben angeboten. Er hat ein relativ fettarmes Fleisch und wird beim Braten oder Grillen leicht etwas trocken. Das feste Fleisch wird gerne für Carpaccio und Sushi verwendet.

(2) Der **ROTE TUN** *(Thunnus thynnus)* hat unterschiedlich gefärbte Rückenflossen: Die erste ist gelblich oder bläulich, die zweite rotbraun. Der torpedoförmige Fisch legt auf seinen Wanderungen Tausende von Kilometern zurück.

WEISSER TUN (3) *(Thunnus alalunga)*

engl. albacore; franz. germon; ital. alalonga; span. atún blanco; port. atum voador; griech. tonnos macropteros; kroat. šilac; niederl. witte tonyn.

Der Weiße Tun ist weltweit verbreitet. In europäischen Gewässern kommt er von den Azoren bis Irland und in großen Teilen des Mittelmeeres vor.
Merkmale: Vom gewöhnlichen Tunfisch unterscheidet sich der Weiße Tun durch die Länge der Brustflossen, die über die Körpermitte hinausragen, und durch das weiße Fleisch. Er bleibt mit etwa 1,30 m Länge deutlich kleiner.
Verwendung: Das Fleisch ist etwas fetter als das seiner Verwandten und damit kulinarisch weitaus besser. Es eignet sich zum Braten und Grillen.

Ein großer Verwandter ist der **Gelbflossen-Tun** *(Thunnus albacares)*, engl. yellowfin tuna. Er kann bis 1,90 m lang und 200 kg schwer werden und ist im Atlantik, Pazifik und Indischen Ozean verbreitet. Der **Schwarzflossen-Tun** *(Thunnus atlanticus)*, engl. blackfin tuna, lebt im Westatlantik. Hauptfanggebiete sind die Küsten von Florida und Texas.

UNECHTER BONITO *(Auxis rochei)*

engl. bullet tuna; franz. bonitou; ital. tambarello; span. melva; port. judeu; griech. kopani; kroat. trupac; niederl. valse bonito; norw. auxid; türk. yalancı palamut.

Der Unechte Bonito lebt kosmopolitisch in warmen Gewässern aller Ozeane, im Atlantik nördlich bis zur Biskaya und im Mittelmeer. Die größten Mengen werden im Südpazifik gefischt.
Merkmale: Der Unechte Bonito wird etwa 1 m lang, meist bleibt es bei 85 cm und weniger.
Verwendung: Sein saftiges Fleisch ist delikat und dem der meisten Bonitos oder Tunfische überlegen. Er eignet sich vor allem zum Braten und Grillen.

Eine ähnlich gute Fleischqualität liefert auch der **Pazifische Bonito** (4) *(Euthynnus affinis)*, der bis 1 m lang und 5,5 kg schwer wird.

ECHTER BONITO, GESTREIFTER TUN
(Katsuwonus pelamis)

engl. skipjack tuna; franz. bonite à ventre rayé; ital. tonnette striato; span. listado; port. gaiado; griech. tónos ravdotòs; japan. katsuo; kroat. trup prugavac.

Der Echte Bonito kommt in allen warmen und gemäßigt warmen Meeren vor. Er wird das ganze Jahr über gefangen, vor allem an amerikanischen Küsten. Weltweit ist er der kommerziell wichtigste Tun.
Merkmale: Er hat auf der silbrigen Bauchseite 4 bis 7 dunkle Längsstreifen und wird bis 80 cm lang.
Verwendung: Sein Fleisch ist delikat und nicht so trocken wie das des Echten Tuns. Es eignet sich daher bestens zum Braten und Grillen.

(3) Der **WEISSE TUNFISCH** *(Thunnus alalunga)* ist zwar nicht der Größte, aber der Feinste. Sein feines, helles Fleisch macht ihn so begehrt. Es ist wohlschmeckend und lässt sich ganz hervorragend braten und grillen.

(4) Der **PAZIFISCHE BONITO** *(Euthynnus affinis)*, jap. suma, wird vor allem in Südostasien gefischt, aber auch in Japan. Das sehr saftige Fleisch reicht in der Qualität an das des Unechten Bonito heran und wird auch ähnlich wie dieses verwendet.

WARENKUNDE   KÜCHENPRAXIS   REZEPTE
→ *Meeresfische*
   Barschartige Fische

Schwertfisch wird vor allem auf den Märkten rund ums Mittelmeer als Delikatesse gehandelt. Das muskulöse, aber trotzdem zarte Fleisch ist äußerst schmackhaft.

Schwertfische *(Xiphiidae)*

Die Familie der Schwertfische ist den Tunfischen ähnlich – bis auf den Oberkiefer, der bei den Schwertfischen stark abgeflacht und schwertartig vorgezogen ist und ein Drittel der gesamten Körperlänge ausmacht. Der Schwertfisch ist weltweit in tropischen und warmgemäßigten Gewässern verbreitet – im Atlantik von Island bis Südafrika, im Mittelmeer und im Schwarzen Meer. Weltweit gibt es nur eine Art. Auf mediterranen Märkten wird der Schwertfisch als Delikatesse Nummer eins gehandelt. Sein muskulöses, trotzdem zartes Fleisch ist sehr schmackhaft. In seiner Konsistenz hat es, abgesehen vom Tunfisch, wenig Ähnlichkeit mit Fisch.

SCHWERTFISCH (1, 2) *(Xiphias gladius)*

engl. swordfish; franz. espadon; ital. pesce spada; span. pez espada; port. espadarte; dän. svaerdfisk; griech. xiphios; kroat. igo; niederl. zwaardvis; norw. sverdfisk; schwed. svärdfisk; türk. kılıç balığı.

Der Schwertfisch ist kosmopolitisch in tropischen und warmgemäßigten Gewässern verbreitet. Im Mittelmeer ist die Fortpflanzungszeit (Juni bis September) eine wichtige Fischereiperiode.
Merkmale: Schwertfische sind durch ihren schwertförmig ausgezogenen Oberkiefer nicht zu verwechseln. Außerdem haben sie zwei relativ kurze und weit auseinander liegende Rückenflossen. Schwertfische sind dunkelbraun bis schwarz und erreichen maximal 4,50 m Länge und über 650 kg Gewicht, meist bleibt es aber bei maximal 3,50 m.
Verwendung: Das zarte, schmackhafte Fleisch eignet sich sehr gut zum Braten und Grillen. Das feinste Rezept für Schwertfisch ist zugleich das einfachste: 2 cm dicke Scheiben werden auf den Punkt gegrillt und sofort mit einer Mischung aus Olivenöl und Zitronensaft beträufelt.

(1) Der **SCHWERTFISCH** *(Xiphias gladius)* ist durch seinen ausgezogenen Oberkiefer, der ihm zu seinem Namen verhalf, nicht zu verwechseln. Sein muskulöses und festes Fleisch erinnert weniger an Fisch (mit Ausnahme von Tunfisch) als an Fleisch.

(2) Das **SCHWERTFISCHFLEISCH** weist häufig seitlich der Muskelstränge dunklere Bereiche auf, die so genannten Blutnetze. Sie sollten nicht mitverzehrt werden, da sie größere Mengen Allergie auslösenden Histamins enthalten.

WARENKUNDE   KÜCHENPRAXIS   REZEPTE
→ *Meeresfische*
   Barschartige Fische

Segelfische *(Istiophoridae)*

Die Angehörigen der Familie der Segelfische haben einen lang ausgezogenen runden Oberkiefer. Die erste Rückenflosse ist lang und segelartig hochgestreckt, die Schwanzflosse sichelförmig.

MITTELMEER-SPEERFISCH, LANGSCHNÄUZIGER SPEERFISCH *(Tetrapterus belone)*

engl. Mediterranean spearfish, shortbill spearfish; franz. marlin de Méditerranée, poisson-pique; ital. acura imperiale, aguglia imperiale; span. marlin del Mediterráneo; griech. marlinos Mesogiou.; türk. Yelken balığı.

Der Mittelmeer-Speerfisch kommt rund um Italien häufig vor. Er ist ein schneller Schwimmer, der weite Wanderstrecken zurücklegt und sich dabei von Schwarmfischen ernährt. Meist ist er paarweise anzutreffen und bevorzugt Wassertiefen bis 200 m.
Merkmale: Er wird 2,40 m lang und 70 kg schwer.
Verwendung: Ideal zum Braten und Grillen.

GESTREIFTER SPEERFISCH *(Tetrapterus audax)*

engl. striped marlin; franz. makaire strié; ital. pesce lancia strato; span. marlin rayado; port. espadim raiado; japan. makajiki.

Der Gestreifte Speerfisch kommt im Pazifik und im Indischen Ozean vor. Er bevorzugt Wassertiefen bis etwa 100 m und etwas kühlere Wasserzonen.
Merkmale: Die Färbung des Rückens ist graublau, zum Bauch hin wird er silberfarben. Er wird bis 4,20 m lang und 440 kg schwer.
Verwendung: Er eignet sich zum Braten und Grillen und wird in Japan gerne für Sushi verwendet.

BLAUER MARLIN *(Makaira nigricans)*

engl. blue marlin; franz. makaire bleu; ital. marlin azzurro; span. marlin azúl; port. espadim azul del Atlantico.

Der Blaue Marlin kommt im gesamten Atlantik vor. Er ist einer der schnellsten Schwimmer überhaupt.
Merkmale: Der Rücken ist dunkelblau bis blaugrau, die Flanken fahler, der Bauch silbrig. Er wird bis 5 m lang und wiegt 600 bis 900 kg.
Verwendung: Ideal zum Braten und Grillen.

Schwarzfische *(Centrolophidae)*

Schwarzfische haben einen ovalen, schlanken Körper, eine lange, ungeteilte Rückenflosse und, als ganz besonderes Merkmal, eine mit Hornzähnen bestückte Speiseröhre.

SCHWARZFISCH *(Centrolophus niger)*

engl. blackfish; franz. centrolophe noire; ital. ricciola di fondale; span. romerillo; kroat. pastir siljoglavac.

Der Schwarzfisch kommt im Nordatlantik, dem westlichen Mittelmeer, der Adria, Südafrika, Südaustralien und Neuseeland vor. Der Hochseebewohner ernährt sich von Krebsen und Kleinfischen.
Merkmale: Er wird bis zu 1,50 m lang und ist ein begehrter Speisefisch.
Verwendung: Für alle Zubereitungsarten geeignet.

SÜDPAZIFIK-SCHWARZFISCH, BLUE WAREHOU (3) *(Seriolella brama)*

engl. blue warehou; franz. warehou bleu, carangue du Pacifique Sud; ital. seriolelle, ricciole di fondale australe; span. pez mariz azúl; neuseel. (maori) common warehou.

Der Südpazifik-Schwarzfisch ist ein sehr wichtiger Wirtschaftsfisch in Australien und Neuseeland.
Merkmale: Er hat einen lang gestreckten Körper und fächerartige Bauchflossen.
Verwendung: Das fettarme Fleisch hat einen sehr guten Geschmack und eignet sich besonders zum Pochieren und Dünsten.

Hahnenfische *(Luvaridae)*

Die Hahnenfische sind einzelgängerische Tiefseefische mit langem, kegelförmigem Körper. Weltweit gibt es nur eine Art.

(3) Der **SÜDPAZIFIK-SCHWARZFISCH** *(Seriolella brama)* hat einen lang gestreckten Körper und fächerartige Brustflossen. Aufgrund des geringen Fettgehalts ist er gut zum Pochieren und Dünsten geeignet.

Teubner Edition 85

WARENKUNDE KÜCHENPRAXIS REZEPTE
→ *Meeresfische*
  Barschartige Fische

HAHNENFISCH, DIANAFISCH *(Luvarus imperialis)*

engl. luvar; franz. louvereau; ital. luvaro, pesce imperatore; span. emperador.

Der Hahnenfisch kommt in warmen und gemäßigt-warmen Gebieten des Atlantiks, Pazifiks (Japan, Australien) und auch im Mittelmeer vor.

<u>Merkmale:</u> Der kegelförmige Körper ist seitlich abgeflacht. Die Stirn ist steil, Augen und Mund sind klein. Die Grundfärbung ist silbrig bis goldfarben. Er wird bis 1,90 m lang und 100 kg schwer, bleibt aber meist unter 1,50 m.

<u>Verwendung:</u> Für alle Zubereitungsarten geeignet.

Erntefische *(Stromateidae)*

Angehörige der Familie der Erntefische sind meist Hochseefische der warmen und gemäßigt warmen Meere. Ihr Körper ist eiförmig und silbrig gefärbt. Die Familie der Erntefische umfasst etwa ein Dutzend Fischarten.

SILBERNER PAMPEL (1) *(Pampus argenteus)*

engl. silver pomfret; franz. stromaté argenté, aileron argenté, castagnole; ital. pampo argenteo; span. palometa plateada; japan. managatsuo.

Der Silberne Pampel lebt in den Küstengewässern des Indischen und Westpazifischen Ozeans, vom Persischen Golf bis Japan. Er ist ein überaus beliebter Speisefisch und als **Pomfret** bekannt.

<u>Merkmale:</u> Der Körper ist eiförmig, der kleine Kopf sticht nicht über die Körperkontur hervor. Die Spitzen der Rücken- und Afterflossen sind charakteristisch kurz und sichelförmig, ebenso die Schenkel der tief gegabelten Schwanzflosse. Die Farbe reicht von silbergrau bis weiß, oft auch übersät mit winzigen dunklen Punkten.

<u>Verwendung:</u> Am delikatesten schmeckt sein zartes, makellos weißes Fleisch gedünstet oder gedämpft.

AMERIKANISCHER BUTTERFISCH, DOLLARFISCH (2) *(Peprilus triacanthus)*

engl. butterfish, Atlantic butterfish, American butterfish, dollarfish, sheepshead, pumpkin scad; franz. stromaté à fossetes; ital. fieto americano; span. pez mantequilla americano.

Der Amerikanische Butterfisch kommt an der gesamten Ostküste Nordamerikas vor und lebt in Schwärmen in weniger als 60 m Tiefe.

<u>Merkmale:</u> Der eher schlank-ovale Körper ist am Rücken fahlblau, über den Flanken heller und am Bauch silbrig gefärbt.

<u>Verwendung:</u> Er hat festes weißes und grätenarmes Fleisch, das frisch und tiefgekühlt in den Handel kommt. Er ist ideal zum Braten und Grillen.

Zur selben Gattung zählt auch der **Kalifornische Pompano** *(Peprilus simillimus)*, engl. Pacific butterfish. Er kommt an der amerikanischen Pazifikküste vor.

(1) Der **SILBERNE PAMPEL** *(Pampus argenteus)*, auch Pomfret genannt, nimmt im indopazifischen Raum etwa den Rang unserer Seezunge ein. In China wird er meist gedämpft, in Singapur geräuchert.

(2) Der **AMERIKANISCHE BUTTERFISCH** *(Peprilus triacanthus)* kommt an der gesamten Ostküste Nordamerikas vor. Er hat festes weißes Fleisch und ist als Portionsfisch sehr gefragt.

WARENKUNDE KÜCHENPRAXIS REZEPTE
→ *Meeresfische*
   Dorschartige Fische

Dorschartige Fische *Sie gelten als Langweiler unter den Fischen, denn sie kleiden sich eher unscheinbar und fallen auch nicht durch »Waffen« auf. Wohlschmeckend sind sie dennoch!*

Dorschartige Fische *(Gadiformes)*

Die Flossen sind durch Weichstrahlen gestützt; daher nennt man sie auch »Weichflosser«. Artenreichste und wichtigste Familie sind die Dorschfische.

Dorschfische *(Gadidae)*

Die Vertreter der Dorschfische haben alle weite Kiemenöffnungen und eine abgesetzte Schwanzflosse. Die meisten Arten tragen am Kinn einen Bartfaden. Einige besitzen getrennte Rücken- und Afterflossen; andere sind fast aalähnlich.

KABELJAU, DORSCH (1) *(Gadus morhua)*

engl. cod; *franz.* morue; *span.* bacalao; *port.* bacalhau do atlântico; *dän.* torsk; *niederl.* kabeljauw; *norw.* torsk; *schwed.* torsk.

Der Kabeljau ist von Spitzbergen bis an die Westküste Großbritanniens verbreitet, auch an der grönländischen und nordamerikanischen Küste. Kabeljau lebt in Grundnähe, steigt aber ins Freiwasser auf, wenn dort Beutefische stehen.

Merkmale: Kabeljau hat wie alle Dorschfische drei Rückenflossen. Sein Maul ist unterständig, der Rücken braungrünlich mit dunkleren Flecken, die Bauchseite ist heller. Er kann fast 2 m lang werden, bleibt aber meist unter 80 cm.

Verwendung: Kabeljau wird frisch oder tiefgekühlt vermarktet. Sein Rogen gelangt geräuchert oder als Paste in den Handel. Im Süden Europas und in Skandinavien ist er auch als Stock- und Klippfisch beliebt: Klippfisch ist gesalzener und getrockneter Kabeljau, der vor der Verwendung 1 bis 2 Tage gewässert werden muss. Als Stockfisch oder Bacalhao (siehe auch S. 128, 129) bezeichnet man luftgetrockneten Kabeljau. Laberdan – in Salzlake gepökelter Kabeljau – ist kaum noch erhältlich.

Ähnlich wichtig ist im Nordpazifik der bis 115 cm lange **Pazifikdorsch** *(Gadus macrocephalus)*, engl. Pacific cod und für Russland der **Polardorsch** *(Boreogadus saida)*, engl. Arctic cod, Polar cod.

SCHELLFISCH (2) *(Melanogrammus aeglefinus)*

engl. haddock; *franz.* églefin; *port.* arinca; *dän.* kuller; *niederl.* schelvis; *norw.* hyse, kolje; *schwed.* kolja.

Der Schellfisch ist von Island bis zur Nordküste Spaniens verbreitet und kommt auch an der Atlantikküste der USA vor.

Merkmale: Er ist an der schwarzen Seitenlinie und dem Punkt über der Brustflosse zu erkennen. Er hat einen oberständigen Mund, aber keinen Bartfaden, kann bis 1,10 m lang werden, meist bleibt er jedoch kleiner als 75 cm.

Verwendung: Er wird frisch oder tiefgekühlt vermarktet und ist ideal zum Braten und Pochieren.

- Die meisten Arten finden sich in den Meeren der Nordhalbkugel.
- Ihre Flossen sind durch Weichstrahlen gestützt, deshalb heißen sie auch »Weichflosser«.

(1) Der **KABELJAU** *(Gadus morhua)* hat in der Zeit seiner Wanderung zum Laichen, er wird dann Skrei genannt, besondes delikates Fleisch. Kabeljau wird im Ganzen pochiert oder geschmort, die Filets oder Koteletts werden meist gebraten.

(2) Der **SCHELLFISCH** *(Melanogrammus aeglefinus)* ist an der schwarzen Seitenlinie und einem Punkt über der Brustflosse zu erkennen. Fischereitechnisch ist er zwar bedeutend, aber bei weitem nicht so wichtig wie der Dorsch.

WARENKUNDE KÜCHENPRAXIS REZEPTE
→ *Meeresfische*
  Dorschartige Fische

SEELACHS, KÖHLER (1) *(Pollachius virens)*

engl. saithe, black pollack, coalfish, sillock; franz. lieu noir; span. carbonero; port. escamudo; dän. sej; niederl. koolvis; norw. sei; schwed. gråsej.

Der Seelachs kommt von Spitzbergen bis zur Biskaya vor, auch an der Atlantikküste Nordamerikas; er hält sich in Bodennähe und im Freiwasser auf.
Merkmale: Er hat ein oberständiges Maul, d.h. der Unterkiefer überragt den Oberkiefer. Er kann bis zu 1,20 m lang werden.
Verwendung: Das Fleisch hat einen ausgeprägten Geschmack und ist als Backfisch und in Fischstäbchen beliebt. Geräuchert ist er »Lachs-Ersatz«.

POLLACK, STEINKÖHLER (2)
(Pollachius pollachius)

engl. pollack lythe, green pollack, pollack, Dover hake; franz. lieu jaune, colin jaune, ital. merluzzo giallo; span. abadejo, serreta; russ. saida.

Der Pollack kommt im Nordostatlantik von Norwegen bis zur nördlichen Biskaya, in der Nordsee, im Skagerrak und Kattegat vor.
Merkmale: Er hat ein oberständiges Maul und ist an der vorn aufgebogenen Seitenlinie zu erkennen. Er kann 1,30 m lang werden, meist bleibt es aber bei etwa 80 cm.
Verwendung: Sein Fleisch ist – im Gegensatz zum Köhler – reinweiß und eignet sich hervorragend zum Braten, weniger zum Pochieren und Dünsten. Als Frischfisch ist er bei uns allerdings nur selten erhältlich.

Farbe macht Appetit

Seelachs war früher als Frischfisch nicht sehr beliebt, und zwar aufgrund seiner Farbe: Das magere, braungraue Fleisch wird erst beim Garen hell. Die Erfindung der hocherhitzten Ölkonserve in den 20er Jahren machte ihn dann doch noch zum Verkaufsschlager.

ALASKA-POLLACK *(Theragra chalcogramma)*

engl. Alaska pollack, Walleye pollack; franz. morue du Pacifique occidental; ital. merluzzo dell'Alaska; span. abadejo de Alasca.

Der Alaska-Pollack ist an den Küsten des Nordpazifik beheimatet.
Merkmale: Er wird etwa 90 cm lang und liefert hohe Erträge; nur ein kleiner Teil wird frisch vermarktet.
Verwendung: Wie der Pollack ideal zum Braten.

WITTLING (3) *(Merlangius merlangus)*

engl. whiting; franz. merlan; ital. merlano; span. merlan, plegonero; port. badejo; dän. hvilling; griech. bakaliaros, tauki; kroat. pišmolj; niederl. wijting; norw. hvitting; schwed. hvitling; türk. bakalyaro, mezit.

Der Wittling lebt in Meeresbodennähe. Sein Verbreitungsgebiet reicht von Island bis Portugal. In der Adria, der Ägäis, dem Marmara- und dem Schwarzen Meer lebt eine eigene Art *(Merlangius merlangus euxinus)*.
Merkmale: Er hat ein unterständiges Maul, der Bartfaden fehlt. Typisch ist ein schwarzer Fleck an der Basis der Brustflosse. Er wird bis zu 70 cm lang, bleibt aber meist unter 40 cm.
Verwendung: Sein zartes weißes Fleisch hat ein feines Aroma. Es ist ideal zum Pochieren und Braten.

FRANZOSENDORSCH (4) *(Trisopterus luscus)*

engl. pouting; franz. tacaud; span. faneca; port. fameca; dän. kortsnudet torsk; niederl. steenbolk; norw. skjeggtorsk; schwed. skäggtorsk, bredtorsk.

Der Franzosendorsch kommt von Südskandinavien bis Nordmarokko, im nordwestlichen Mittelmeer und in der Adria vor.

(1) Der **SEELACHS** *(Pollachius virens)* eignet sich als Filet oder auch in Tranchen geschnitten besonders gut zum Braten, weil er dabei sein kräftiges Aroma sehr gut entfalten kann.

(2) Der **POLLACK** *(Pollachius pollachius)* wird auch als »Heller Seelachs« bezeichnet. Sein reinweißes Fleisch ist etwas trocken, in fangfrischem Zustand aber sehr schmackhaft.

(3) Der **WITTLING** *(Merlangius merlangus)* gehört für Fischkenner aufgrund seines Aromas zum Feinsten aus dem Meer, obwohl er nicht zu den Edelfischen gerechnet wird.

WARENKUNDE   KÜCHENPRAXIS   REZEPTE
→ *Meeresfische*
  Dorschartige Fische

Merkmale: Er hat einen Bartfaden und ein unterständiges Maul. Er erreicht maximal 45 cm, meist wird er mit einer Größe unter 30 cm angeboten.
Verwendung: Sein zartes, empfindliches Fleisch eignet sich gut zum Dünsten, Dämpfen, Pochieren und für Suppen. In Butter gebraten ist es sehr delikat.

LUMB (5) *(Brosme brosme)*

engl. tusk; franz. brosme; port. bolota; dän. brosme; niederl. lom; norw. brosme; schwed. lubb.

Der Lumb kommt im Nordatlantik von Spitzbergen und der Barentssee bis zur mittleren und nördlichen Nordsee, im Westen bis Grönland und Kanada vor. Der Lumb lebt auf Felsgrund in 100 bis 400 m Tiefe und wird meist mit Langleinen gefangen. Die Hauptfischereination ist Norwegen.
Merkmale: Der Lumb ist an der einheitlichen, langen Rückenflosse, nur durch einen kleinen Einschnitt von der Schwanzflosse getrennt, zu erkennen. Er ist braungrau, der Bauch heller. Rücken- und Afterflosse sind an ihrer Peripherie schwarz gesäumt. Er wird meist 40 cm groß, selten bis 1 m.
Verwendung: Sein delikates weißes Fleisch kommt bei uns nur selten, und wenn, als Filet auf den Markt. Lumb eignet sich für alle Zubereitungsarten, vor allem zum Pochieren. In Norwegen wird Lumb auch zu Stockfisch verarbeitet.

LENG (6) *(Molva molva)*

engl. ling; franz. lingue; ital. molva; span. maruca; port. maruca; dän. lange; niederl. leng; norw. lange; schwed. långa.

Das Verbreitungsgebiet des Lengs reicht von der Barentssee und Island bis zur Biskaya. Im westlichen Mittelmeer und im Nordwestatlantik kommt er vereinzelt vor, wird dort aber nur zufällig gefangen. Hauptfanggebiet ist der Nordatlantik, wo er mit Langleinen und Schleppnetzen gefischt wird.
Merkmale: Der Leng hat eine gestreckte Form, einen Bartfaden und zwei Rückenflossen, von denen die hintere etwa der halben Körperlänge entspricht. Die Rückenseite ist dunkel, braungrün und weist ein Fleckenmuster auf, der Bauch ist heller. Der Leng kann 2 m lang werden, dann wiegt er etwa 30 kg, bleibt jedoch meist unter 1,80 m.
Verwendung: Das etwas grob strukturierte Lengfleisch wird frisch meist als Filet und tiefgekühlt angeboten. Leng gehört bei uns zu den preiswerteren Fischen. In Norwegen, Schottland, Island und auf den Färöer-Inseln wird er auch zu Klippfisch verarbeitet. Lengfilet eignet sich gut zum Braten und zum Frittieren.

(4) Der **FRANZOSENDORSCH** *(Trisopterus luscus*) ist zwar keine Rarität, aber auch kein Fisch von großer wirtschaftlicher Bedeutung. Wenn man ihn frisch bekommt, sollte man jedoch zugreifen.

(5) Der **LUMB** *(Brosme brosme)* wird, außer vor der norwegischen Küste, nur in kleinen Stückzahlen gefangen. Sein weißes Fleisch, dessen Aroma an Hummer erinnert, wird meist als Filet angeboten.

(6) Der **LENG** *(Molva molva)* ist ein preiswerter Konsumfisch, obwohl er nur als Beifang angelandet wird. Charakteristisch sind seine lang gestreckte Form und die lange hintere Rückenflosse.

WARENKUNDE KÜCHENPRAXIS REZEPTE
→ *Meeresfische*
  Dorschartige Fische

(1) Der **GABELDORSCH** *(Phycis blennioides)* hat nur im Mittelmeerraum als Speisefisch eine größere Bedeutung. Er ist an der spitzigen ersten Rückenflosse sowie an den langen, fadenförmig gegabelten Bauchflossen zu erkennen. Er eignet sich gut zum Braten und für Ragouts.

BLAULENG *(Molva dipterygia dipterygia)*

engl. blue ling; franz. lingue bleue; ital. molva azzurra; span. maruca azúl.

Der Blauleng kommt von Nordnorwegen und Südisland bis Südwestirland vor.

Merkmale: Er hat einen schlanken, aalartigen Körper. Seine großen Augen zeichnen ihn als Fisch größerer Tiefen aus, er lebt in 200 bis 1.500 m Tiefe und wird bis zu 1,50 m lang.

Verwendung: Das Fleisch ist fest, weiß und fettarm. Die Filets schmecken in Butter gebraten sehr gut; beim Schmoren sollte Fett dazugegeben werden.

Der **Mittelmeerleng** *(Molva dipterygia macro-phthalma)* kommt im westlichen Mittelmeer und im Ostatlantik bis Südirland vor. Sein Fleisch ist gut, doch ist er – aufgrund der geringen Fangerträge – von geringer wirtschaftlicher Bedeutung. Nur von regionaler Bedeutung ist die **Seequappe** (2) *(Gaidropsarus mediterraneus)*: Ihr Fleisch ist nicht lange haltbar.

GABELDORSCH (1) *(Phycis blennioides)*

engl. greater forkbeard, forked hake; franz. phycis de fond, mostelle de roche; ital. pastenula bianca; span. brótola de fango, brotola de roca; griech. saluvardos; kroat. tabinja bjelica, türk. gelincik.

Der Gabeldorsch kommt im Nordostatlantik bis Grönland und Norwegen vor, selten in der Nordsee, aber auch im Mittelmeer und der Adria.

Merkmale: Zu erkennen ist er an der spitzigen ersten Rückenflosse sowie an den langen, fadenförmig gegabelten Bauchflossen. Er wird bis 1 m lang.

Verwendung: Er hat nur im Mittelmeerraum als Speisefisch Bedeutung. Wegen des guten Fleisches, das man regional als Filet oder Kotelett zubereitet, wird er dort viel gefangen, ansonsten aber nur als Beifang angelandet und hauptsächlich zu Fischmehl verarbeitet. Die Filets größerer Fische eignen sich zum Braten. Die Koteletts lassen sich auch für Ragouts verwenden.

(2) Die **SEEQUAPPE** *(Gaidropsarus mediterraneus)* hat sehr delikates Fleisch, das allerdings nicht lange haltbar ist. Die wirtschaftliche Bedeutung der Seequappe ist daher regional beschränkt.

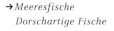
WARENKUNDE KÜCHENPRAXIS REZEPTE
→ *Meeresfische*
Dorschartige Fische

(3) Der **SEEHECHT** *(Merluccius merluccius)* ist bei uns in Form von Filets und Koteletts bekannt. In Süd- und Südwesteuropa hat der Seehecht die Bedeutung wie bei uns der Kabeljau. Er eignet sich zum Braten und Schmoren und verträgt dabei auch eine kräftige Würzung. Frischer Seehecht weist im Sommer die beste Qualität auf.

Ähnlich sind der **Mittelmeer-Gabeldorsch** *(Phycis phycis)*, engl. forkbeard, und der **Rote Gabeldorsch** *(Urophycis chuss)*, engl. red hake. Sein Hauptfanggebiet liegt an der Küste von North Carolina.

Seehechte *(Merlucciidae)*

Die Familie der Seehechte ist eng verwandt mit den Dorschfischen *(Gadidae)*. Die wirtschaftliche Bedeutung dieser Raubfische hat in den letzten Jahren sehr zugenommen.

SEEHECHT (3) *(Merluccius merluccius)*

engl. hake; franz. merlu; ital. nasello; span. merluza; port. pescada branca; dän. kulmule; griech. bacaliaros; kroat. mol; niederl. heek; norw. lysing; schwed. kolmule; türk. berlam.

Der Seehecht ist von Nordnorwegen und Island bis nach Mauretanien und im Mittelmeer verbreitet. Nachts steigt er an die Oberfläche, um Heringsfische zu jagen. Er ist ein wichtiger Nutzfisch und wird mit Schleppnetzen und Langleinen gefangen. Drei Viertel der Fänge kommen aus dem Nordatlantik.
Merkmale: Der Seehecht hat ein oberständiges Maul mit kräftigen Zähnen. Die hintere Rückenflosse nimmt etwa die halbe Körperlänge ein und hat im hinteren Drittel eine deutliche Einbuchtung. Die Afterflosse ist so lang wie die zweite Rückenflosse.

Der Rücken ist silbergrau, der Bauch heller, die Seitenlinie meist dunkel unterlegt. Er wird bis 1,20 m lang, bleibt aber meist unter 70 cm.
Verwendung: Seehecht eignet sich zum Braten und Schmoren und verträgt kräftiges Würzen. In Spanien ist Seehecht die klassische Zutat zur Zarzuela, einem berühmten Pfannengericht.

SILBERHECHT, NORDAMERIKANISCHER SEEHECHT *(Merluccius bilinearis)*

engl. silver hake, whiting, offshore hake; franz. merlu argenté d'Amerique du Nord; ital. nasello atlantico; span. merluza de Boston, merluza norteamericana.

Der Silberhecht ist an der nordwestlichen Atlantikküste von Kanada bis zu den Bahamas heimisch.
Merkmale: Der Körper ist silbrig gefärbt, zum Rücken hin bräunlich und zur Bauchseite hin weißlich. Er wird bis 75 cm lang und 2,3 kg schwer.
Verwendung: Sein Fleisch schmeckt gut und ist ebenso vielseitig verwendbar wie das des Seehechts.

Regional bedeutend sind der **Nordpazifische Seehecht** *(Merluccius productus)*, engl. Pacific hake, und der **Neuseeländische Seehecht** *(Merluccius australis)*, engl. southern hake. Größere wirtschaftliche Bedeutung hat der **Langschwanz-Seehecht** *(Macruronus novaezelandiae)*, der um Neuseeland und Japan vorkommt.

WARENKUNDE KÜCHENPRAXIS REZEPTE
→ *Meeresfische*
  Dorschartige Fische

Aalmuttern *(Zoarcidae)*

Die Mitglieder der Familie der Aalmuttern haben ebenfalls einen aal- oder schlangenähnlichen Körper mit geschlossenem Flossensaum. Sie leben im Nordatlantik und Nordpazifik, in arktischen und antarktischen Gewässern und werden vor allem als Beifang der Garnelenfischerei angelandet.

AALMUTTER (1) *(Zoarces viviparus)*

engl. eelpout; franz. blennie vivipare, loquette; span. blenio viviparo; dän. ålekvabbe; finn. kivinilkka; niederl. puitaal; norw. ålekvabbe; russ. beldyuga; schwed. tånglake.

Die Aalmutter lebt in Küstennähe und Flussmündungen vom Ärmelkanal über die Irische See (auch Ostsee) bis zum Weißen Meer.
Merkmale: Sie hat – typisch für die Dorschartigen – kehlständige kleine Bauchflossen. Die Schwanzflosse ist vom Flossensaum aber kaum abgesetzt. Die Aalmutter wird bis 60 cm lang und bringt voll entwickelte, aalähnliche Junge zur Welt. In ihrem Skelett ist die Phosphatverbindung Vivianit eingelagert, die beim Garen die Gräten grün färbt. Der Geschmack wird dadurch jedoch nicht beeinträchtigt.
Verwendung: Das delikate weiße Fleisch erinnert an Aal. Am besten sind die Aalmuttern ausgenommen, in Mehl gewendet und in Öl goldbraun gebraten.

Mutter oder nicht?

Im Mittelalter glaubte man, dass die Aalmutter kleine Aale zur Welt zu bringt, da ihre Jungen wie Baby-Aale aussehen – daher ihr Name. Man glaubte das, weil man richtige Aale niemals laichen sah.

Grenadierfische *(Macrouridae)*

Die Familie der Grenadierfische ist in allen Weltmeeren verbreitet.

RUNDNASIGER GRENADIERFISCH (2, 3)
(Coryphaenoides rupestris)

engl. grenadier; port. lagartixa da rocha; dän. skolæst, langhale; niederl. grenadier; norw. skolest; schwed. skoläst.

Der Rundnasige Grenadierfisch ist im Tiefwasser des Nordatlantik verbreitet.
Merkmale: Die erste Rückenflosse ist groß und setzt direkt hinter dem Kopf mit den typischen großen Augen an, die zweite läuft ab Körpermitte als sehr dünnes Band bis zur Schwanzspitze. Eine Schwanzflosse ist nicht ausgebildet. Er wird bis 1,50 m.
Verwendung: Die Filets sind ideal zum Braten.

(2) Der **RUNDNASIGE GRENADIERFISCH** *(Coryphaenoides rupestris)* hat einen riesigen Kopf mit den für Tiefseefische typischen großen Augen. Er gilt als wertloser Beifang, doch sein Fleisch ist von bester Qualität.

(1) Die **AALMUTTER** *(Zoarces viviparus)* ist nur regional im Angebot. Sie wird bis 60 cm lang. Ihre Gräten färben sich beim Garen durch eine eingelagerte Phosphatverbindung grün, was den Geschmack jedoch nicht beeinträchtigt.

(3) Das **FILET DES GRENADIERFISCHS** macht etwa ein Drittel seines Gewichts aus. Das fast grätenfreie, magere Fleisch eignet sich bestens zum Kurzbraten und ist auch als Backfisch sehr beliebt.

WARENKUNDE   KÜCHENPRAXIS   REZEPTE
→ *Meeresfische*
Heringsartige Fische

Heringsartige Fische
Der Volksmund nennt sie »Silberfische«. Dafür gibt es gleich zwei Gründe: Ihre Schuppen glitzern silbrig und sie bringen Silber in die Kassen der Fischer.

Heringsartige Fische *(Clupeiformes)*

Sie haben weichstrahlige Flossen, nur eine Rückenflosse, die Schwanzflosse ist symmetrisch gegabelt. Die Arten der Familie (Clupeidae) unternehmen weite Laichwanderungen; einige steigen in Flüsse auf. Ein Drittel der Weltausbeute sind Heringsfische. Am bedeutendsten davon sind der Atlantische und der Pazifische Hering. Sie bilden seit Alters her eine wichtige Nahrungsquelle, und heute gelten frisch gefangene Heringe sogar als Delikatesse. Ganz frische Heringe haben glänzende Haut und Augen, dasselbe gilt für die Wangenteile des Kopfes. Diese werden bald rot (»rote Bäckchen«), dann ist der Hering zwar nicht mehr so frisch wie direkt vom Boot, aber immer noch von hoher Qualität. Verschwindet diese Rotfärbung wieder, und wird die Haut gräulich, ist der Fisch alt und kulinarisch nur noch ein Schatten seiner selbst. Von solchen Fischen sollte man daher besser die Finger lassen.

ATLANTISCHER HERING (1)
(Clupea harengus harengus)

engl. herring; franz. hareng; port. aremque; dän. sild; niederl. haring; norw. sild; schwed. sill.

Der Atlantische Hering kommt im Nordatlantik von der Bretagne bis nach Grönland und Spitzbergen vor, auch in der Nord- und Ostsee sowie im Weißen Meer und in der Barentssee. Im Westatlantik lebt er vor Kanada und den nördlichen USA. Trotz Überfischung zählen Heringe immer noch zu den wichtigsten Fischereiprodukten.
Merkmale: Unter den kommerziell wichtigen schlanken Heringsfischen ist der Atlantische Hering der größte. Er unterscheidet sich von der Sardine durch einen glatten Kiemendeckel ohne verknöcherte Kanten. Im Gegensatz zur Sprotte liegt beim Hering der Ansatz der Bauchflossen hinter dem Vorderende der Rückenflossen.
Verwendung: Grüne (d.h. frische) Heringe werden gern gebraten. Wegen des Fettgehalts ist der Hering aber auch ein guter Grillfisch. Hierbei muss man ihn unbedingt in einen Fischgrillrost bzw. in ein Fischgitter legen, da er sonst leicht am eigentlichen Grillrost anhängt und beim Wenden zerreißt. Gesalzen und mariniert lässt sich Hering vielfältig zubereiten. Am besten schmecken hierbei die einfachen Gerichte (etwa Holländische neue Matjes mit Zwiebeln, Bratheringe mit Pellkartoffeln, Salat aus Salzheringen), da sie den Eigengeschmack besonders klar zu Tage treten lassen. Heringe mit Eiern nennt man übrigens »Rogner«, die mit Sperma werden als »Milchner« bezeichnet.

PAZIFISCHER HERING (1) *(Clupea harengus pallasi)*

engl. Pacific herring; franz. hareng du Pacifique; ital. aringa del Pacifico; span. arenque del Pacífico; japan. nishin.

Der Pazifische Hering ist dem Atlantischen nahe verwandt, und wurde lange als Rasse des Letzteren angesehen. Sein Verbreitungsgebiet reicht vom Weißen Meer und der Barentssee bis zum Nordpazifik, wo er auf beiden Seiten der Beringstraße bis

- Heringsartige Fische haben nur eine Rückenflosse.
- Die Schwanzflosse ist symmetrisch gegabelt.
- Sie sind seit Alters her wichtige Nahrungsfische und machen ein Drittel der Weltausbeute aus.

(1) Der **ATLANTISCHE HERING** *(Clupea harengus harengus)* und sein Vetter, der **PAZIFISCHE HERING** *(Clupea harengus pallasi)* sind äußerlich nicht zu unterscheiden. Sie besitzen jedoch eine unterschiedliche Wirbelzahl.

WARENKUNDE KÜCHENPRAXIS REZEPTE
→ *Meeresfische*
Heringsartige Fische

nach Japan und Korea beziehungsweise Kalifornien vorkommt. Die Bestände sind durch Überfischung jedoch bereits stark dezimiert.

Merkmale: Rein äußerlich lässt sich der Pazifische Hering kaum vom Atlantischen Hering unterscheiden. Die beiden Heringsarten haben jedoch eine unterschiedliche Wirbelzahl. Die Laichgewohnheiten sind ebenfalls unterschiedlich.

Verwendung: Ähnlich wie beim Atlantischen Hering, wird der Pazifische Hering sowohl frisch als auch gesalzen verwendet. Da die Vielfalt der angebotenen Heringsprodukte groß ist und der Bezug zu den Qualitätsstufen der Frischware zunehmend verloren geht, sollte man die Packungsaufschriften im Handel genau lesen. Das unten stehende Herings-ABC erläutert die wichtigsten Begriffe dazu.

SARDINE (1) *(Sardina pilchardus)*

engl. pilchard; franz. sardine; ital. sardina; span. sardina; port. sardinha; dän. sardin; griech. sardella; kroat. srdela; niederl. sardien, pelser; norw. sardin; schwed. sardin; türk. sardalya.

Die Sardine kommt von der südlichen Nordsee, wo sie selten ist, bis zur Atlantikküste Marokkos vor. Im Mittelmeer ist sie bis auf den äußersten Osten häufig und dringt auch in das Schwarze Meer vor. Gefangen wird sie mit Treibnetzen und so genannten »Ringwaden«, das sind Spezialnetze, die einen Fischschwarm einkreisen und dann im unteren Teil zusammengezogen werden, so dass die Fische wie in einem Beutel gefangen sind. Vor allem im Mittelmeer nutzen Sardinenfischer dabei auch die für die Fische anziehende Wirkung von Licht aus (so genannter »Lichtfang«). Die Sardine gehört nach dem Hering zu den wichtigsten Nutzfischen.

Merkmale: Sardinen sind von Heringen und Sprotten leicht durch ihre mit verknöcherten Längskanten versehenen Kiemendeckel zu unterscheiden. Auch besitzen sie eine Reihe von dunklen Flecken entlang der Rückenlinie, etwa in halber Höhe des Körpers. Sie werden bis zu 25 cm lang, bleiben aber meist kleiner als 20 cm.

Verwendung: Frische Sardinen werden oft gebraten, sie schmecken aber auch gegrillt vorzüglich.

Als so genannte »Falsche Sardinen« werden die Vertreter der Gattung *Sardinops* bezeichnet; eine eurozentrische Sicht, da die Europäer lediglich ihre eigene Sardine als die »echte« angesehen haben. Die »Falschen« sind von den »Echten Sardinen« durch die deutlich längeren hinteren Strahlen der Afterflosse zu unterscheiden.

Kleines Herings-ABC

Hering ist nicht gleich Hering: Junghering (Spitze), wird vor allem an der Küste knusprig gebraten und im Ganzen verzehrt. Früher war er ein typischer Industriefisch, heute ist er nicht mehr erhältlich. Als Matjes – so bezeichnet man den noch nicht abgelaichten »jungfräulichen« Hering – wird er leicht gesalzen und ist nur begrenzt haltbar. Als »Vollheringe« werden ausgewachsene Tiere vor dem Ablaichen mit Milch und Rogen bezeichnet. Sie sind frisch, geräuchert oder als Salzheringe im Angebot. Abgelaichte, magere Heringe ohne Milch und Rogen heißen »Ihle«. Sie sind frisch oder als Matjes weniger schmackhaft, dafür gut für Marinaden und Rollmöpse. Frischer Hering, der auf Eis gekühlt angeliefert wird, auch Grüner Hering genannt, wird gerne gebraten. Vorgesalzene grüne Heringe kommen geräuchert als Bücklinge in den Handel. Sie sind mild und zart im Fleisch. Gewässerter und geräucherter Salzhering (so genannter Lachshering) hat ein festeres Fleisch als der Bückling.

Wirtschaftlich bedeutend sind die **Japanische Sardine** (*Sardinops melanosticta*) und die **Peruanische Sardine** (*Sardinops sagax*). Die **Pazifische Sardine** (*Sardinops cearuleus*) war von ähnlicher Bedeutung, bis 1967 aufgrund Überfischung die gesamte kalifornische Fischerei zusammenbrach. In Südafrika und Namibia ist die **Kapsardine** (*Sardinops ocellatus*) wichtig. Alle diese Arten erreichen den europäischen Markt nicht als Frischware, doch in Dosen werden sie in alle Welt exportiert.

SPROTTE (2) *(Sprattus sprattus)*

engl. sprat; franz. sprat; ital. sarda, papalina; span. espadin; port. espadilha; dän. brisling; griech. papalina; kroat. gavica; niederl. sprot; norw. brisling; schwed. skarpsill; türk. çaça.

Die Sprotte ist von der Nord- und Ostsee bis zur marokkanischen Atlantikküste verbreitet und kommt auch im Mittelmeer und im Schwarzen Meer vor. Hauptfanggebiet ist der Nordatlantik, doch auch im Mittelmeer und im Schwarzen Meer wird die Art regelmäßig gefischt.
Merkmale: Die Sprotte bleibt mit etwa 15 cm Maximallänge viel kleiner als der Hering. Ihr Rücken ist blaugrün, der Bauch silbrig.
Verwendung: Sprotten schmecken frisch gebraten delikat, bei uns sind sie meist geräuchert erhältlich.

SARDELLE (3) *(Engraulis encrasicolus)*

engl. anchovy; franz. anchois; ital. acciuga, alice; span. boquerón; port. biqueirão; dän. ansjos; griech. gavros; kroat. inčun; niederl. ansjovis; norw. ansjos; schwed. sardell, ansjovis; türk. hamsi.

Die Sardelle kommt von der Nordsee, wo sie eher selten ist, bis an die marokkanische Atlantikküste, einschließlich des Mittelmeeres und des Schwarzen Meeres vor, wo »Hamsi« eine Art Nationalspeise darstellt. Die Sardelle tritt oft in sehr großen Schwärmen auf und wird mit Treibnetzen, Ringwaden und anderen Freiwassernetzen gefischt.
Merkmale: Sie ist ein kleiner Fisch, maximal 15 cm lang, und hat ein deutlich unterständiges Maul. Ihr Rücken ist dunkel, an den Flanken verläuft ein silbriges Längsband.
Verwendung: Neben der Verwendung als Frischfisch werden Sardellenfilets auch eingesalzen und nach einer Reifezeit von 6 bis 12 Monaten in den Handel gebracht. Teilweise findet man sie auch in Öl eingelegt als »Anchovis« im Angebot. Sardellen werden auch gern im Ganzen gebraten.

(1) Die **SARDINE** *(Sardina pilchardus)* ist mit ihrem würzigen und relativ fettreichen Fleisch ein idealer Grillfisch. Nur die Exemplare bis 15 cm Länge kommen als Sardinen in den Handel, größere werden dort als »Pilchards« bezeichnet.

(2) Die **SPROTTE** *(Sprattus sprattus)* schmeckt auch frisch vorzüglich, was bei uns weitgehend unbekannt ist. Besser kennt man die kleinen Fische geräuchert als »Kieler Sprotten«; sie kommen meist aus der Eckernförder Bucht oder Ostsee.

(3) Die **SARDELLE** *(Engraulis encrasicolus)* ist bei uns vor allem als pikante Konserve bekannt. Die kräftig würzig schmeckenden Fischchen sind aber auch frittiert oder gebraten eine echte Delikatesse.

Bismarcksauer und heringsmädchenzart

Der saure Hering gegen den Kater macht Sinn, da die Essigsalzmarinade für Mineralstoffzufuhr sorgt. Überhaupt, der Hering ist mit seinem hohen Anteil an Omega-3-Fettsäuren sehr gesund. So verordnete bereits Bismarcks Leibarzt dem schwergewichtigen Kanzler eine Herings-Diät. Ein Stralsunder Fischkonservenfabrikant schickte ihm zur Reichsgründung 1871 ein Holzfässchen mit sauer eingelegten Ostseeheringen und bat um die Genehmigung, diese künftig als Bismarckhering handeln zu dürfen. In früheren Jahrhunderten waren die Heringsvorkommen reichlich, und seit die Europäer im Mittelalter Fisch und vor allem den aufgrund seines Fettgehalts leicht verderblichen Hering durch Einsalzen haltbar zu machen verstanden, war daraus eine Handelsware geworden.

Doch bereits damals machte sich bemerkbar, wie empfindlich der Hering auf Umweltveränderungen reagiert; in kälteren Perioden verschwanden die Heringsschwärme, heute sind die Bestände durch Überfischung reduziert.

Eine Delikatesse ist der Matjeshering. Ursprünglich wurden dafür nur »jungfräuliche« Heringe verarbeitet, die man im Frühling fing. Aus dem altholländischen »maeghdekens haerinck«, Mädchenhering, wurde der Maatjeshering. Die jungen Heringe haben noch nicht gelaicht, und sie haben noch keine körpereigenen Fettreserven auf die Bildung von Rogen oder Milch verwandt. So machte man sich eine Eigenschaft des Herings zunutze, die an sich einen Nachteil darstellt: Heringe ernähren sich durch Filtern von Zooplankton aus dem Meereswasser und haben daher sehr aktive Muskel- und Verdauungsenzyme. In Verbindung mit dem hohen Fettgehalt zersetzt sich das Fleisch nach dem Fang sehr schnell, riecht streng und wird ranzig. Das Einlegen in Salzlake oder Trockeneinsalzen wirkt dem entgegen, ist also eine reine Konservierungsmethode wie heutzutage das Tiefkühlen. Diese Salzheringe mussten aber stets gewässert, also aufbereitet werden. Ob nun einem Fischer die Salzvorräte knapp geworden waren, jedenfalls begann man, diese Heringe zu kehlen oder zu »kaaken«: statt die Eingeweide zu entnehmen, ritzt man die Bauchhöhle nur auf und legt mit deutlich weniger Salz ein. Die austretenden Verdauungssäfte verstärken die Muskel- und Hautenzyme und zersetzen zusätzlich Proteine; nach wenigen Tagen ist das Ergebnis ein weicherer, zarter Hering, dessen cremiges Fleisch im Mund schmilzt und ohne jedes Wässern direkt aus der Tonne sehr fein und harmonisch schmeckt.

Heute verwendet man für die so genannte »enzymatische Garung« industriell hergestellte Enzympulver und bietet dann Hering »nach Matjesart« oder »nordischer Art« an. Am besten schmecken aber immer noch Ende Mai die wirklichen, zart gesalzenen Heringsmädchen, an der Gräte gereift. Für sie gilt auch eine besondere Technik des Essens: der Kopf wird in den Nacken gelegt und der ganze Fisch, am Schwanz gehalten, aus der Hand verzehrt.

Ursula Heinzelmann

WARENKUNDE   KÜCHENPRAXIS   REZEPTE
→ *Meeresfische*
   Kugelfischverwandte

Kugelfischverwandte *Hier ist Nervenkitzel inbegriffen: Der berühmt-berüchtigte Kugelfisch wird nur von Sushi-Meistern vorbereitet, damit jeder Gast das köstliche Mahl überlebt.*

Kugelfischverwandte *(Tetraodontiformes)*

Kulinarisch von Bedeutung sind vor allem zwei Gruppen: die Drücker- und die Kugelfischartigen.

Drückerfischartige *(Balistidae)*

Sie besitzen kräftige Schwanz- und Rückenstacheln, die zu Verletzungen führen können. Am besten kneift man sie mit einer Geflügelschere ab. Dann wird der Kopf abgeschnitten und die Haut vom Kopfende her schräg nach hinten abgezogen.

DRÜCKERFISCH *(Balistes carolinensis)*

engl. grey triggerfish; franz. baliste cabri; ital. pesce balestra; span. pez ballesta; griech. gurunópsaro; kroat. mihaca; türk. çütre.

Der Drückerfisch kommt auf beiden Seiten des Atlantiks vor.
Merkmale: Typisch ist sein hoher, ovaler, seitlich abgeflachter Körper und der große Kopf mit der kleinen Mundöffnung. Die oberen und unteren Strahlen der Schwanzflosse sind fadenförmig verlängert. Er kann bis zu 40 cm lang werden.
Verwendung: Die zarten Filets gelingen sehr gut im Ofen, lassen sich aber auch gut braten.

KÖNIGIN-DRÜCKERFISCH (1) *(Balistes vetula)*

engl. queen triggerfish; franz. baliste vétule.

Der Königin-Drückerfisch kommt im Westatlantik von Massachusetts bis nach Brasilien vor.
Merkmale: Auffällig sind die blauen Streifen, die eine größere Mundspalte vortäuschen sollen.
Verwendung: Er ist in der Karibik sehr beliebt und wird dort als »Turbot« angeboten, da der gehäutete Fisch einem Butt entfernt ähnelt.

Der **Weißflecken-Drückerfisch** *(Abalistes stellaris)*, engl. leatherjacket, ist vom Roten Meer und dem Indischen Ozean bis zu den Westpazifischen Inseln verbreitet und wird bis 60 cm lang. Er ist – ebenso wie der Orangestreifen-Drückerfisch (2) *(Balistapus undulatus)* – ein durchschnittlicher Speisefisch.

Kugelfische *(Tetraodontidae)*

Nur eine Art hat kulinarische Bedeutung erlangt.

KUGELFISCH (3) *(Fugu rubripes)*
japan. fugu

Merkmale: Kugelfisch wird von speziell ausgebildeten Köchen ausgenommen, wobei die tödlich giftigen Eierstöcke nicht verletzt werden dürfen.
Verwendung: Er ist roh, in hauchdünne Scheiben geschnitten als Sashimi in Japan eine Delikatesse.

- Die meisten Kugelfischverwandten leben in den Küstenzonen der tropischen Meere.
- Sie bewohnen zum Teil gerne Korallenriffe.
- In Japan gilt Kugelfisch, genannt Fugu, als besondere Delikatesse.

(1) Der **KÖNIGIN-DRÜCKERFISCH** *(Balistes vetula)* ist auf den Karibischen Inseln sehr beliebt. Sein Fleisch hat angenehme Konsistenz, ist weiß und sehr zart.

(2) **ORANGESTREIFEN-DRÜCKERFISCH** *(Balistapus undulatus)* gibt es vom Roten Meer bis in die Südsee.

(3) Der **KUGELFISCH** *(Fugu rubripes)* ist als nicht ganz ungefährliche Sushi-Delikatesse fast überall ein Begriff.

WARENKUNDE   KÜCHENPRAXIS   REZEPTE
→ *Meeresfische*
  Lachsartige Fische

Lachsartige Meeresfische

Die einen versuchen, sich dem Fang durch ein Leben in der Tiefsee zu entziehen, andere wagen sich als Wanderfische auch mutig ins Flachwasser.

- Einige der Lachsartigen leben fast nur als Tiefseefische.
- Die Lachsähnlichen besitzen eine zweite Rückenflosse, die so genannte Fettflosse.

Lachsartige Fische *(Salmoniformes)*

In dieser großen Ordnung sind acht Unterordnungen zusammengefasst, von denen einige fast ausschließlich zu den Tiefseefischen gehören. Die Lachsähnlichen Fische (Salmonoidei) kommen als Wanderfische auf der nördlichen Erdhalbkugel vor. Sie besitzen eine zweite Rückenflosse, die aus einer dicken, strahlenlosen Hautfalte besteht und als »Fettflosse« bezeichnet wird.

Stinte *(Osmeridae)*

Zur Familie der Stinte gehören schlanke, seitlich wenig abgeflachte Fische mit weiter Maulspalte und vorstehendem Unterkiefer. Sie sind mit zarten, leicht abfallenden Schuppen bedeckt.

STINT (1) *(Osmerus eperlanus)*

engl. smelt; franz. éperlan; port. peixe de cheiro; dän. smelt; niederl. spiering; norw. krøkle; schwed. nors, sparling.

Der Stint kommt vom Weißen Meer bis zum Ärmelkanal vor, einschließlich der Ostsee. Er lebt in Küstengewässern pelagisch in großen Schwärmen. Von März bis Anfang Mai dringt er in die Flüsse ein, in deren Unterlauf er laicht. In tiefen Seen, etwa im Ostseegebiet, leben Binnenstinte, die zum Laichen in die Zuflüsse aufsteigen. Stinte werden nur in geringen Mengen als Beifang angelandet. Meist enden sie in der Fischmehlverarbeitung.

Merkmale: Stinte werden bis zu 45 cm lang, bleiben aber meist unter 20 cm.

Verwendung: Stinte eignen sich zum Braten. Ihr Fleisch ist zart, hat aber wenig Geschmack; es gehört nicht zu den kulinarischen Hochgenüssen.

Die **Lodde** *(Mallotus villosus)*, bis etwa 20 cm lang, lebt rund um den Nordpol im nördlichen Eismeer und im äußersten Norden des Pazifiks. Der **Kleinmäulige Seestint** *(Hypomesus pretiosus)* (2), engl. surf smelt, bis 25 cm lang, ist von Alaska bis Südkalifornien und an der asiatischen Küste bis Korea verbreitet. Sowohl Lodde als auch Kleinmäuliger Seestint können im Ganzen gebraten werden.

Der **Eulachon** *(Thaleichthys pacificus)*, ein bis 30 cm langer Stint des nordwestlichen Pazifik, wird wegen seines öligen Fleisches auch Kerzenfisch (Candlefish) genannt. Alle drei Arten kommen hierzulande selten auf den Markt.

(1) Der **STINT** *(Osmerus eperlanus)* hat einen eigenartigen, etwas an Gurken erinnernden Geruch, weshalb er nicht jedermanns Sache ist. Gebraten, paniert oder frittiert schmeckt er aber gut.

(2) Der **SEESTINT** *(Hypomesus pretiosus)* mit seinen Verwandten ist im Nordpazifik ein recht häufiger Fisch und in Japan und China beliebt. Er wird meist gebraten oder gegrillt.

WARENKUNDE KÜCHENPRAXIS REZEPTE
→ Meeresfische
   Panzerwangen

Panzerwangen *Sie sehen zwar zum Fürchten aus, die Drachenköpfe und anderen Vertreter der Panzerwangen, doch das sollte nicht von ihrem feinen Geschmack ablenken.*

Panzerwangen *(Scorpaeniformes)*

In der Ordnung der Panzerwangen finden sich hoch entwickelte Stachelflosser mit einem großen, mit Knochen gepanzerten Kopf.

Drachenköpfe *(Scorpaenidae)*

Zur Familie der Drachenköpfe, auch Skorpionfische genannt, gehören über 1.000 Arten. Sie leben in gemäßigt warmen und subtropischen Meeren, haben einen breiten Kopf mit stacheligen Knochenleisten und vielen Hautanhängseln. Die vorderen Rückenflossen- und Kiemendeckelstacheln sind Giftstacheln. In südlichen Ländern wird die Rückenflosse beim Kauf entfernt, bei uns nicht, daher ist Vorsicht geboten! Das Gift wird durch Erhitzen unwirksam.

BRAUNER DRACHENKOPF *(Scorpaena porcus)*

engl. black scorpionfish; franz. rascasse brune; ital. scorfano nero; span. rascacio; port. rascasso de pintas; griech. skorpios; kroat. ˇskrpun; niederl. bruine schorpioenvis; türk. iskorpit.

Der Braune Drachenkopf ist von Irland bis zum Senegal verbreitet, ebenso im Mittelmeer und im Schwarzen Meer. Er lebt getarnt im Flachwasser zwischen algenbewachsenen Felsen. Die Fischerei erfolgt mit Langleinen und Reusen. Er ist geschmacklich besser als der größere, rot gefärbte Verwandte, gelangt aber leider kaum zu uns.

Merkmale: Der Braune Drachenkopf wird bis 25 cm lang, bleibt aber meist unter 20 cm. Seine Schwanzflosse weist drei bräunliche Querbänder auf.

Verwendung: Die klassische Zubereitungsart für Drachenköpfe ist das Dünsten. Sie sind auch eine beliebte Zutat für Fischsuppen und -eintöpfe. Ihr feiner Geschmack kommt so am besten zur Geltung.

GROSSER ROTER DRACHENKOPF (1)

(Scorpaena scrofa)

engl. red scorpionfish; franz. rascasse rouge; ital. scorfena rosso; span. cabracho; port. rascasso vermelho; griech. skorpios; kroat. škrpina; niederl. oranje schorpioenvis; türk. lipsoz.

Das Verbreitungsgebiet des Großen Roten Drachenkopfes ist identisch mit dem seines braunen Verwandten, nur besiedelt er das Schwarze Meer nicht. Sein Lebensraum liegt tiefer, er ist in 20 bis 200 m Wassertiefe anzutreffen. Er wird mit Schleppnetzen

- Panzerwangen sind hoch entwickelte Stachelflosser mit einem mit Knochen gepanzerten Kopf.
- Sie besitzen einen vom Unteraugenknochen gebildeten Knochensteg, der bis zum Vorderkiemendeckel reicht.

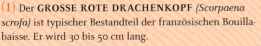

(1) Der **GROSSE ROTE DRACHENKOPF** *(Scorpaena scrofa)* ist typischer Bestandteil der französischen Bouillabaisse. Er wird 30 bis 50 cm lang.

(2) Der **ROTBARSCH** *(Sebastes marinus)* ist einer der beliebtesten Seefische überhaupt. Sein festes, mittelfettes (3,6 % Fett) rosa-weißes Fleisch wird meist als Filet angeboten.

Teubner Edition **99**

WARENKUNDE   KÜCHENPRAXIS   REZEPTE
→ *Meeresfische*
  Panzerwangen

(1) Der **VERMILION** *(Sebastes miniatus)*, engl. vernacular rockfish, gehört zu den wichtigsten Pazifischen Rockfish-Arten. Sein exzellentes Fleisch schmeckt jedoch nur ganz frisch. Im Gegensatz zu den meisten anderen Felsenfischen eignet er sich nicht zum Tiefkühlen.

(2) Der **GELBMAULFELSENFISCH** *(Sebastes reedi)*, engl. yellowmouth rockfish, lebt in pazifischen Felsregionen nahe dem Grund. Er wird bis 60 cm lang und ist gelb-orange bis rötlich gefärbt. Typisch ist das rosa-weiß-schattierte Maul mit gelben und dunklen Flecken.

(3) Der **DUNKLE FELSENFISCH** *(Sebastes ciliatus)*, engl. dusky rockfish, lebt im Nordpazifik von der Beringstraße bis Britisch-Kolumbien. Er wird 55 cm lang und 1,8 kg schwer. Die Filets werden frisch und tiefgekühlt gehandelt.

oder Langleinen gefangen und gelangt gelegentlich auch zu uns in den Handel.
Merkmale: Er wird mit maximal 50 cm größer als der Braune, obwohl es meist bei 30 cm bleibt.
Verwendung: Sein festes weißes Fleisch, das fast nur frisch angeboten wird, ist in Frankreich fester Bestandteil der Bouillabaisse. Ansonsten wird er wie der Braune Drachenkopf verwendet. Kleinere Exemplare schmecken besser als größere.

ROTBARSCH, GOLDBARSCH (2, S. 99)
(Sebastes marinus)

engl. golden redfish; *franz.* grande sébaste; *port.* peixe vermelho; *dän.* stor rodfisk; *niederl.* roodbaars; *norw.* uer; *schwed.* större kungfisk.

Die Art ist vor allem in den Nordmeeren verbreitet: Sie kommt von Nowaja Semlja und Spitzbergen bis zur nördlichen Nordsee und zum Kattegat vor. Doch auch im Westatlantik ist sie anzutreffen, allerdings nur im Kaltwasserbereich. Während Jungfische sich in Küstennähe aufhalten, stehen erwachsene Tiere meist in 100 bis 1.000 m Wassertiefe. Der Fang erfolgt mit Schleppnetzen und Langleinen. Der Rotbarsch ist ein wichtiger Wirtschaftsfisch.
Merkmale: Der Rotbarsch ist mit den Seeskorpionen verwandt und unterscheidet sich von ihnen hauptsächlich durch das Fehlen kräftiger Stacheln auf der Stirn und durch einen viel längeren stacheligen Teil der Rückenflosse. Er wird bis zu 1 m lang und etwa 15 kg schwer. Durch die starke Befischung wird eine solche Größe aber kaum noch erreicht, die durchschnittliche Größe beträgt heute etwa 40 cm, so dass auch die Filets kleiner ausfallen.
Verwendung: Rotbarschfilets, so wird der Fisch überwiegend angeboten, eignen sich hervorragend zum Braten in Butter oder Olivenöl. Sein festes rosa-weißes Fleisch schmeckt aber auch pochiert, gedünstet oder im Ofen gegart vorzüglich. An der Küste ist Rotbarsch auf Fischmärkten manchmal auch im Ganzen erhältlich.

Eng verwandt mit dem Rotbarsch ist der **Tiefen-** oder **Schnabelbarsch** *(Sebastes mentella)* mit einem zapfenförmigen Fortsatz am Unterkiefer. Gleichermaßen der **Kleine Rotbarsch** *(Sebastes viviparus)*, der bis zu 30 cm lang wird und beiderseits des Nordatlantiks vorkommt.

WARENKUNDE   KÜCHENPRAXIS   REZEPTE
→ *Meeresfische*
 Panzerwangen

FELSENFISCHE DES PAZIFIKS

Diese pazifischen Verwandten unseres Rotbarsches werden zwischen 40 und 60 cm groß und haben alle eine sehr ähnliche Körperform, jedoch die unterschiedlichsten Farben und Muster. Bei der Färbung herrschen die typischen Rot- und Brauntöne vor, mit vielen Zwischentönen von Orange, Graubraun bis zum dunklen Grau- oder Blauschwarz. Ihre Musterung kann gestreift, marmoriert oder auffallend gefleckt sein. Sie gehören fast alle zur Gattung Sebastes. Die meisten kommen von Alaska bis zum südlichen Kalifornien vor. Einige sind Tiefseebewohner, andere bevorzugen Flachwasserregionen, wo sie die so genannten Schelfwiesen, den Tang (engl. kelp) abweiden. Einige Arten ernähren sich auch von Krebstieren, Weichtieren, Krill, Heringen und anderen Fischen, was auf den guten Geschmack und die feine Konsistenz des Fleisches schließen lässt. Einige werden frisch vermarktet, wie etwa der **Gelbmaulfelsenfisch** (2) *(Sebastes reedi)*, andere, wie etwa der **Dunkle Felsenfisch** (3) *(Sebastes ciliatus)* kommen vorwiegend tiefgekühlt oder auch verarbeitet in den Handel.

VERMILION (1) *(Sebastes miniatus)*

engl. vernacular rockfish, vernacular rockcod, vermilion rockfish; span. rocote bermejo; poln. karmazyn wermilon.

Der Vermilion gehört zu den wichtigsten pazifischen Rockfish-Arten und kommt im Ostpazifik von Kanada bis Mexiko vor.

Merkmale: Er lebt riffverbunden, wird bis 90 cm lang und 7 kg schwer. Seine dunkelrote Farbe wird durch graue Sprenkel an den Seiten unterbrochen. Er ist ein exzellenter Speisefisch, der nur frisch angeboten wird, da er – warum, ist bisher ungeklärt – beim Tiefkühlen an Qualität verliert.

Verwendung: Er wird wie der Pazifische Rotbarsch zubereitet, aber auch gebraten und frittiert.

PAZIFISCHER ROTBARSCH, SCHNABELFELSENFISCH (4) *(Sebastes alutus)*

engl. Pacific ocean perch; franz. sébaste du Pacifique; span. gallineta del Pacífico; ital. sebaste del Pacifico.

Der Pazifische Rotbarsch kommt im Nordpazifik vor, in der Beringsee, vor Kalifornien und den Aleuten bis Alaska. Sein Fleisch kommt frisch oder tiefgefroren und vor allem als Filet in den Handel.

(4) Der **PAZIFISCHE ROTBARSCH** *(Sebastes alutes)*, engl. Pacific ocean perch, ist der wirtschaftlich wichtigste Rockfish.

(5) Der **IDIOT** *(Sebastolobus alascanus)*, engl. channel rockcod, ist bei uns als Kurzstachel-Dornenkopf bekannt.

(6) Der **WITWENFISCH** *(Sebastes entomelas)*, engl. widow rockfish, gehört zu den wenigen dunkel gefärbten Arten.

(7) Der **KANARIENGELBE FELSENFISCH** *(Sebastes pinniger)*, engl. canary rockfish, trägt auffällige Farbmuster.

WARENKUNDE KÜCHENPRAXIS REZEPTE
→ *Meeresfische*
  Panzerwangen

Merkmale: Er hat eine hellrote Farbe, oft auch mit dunkleren Schatten im Rückenbereich. Er lebt im Tiefenwasser bis 800 m Tiefe, wird bis 50 cm lang und maximal 1,5 kg schwer.

Verwendung: Felsenfische besitzen einen guten Geschmack und eine feine Konsistenz des Fleisches. In der chinesischen Küche werden Felsenfische gern in Fett ausgebacken und in einer süßsauren Sauce serviert, in Japan genießt man ihr delikates weißes Fleisch auch gerne roh. Sie eignen sich zudem auch für Fischsuppen.

Von wirtschaftlicher Bedeutung und dazu unübertrefflich im Geschmack sind der **Idiot** (5, S. 101) *(Sebastolobus alascanus)* und der **China Rockfish** *(Sebastes nebulosus)*. Auch der **Gelbschwanz-Felsenfisch** *(Sebastes flavidus)*, engl. Yellowtail, und der **Bocaccio** *(Sebastes paucispinis)* sind exzellente Speisefische. Gut schmecken auch der **Witwenfisch** (6, S. 101) *(Sebastes entomelas)* und der **Kanariengelbe Felsenfisch** (7, S. 101) *(Sebastes pinniger)*. An der australischen Küste spielen der **Ocean Perch** *(Helicolenus percoides)*, der in Tasmanien als **Red Gurnard Perch** bezeichnet wird, und der **Red Rock Cod** *(Scorpaena cardinalis)* eine kulinarische Rolle. Beide Arten sind nur lokal zu haben und lassen sich wie andere Drachenköpfe auch sehr gut zu Fischsuppen verarbeiten. Ihr Fleisch ist so schmackhaft wie das der europäischen Verwandten.

Knurrhähne *(Triglidae)*

Zur Ordnung der Panzerwangen gehören auch die Knurrhähne. Die Mitglieder dieser Familie haben einen großen, gepanzerten Kopf und kommen in allen tropischen und gemäßigten Meeren vor. Sie ernähren sich von kleinen Krebstieren und Fischen und haben ein hervorragendes Fleisch. Knurrhähne sind auf der Bauchseite abgeplattete Bodenfische, deren Kopf gepanzert ist. Die Rückenflosse ist zweiteilig, die vordere mit kräftigen Stachelstrahlen versehen, die hintere weichstrahlig. An diesen und den spitzen Stacheln des Kiemendeckels kann man sich unangenehme Verletzungen zuziehen, wenn man mit dem Fisch, etwa beim Ausnehmen, unvorsichtig hantiert. Es handelt sich zwar nicht um Giftstacheln, aber es können Keime in die Wunde gelangen und so zu Infektionen führen. Die Bauchflossen setzen sehr weit vorne, unter den Brustflossen, an. Bei Letzteren sind einige Strahlen im vorderen Bereich abgetrennt und frei beweglich. Sie tragen viele Geschmacksorgane und dienen der Ortung von Beute im Meeresboden, die dann mit ihrer Hilfe ertastet wird. Beim lebenden Knurrhahn sieht es zudem so aus, als »schreite« er mit ihnen über den Meeresboden.

Knurrende Fische?

Sie gelten als recht gesellig: Knurrhähne treffen sich gerne im Schwarm und »unterhalten« sich dann durch knurrende Geräusche, die sie mit ihrer Schwimmblase erzeugen.

SEEKUCKUCK (1) *(Aspitrigla cuculus)*

engl. red gurnard; franz. grondin rouge; ital. capone imperiale; span. arete; port. cabra vermelha; dän. tvaerstribet knurhane; griech. kaponi; kroat. krkotajka; niederl. engelse poon; norw. tverrstripet knurr; schwed. rödknot; türk. kırlangıç.

Das Verbreitungsgebiet des Seekuckucks erstreckt sich von der Nordsee, wo der Fisch eher vereinzelt vorkommt, bis nach Mauretanien. Im Mittelmeer ist er im Westen und Südwesten häufig, sonst selten.

Merkmale: Von den anderen an dieser Stelle vorgestellten rot gefärbten Knurrhähnen unterscheidet

(1) Der **SEEKUCKUCK** *(Aspitrigla cuculus)*, einer der häufigsten Vertreter der Knurrhahn-Familie, gilt als der Beste seiner Art. Allerdings ist die Fleisch-Ausbeute aufgrund des großen Kopfes relativ gering.

sich der Seekuckuck durch eine Reihe sehr hoher und schmaler Schuppen in der Seitenlinie. Diese erreichen mit ihren Spitzen fast schon die Basis der Rückenflossen. Sein Kopfprofil ist steiler, das Kopfvorderende gerundet, ohne Andeutungen einer Gabelung. Die Brustflossen sind rein rot. Seine maximale Körperlänge beträgt 50 cm, meist bleibt es aber bei 25 cm.

Verwendung: Am besten schmecken Tiere von etwa 20 cm Länge. Das feste weiße Fleisch sollte gedünstet und im eigenen Sud, nur mit etwas Zitronensaft verfeinert, serviert werden.

ROTER KNURRHAHN (2) *(Trigla lucerna)*

engl. tub gurnard; franz. grondin perlon; ital. cappone gallinella; span. bejel; port. cabra cabaço; dän. rod knurhane; griech. kaponi; kroat. kokot balavac; niederl. rode poon; norw. rødknurr; schwed. fenknot; türk. kırmızı kırlangıç.

Der Rote Knurrhahn ist von Mittelnorwegen und Island bis Mauretanien einschließlich des gesamten Mittelmeeres und des Schwarzen Meeres verbreitet. Der Fang erfolgt mit Grundschleppnetzen. Er gilt im Mittelmeergebiet als einer der besten Knurrhähne.

Merkmale: Der Rote Knurrhahn ist leicht zu erkennen an seiner grauroten Färbung und den intensiv rosaviolett oder bläulich gefärbten Brustflossen, die einen strahlend blauen Saum aufweisen. Er kann bis 75 cm lang werden, meist bleibt es bei 35 cm.

Verwendung: Delikat, aber im Binnenland kaum zu haben, ist geräucherter Knurrhahn. Er ist zwar wegen des geringen Fettgehalts etwas trocken, aber sehr würzig. Dieses Produkt wird ohne Kopf verkauft. Knurrhahn hat ein festes weißes Fleisch. Der ganze Fisch wird gegrillt, gedünstet oder in einer Fischsuppe als Einlage verwendet. Bisweilen werden Knurrhähne auch filetiert und dann gebraten. Der feine Geschmack des Fleisches leidet aber hierbei durch die hohe Gartemperatur. Knurrhahnfilets schmecken besser, wenn sie erst abgekühlt und dann, beispielsweise in einer Tomatensauce, langsam wieder erwärmt werden.

GRAUER KNURRHAHN (3) *(Eutrigla gurnardus)*

engl. grey gurnard; franz. grondin gris; ital. capone gorno; span. borracho; port. cabra morena; dän. grå knurhane; kroat. krkaja; niederl. grauwe poon; norw. knurr; schwed. knorrhane; türk. benekli kırlangıç.

Der Graue Knurrhahn kommt von Mittelnorwegen und Island bis nach Marokko vor, einschließlich des gesamten Mittelmeeres und des Schwarzen Meeres. Er ist überall sehr häufig und von den Anlandungsmengen her in Europa der wichtigste Knurrhahn. Geschmacklich reicht er aber in keiner Weise an die roten Knurrhahn-Arten heran.

Merkmale: Die graue Farbe der Rückenseite kennzeichnet diese häufige Art. Meist sind über den Rücken auffällige helle Punkte verstreut. Die erste Rückenflosse zeichnet sich durch einen gerundeten dunklen Fleck aus. Die maximale Körperlänge beträgt 50 cm, meist bleibt es aber bei 30 cm.

Verwendung: Am besten schmeckt er gebraten. Dafür sollte er zuvor gehäutet werden.

Zur selben Familie gehört auch der **Australische Knurrhahn** (*Pterygotrigla polyommata*), austr. latchett, der in den Gewässern um Südaustralien vorkommt. Er wird bis zu 1,5 kg schwer. Sein Fleisch ist fest und rosa und besitzt einen mittleren Fettgehalt.

(2) Der **ROTE KNURRHAHN** *(Trigla lucerna)* ist seines festen weißen und wohlschmeckenden Fleisches wegen ein für alle Zubereitungsarten geschätzter Speisefisch.

(3) Der **GRAUE KNURRHAHN** *(Eutrigla gurnardus)* reicht in puncto Geschmack nicht ganz an seinen roten Verwandten heran, sein Fleisch ist aber angenehm fest und für viele Zubereitungsarten geeignet.

WARENKUNDE   KÜCHENPRAXIS   REZEPTE
→ Meeresfische
  Panzerwangen

PFEIFEN-KNURRHAHN *(Trigla lyra)*

engl. piper gurnard; franz. grondin lyre; ital. cappone lira; span. garneo; port. cabra lira; griech. kokkino kaponi; kroat. kapun, balavica; niederl. stekelpoon; norw. lyreknurr; schwed. lyrknot; türk. çatalburun kırlangıç.

Das Verbreitungsgebiet des Pfeifen-Knurrhahns erstreckt sich von der südwestlichen Nordsee bis nach Südwestafrika unter Einschluss des gesamten Mittelmeeres, aber nicht des Schwarzen Meeres. Der Pfeifen-Knurrhahn wird mit Grundschleppnetzen gefischt. Im Mittelmeergebiet gilt er als minderwertig, da sein Fleisch weniger schmackhaft ist als das anderer Knurrhahn-Arten.

Merkmale: Durch die rote Färbung wird diese Art manchmal mit dem Roten Knurrhahn verwechselt. Sie hat aber ein sehr deutlich gegabeltes Kopfvorderende, und der hintere Kiemendeckelstachel erreicht etwa die Mitte der Brustflosse. Das blaue Band an der Peripherie der Brustflossen fehlt. Der Pfeifen-Knurrhahn wird maximal 60 cm lang, meist bleibt es aber bei 30 cm.

Verwendung: Er ist nicht ganz so schmackhaft, wie seine Artverwandten und sollte am besten in gewürztem Sud geschmort werden. Man kann ihn auch braten, er wird dabei aber leicht trocken.

Grünes Fleisch ist zwar gewöhnungsbedürftig, bei den Vertretern der Grünling-Familie aber ganz normal und das charakteristische Erkennungsmerkmal. Das Fleisch schmeckt sehr gut und verliert die Färbung durch das Garen.

Grünlinge *(Hexagrammidae)*

Die Familie der Grünlinge unterscheidet sich von den verwandten Drachenköpfen durch einen lang gestreckten Körper mit kleinem Kopf und weichen, biegsamen Stachelstrahlen. Die hervorragenden Schwimmer haben starke Zähne. Sie ernähren sich vorwiegend von Weichtieren und kommen im Pazifik vor, sowohl auf der asiatischen als auch auf der amerikanischen Seite.

TANGGRÜNLING (1) *(Hexagrammos decagrammus)*

engl. kelp greenling; poln. terpuga oregonska.

Der Tanggrünling ist im gesamten Pazifik beheimatet. Er lebt in Küstennähe über Sand- und Felsengrund bis in 40 m Tiefe.
Merkmale: Er unterscheidet sich von den Drachenköpfen durch einen lang gestreckten Körper mit kleinem Kopf und weichen, biegsamen Stachelstrahlen. Er wird etwa 50 cm lang und kann je nach Standort unterschiedliche Färbungen haben.
Verwendung: Er ist ein beliebter Speisefisch mit bester geschmacklicher Qualität. Sein Fleisch weist einen eigenartig grünen Schimmer auf, der beim Garen aber verschwindet. Der Tanggrünling eignet sich für alle Zubereitungsarten.

Zur selben Gattung gehört auch der **Rock Greenling** *(Hexagrammos lagocephalus)*, deutsch Felsengrünling.

(1) Der **TANGGRÜNLING** *(Hexagrammos decagrammus)* ist ein Pazifikfisch von bester geschmacklicher Qualität, wenngleich sein Fleisch auch einen grünlichen Schimmer aufweist, der beim Garen jedoch verschwindet. Der Fisch wird zwar kommerziell gefischt, die Fangmengen sind allerdings nicht sehr hoch.

(2) Der **PAZIFISCHE LENGDORSCH** *(Ophiodon elongatus)* gehört an der Pazifikküste der USA und Kanadas zu den begehrtesten Speisefischen und hat als solcher eine lange Tradition: Er wurde sogar schon von den Indianern mit Speeren gejagt. Der Lengdorsch hat das gute Fleisch der Grünling-Familie.

WARENKUNDE   KÜCHENPRAXIS   REZEPTE
→ *Meeresfische*
 Panzerwangen

PAZIFISCHER LENGDORSCH, TERPUG, LANGER GRÜNLING (2) *(Ophiodon elongatus)*

engl. lingcod, blue cod, buffalo cod, leopard cod; franz. rascasse verte, morue-lingue, terpuga buffalo; ital. ofiodonte; span. bacalao largo; port. lorcha; dän. lingtorsk; finn. vihersimppu; poln. ofiodon; schwed. grönfisk; japan. ainame.

Der Pazifische Lengdorsch ist im Pazifik von den Kodiak-Inseln bis Niederkalifornien anzutreffen.
Merkmale: Er kann eine Länge von maximal 1,50 m und ein Gewicht von bis zu 30 kg erreichen.
Verwendung: Sein hervorragendes Fleisch ist grünlich, wird aber beim Garen weiß. Wie beim Greenling wird auch beim ihm der Geschmack durch die Färbung nicht beeinflusst. Er wird wie der Tanggrünling verwendet.

Zu den Grünlingen gehört auch die **Atka Mackerel** *(Pleurogrammus monopterygius)*, die im Japanischen Meer bis zur Beringsee und bis Südkalifornien vorkommt. Sie findet in Japan für Sushi Verwendung.

Flachköpfe *(Platycephalidae)*

Die Familie der Flachköpfe mit stark abgeplattetem Körper kommt mit etwa 60 Arten in allen warmen Meeren vor. Sie werden insbesondere in Australien als Speisefische geschätzt (Handelsbezeichnung »Flathead«). Dabei spielt vor allem eine Art eine größere kulinarische Rolle.

DUNKLER FLACHKOPF, DUSKY FLATHEAD *(Platycephalus fuscus)*

engl. dusky flathead, black flathead; dän. mork fladhovedulk; estuary flathead, mud flathead (Australien).

Der Dunkle Flachkopf ist im Westpazifik nahe Australien heimisch und hier vor allem an der australischen Ostküste zwischen Cairns und Victoria verbreitet. Er lebt im Flachwasser bis in 30 m Tiefe.
Merkmale: Der Dusky Flathead hat einen auffällig stark abgeplatteten Körper und ist mit maximal 1,50 m Länge der größte Vertreter seiner Familie. Beim Verarbeiten des Fisches ist Vorsicht geboten: Die Dornen am Kopf können schmerzhafte Verletzungen verursachen. Flachköpfe müssen nach dem Fang sofort ausgenommen werden, da ihr Mageninhalt schnell in Verwesung übergeht.
Verwendung: Filetiert oder, bei großen Exemplaren, in Koteletts geschnitten, eignet sich der Dusky Flathead hervorragend als Bratfisch.

(3) Der **KOHLENFISCH** *(Anoplopoma fimbria)*, besser auch unter seinem englischen Namen Sablefish bekannt, kommt im Nordpazifik vor und wird als Speisefisch geschätzt. Die relativ schlanke Form unterscheidet ihn von anderen Panzerwangen. Sein zartes Fleisch eignet sich vor allem zum Pochieren und Dämpfen.

Schwarz- und Kohlenfische *(Anoplopomatidae)*

Die Mitglieder der Familie der Schwarz- oder Kohlenfische sind im Nordpazifik zu Hause und werden als Speisefische hoch geschätzt. Sie unterscheiden sich von den übrigen Panzerwangen durch die schlanke, elegante Form.

KOHLENFISCH (3) *(Anoplopoma fimbria)*

engl. sablefish, coal cod, coalfish; franz. morue charbonnière; ital. merluzzo dell'Alaska.

Verbreitet ist der Kohlenfisch um Japan und von der Beringsee bis Niederkalifornien. Er lebt in Tiefen von 300 bis 900 m, junge Fische im Flachwasser. Er wird in Kanada auch als Black Cod vermarktet und ist tiefgekühlt ein wichtiger Exportartikel.
Merkmale: Er ist dunkel, schwärzlich oder grünlich grau gefärbt und erreicht eine Größe von bis zu 1 m, kommt aber in der Regel mit 40 bis 60 cm Länge und 2 bis 8 kg Gewicht auf den Markt.
Verwendung: Er ist ideal zum Pochieren und Dämpfen. Das zarte Fleisch sollte allerdings nur ganz vorsichtig gewürzt werden.

Zur selben Familie gehört auch der **Skilfish** *(Erilepis zonifer)*, bei uns als **Gescheckter Kohlenfisch** bekannt. Auch er ist als geschätzter Speisefisch wirtschaftlich von Bedeutung.

WARENKUNDE   KÜCHENPRAXIS   REZEPTE
→ *Meeresfische*
  Panzerwangen

Groppen *(Cottidae)*

Die Familie der Groppen *(Cottidae)* gehört zu den Bodenfischen des Meeres, teils auch des Süßwassers. Gemeinsame Merkmale sind ein breiter, flacher Kopf, mit Stacheln besetzte Vorderkiemendeckel und ein schuppenloser Körper mit Knochenplatten, die Dornen tragen können.

SEESKORPION (1) *(Myoxocephalus scorpius)*

engl. bull-rout; franz. chabot; span. cabracho, charrasco; dän. almindelig ulk; niederl. zee-donderpad; norw. mareulk; russ. evropeysky kerchak; schwed. rötsimpa, ulk.

Der Seeskorpion kommt im Nordostatlantik von Nordost-Grönland bis zur Biskaya vor, im Osten auch im Weißen Meer, der Barentssee, der Kara-See und östlich von Grönland. Seine Nahrung sind Krebse, Fischlaich und Kleinfische.

Merkmale: Auf der glatten, schuppenlosen Haut trägt er zahlreiche Dornen entlang der Seitenlinie. Die kräftigen Kiemendeckelstacheln und Rückenflossenstacheln sind nicht giftig, können aber unangenehme Verletzungen herbeiführen. Die Färbung des Seeskorpions ist variabel, meist grünlich grau mit weißer Scheckung.

Verwendung: Von Kennern, insbesondere in Frankreich, wird sein schneeweißes, festes Fleisch sehr geschätzt. Es ist ideal für Fischsuppen.

SEEHASE, LUMPFISCH (2) *(Cyclopterus lumpus)*

engl. lumpfish, lumpsucker; franz. lompe; span. cicloptero, liebre de mar; dän. stenbider; niederl. snotdolf; norw. rognkjaeks; schwed. sjurygg.

Der Seehase kommt in Küstengebieten auf beiden Seiten des Nordatlantiks vor, von der Arktis bis zur Biskaya beziehungsweise bis Maryland. Er lebt als Bodenfisch, ernährt sich von Krebsen, Kleinfischen und Rippenquallen.

Merkmale: Der Körper ist plump und rundlich, hat kleine Knochenhöcker und 4 Dornenreihen. Die Rückenflossen sind mit dickem Hautgewebe (»Kamm«) bedeckt, die Bauchflossen sind zu einer Saugscheibe verwachsen. Die Färbung ist bräunlich bis bläulich grau, in der Laichzeit besonders farbenprächtig. Der Fisch kann 60 cm Länge erreichen, bleibt meist aber kleiner.

Verwendung: Seehase kommt in nördlichen Ländern frisch, geräuchert oder eingesalzen auf den Markt. Das wasserhaltige Fleisch des Seehasen schmeckt am besten geschmort. Seine geräucherten Filets sind eine Spezialität der deutschen Ostseeküste. Der Rogen wird zu falschem Kaviar verarbeitet und unter folgenden Handelsbezeichnungen angeboten: als »Perles du Nord« in Island, als »Limfjordskaviar« in Dänemark und als »Deutscher Kaviar« in Deutschland.

(1) Der **SEESKORPION** *(Myoxocephalus scorpius)* wird in Nordeuropa im Beifang der Küstenfischerei als Abfall betrachtet und ins Meer zurückgeworfen. Kenner schätzen sein weißes Fleisch.

(2) Der **SEEHASE** *(Cyclopterus lumpus)* ist nicht so sehr wegen seines Fleisches begehrt, sondern vor allem als Lieferant von Eiern: Die kleinen schwarzen Perlen dienen als Kaviar-Ersatz.

WARENKUNDE   KÜCHENPRAXIS   REZEPTE
→ *Meeresfische*
  Petersfische

Petersfische
Ein Fleck wie ein Fingerabdruck, ein heiliger Mann als Fischer und ein biblisches Gewässer – so kam dieser Fisch zu seinem Namen.

Petersfische *(Zeiformes)*

Merkmale der zu dieser Ordnung gehörenden Arten sind der diskusförmige, seitlich stark abgeplattete Körper, die Stachel- und Buckelreihen an der Basis der Rücken- und Afterflossen und das schräg nach oben gerichtete Maul. Einer der bekanntesten Vertreter ist der zur Familie der Petersfische (Zeidae) zählende Petersfisch.

PETERSFISCH, HERINGSKÖNIG (1) *(Zeus faber)*

engl. John Dory; franz. Saint-Pierre; ital. pesce San Pietro; span. pez de San Pedro; port. galo negro; dän. St. Petersfisk; griech. christopsaro; kroat. kovač; niederl. zonnevis; norw. St. Petersfisk; schwed. St. Persfisk; türk. dülger.

Der Petersfisch ist weit verbreitet und kommt sowohl im gesamten Ostatlantik von Norwegen bis Südafrika als auch im Pazifik (Japan, Korea, Australien, Neuseeland) vor. Er zieht als Einzelgänger oder auch zusammen mit wenigen Artgenossen mit den Schwärmen pelagischer Fische, von denen er sich ernährt. Da er zu bestimmten Jahreszeiten in wenigen Exemplaren, aber stets mit Heringen gefangen wurde, nannten ihn die Fischer auch »Heringskönig«. Sein Auftreten galt als gutes Omen.

Der Sage nach soll der dunkle Fleck auf den Flanken des Petersfisches ein Fingerdruck des Apostels Petrus sein, der den Fisch aus dem See Genezareth fischte und ihm als Tribut für Jesus ein Goldstück aus dem Mund zog.

Die meisten landessprachlichen Namen beziehen sich auf Petrus (Saint-Pierre, San Pietro). Das englische »John Dory« geht wohl auf Italienisch »janitore« (= Türhüter, Torwächter), einen Beinamen des heiligen Petrus, zurück.

Merkmale: Der auffällige Petersfisch ist gut zu erkennen: Er ist sehr hochrückig und hat eine breitelliptische Form. Der Kopf des Petersfischs ist sehr groß und weist eine große Mundspalte auf. Der vordere Teil der langen Rückenflosse ist mit auffallend langen Stacheln versehen, die Färbung düster grau.

(1) Der **PETERSFISCH** *(Zeus faber)* hat zartes weißes und delikates Fleisch. Es zählt zum Feinsten, was das Meer zu bieten hat. Da die Vorkommen nicht groß sind und die Ausbeute eher gering ausfällt, ist er entsprechend teuer.

Die Flanken tragen einen großen, gelb gerandeten dunklen Fleck. Er wird maximal 65 cm lang, bleibt aber meist zwischen 20 und 50 cm. Der Petersfisch wird sehr schnell nach dem Fang unansehnlich, da die Augen einfallen und die Haut etwas schrumplig aussieht. Qualitätsmerkmale sind klare Augen, eine gleichmäßige Färbung der Haut und eine scharfe Umrandung des dunklen Flecks.

Verwendung: Der Fisch gehört zum Feinsten, was die Fischküche zu bieten hat. Sein zartes weißes Fleisch ist von höchster geschmacklicher Qualität. Für Petersfisch sollte man eine Zubereitungsart wählen, die seinen feinen Eigengeschmack gut zur Geltung bringt wie Pochieren oder Dämpfen. Nicht zu stark würzen!

- Die Petersfische haben diskusförmige, seitlich abgeplattete Körper.
- Auffallend sind die Stachel- und Buckelreihen an der Basis der After- und Rückenflossen.

Teubner Edition **107**

WARENKUNDE   KÜCHENPRAXIS   REZEPTE
→ *Meeresfische*
  Plattfische

Die Vielfalt der Plattfische

Sie tragen einen einfachen Namen, den sie einzig ihrer Körperform verdanken. Ihre Qualität ist jedoch alles andere als einfach: Zu den Plattfischen gehören die besten Fischarten überhaupt.

- Das wesentliche Merkmal aller Plattfische ist die platte, seitlich verbreiterte Körperform.
- Es gibt links- und rechtsäugige Arten.
- Die Augenseite ist gefärbt, die augenlose »Blindseite« bleibt meist weißlich.

Plattfische *(Pleuronectiformes)*

Das wesentliche Merkmal dieser Fische der Ordnung Pleuronectiformes ist ihre platte, seitlich verbreiterte Körperform. Die Larven der Plattfische sind noch, wie beim Rundfisch, »normal«, das heißt zweiseitig symmetrisch gebaut, und schwimmen frei im Wasser herum. Bei einigen Zentimetern Größe gehen die Larven zum Bodenleben über und ein Auge und einige Teile des Kopfskeletts fangen an, auf die (später) obere Seite zu wandern, die dann als Augenseite bezeichnet wird. Diese Seite ist auch gefärbt. Die augenlose Unterseite (Blindseite), bei den meisten Arten die linke Seite, dagegen bleibt meist farblos oder weißlich-hell.

Die Rücken- und Afterflosse der Meeresbodenbewohner bilden einen geschlossenen Flossensaum um die Körperscheibe. Es gibt links- und rechtsäugige Arten. Alle Plattfische leben am Grund und wühlen sich mit Teilen ihres Körpers in den Sand ein. Sie schwimmen durch eine Art wellenförmiger Bewegungen des Körpers oder kriechen mit Hilfe des Flossensaums auf dem Grund.

Plattfische haben seit alters her eine große wirtschaftliche Bedeutung, da sie in warmen und gemäßigt warmen Flachwassergebieten in großer Anzahl auftreten. Zudem gehören zu den Plattfischen die besten Fischarten überhaupt, wie etwa der Heilbutt, der Steinbutt, die Seezunge oder die Scholle.

Zahnbutte *(Psettodidae)*

Die ursprünglichsten Plattfische sind die Zahnbutte, große Plattfische mit einem sehr kräftigen Fanggebiss. Rücken und Afterflosse der Vertreter dieser Familie weisen im Gegensatz zu anderen Plattfischen Stachelstrahlen auf.

Insgesamt sind drei Arten einer Gattung bekannt, die sowohl im östlichen Atlantik als auch im Indopazifik vorkommen und in ihren Verbreitungsgebieten gefischt werden.

(1) Der **INDISCHE STACHELBBUTT** *(Psettodes erumei)* hat ein auffälliges Fanggebiss. Im Gegensatz zu anderen Plattfischen schwimmt er oft auch in aufrechter Haltung. Er wird vor allem frisch vermarktet, kommt aber auch tiefgekühlt und geräuchert in den Handel.

(2) Die **LINKSÄUGIGE GROSSSCHUPPIGE SPITZZUNGE** *(Citharus linguatula)* ist von Portugal bis Angola und auch im Mittelmeer verbreitet. Sie lebt in Tiefen bis 300 m und ernährt sich von kleinen Fischen und Krebstieren. Sie wird nur relativ selten auf Fischmärkten angeboten.

108 Teubner Edition

WARENKUNDE   KÜCHENPRAXIS   REZEPTE
→ *Meeresfische*
 Plattfische

INDISCHER STACHELBUTT (1) *(Psettodes erumei)*

engl. Indian spiny turbot, Queensland halibut (Australien); franz. turbot épineux indien; span. lenguado espinudo indio.

Das Verbreitungsgebiet des Indischen Stachelbutts reicht vom Roten Meer und der ostafrikanischen Küste bis in den Westpazifik.

Merkmale: Er wird bis 60 cm lang, meist bleibt es aber bei einer Länge von etwa 40 cm. Die Färbung ist einheitlich braun oder weist eine dunkle Querbänderung auf.

Verwendung: Der Stachelbutt ist zum Pochieren und Garen im Ofen geeignet.

Spitzzungen *(Citharidae)*

Die Familie der Spitzzungen umfasst zwei Gattungen mit je einer Art. Diese unterscheiden sich von anderen Plattfischen durch eine viel größere hintere Nasenöffnung, große Schuppen und ein großes Maul mit kräftig vorgeschobenem Unterkiefer.

LINKSÄUGIGE GROSSSCHUPPIGE SPITZZUNGE (2) *(Citharus linguatula)*

engl. left-eyed spotted flounder, franz. cithare feuille, fausse limande; ital. cianchittone, linguattola, palaia, pataraccia; span. solleta, capella, peluda, palaya rosa; port. carta-debico; mousa (Ägypten).

Die Linksäugige Großschuppige Spitzzunge ist von Portugal bis Angola verbreitet und kommt auch im Mittelmeer vor.

Merkmale: Sie hat einen lang-ovalen Körper, große, dicht beieinander stehende Augen und wird bis 30 cm lang. Die Färbung ist durchscheinend hellbraun oder grauweiß mit Gelbtönen. Entlang der Basis des Flossensaums hat sie dunkle Flecken.

Verwendung: Spitzzungen haben zartes, weißes Fleisch und schmecken vor allem gebraten gut.

Eine weitere Art, die **Indopazifische Spitzzunge** (*Citharoides macrolepis*), engl. twospot largescale flounder, wird bis 25 cm lang und lebt an den Küsten Südafrikas, Koreas und Japans.

Steinbutte *(Scophthalmidae)*

Die Steinbutte sind linksäugig, die Augen befinden sich also auf der linken Körperseite. Sie haben ein großes Maul, wobei der Unter- den Oberkiefer überragt. Man kennt fünf nordostatlantische Gattungen.

STEINBUTT, TARBUTT (1, S. 110) *(Psetta maxima)*

engl. turbot; franz. turbot; ital. rombo chiodato; span. rodaballo; port. pregado; dän. pigvarre; griech. kalkani; kroat. oblić; niederl. tarbot; schwed. piggvar; türk. kalkan.

Sein Verbreitungsgebiet reicht von Island bis Marokko einschließlich des gesamten Mittelmeeres und des Schwarzen Meeres. Der Steinbutt lebt auf unterschiedlichem Grund bis in 70 m Wassertiefe. Der Fang erfolgt hauptsächlich mit Bodenschleppnetzen und Langleinen. Das Hauptfanggebiet liegt im Nordatlantik. Im Mittelmeer wird er überwiegend in türkischen Gewässern gefangen. Bei uns wird Steinbutt häufig angeboten.

Merkmale: Der Steinbutt ist wie alle Vertreter der Steinbuttfamilie linksäugig, das heißt, beide Augen liegen auf der linken Körperseite, wenn man den

Fischfang mit Ausblick: Für den Genuss der herrlichen Fjordlandschaft bleibt Grönlandfischern nur selten Zeit.

WARENKUNDE   KÜCHENPRAXIS   REZEPTE
→ *Meeresfische*
  Plattfische

Fisch mit der Bauchseite (Eingeweideseite) nach unten hält. Er ist unter allen Plattfischen außerdem durch seine Hautknochen unverkennbar. Im Schwarzen Meer und im Marmarameer lebt eine besondere Rasse *(Psetta maxima maeotica)* mit sehr großen Hautknochen auf beiden Körperseiten. Maximal wird der Steinbutt bis zu 1 m lang.
Verwendung: Der Steinbutt zählt zu den delikatesten Plattfischen, ist aber preislich klar überbewertet. Er eignet sich für alle Zubereitungsarten.

GLATTBUTT, KLEIST (2) *(Scophthalmus rhombus)*

engl. brill; franz. barbue; ital. rombo liscio; span. rémol; port. rodoralho; dän. sletvarre; griech. pisi; kroat. platak; niederl. griet; norw. slettvar; schwed. slätvar; türk. dişikalkan.

Das Verbreitungsgebiet des Glattbutts ist ein wenig eingeschränkter als das des Steinbutts, es erstreckt sich von Südnorwegen bis Nordmarokko einschließlich des gesamten Mittelmeeres und des Schwarzen Meeres. Hauptfanggebiet ist der Nordatlantik, die Fangmengen machen jedoch nur etwa ein Fünftel der Anlandungen von Steinbutt aus. Glattbutt kommt regelmäßig, aber seltener als Steinbutt zu uns auf den Markt.
Merkmale: Der Glattbutt sieht dem Steinbutt ähnlich, ihm fehlen jedoch die für den Steinbutt charakteristischen Hautknochen. Die maximale Körperlänge beträgt 75 cm.

Verwendung: Er ist nicht ganz so schmackhaft wie der Steinbutt, in dessen Schatten er steht. Er ist aber dennoch ein hochwertiger und geschätzter Speisefisch, der sich für alle Garmethoden eignet.

FLÜGELBUTT, GLASBUTT, BLINDLING, SCHEEFSCHNUT (3) *(Lepidorhombus whiffiagonis)*

engl. megrim, whiff, sail-fluke; franz. cardine, cardin franche, limande salope; ital. rombo giallo; span. gallo del nort; port. areeiroe; griech. zanketa glorra.

Der Flügelbutt, auch Scheefschnut genannt, kommt im Nordostatlantik bis zum Mittelmeer vor.
Merkmale: Er wird bis zu 60 cm lang. Auffallend sind der schiefe Kopf und das Maul mit einem Höcker am Unterkiefer. Die Oberseite des ovalen Körpers ist sandfarben mit Flecken, so dass er auf sandfarbenem Grund fast durchscheinend wirkt.
Verwendung: Alle Flügelbutte schmecken sanft in Butter gebraten am besten.

Eng verwandt ist der **Gefleckte Flügelbutt** (4) oder **Vierfleck-Butt** *(Lepidorhombus boscii)*, engl. four-spot megrim. Der **Norwegische Zwergbutt** *(Phrynorhombus norvegicus)* wird nur 12 cm lang und ist vom Ärmelkanal bis Island verbreitet. Der verwandte **Haarbutt** *(Zeugopterus punctatus)* hat Schuppen mit kleinen, borstenartigen Auswüchsen. Er wird bis 25 cm lang. Sein Verbreitungsgebiet erstreckt sich von der Biskaya bis Mittelnorwegen.

(1) Der **STEINBUTT** *(Psetta maxima)* ist einer der begehrtesten und wertvollsten Speisefische des Atlantiks. Im Mittelmeerraum wurde er bereits im Altertum von den Griechen und Römern als Delikatesse geschätzt.

(2) Der **GLATTBUTT** *(Scophthalmus rhombus)*, meist als »Barbue« auf der Speisekarte zu finden, steht im Schatten seines Verwandten, des Steinbutts. Er wird vor allem frisch, seltener auch tiefgekühlt angeboten.

(3) Der **FLÜGELBUTT** *(Lepidorhombus whiffiagonis)* ist ein Meister der perfekten Tarnung. Seine Färbung versteckt ihn perfekt auf sandigem Untergrund, was ihm die Beinamen »Glasbutt« und »Blindling« einbrachte.

WARENKUNDE   KÜCHENPRAXIS   REZEPTE
→ *Meeresfische*
Plattfische

Echte Butte *(Bothidae)*

Die weltweit verbreitete Familie der Butte umfasst 13 Gattungen mit vielen Arten, die linksäugig sind.

SOMMERFLUNDER (5) *(Paralichthys dentatus)*

engl. summer flounder, gulf flounder; franz. cardeau d'été; port. carta-de-verão; dän. sommerhvarre; niederl. zomervogel; poln. poskarp letnica; schwed. sommarvar.

Die Vertreterin der Butte an der Ostküste der USA lebt im Sommer in Küstengewässern, wo sie dann auch gefangen wird.

Merkmale: Sie ist an den hell gesäumten schwarzen Flecken auf der Augenseite des bis zu 70 cm langen Körpers zu erkennen.

Verwendung: Das feste weiße Fleisch mit feinem Aroma eignet sich gut zum Braten.

Eng verwandt ist die **Golfflunder** *(Paralichthys lethostigma)*, ein ebenso großer, exzellenter Speisefisch, der in den Küstengewässern von North Carolina bis Texas verbreitet ist.

LAMMZUNGE (6) *(Arnoglossus laterna)*

engl. scaldfish; franz. fausse limande; ital. suacia; span. serrandell; port. carta do Mediterrâneo; dän. tungevarre; griech. arnoglossa; kroat. patarača; niederl. schurftvis; norw. tungevar; schwed. tungehvarf.

Sie ist von Südnorwegen bis Mauretanien und im Mittelmeer verbreitet, im Flachwasser bis in etwa 200 m Tiefe. Die Hauptfanggebiete liegen im Mittelmeer und vor Westafrika.

Merkmale: Die Lammzunge ist linksäugig wie alle Butte. In der Form ähnelt sie der Seezunge; ihr Körper ist durchscheinend und erreicht maximal eine Länge von 20 cm.

Verwendung: Frisch kommt die Lammzunge nur an den südlichen Mittelmeerküsten und in Westafrika auf den Markt. Die mit der Seezunge vergleichbare Lammzunge hat zartes, delikates Fleisch und eignet sich gut zum sanften Braten in etwas Butter.

WEITÄUGIGER BUTT
(Bothus podas)

engl. wide-eyed flounder; franz. rombou podas, platophrys; ital. rombo di rena; span. podas; griech. pisi kalkani; kroat. poklopac glatkiš.

Der Weitäugige Butt kommt im Mittelmeer und entlang der westafrikanischen Küste bis Angola vor.

Merkmale: Er hat einen ovalen Körper, die Augen sind weit voneinander getrennt, mit je einem Stachel vor dem unteren Auge und auf der Schnauze (Männchen). Die Färbung ist meist graugrundig mit zwei dunklen Flecken vor der Schwanzflosse. Die Art erreicht bis 50 cm, meist bleibt es bei 20 cm.

Verwendung: Er ist ideal zum Braten in Butter.

Ohne Innereien

Plattfisch kommt bei uns fast nur fertig ausgenommen in den Handel. Der Grund: die Innereien können von artspezifischen Würmern befallen sein, die nach dem Erkalten der Muskulatur in das Fleisch wandern. Um das zu verhindern, werden die Innereien vorsorglich entfernt.

(4) Der **GEFLECKTE FLÜGELBUTT** *(Lepidorhombus boscii)* kommt vom Mittelmeer bis zu den Orkney-Inseln vor. Er ist vor allem auf den Märkten rund ums Mittelmeer anzutreffen und schmeckt am besten gebraten.

(5) Die **SOMMERFLUNDER** *(Paralichthys dentatus)* lebt im Westatlantik und bevorzugt im Sommer die Küstengewässer der US-amerikanischen Ostküste. Sie ist ein exzellenter und hoch geschätzter Speisefisch.

(6) Die **LAMMZUNGE** *(Arnoglossus laterna)* schmeckt delikat und könnte daher durchaus ein Seezungen-Ersatz sein. Sie wird allerdings nur an den südlichen Mittelmeerküsten und in Westafrika angeboten.

Teubner Edition **111**

Schollen (Pleuronectidae)

Die Familie der Schollen ist mit ihren zahlreichen Arten von der Antarktis bis zur Arktis verbreitet. Die Augen befinden sich bei ihnen im Unterschied zu den Butten meist auf der rechten Körperseite.

OSTSEEFLUNDER, FLUNDER, STRUFFBUTT (1) *(Platichthys flesus)*

engl. flounder, white fluke, mud flounder; franz. jangroga; ital. sogliola; span. platija; port. solha de pedras; dän. skrubbe; griech. chomatida; kroat. list; niederl. bot; norw. skrubbe; schwed. skrubbskädda; türk. pisi balığı.

Das Verbreitungsgebiet der Flunder erstreckt sich vom Weißen Meer bis nach Marokko, einschließlich des gesamten Mittelmeeres und des Schwarzen Meeres. Sie lebt im Flachwasser und dringt auch in Flussmündungen ein, bisweilen recht weit flussaufwärts, um einer starken Aufsalzung des Wassers zu weichen. Die Fischerei findet besonders in der Ostsee und in dänischen Gewässern statt, lässt sich aber in keiner Weise mit der Fischerei auf die Scholle vergleichen. Bei uns werden Flundern häufig zusammen mit Schollen angeboten, in Norddeutschland auch oft unter dem Namen »Butt«. Ihr Fleisch schmeckt ähnlich wie das der Scholle.

Merkmale: Die Ostseeflunder ist der Scholle sehr ähnlich, sie unterscheidet sich durch das Vorhandensein von Hautknochen und kräftigeren Schuppen im vorderen Teil der Seitenlinie. Alle anderen Unterscheidungsmerkmale sind eher unzureichend. Maximal wird sie 50 cm lang, meist bleibt es aber bei etwa 30 cm.

Verwendung: Das besonders magere, zarte Fleisch schmeckt am besten sanft in Butter gebraten.

(1) Die **OSTSEEFLUNDER** *(Platichthys flesus)* ist ähnlich populär wie die Scholle. Bei starker Aufsalzung des Wassers weicht sie bis tief in küstennahe Flüsse aus.

(2) Die **SCHOLLE** *(Pleuronectes platessa)* ist der populärste und in seinem Verbreitungsgebiet von Island bis ins westliche Mittelmeer kommerziell wichtigste Plattfisch Europas.

(3) Die **HUNDSZUNGE** *(Glyptocephalus cynoglossus)*, auch Zungenbutt genannt, hat relativ festes Fleisch von mittlerer Qualität und eignet sich zum Braten und Grillen.

(4) Die **HEILBUTTSCHOLLE** *(Hippoglossoides elassodon)*, engl. flathead sole, eine Verwandte der Doggerscharbe aus dem Nordpazifik, ist ein feiner Speisefisch, der tiefgekühlt zu uns kommt.

WARENKUNDE KÜCHENPRAXIS REZEPTE
→ *Meeresfische*
Plattfische

SCHOLLE (2) *(Pleuronectes platessa)*

engl. plaice; franz. plie; span. solla; port. solha; dän. roedspette; niederl. schol; norw. rodspette; schwed. rödspotta.

Sie lebt vom Flachwasser (meist Jungtiere) bis in etwa 100 m Tiefe. Der Fang erfolgt mit Schleppnetzen fast ausschließlich im Nordatlantik.
Mermale: Die Scholle ist unter ihren Verwandten leicht kenntlich durch den hochrückigen Körper, die glatte Haut und die roten Punkte auf der ansonsten bräunlichen Augenseite. Auf dem Kopf, am Vorderende der Seitenlinie, liegen mehrere Hautknochen. Maximal wird sie 1 m lang, meist bleibt es jedoch bei einer Größe von 35 bis 45 cm. Sehr begehrt sind die jungen Fische, die im Mai gefangen werden, so genannte »Maischollen«, da sie besonders zart sind.
Verwendung: Frische Scholle ist ideal zum Braten. Das zarte weiße Fleisch schmeckt sehr gut, vor allem im Mai, wenn die Schollen zum Laichen an die Küste kommen (siehe Text unten). Bei der Beurteilung der Frische unbedingt die Augenseite ansehen: Meist liegt der Fisch im Geschäft so, dass die weiße Blindseite zu sehen ist, die fast immer gut aussieht.

HUNDSZUNGE, ZUNGENBUTT (3)
(Glyptocephalus cynoglossus)

engl. witch; franz. plie cynoglosse; port. solhao; dän. skjaerising; niederl. witje; norw. smorflyndre; schwed. rödtunga.

Ihr Verbreitungsgebiet reicht von Nordnorwegen bis Nordspanien einschließlich der isländischen Gewässer und der Nordsee. Im Westatlantik kommt diese Art südlich bis Cape Cod vor.
Merkmale: Bei der Hundszunge sind die Kiefer und Zähne auf der Blindseite besser entwickelt als auf der Augenseite. Der Körper ist zungenförmig, die Seitenlinie gerade. Maximal wird sie 60 cm lang, meist bleibt es aber bei 40 cm.
Verwendung: Das feste Fleisch eignet sich gut zum Braten und Grillen.

DOGGERSCHARBE, RAUE SCHARBE
(Hippoglossoides platessoides)

engl. American plaice, long rough dab; franz. balai de l'Atlantique; span. platija americana; dän. almindelig håising; norw. lerflyndre; russ. kambala jozsh; schwed. leskädda.

Sie kommt beidseits des Nordatlantik vor.
Merkmale: Der ovale Körper ist auf der Augenseite grau oder rötlich braun gefärbt, zum Teil weist er auch viele verstreute Punkte und eine schwache Marmorierung auf. Die Schuppen haben einen rauen, gezähnelten Rand, daher ihr zweiter Name.
Verwendung: Sie eignet sich zum Braten.

Ebenfalls ein guter Speisefisch ist ihre Verwandte, die **Heilbuttscholle** (4) *(Hippoglossoides elassodon)*.

Maischolle – so jung, so gut

Sie gehört zum Frühling und ist superzart mit feinem Geschmack. Mit jungen Kartoffeln, in Riesling oder gar frischem Waldmeister zubereitet – jeder Koch kennt sein Rezept für den delikaten Fisch. Das berühmteste ist die Maischolle »Finkenwerder Art« mit gebratenen Speckstückchen.
Maischolle bezeichnet nicht etwa eine spezielle Gattung, sondern die im Mai gefangenen ersten jungen Schollen, die im Nordatlantik und der Nordsee schwimmen. Sie laichen in den Wintermonaten und sind bis zum Mai soweit herangewachsen, dass es sich lohnt, sie zu fangen – sehr sogar, denn dann sind sie besonders zart und passen von der Größe her gut auf den Teller. Übrigens darf sich nur eine echte Maischolle nennen, was schnell vom Wasser in die Pfanne kommt. Wirklich frische Maischollen haben leuchtend rote Kiemen, silbrig glänzende, saftig wirkende Filets und auf keinen Fall trübe Augen.

Claudia Bruckmann

WARENKUNDE   KÜCHENPRAXIS   REZEPTE
→ *Meeresfische*
  Plattfische

(1) Der **WEISSE HEILBUTT** *(Hippoglossus hippoglossus)* ist der größte Plattfisch und oft nur auf Bestellung zu bekommen.

(2) Der **SCHWARZE HEILBUTT** *(Reinhardtius hippoglossoides)* wird bis 1,20 m lang. Sein Fleisch ist frisch und auch geräuchert eine Delikatesse.

(3) Die **ROTZUNGE** *(Microstomus kitt)* wird bei uns vor allem im Spätsommer angeboten, wenn die Fische in Küstennähe kommen.

(4) Die **PAZIFISCHE ROTZUNGE** *(Microstomus pacificus)*, engl. slipper, slime sole, ist als Speisefisch begehrt und meist als Filet im Handel.

WEISSER HEILBUTT, HEILBUTT (1)
(Hippoglossus hippoglossus)

engl. halibut; franz. flétan; port. alabote de Atlântico; dän. haelleflynder; niederl. heilbot; norw. kveite; schwed. hälleflundra.

Der Heilbutt gehört nicht zu den Butten, sondern zu den Schollen, da er rechtsäugig ist. Sein Name ist auf den eher volkstümlichen Sprachgebrauch zurückzuführen, jeden großen Plattfisch einfach »Butt« zu nennen. Sein Verbreitungsgebiet reicht von Spitzbergen bis zur Biskaya und schließt auch den nördlichen Westatlantik ein. Gefischt wird er mit Langleinen, der Heilbutt wird aber auch von der Grundschleppnetzfischerei angelandet. Wirtschaftlich ist dieser Fisch wichtig, die Fangerträge sind aber gegenüber früher stark gesunken.

Merkmale: Er ist relativ schmal und lang gestreckt. Die Kiefer und Zähne sind auf der Augen- und Blindseite gleich gut entwickelt. Die Seitenlinie macht über der Brustflosse einen Bogen. Der Körper ist auf der Augenseite einheitlich braun bis schwarz gefärbt, auf der Blindseite weiß. Er wird bis zu 4 m.
Verwendung: Das fein-aromatische, eiweißreiche und fettarme Fleisch eignet sich für alle Zubereitungsarten, vorzüglich schmeckt es gedämpft oder gedünstet. Nicht zu stark würzen!

SCHWARZER HEILBUTT (2)
(Reinhardtius hippoglossoides)

engl. greenland halibut; franz. flétan noir; port. alabote de Gronelândia; niederl. zwarte heilbot; norw. blåkveite; schwed. liten hälleflundra.

Das Verbreitungsgebiet des Schwarzen Heilbutts reicht von Spitzbergen bis zur irischen Westküste und im Westatlantik bis Neufundland. Er kommt auch im Nordpazifik vor. Er lebt in 200 bis 2.000 m Tiefe und wird meist mit Langleinen gefangen. Für die Fischerei ist er viel bedeutender als sein größerer weißer Verwandter. Schwarzer Heilbutt wird auch bei uns regelmäßig angeboten.
Merkmale: Er unterscheidet sich vom Weißen durch die Lage des oberen Auges, das am Kopfoberrand liegt und durch die gerade Seitenlinie. Er ist einheitlich schwarz, auch die Blindseite ist dunkel.
Verwendung: Das Fleisch des Schwarzen Heilbutts ist fetter als das seines weißen Verwandten. Es eignet sich besonders gut zum Grillen und Braten.

ROTZUNGE, LIMANDE (3) *(Microstomus kitt)*

engl. lemon sole; franz. limande sole; port. solha limao; dän. mareflynder; niederl. tongschar; norw. lomre; schwed. bergskädda.

Das Verbreitungsgebiet der Rotzunge erstreckt sich vom Weißen Meer bis zur Biskaya einschließlich der isländischen Gewässer und der Nordsee. Dort lebt sie in 20 bis 200 m Tiefe.
Merkmale: Die Rotzunge zeichnet sich durch eine völlig glatte Haut aus. Die Seitenlinie ist fast gerade. Der Kopf und die Maulspalte sind auffallend klein. Die Grundfarbe ist bräunlich, mit einer variablen Zahl von helleren und dunkleren Flecken. Die Maximallänge beträgt 45 cm, meist bleibt es bei 30 cm.
Verwendung: Das zarte Fleisch ist mager und schmeckt sehr gut, wenn es bei sanfter Hitze in Butter gebraten oder sanft pochiert wird.

Die **Pazifische Rotzunge** (4) *(Microstomus pacificus)* stellt einen wichtigen fischereiwirtschaftlichen Faktor an der nordamerikanischen Pazifikküste dar. Ihr Körper ist schlank und hat eine schleimige Haut.

KLIESCHE (5) *(Limanda limanda)*

engl. dab; franz. limande; port. solha escura do mar de norte; dän. ising, slette; niederl. schar; norw. sandflyndre; schwed. sandskädda.

Das Verbreitungsgebiet der Kliesche reicht vom Weißen Meer bis zur Biskaya einschließlich der isländischen Gewässer. Sie kommt vom Flachwasser bis in 100 m Tiefe vor, wird im Nordatlantik in beachtlichen Mengen gefangen und als Frischfisch vermarktet. Bei uns wird die Kliesche vor allem im Küstengebiet angeboten.

Merkmale: Die Kliesche ist viel hochrückiger als die Hundszunge. Ihre Seitenlinie macht über der Brustflosse einen großen Bogen. Die Haut ist durch kleine Schuppen rau. Die Augenseite ist dunkel gefärbt und trägt meist zahlreiche rostrote Flecken. Die Art wird maximal 40 cm, meist aber nur 30 cm lang.

Verwendung: Ihr Fleisch ist mild und delikat und eignet sich am besten zum sanften Braten.

PAZIFISCHE KLIESCHE *(Limanda aspera)*

engl. yellowfin sole; japan. koganegarei

Das pazifische Gegenstück zur Kliesche ist die Pazifische Kliesche. Sie kommt vom Japanischen Meer über die Beringsee bis Kalifornien vor.

Merkmale: Als Besonderheit sind bei ihr Rücken- und Afterflosse gelblich gefärbt, mit feinen dunklen Linien. Sie wird meist mit einer Länge von etwa 90 cm gefangen, kann aber bis zu 2 m lang werden.

Verwendung: Ähnlich wie bei der Kliesche. In Japan wird sie aufgund ihres zarten, mageren Fleisches als Sashimi (roh in Scheiben geschnitten) geschätzt.

FELSENKLIESCHE (6) *(Lepidopsetta bilineata)*,

engl. rock sole; japan. shumushugarei

Die Felsenkliesche kommt vom Japanischen Meer über die Beringsee bis Kalifornien vor. Sie ist ein guter Speisefisch mit großer wirtschaftlicher Bedeutung in Japan.

Merkmale: Auch sie hat wie alle Klieschen eine über der Brustflosse nach oben gebogene Seitenlinie, die zusätzlich einen kleinen Seitenzweig hat.

Verwendung: Das aromatische weiße Fleisch eignet sich gut zum Braten.

Zur Familie der Pleuronectidae gehört auch die **Pazifische Glattscholle** (7) *(Parophrys vetulus)*, engl. english sole. Sie ist rechtsäugig; das obere Auge liegt aber so hoch, dass es auch von der Blindseite her sichtbar ist. Sie wird etwa 55 cm lang und kommt an der pazifischen US-Küste vor. Ihr Fleisch ist gut, hat aber gelegentlich einen leichten Jodgeschmack und kommt bei uns selten auf den Markt.

PAZIFISCHE SCHARBE (8) *(Eopsetta jordani)*

engl. petrale sole; franz. plie de Californie; span. rodaballo de California.

Die Pazifische Scharbe kommt von der Beringsee bis Niederkalifornien vor. Sie lebt über Sandgrund bis in 450 m Tiefe und gehört zu den häufigsten Plattfischen entlang der kalifornischen Küste.

Merkmale: Sie wird maximal 70 cm lang. Der rundovale Körper trägt raue Schuppen.

(5) Die **KLIESCHE** *(Limanda limanda)* gilt oft zu Unrecht als weniger fein als Scholle. In den Niederlanden und in England wird sie häufiger angeboten.

(6) Die **FELSENKLIESCHE** *(Lepidopsetta bilineata)* ist ein guter Pazifik-Plattfisch, der in den USA nur selten auf den Markt kommt.

(7) Die **GLATTSCHOLLE** *(Parophrys vetulus)* aus dem Pazifik wird zwar relativ häufig gefangen, ist aber wegen ihres leichten Jodaromas nicht sehr beliebt.

(8) Die **PAZIFISCHE SCHARBE** *(Eopsetta jordani)* ist der beliebteste Plattfisch der US-Pazifikküste und hat festes weißes, gutes Fleisch.

WARENKUNDE   KÜCHENPRAXIS   REZEPTE
→ *Meeresfische*
  Plattfische

Verwendung: Die Pazifische Scharbe hat festes weißes Fleisch mit hervorragendem Geschmack. Sie wird am besten gebraten.

Eng verwandt ist die **Neuseeländische Scharbe** (*Pelotretis flavilatus*), engl. lemon sole. Sie ist graubraun gefärbt mit dunkler Marmorierung, die Blindseite ist weiß. Sie kommt nur in den Gewässern um Neuseeland in Tiefen bis 100 m vor und wird 35 cm lang. Sie ist ein guter Speisefisch.

Um Neuseeland ist eine weitere Art beheimatet, die **Neuseeländische Rundzunge** (*Peltorhamphus novaezeelandiae*), engl. New Zealand sole. Ihre Vorkommen sind aber lediglich gering. Auffallend ist der abgerundete Kopf. Sie hat ein delikates Fleisch. Die oberen Filets sind etwas dunkler, werden beim Garen aber hell.

Ein perfekter Fang: Wer so einen prächtigen Heilbutt fangen möchte, braucht Know-how und etwas Glück.

Seezungen *(Soleidae)*

Die Familie der Seezungen sind Plattfische mit oval-länglichem, zungenähnlichem Körper und abgerundetem Kopf. Seezungen sind außerdem dicker und nicht so flach wie andere Plattfische. Sie sind meist rechtsäugig. Seezungen zählen zum Feinsten, was die Fischküche zu bieten hat. Vor der Zubereitung muss die fein-schuppige Haut abgezogen werden.

SEEZUNGE (1) *(Solea vulgaris)*

engl. sole, Dover sole; franz. sole; ital. sogliola; span. lenguado; port. linguado legítimo; dän. tunge; griech. glossa; kroat. list; niederl. tong; norw. tunge; schwed. tunga; türk. dil balığı.

Unsere Seezunge ist von Südnorwegen bis zum Senegal und im Mittelmeer verbreitet. Die Fischerei mit Grundschleppnetzen findet hauptsächlich im Nordatlantik und in der Nordsee statt. In Europa gibt es mehrere nahe verwandte Arten, die nur der Fachmann sicher unterscheiden kann und die auch kulinarisch gleichwertig sind.

Merkmale: Der Fisch wird bis zu 70 cm lang. Die Seezunge gilt weltweit als Synonym für feinen Fisch. Entsprechend teuer wird sie auch gehandelt.

Verwendung: Seezunge eignet sich vor allem zum Pochieren, Dämpfen, Dünsten, Braten und für die Zubereitung im Ofen. Die Temperatur darf dabei allerdings nicht zu hoch sein, sonst wird das zarte Fleisch hart. Die Filets schmecken gefüllt sehr gut.

SANDZUNGE *(Solea lascaris)*

engl. lascar; franz. sole-pole; ital. sogliola dal porro; span. lenguado de arena.

Die Sandzunge ist im warmen Atlantik vom Ärmelkanal bis nach Südafrika, im westlichen Mittelmeer und in der Adria beheimatet. Sie ist von mittlerer Qualität und wird meist tiefgekühlt angeboten.

Merkmale: Sie wird bis 40 cm groß und hat eine braungelbe bis rotbraune Färbung.

Verwendung: Die Sandzunge ist nicht ganz so fein, wird aber ähnlich verwendet wie Seezunge.

ZWERG-SEEZUNGE *(Buglossidium luteum)*

engl. solenette, franz. petite sole jaune; ital. sogliola gialla; span. tambor

Die Zwerg-Seezunge ist im Ostatlantik beheimatet, von Angola bis Island und dem Skagerrak bis zur iberischen Küste; auch im gesamten Mittelmeer und im Marmarameer kommt sie vor.

Merkmale: Diese kleinste Seezungenart wird nur 15 cm lang. Sie wird auf italienischen, zypriotischen und französischen Märkten häufiger angeboten. Besonders in Frankreich erfreut sich die Zwerg-Seezunge lokal größter Beliebtheit.
Verwendung: Sie eignet sich mit ihrem hervorragenden Fleisch zum sanften Braten in Butter, schmeckt auch aus dem Ofen (geringe Temperatur!) und eignet sich zudem gut zum Frittieren.

BASTARDZUNGE (2) *(Microchirus variegatus)*

engl. wedge sole, thickback sole, bastard sole; franz. sole panachée, sole-perdrix commune; ital. sogliola fasciata, sogliola variegata; span. acedía, golleta.

Die Bastardzunge kommt vom Senegal bis zu den Britischen Inseln und im Mittelmeer vor.
Merkmale: Sie wird bis 35 cm lang und ist nahe mit der Langen Zunge verwandt.
Verwendung: Ihr Fleisch schmeckt sehr gut und wird auch tiefgekühlt angeboten. Die Bastardzunge schmeckt am besten in Butter gebraten.

LANGE-ZUNGE, CUNEATA-ZUNGE CUNEATA-SEEZUNGE *(Dicologoglossa cuneata)*

engl. wedge sole, thickback sole, Senegal sole; franz. céteau, langue d'avocat; ital. soglia cuneata; span. acedia, lenguadillo.

Die Lange Zunge kommt im Ostatlantik von der Biskaya bis nach Südafrika vor, häufig auch im westlichen Mittelmeer und lebt in Tiefen bis 100 m.
Merkmale: Sie ist gestreckter als die Seezunge, daher ihr Name, und dunkel-sandfarben gefärbt.
Verwendung: Sie gilt vor allem in Spanien, wo sie sehr häufig auf dem Markt zu finden ist, kulinarisch als besonders wertvoll und wird mancherorts sogar der Seezunge vorgezogen, was aber unberechtigt ist. Sie eignet sich zum Braten und Garen im Ofen.

Rar und teuer

Seezunge – weltweit ein Synonym für edlen Fisch. Sie wird aber nur in geringen Mengen gefangen und darf zudem bei uns erst mit einer Mindestgröße von 24 cm angelandet werden. Das macht sie so wertvoll.

AUGEN-SEEZUNGE *(Microchirus ocellatus)*

engl. four-eyed sole; franz. sole ocelée, sole-perdrix; ital. soglia occhiuta; span. tambor real.

Die Augen-Seezunge kommt an der westafrikanischen Küste bis zur Biskaya und im Mittelmeer vor.

(1) Die SEEZUNGE *(Solea vulgaris)*, als Dover Sole und als Synonym für feinsten Fisch bekannt, wird nicht nur als Frischfisch in Europa angeboten, sondern auch nach Amerika und Asien frisch oder tiefgekühlt exportiert.

(2) Die BASTARDZUNGE *(Microchirus variegatus)* wird im Mittelmeer gefischt und auf italienischen Märkten frisch oder tiefgekühlt angeboten. Ihr Fleisch wird wegen seines feinen Geschmacks sehr geschätzt.

Merkmale: Die Augen-Seezunge wird 20 cm lang.
Verwendung: Ihr Fleisch ist delikat und eignet sich sehr gut zum sanften Braten in Butter.

HAAR-SEEZUNGE, PELZ-SEEZUNGE, PELZ-ZUNGE *(Monochirus hispidus)*

engl. whiskered sole; franz. sole velue; ital. sogliola pelosa; span. soldado.

Die Haar-Seezunge kommt im Ostatlantik von Ghana bis Portugal und im Mittelmeer vor.
Merkmale: Der ovale Körper ist mit haarigen Schuppen besetzt. Der Blindseite fehlt die Brustflosse. Die Haar-Seezunge wird bis 20 cm lang.
Verwendung: Ihr Fleisch ist delikat und eignet sich sehr gut zum sanften Braten in Butter.

WARENKUNDE   KÜCHENPRAXIS   REZEPTE
→ *Meeresfische*
   Schleimkopfartige Fische

Schleimkopfartige Fische

Bloß nicht vom Namen abschrecken lassen, denn Schleimköpfe und Sägebäuche haben kulinarisch einiges zu bieten: perlweißes Fleisch und feines Aroma.

- Die Schleimkopfartigen haben zahlreiche Schleimkanäle unter der Kopfhaut und über den ganzen Körper verteilte Stacheln.
- Sie kommen überwiegend in großen Tiefen vor.

Schleimkopfartige Fische

(Beryciformes)

Zwei Familien haben kulinarische Bedeutung: Die Sägebäuche (*Trachichthyidae*) haben eine barschähnliche Form, sind hochrückig und seitlich nur mäßig abgeflacht. Die Mitglieder der Familie der Schleimköpfe (*Berycidae*) sind vorwiegend Tiefseebewohner. Der **Zehnfinger-Schleimkopf** (*Beryx decadactylus*), kommt in der Nordsee vor.

SÄGEBAUCH, GRANATBARSCH, KAISERBARSCH (1) *(Hoplostethus atlanticus)*

engl. orange roughy, deep sea perch; franz. hoplostète orange, poisson montre; ital. pesce specchio atlantico; span. reloj anaranjado.

Der Sägebauch ist in allen Ozeanen verbreitet, lebt in Tiefen bis zu 1.100 m und gehört zu den wichtigsten Exportfischen Neuseelands, Südaustraliens und Tasmaniens. Das Filet wird vor allem in Queensland unter dem irreführenden Namen »Reef fillet« gehandelt und auch exportiert.
Merkmale: Er besitzt 6 Stacheln vor dem weichen Teil der Rückenflosse. Er ist orange bis rötlich, wird 30 bis 40 cm lang und etwa 1,5 kg schwer.

Verwendung: Sein perlweißes Fleisch ist sehr delikat und eignet sich zum Braten oder Schmoren.

ALFONCINO (2) *(Beryx splendens)*

engl. alfonsino; franz. béryx rouge; ital. berice rosso; span. palometa roja; japan. kinmedai.

Der Alfoncino ist fast weltweit verbreitet und lebt in Wassertiefen bis 750 m.
Merkmale: Seine Schuppen sind stachelig. Rücken, Kopf und Flossen sind kräftig rot, Flanken und Bauch leuchtend weiß. Der Alfoncino wird bis zu 60 cm lang und etwa 1,4 kg schwer.
Verwendung: Er kann gebraten oder im Ofen zubereitet werden. Auf den Kanaren liebt man den Alfoncino auch über Holzkohle gegrillt.

Eine weitere Art (*Centroberyx affinis*) wird in Australien unter dem Namen **Nannygal** oder **Redfish** gehandelt. Der exotisch klingende Name soll auf die Bezeichnung »nan a di« zurückgehen, was in der Sprache der australischen Ureinwohner so viel wie Mutter heißt. Die Handelsbezeichnung ist »Redfish fillet«, was etwas unglücklich ist, da Rotbarschfilet von Island unter demselben Namen exportiert wird. Das Fleisch schmeckt süßlich.

(1) Der **SÄGEBAUCH** (*Hoplostethus atlanticus*) eignet sich zum Braten oder Schmoren. Beim Enthäuten sollte darauf geachtet werden, dass auch die darunter liegende dicke Fettschicht mit entfernt wird.

(2) Der **ALFONCINO** (*Beryx splendens*) besticht durch seine rote Farbe am Kopf, den Flossen und dem Rücken. Nach seinem Tod wird der ganze Körper tiefrot.

WARENKUNDE   KÜCHENPRAXIS   REZEPTE
→ *Meeresfische*
   Störartige Fische

Störartige Fische
Sie sind älter als der Mensch und tragen das Geheimnis neuen Lebens in sich: Die Störartigen Fische liefern den besten Kaviar, der weltweit als Delikatesse beliebt ist.

- Die Störartigen Fische gibt es seit mehr als 70 Millionen Jahren.
- Die Kopfspitze ist verlängert, das Maul dadurch unterständig.
- Der Körper trägt 5 Reihen Knochenplatten.

(1) Der **WAXDIX** *(Acipenser gueldenstaedti)*, besser auch unter seinem Zweitnamen Osietra bekannt, ist auf das Schwarze Meer beschränkt und stellt dort den Hauptanteil der Störfänge. Er ist die heute am häufigsten angebotene Störart und leicht zu erkennen an der gerundeten und stumpfen Schnauze. Neben dem Frischfisch kommt auch geräucherte Ware auf den Markt.

Störartige Fische *(Acipenseriformes)*

Die Kopfspitze der Störartigen Fische ist verlängert, das Maul dadurch unterständig. Der Körper ist mit fünf Längsreihen von Knochenplatten versehen, die eine deutliche Schmelzbildung besitzen und ihnen den Beinamen »Schmelzschupper« verleihen. Die Schwanzflosse ist asymmetrisch (heterozerk), ihr oberer Teil ist länger als der untere. Eine Reihe weiterer anatomischer Merkmale zeigt, dass die Störartigen Fische sehr alt sind; sie haben vor mehr als 70 Millionen Jahren ihre Blütezeit erlebt. Heute sind 19 Arten bekannt. Wirtschaftlich bedeutend sind sie vor allem als Lieferanten des echten Kaviars.

STÖR *(Acipenser sturio)*

engl. sturgeon; franz. esturgeon; ital. storione; span. esturión; port. esturjão, solho; dän. stør; griech. muruna, sturioni; kroat. jesetra; niederl. steur; norw. stør; schwed. stör; türk. mersin, kolan.

Der Stör ist vom Polarkreis bis Marokko und im ganzen Mittelmeer verbreitet. Im letzten Jahrhundert wanderte er in großer Zahl fast alle größeren europäischen Flüsse hinauf, um dort abzulaichen. Flussverbauung und -verschmutzung haben ihn seltener gemacht, so dass er heute bei uns kaum noch vorkommt und daher nur sehr wenig gefischt wird.

Merkmale: Störe sind an den Reihen von Schmelzschuppen an den Flanken und entlang der Rückenlinie zu erkennen. Sie haben eine stark vorgezogene Nasenpartie. Vor dem Maul stehen zwei Paar Barteln als Tastorgane. Maximal erreicht der Stör eine Länge von 3,50 m und ein Gewicht von 280 kg, meist bleibt es aber bei 1 bis 2 m. Störfischerei dient hauptsächlich der Produktion von Kaviar, manchmal kommen auch die Fische selbst auf den Markt.

Verwendung: Sie haben zartes und mageres Fleisch, das sich gut braten und schmoren lässt: kleinere Störe am besten enthäutet und in mundgerechte Stücke zerlegt; größere in Koteletts mit Haut geschnitten. Beim Häuten vorsichtig sein, die Schmelzschuppen sind scharfkantig.

Luxus pur

Störe landen bei uns eher selten auf dem Tisch: Sie dienen vor allem als Kaviar-Lieferanten und erst in zweiter Linie als direkte Nahrungsquelle.

Ein Fischer und seine Beute: Dieser 20-Pfund schwere Stör ging einem Einheimischen auf dem Anu (China) ins Netz.

Kreuzungsprodukte der Störartigen (1), etwa mit dem **Sterlet** (*Acipenser ruthenus*) sind reinen Arten qualitativ ebenbürtig und ebenso widerstandsfähig.

WAXDIX, WAXDICK, OSIETRA-STÖR (1, S. 119) (*Acipenser gueldenstaedti*)

engl. osetr-sturgeon, Russian sturgeon, Danube sturgeon; *franz.* esturgeon russe, osetr, *ital.* storione danubiano; *span.* esturión del Danubio.

Das Verbreitungsgebiet des Waxdix ist auf das Kaspische Meer und das Schwarze Meer beschränkt, wo er den Hauptanteil der Störfänge ausmacht.

(1) Ein **KREUZUNGSPRODUKT** der Störartigen mit dem Sterlet (es ist keine eigene Art) wird auch bei uns häufig gehandelt. Bei diesem Exemplar überwiegen die Merkmale des Sterlet, wie etwa die spitze Schnauze.

Merkmale: Er ist dem Stör ähnlich, wenngleich er auch mit einer Länge von 2,40 m und einem Gewicht bis 115 kg etwas kleiner bleibt. Besonders auffallend ist die gerundete und stumpfe Schnauze.
Verwendung: Er wird ähnlich wie der Stör verwendet und eignet sich zum Braten und Schmoren.

HAUSEN, BELUGA (*Huso huso*)

engl. beluga; *franz.* beluga; *ital.* storione ladano; *port.* esturjão beluga; *bulg.* moruna; *kroat.* moruna; *niederl.* europese huso; *norw.* hus; *rumän.* morun; *russ.* beluga; *schwed.* husblossstör; *türk.* mersin morinası; *ung.* viza.

Der Hausen hat sein Hauptverbreitungsgebiet im Schwarzen und Kaspischen Meer, gelegentlich kommt er auch in der Adria vor. Zum Laichen steigt er in Süßwasserflüsse auf, früher kam er in der Donau bis Passau vor. Die Laichwanderungen im Frühjahr (März bis Mai) oder im Herbst sind auch die Hauptfangzeiten.
Merkmale: Der Hausen hat einen spitz ausgezogenen Vorderkopf und eine breite halbmondförmige Maulöffnung. Sein Rücken ist grau bis grün gefärbt, der Bauch heller. Er wird bis zu 9 m lang und 1.500 kg schwer. Wegen starker Überfischung sind in europäischen Gewässern heute Exemplare über 2,50 m und 360 kg selten.
Verwendung: Der Hausen wird als Lieferant des hochwertigen Beluga-Kaviars geschätzt, sein Fleisch ist nicht sehr schmackhaft.

Zur Ordnung der ebenfalls recht urtümlichen Tarpunähnlichen Fische (*Elopiformes*) zählen drei Familien: Frauenfische (*Elopidae*), Tarpune (*Megalopidae*) und Grätenfische (*Albulidae*).
Der **Grätenfisch** (*Albula vulpes*), *engl.* bonefish; *franz.* banatie de mer; *span.* alburno, ist in allen tropischen und gemäßigt warmen Meeren mit Ausnahme des Mittelmeeres verbreitet. Dort ist der Grätenfisch häufig nur unter seiner regionalen Bezeichnung bekannt; beispielsweise als »Macabi« in Mittelamerika, als »Kondo« in Ostafrika oder als »Oío« auf Hawaii. Der schnelle Schwimmer wird bis zu 90 cm lang und höchstens 10 kg schwer. Die übliche Fanggröße dieses geschätzten Speisefisches beträgt allerdings nur 2 bis 3 kg. Er hat zwar viele Gräten, aber auch ein feines weißes Fleisch.

WARENKUNDE   KÜCHENPRAXIS   REZEPTE
→ *Meeresfische*
Haie und Rochen

Haie und Rochen
Sie haben etwas, das sich der Mensch gemeinhin wünscht: Knorpelfische sind sehr beweglich und besitzen Zahnreihen, die ein Leben lang nachwachsen.

Haie und Rochen *(Elasmobranchii)*

Haie und Rochen gehören zur Gruppe der Knorpelfische: Ihr Skelett ist rein knorpelig angelegt, so dass verknöcherte Gräten oder Rippen fehlen. So unterschiedlich sie auf den ersten Blick erscheinen, Haie und Rochen sind doch näher miteinander verwandt. Beide besitzen von außen erkennbare Kiemenspalten, durch die das Atemwasser ausströmt. Ihre Zähne stehen in mehreren Reihen hintereinander und wachsen zeitlebens nach: Die äußerste Zahnreihe wird regelmäßig ersetzt. So ist die funktionale Zahnreihe stets in bestem Zustand und weist keine Abnutzungen auf. Rochen sind im Unterschied zu den torpedoförmigen Haien abgeplattet, es gibt aber auch Übergangsformen zwischen beiden Extremen. Der Engelhai etwa ist ein abgeplatteter Hai, während Geigenrochen durch seitliche Verwindungen des Körpers schwimmen und viel weniger platt erscheinen als Rochen.

Haie *(Selachii)*

Sie bevölkern mit etwa 350 beschriebenen Arten die Weltmeere, einige tropische Arten dringen tief ins Süßwasser vor. Haie haben einen schlechten Ruf als Menschenfresser, der bei den meisten Menschen zu panischer Angst führt. Tatsächlich sind höchstens ein Dutzend große Arten gefährlich. Unter den übrigen Haien gibt es eine Reihe wichtiger Nutzfische, die seit langem gefischt werden. Der Handel hat lange Zeit den Gebrauch des Namens »Hai« vermieden, um Kunden nicht abzuschrecken. Als »Schillerlocken« oder »Seeaal« werden zum Beispiel Teile des Dornhais gehandelt, »Kalbfisch« oder »Seestör« ist Heringshai. Bei den dunklen Flecken im Haisteak handelt es sich übrigens um Blutnetze, so genannte »Wundernetze«, die durch die seitlichen Muskelstränge verlaufen. Beim Abbau des darin befindlichen Blutes entsteht Histamin, das zu Allergien führen kann. Vor dem Verzehr werden daher diese Strukturen entfernt. Sie finden sich übrigens auch bei Tunfischen und Walen; bei Letzteren dienen sie der Wärmeregulation und Sauerstoffversorgung.

Haie werden nicht nur ihres Fleisches wegen gefischt. Die Leber wird zur Erzeugung von Lebertran verwendet, ihre Haut zu widerstandsfähigem Leder verarbeitet, beispielsweise für Bucheinbände. Manche Haiarten werden sogar überwiegend der Leber und der Haut wegen gefischt, so zum Beispiel der **Grönlandhai** *(Somniosus microcephalus)*.

- Haie und Rochen besitzen keine knöchernen Skelettstrukturen.
- Sie besitzen von außen erkennbare Kiemenspalten, durch die das Atemwasser ausströmt.
- Sie haben mehrere Zahnreihen, die zeitlebens nachwachsen.

(1) Der **GROSS GEFLECKTE KATZENHAI** *(Scyliorhinus stellaris)* ist – gemeinsam mit seinem klein gefleckten Vetter – vor allem im Mittelmeerraum ein beliebter Speisefisch. Er liefert schmackhaftes, festes Fleisch. In England kommt er enthäutet ohne Kopf und Schwanz als »Rock salmon« oder »Rock eel« auf den Markt, in Frankreich als »Saumonette«.

Teubner Edition **121**

WARENKUNDE KÜCHENPRAXIS REZEPTE
→ *Meeresfische*
  Haie und Rochen

Haie und Haiprodukte kommen bei uns in aller Regel küchenfertig auf den Markt. In Südeuropa werden dagegen kleine Haie auch im Ganzen angeboten. Solche Tiere müssen dann ausgenommen und enthäutet werden. Das Abziehen der Haut erfordert Geschick, da sie sehr rau ist und leicht zu Schürfwunden führen kann. Auch der Rückenflossendorn der Dornhaie ist nicht ungefährlich.

HERINGSHAI (Lamna nasus)

engl. porbeagle; franz. taupe commune; ital. smeriglio, cagnizza; span. marrajo sardinero; port. tubarão sardo; dän. sildehaj; griech. skylopsaro, lamia; kroat. kucina; niederl. haringhaai, latour; norw. habrann; schwed. sillhaj; türk. dikburun karkarias.

Der Heringshai kommt im Nordatlantik und im Mittelmeer sowie in klimatisch gemäßigten Regionen der Südhalbkugel (Atlantik, Indik und Pazifik) vor. Er dringt auch weit in kalte Gebiete vor. Im Ostatlantik erreicht er die westliche Barentssee und ist auch in der Nordsee häufig. Oft folgt er Schwärmen von Makrelen, Heringen und Tintenfischen.
Merkmale: Charakteristisch sind die zwei scharfen, kielförmigen Kanten, die beiderseits des Schwanzstiels in der Längsrichtung des Körpers verlaufen. Er wird etwa 4 m lang und hat einen hochrückigen Körper. Der Rücken ist blau bis graublau, die Bauchseite weißlich gefärbt.

Bei der schnellen Jagd nach Robben kommt dem Hai seine Kraft und Wendigkeit zugute.

Verwendung: Heringshai ist bei uns der klassische Haisteaklieferant. Meist zerlegt man den Fisch quer in Koteletts; dann wird er zuvor nicht enthäutet. Manchmal werden diese unter anderem Namen verkauft. Die raue, ledrige Haut sowie das Fehlen von knöchernen Bauchgräten lassen erkennen, dass es sich um Heringshai handelt. Sein festes Fleisch ist sehr schmackhaft und wird überwiegend gebraten.

KLEIN GEFLECKTER KATZENHAI
(Scyliorhinus canicula)

engl. smallspotted catshark; franz. petite roussette; ital. gattucio; span. pintarroja; port. caneja, gata, pata-roxa; dän. småpletted rodhaj; griech. skylaki; kroat. macka mala; niederl. hondshaai; norw. småflekket rødhai; schwed. småflekket rödhaj; türk. kedi.

Der Klein Gefleckte Katzenhai kommt im nordöstlichen Atlantik sowie im gesamten Mittelmeer vor, von den Shetlandinseln bis zur senegalesischen Küste. Er lebt in Meeresbodennähe bis in etwas über 100 m Tiefe, im Mittelmeer bis 400 m Tiefe.
Merkmale: Seine Kennzeichen sind das feine Fleckenmuster und die bräunliche Farbe. Er wird maximal 1 m lang, meist bleibt er unter 80 cm.
Verwendung: Katzenhaie haben festes, schmackhaftes Fleisch. Sie werden nach dem Häuten in kleine Stücke geschnitten und gebraten oder als Einlage in Fischsuppen verwendet. Ihr Fleisch ist dem anderer kleiner Haie unterlegen.

GROSS GEFLECKTER KATZENHAI (1, S. 121)
(Scylliorhinus stellaris)

engl. nursehound; franz. grande roussette; ital. gattopardo; span. alitán; port. pata-roxa gata; dän. storplatted radhai; griech. gatos; kroat. macka mrkulja; niederl. kathaai; norw. storflekket rødhai; schwed. storflåckig rödhaj.

Der Groß Gefleckte Katzenhai weist ein ähnliches Verbreitungsgebiet auf wie sein klein gefleckter Verwandter, lediglich die Südgrenze liegt bereits in Marokko und erreicht nicht mehr den Senegal.
Merkmale: Auch äußerlich ähnelt er dem Klein Gefleckten Katzenhai. Zu unterscheiden ist der Groß Gefleckte Katzenhai an den größeren Flecken. Außerdem sind um ihre Mitte herum zahlreiche schwarze Tupfen angeordnet.
Verwendung: Sein Fleisch ist fest und schmackhaft. Die Verwendung ist ähnlich wie beim Klein Gefleckten Katzenhai.

WARENKUNDE KÜCHENPRAXIS REZEPTE
→ *Meeresfische*
Haie und Rochen

(1) Der **GLATTHAI** *(Mustelus mustelus)* gilt in einigen Ländern des Mittelmeerraumes als hervorragender Speisefisch, seine Verwandten sind in Ostasien sehr beliebt. Ihr delikates, zartes Fleisch ist ein Genuss.

GRAUHAI, SECHSKIEMER *(Hexanchus griseus)*

franz. requin griset; ital. notidano capopiatto, squalo capopiatto; span. cañabota gris; port. tubarão albafar; kroat. pas glavonja; niederl. grauwehaai; norw. kamtannhai.

Sein Verbreitungsgebiet umfasst alle gemäßigt warmen Meere. Er wird besonders in Italien gefischt und vermarktet, wo er sehr geschätzt ist.
Merkmale: Er ist leicht erkennbar an seinen sechs Kiemenspalten und der einzigen, weit hinten liegenden Rückenflosse. Alle übrigen kommerziell genutzten Haie besitzen fünf Kiemenspalten und zwei hintereinander liegende Rückenflossen. Der Grauhai wird etwa 5 m lang.
Verwendung: Sein zartes Fleisch eignet sich sowohl zum Braten (Steak) als auch zum Schmoren.

GLATTHAI (1) *(Mustelus mustelus)*

engl. smoothhound; franz. émissole lisse; ital. palombo liscio; span. musola; port. cação liso; griech. galeos; kroat. pas glusak; niederl. gladde haai; schwed. hundhaj; türk. köpek.

Sein Verbreitungsgebiet erstreckt sich von der Westküste Englands und Irlands bis nach Marokko und den Kanaren unter Einschluss des gesamten Mittelmeeres.
Merkmale: Der Glatthai hat pflasterartige Zähne, die Haut ist glatter als die anderer Haie, die beiden Rückenflossen sind gleich groß. Die Rückenseite ist einheitlich grau gefärbt, die Bauchseite hell. Er erreicht nur maximal 1,50 m Länge.
Verwendung: Glatthai wird gehäutet, in Scheiben geschnitten und gebraten oder in Teig ausgebacken.

Das Fleisch des Glatthais eignet sich aber auch zum Schmoren mit Weißwein, Knoblauch, Zwiebeln und frischen Tomaten.

HUNDSHAI, GRUNDHAI *(Galeorhinus galeus)*

engl. tope shark; franz. requin hâ; ital. canesca; span. cazón; port. perama de moça; dän. gråhai; griech. galeos; kroat. pas butor; niederl. ruwehaai; norw. gråhai; schwed. gråhaj; türk. camgöz.

Der Hundshai kommt in den gemäßigten Gewässern des südlichen Indischen, Pazifischen und Atlantischen Ozeans, im Nordostatlantik bis Marokko und im gesamten Mittelmeer vor. Er lebt in Tiefen von 20 bis 470 m, und auch in Küstennähe. In größeren Mengen wird er nur in der Adria und vor Sizilien gefangen.
Merkmale: Der Hundshai sieht dem Glatthai ähnlich, beim Hundshai ist jedoch die zweite Rückenflosse viel kleiner als die erste. Diesen Unterschied zu kennen ist wichtig, da der Hundshai kulinarisch bei weitem nicht an den Glatthai heranreicht und auf südlichen Märkten bisweilen unter Glatthaie gemischt wird. Hundshaie können bis zu 2 m lang werden, bleiben aber meist unter 1,50 m.
Verwendung: Kulinarisch ist der Hundshai minderwertig. Sein strenger Geruch verschwindet zwar beim Garen, geschmacklich ist er aber unbedeutend.

Hunds- oder Glatthai?

Sind die Tiere enthäutet, lassen sie sich nur schwer unterscheiden. Hier hilft die Geruchsprobe: Hundshaie haben einen strengen Geruch (nach Hund, daher der Name), während Glatthaie kaum Eigengeruch besitzen.

WARENKUNDE   KÜCHENPRAXIS   REZEPTE
→ Meeresfische
   Haie und Rochen

(1) Der **BLAUHAI** *(Prionace glauca)* ist eine nachtaktive, angriffslustige Haiart, die sich überwiegend von Schwarmfischen ernährt. Er schnappt sich aber gelegentlich auch Dornhaie und Tintenfische.

SCHWARZSPITZENHAI *(Carcharinus limbatus)*

engl. blacktip shark; franz. requin bordé; span. tiburón macuira.

Der Schwarzspitzenhai kommt kosmopolitisch in allen warmen und warm-gemäßigten Meeren vor. Im Mittelmeer wird er an der nordafrikanischen Küste etwas häufiger gefangen, ebenso an den spanischen, französischen und westitalienischen Küsten. Kommerziell bedeutend ist er jedoch hauptsächlich an der Atlantikküste der USA und besonders im Golf von Mexiko.

Merkmale: Der Schwarzspitzenhai ist leicht kenntlich an den mit Ausnahme der Afterflosse schwarz gefärbten Flossenspitzen. Von ähnlichen Arten unterscheidet er sich durch den zugespitzten Kopf. Seine Maximallänge beträgt etwa 2,50 m, meist bleibt es aber bei 1,70 m.

Verwendung: Das Fleisch des Schwarzspitzenhais ist von guter Qualität. Die zarten Filetstücke werden vorwiegend gebraten und mit etwas Zitronensaft beträufelt genossen.

BLAUHAI (1) *(Prionace glauca)*

engl. blue shark; franz. peau bleue; span. tiburón azul.

Der Blauhai ist weltweit in allen tropischen bis gemäßigt-warmen Meeren verbreitet. Als Sommergast kann man ihn auch in der Nordsee, im Skagerrak und in mittelnorwegischen Gewässern antreffen. Auch im Mittelmeer kommt er vor. Er ernährt sich von Schwarmfischen (vor allem von Makrelen und Heringen), daneben aber auch von Dorschfischen, Dornhaien und Tintenfischen. Als Speisefisch ist der Blauhai in Europa nur wenig geschätzt, in Japan bringt man ihn in großen Mengen auf den Markt.

Merkmale: Er hat einen spindelförmigem Körper mit spitzer, langer Schnauze. Die auffallendsten Merkmale sind der leuchtend blaue Rücken und die sehr langen, sichelförmigen Brustflossen. Die Haut ist fast glatt, mit kleinen Hautzähnen. Der Blauhai wird bis über 4 m lang.

Verwendung: Blauhaifilets eignen sich besonders gut zum Braten, entweder natur, leicht bemehlt oder auch im Teigmantel.

Hai, oder doch nicht?

Schillerlocken sind die geräucherten Bauchlappen vom Dornhai. Seeaal heißt das gehäutete Rumpfstück vom Dornhai (frisch oder auch geräuchert) im Handel. Speckfisch ist das heiß geräucherte Filet vom Grönlandhai (in Karrees geschnitten) und Kalbfisch oder Seestör ist ein irreführender Name für den Heringshai.

GEFLECKTER DORNHAI (2) *(Squalus acanthias)*

engl. piked dogfish; franz. aiguillat commun; ital. spinarolo, spinardo; span. mielga; port. galhudo malhado; dän. pighaj; griech. kentroni, kokalas; kroat. koscanjak; norw. pigghå; schwed. pigghaj; türk. mahmuzlu camgöz.

Der Gefleckte Dornhai ist in allen gemäßigten Ozeanteilen der Nord- und Südhalbkugel verbreitet; im Nordatlantik erreicht er Mittelgrönland. Er lebt meist in großen Schwärmen in 10 bis 200 m Wassertiefe. Er ernährt sich hauptsächlich von Fischen. Dornhaie werden im gesamten Verbreitungsgebiet gefangen und stellen die kommerziell wichtigste

(2) Der **GEFLECKTE DORNHAI** *(Squalus acanthias)* besitzt vor jeder Rückenflosse einen giftigen Stachel.

WARENKUNDE KÜCHENPRAXIS REZEPTE
→ *Meeresfische*
Haie und Rochen

Haiart dar, wobei Großbritannien und Norwegen an der Spitze stehen. Hauptfanggebiet ist der Nordatlantik. Mit den von Irland angelandeten Dornhaien haben diese Länder etwa 80 Prozent Anteil an der Weltfischerei auf diese Haiart.

Merkmale: Dornhaie besitzen vor jeder Rückenflosse einen giftigen Stachel (4), an deren Länge die einzelnen Arten zu unterscheiden sind. Dornhai ist auf der Rückenseite grau bis braungrau gefärbt, der Bauch ist heller. Der Rücken weist oft eine hellere Fleckung auf, die aber auch völlig fehlen kann. Der Dornhai wird selten länger als 1 m.

Verwendung: Dornhaie sind äußerst delikat und werden bei uns küchenfertig (ohne Haut und Kopf) angeboten. Auf südlichen Märkten kann man das ganze Tier sehen. Teile des Fisches werden unter anderen Namen gehandelt: die geräucherten Bauchlappen als »Schillerlocken«, das Rückenfilet als »Seeaal« – nicht zu verwechseln mit dem Meeraal, der ein echter aalförmiger Knochenfisch und damit viel seltener ist. Meeraal wird jedoch nicht abgezogen verkauft. Dornhai eignet sich zum Braten, Pochieren, Schmoren und auch zum Räuchern (»Geräucherter Seeaal«, »Königsaal«). In England ist er eine beliebte Zutat für »Fish and Chips«.

Der **Stachellose Dornhai** (3) *(Dalatias licha)* wird enthäutet oft unter andere Haie gemischt. Er ist im Vergleich zu Dorn- oder Glatthai minderwertig.

ENGELHAI, MEERENGEL (5) *(Squatina squatina)*
engl. angel shark; *franz.* ange de mer; *ital.* pesce angelo, squadro; *span.* angelote; *port.* anjo, viola; *dän.* havengel; *griech.* rina, violi; *kroat.* sklat; *niederl.* zeeengel; *norw.* havengel; *schwed.* havsängel; *türk.* keler.

Der Engelhai ist von der südlichen Nordsee bis nach Mauretanien sowie im gesamten Mittelmeer und Schwarzen Meer verbreitet. Im südlichen Teil seines Verbreitungsgebietes (vom Mittelmeer an) kommen noch zwei weitere nahe verwandte Arten vor *(Squatina aculeata und Squatina oculata)*, engl. sawback angel shark bzw. smoothback angel shark, die im Handel nicht unterschieden werden. Eine kommerzielle Fischerei für diese Arten existiert hauptsächlich im Mittelmeer. Die Anlandemengen sind allerdings gering und werden zudem lokal verbraucht, so dass Engelhaie kaum auf dem mitteleuropäischen Markt anzutreffen sind.

Merkmale: Der Engelhai gehört zu den abgeplatteten Haien, die leicht an Rochen erinnern. Die Kiemenspalten liegen nicht ganz auf der Unterseite, sondern noch etwas seitlich, der Mund liegt am vorderen Körperende. Die Brust- und Bauchflossen sind flügelartig ausgebildet und an die Körperseiten verlagert, was zum Namen »Meerengel« geführt hat. Er erreicht eine Körperlänge von etwa 2,50 m und ein Gewicht von etwa 80 kg.

Verwendung: Auf südeuropäischen Märkten (besonders in Süditalien und der Türkei) werden Koteletts des enthäuteten Fisches angeboten. Das Fleisch eignet sich am besten zum Dünsten oder Pochieren, da sein feiner Geschmack bei diesen Zubereitungsarten besonders gut erhalten bleibt. Das Fleisch des Engelhais erinnert in Textur und Geschmack an Krebstiere; daher wird es im Mittelmeergebiet bisweilen zum Verlängern von Hummer- oder Krabbencocktails verwendet.

(3) Der **STACHELLOSE DORNHAI** *(Dalatias licha)* wird regelmäßig auf italienischen und griechischen Märkten angeboten.

(4) An der **DORNLÄNGE** sind Dornhaie erkennbar.

(5) Der **ENGELHAI** *(Squatina squatina)* oder Meerengel sieht fast wie ein Rochen aus.

WARENKUNDE KÜCHENPRAXIS REZEPTE
→ *Meeresfische*
   Haie und Rochen

Rochen *(Rajiformes)*

Wichtige Rochengruppen sind die Sägefische, die Zitterrochen, die Stechrochen und die Echten Rochen. In Europa sind nur die Echten Rochen von kommerzieller Bedeutung. Das Fleisch aller übrigen ist wässrig und zum Teil von unangenehmem Geruch. Lokal nutzt man allerdings auch diese Rochen (Westküste Italiens, Tunesien). Echte Rochen werden in Südeuropa im Ganzen angeboten, bei uns sind meist nur die »Flügel« genannten Seitenteile mit den Brustflossen erhältlich, seltener auch einmal das Schwanzteil. Vor der Zubereitung müssen die Flügel enthäutet und entknorpelt werden – entweder roh oder der Flügel wird blanchiert, um die Säuberung zu erleichtern.

NAGELROCHEN, KEULENROCHEN (1)
(Raja clavata)

engl. thornback ray; franz. raie bouclée; ital. razza chiodata; span. raya de clavos; port. raia lemga; dän. somrokke; griech. selachi, vatos; kroat. raza kamenica; niederl. stekelrog; norw. piggskate; schwed. klorocka; türk. dikenli vatoz

Der Nagelrochen kommt im Atlantik von knapp südlich des Polarkreises bis nach Südafrika, hin und wieder auch im südwestlichen Indischen Ozean vor. Von den europäischen Randmeeren besiedelt er die Nordsee, die westliche Ostsee, das gesamte Mittelmeer und das westliche Schwarze Meer. Er bewohnt bevorzugt sandige und schlickige Böden vom Flachwasser bis in etwa 300 m Tiefe und ernährt sich hauptsächlich von wirbellosen Bodentieren.

Der Nagelrochen gehört in unseren Breitengraden zu den kommerziell wichtigsten Arten. Die Hauptfischereigebiete liegen in Nordeuropa und im Mittelmeer. Die genauen Fangmengen sind schwierig festzustellen, da die einzelnen Rochenarten im Handel nicht unterschieden werden, was kulinarisch durchaus berechtigt ist.

Merkmale: Unter den auf dem europäischen Markt angebotenen Rochen ist diese Art durch ihre kräftige Stachellängsreihe in Körpermitte, die auf der Rückenseite verteilten kleineren Stachelgruppen und das unregelmäßige Fleckenmuster der ansonsten aber bräunlich gefärbten Oberfläche gekennzeichnet. Die maximale Länge beträgt etwa 1 m, am häufigsten sind jedoch Exemplare bis zu 80 cm.

Verwendung: Abgezogene und entknorpelte Rochenflügel sollten nicht zu heiß gegart werden, damit ihr feiner Geschmack erhalten bleibt. Am besten lassen sie sich dünsten oder pochieren, wobei 15 bis 20 Minuten Garzeit auch bei großen Flügeln in der Regel ausreichen. Auch zum Braten sind Rochenflügel geeignet, doch auch hier darf die Temperatur nicht zu hoch sein. Zum sanften Braten verwendet man am besten Butter, die das zarte Aroma unterstreicht.

Keine Unterschiede

Der Handel macht in kulinarischer Hinsicht zwischen den einzelnen Rochenarten keinen Unterschied, was berechtigt ist: Sie sind sich alle sehr ähnlich in Geschmack und Konsistenz.

(1) Der **NAGELROCHEN** *(Raja clavata)* ist ein begehrter Konsumfisch. Mit seinem geringen Fettgehalt von nur 0,2 % gehört er zu den echten Magerfischen.

(2) Der **FLECKROCHEN** *(Raja montagui)* ist im Ostatlantik von den Shetland-Inseln bis nach Marokko sowie im Ärmelkanal und im Mittelmeer zu finden.

(3) Der **KUCKUCKSROCHEN** *(Raja naevus)* wird leicht verwechselt mit dem Braun- oder Vieraugenrochen sowie mit dem Sandrochen. Er wird im Handel häufig angeboten.

GLATTROCHEN *(Raja batis)*

engl. skate; franz. pochteau gris; ital. razza bavosa; span. noriega; port. raia oirega; dän. skade; griech. selachi, vatos; kroat. volina murkulja, raza scedrica; niederl. vleet; norw. storskate; schwed. slätrocka.

Das Verbreitungsgebiet ist nordostatlantisch und erstreckt sich von der Barentssee und Island bis nach Marokko und Madeira einschließlich der Nordsee und des westlichen Mittelmeeres. Die Art lebt auf Sand- und Schlickböden von der Küstenzone bis in 200 m Wassertiefe, vereinzelt wurde sie bis in 600 m Tiefe nachgewiesen. Der Glattrochen ist in Nordeuropa die für die Fischerei wichtigste Art.
Merkmale: Vom Nagelrochen unterscheidet sich der Glattrochen durch die viel spitzere und weiter vorragende Schnauze. Die Stachellängsreihe in Körpermitte ist auf den Schwanz beschränkt, während sie beim Nagelrochen mindestens die Körpermitte erreicht. Die Färbung der Oberseite ist viel gleichmäßiger grünlich braun, bisweilen mit einem Fleckenmuster versehen. Der Glattrochen wird sehr viel größer, er kann 2,50 m und 100 kg erreichen.
Verwendung: In den Handel kommen fast nur die Flügel. Geräucherte oder marinierte Ware wird unter dem Namen »Seeforelle« angeboten. Die Verwendung entspricht der des Nagelrochens.

Ein ganz ähnliches Verbreitungsgebiet weist der **Fleckrochen** (2) *(Raja montagui)* auf.

MARMOR-, BÄNDER-, SCHECKEN- ODER WELLENFLECKROCHEN (4) *(Raja undulata)*

engl. undulate ray, painted ray, marbled ray; franz. raie ondulée, raie brunette, raie mosaïque; ital. razza ondulata; span. raya mosaica; port. curva; dän. broget rokke; finn. aaltorausku; giech. kymatovatos; niederl. golfrog; poln. raja bruzdowana; schwed. brokrocka; türk. boyalivatoz balığı.

Der Marmorrochen gehört zu den häufigsten und am weitesten verbreiteten Rochenarten der europäischen Meere und ist im Nordostatlantik von Südwest-England bis Mauretanien, seltener auch im Mittelmeer anzutreffen.
Merkmale: Er besitzt eine breite, rautenförmige Körperscheibe mit abgerundeten Flügeln; die Schnauze ist etwas verlängert und stumpfwinkelig. Die Rückenseite ist stachelig. Sein typisches Kennzeichen ist die Färbung der Rückenseite: graubraun, braun bis gelbbraun, mit wellenförmigen dunkelbraunen Bändern, die von weißen Punkten umsäumt sind. Seine Höchstlänge beträgt etwa 1 m.
Verwendung: Die Verwendung entspricht der des Glatt- bzw. Nagelrochens.

(4) **FLÜGEL VOM MARMORROCHEN.** Hier zu Lande werden in der Regel nicht die ganzen Fische, sondern nur die Flügel der Rochen angeboten. Am häufigsten gibt es die Flügel des Marmorrochens im Handel, da er zu den häufigen Arten gehört und weit verbreitet vorkommt.

SPITZROCHEN *(Raja oxyrhyinchus)*

engl. long-nosed skate, bottle-nosed skate; franz. pocheteau noir, raie capucin, raie à bec pointu; ital. razza monaca; span. raya picuda, picón, rayón.

Er kommt im Nordostatlantik von Norwegen bis nach Marokko und im Mittelmeer – vor allem um Sizilien und in der Gegend von Venedig – vor.
Merkmale: Er wird bis 1,60 m lang und hat eine auffallend spitze Schnauze.
Verwendung: Er gelangt als Frischfisch auf den Markt und eignet sich zum Braten und Pochieren.

Nur im Mittelmeer gibt es den **Gefleckten Rochen** *(Raja polystigma)*. Er wird bis 60 cm lang und trägt schwarze Punkte sowie einige hellere Flecken und zwei Augenflecken. Er teilt den Lebensraum mit dem **Dornrochen** *(Raja radula)*, der auf dem gelbgrauen bis hellbraunen Rücken wellige braunschwarze Querstreifen und helle Flecken aufweist, sowie mit dem **Mittelmeer-Sternrochen** *(Raja asterias)*. Seine Rückenseite ist hell- bis rotbraun oder auch olivgrün bis gelb, mit vielen schwarz-braunen Punkten und einer Anzahl großer gelber Flecken, die von dunklen Punkten gesäumt sind. Von lokaler Bedeutung ist der **Braun- oder Vieraugenrochen** *(Raja miraletus)*. Er ist im Mittelmeer häufig, kommt aber auch im Ostatlantik und im Indischen Ozean vor. Er ist an den auffälligen hellbraunen Augenflecken (mit schwarzem und gelblichem Saum) in der Mitte der Rückenseite erkennbar und wird oft mit dem **Kuckucksrochen** (3) *(Raja naevus)* verwechselt.

WARENKUNDE KÜCHENPRAXIS REZEPTE
→ Fischprodukte

Fischprodukte aus aller Welt und ihre Herstellung

Aus dem Urlaub bringen wir sie mit: Erinnerungen an Länderküchen, lokale Spezialitäten und typische Düfte. Hier ist sie, die bunte Welt der Fischspezialitäten aus Fabriken und Manufakturen.

- Fischprodukte werden aus Frisch- und Tiefkühlfisch hergestellt.
- Man unterscheidet getrocknete, gesalzene oder eingelegte Ware; Konserven, Räucherfisch und Delikatessen.

Für die Verarbeitung in »Fischfabriken« wird sowohl Frischfisch als auch Tiefkühlfisch verwendet. Die hohe Qualität des Tiefkühlfisches bleibt am besten erhalten, wenn der tiefgekühlte Fisch in Kühlräumen bei hoher Luftfeuchtigkeit und Temperaturen bis 8 °C relativ langsam auftauen kann. Zu Hause sollte man tiefgekühlten Fisch immer langsam, am besten über Nacht, im Kühlschrank auftauen. Zum schnelleren Auftauen kann auch kaltes Wasser – die Wassermenge darf dabei das Vierfache des Fischgewichts nicht übersteigen – verwendet werden, das beeinträchtigt aber die Qualität.

Eine Weiterverarbeitung der Fische kann durch verschiedene Methoden wie Trocknen, Salzen, Säuern, Räuchern oder/und durch Hitzesterilisierung erfolgen. Ziel dieser Verarbeitung ist immer eine Verlängerung der Haltbarkeit, bei eingedosten Produkten ist sie am längsten. Fischhalbkonserven werden bei Temperaturen unter 100 °C pasteurisiert, Fischvollkonserven durch Erhitzen über 100 °C sterilisiert. Bei anderen Fischprodukten kann eine Verlängerung der Haltbarkeit durch Zusatz von Konservierungsstoffen erreicht werden. Viele Herstellungsverfahren beruhen auf langen Traditionen, die fest mit ländertypischen Lebensweisen verwachsen sind, wie etwa beim **Mojama de Atùn** (1).

Getrocknete Fischprodukte

Die bekanntesten Fischprodukte sind »Stockfisch« und »Klippfisch« (2). Dazu nimmt man Kabeljau, Seelachs, Schellfisch, Leng oder Lumb (Brosme). Nach dem Köpfen und Ausnehmen werden die Fische an der Luft getrocknet. Stockfisch ist die ungesalzene Variante. Der Klippfisch wird nach Herausschneiden der Wirbelsäule und oft auch der seitlichen Gräten gesalzen und erst nach Erlangen der Salzgare getrocknet. Das Fleisch des Stockfisches soll trocken und hart sein. Das Fleisch des Klippfisches ist wasserreicher, aber trotzdem fest. Beide sollten hellgelb bis weißlich sein und keine rötlichen Stellen haben.

Für **Hueva seca** (3) werden Fischeier verarbeitet: Die rohen Fischeier werden zunächst gesalzen,

(1) **MOJAMA DE ATÙN** heißen in Spanien die in Salzlake eingelegten und dann luftgetrockneten Filetstücke vom Roten Tun. Sie werden meist als Tapas gereicht.

(2) **KLIPP- UND STOCKFISCH,** zwei Fischprodukte, die durch Trocknung hergestellt werden. Sie sind lange haltbar und müssen vor der Verwendung gut gewässert werden.

(3) **HUEVA SECA,** ein spanisches Produkt aus Fischeiern vom Seehecht, Kabeljau, Tunfisch oder Steinbeißer, wird als Tapa mit Mandeln oder Trockenfrüchten serviert.

Norwegisch-spanische Verbindung: Bacalao

In Mittelmeerländern versteht man unter Kabeljau vor allem den gesalzenen, getrockneten Klippfisch und zieht ihn dem frischen vor. Auch in Brasilien gilt Klippfisch aus Norwegen als große Delikatesse, folgten doch die Wikinger auf ihren Expeditionen Richtung Amerika um das Jahr 1000 dem Atlantik-Kabeljau, der in Schwärmen in den nördlichen Meeren bis nach Neufundland verbreitet war. Genauso wie die Basken, die den Kabeljau auf Walfangtouren in den Norden Europas entdeckten, trockneten sie ihn als Proviant an der Luft. Die Basken stellten bald fest, dass der magere Kabeljau eingesalzen und auf Klippen getrocknet schmackhafter und unempfindlicher war als das fette Walfleisch. In den Mittelmeerkulturen war das Einsalzen vor allem von Walfleisch üblich. Bereits die alten Ägypter und Römer betrieben Handel mit Salzfischen. Die brettharten, salzglitzernden Fischfetzen aus dem Nord-Atlantik wurden im mediterranen Raum zum Verkaufsschlager. Als Proviant im Sklavenhandel und auf Kriegszügen breitete sich der Klippfisch nach Südamerika und Afrika aus.

Den Norwegern blieb die Versessenheit des Südens auf den Trockenfisch, der bei ihnen als Arme-Leute-Essen galt, lange Zeit ein Rätsel, denn ab 1835 holten spanische Schiffe 40 Jahre lang ihren Bacalao aufgrund besonderer Einfuhrbestimmungen selbst in Kristiansund ab, dem Zentrum der norwegischen Klippfischindustrie. Die Spanier brachten Tomaten, Olivenöl, Paprika und Chili mit, für die Norweger damals exotische Zutaten. Heutzutage wird aber auch dort ‚Bacalau' serviert.

Ursula Heinzelmann

---

dann gewaschen, gepresst, luftgetrocknet und vakuumverpackt. Die Hueva seca werden in Scheiben oder Stücke geschnitten und roh gegessen. Und dazu wird üblicherweise ein trockener spanischer Weißwein oder Sherry gereicht.

Gesalzene Fischprodukte

Beim Salzen wird dem Fisch Wasser entzogen, der Fisch schrumpft. Mit der Aufnahme einer gewissen Salzmenge gerinnt das Fischeiweiß. Durch fischeigene und Bakterienenzyme können sich die typischen Aromastoffe entwickeln. Dies ist besonders bei fettreichen Fischen der Fall. Daher gehören Heringe, Sardellen, Makrelen und Lachse zu den bevorzugten Fischen für die Salzung. Magere Fische, wie die gesalzenen Sardellen (1, S. 131), sind nach Salzung mehrere Jahre lang haltbar, besonders wenn sie kühl und unter Luftabschluss gelagert werden. Nicht sehr stark gesalzene Fettfische wie der Hering können schon nach einigen Monaten weich werden und tranig oder süßlich schmecken. Der Hering ist ein wirtschaftlich wichtiger Salzfisch, von ihm kommen verschiedene Produkte auf den Markt (siehe hierzu S. 92).

Fischprodukte werden als Anchosen bezeichnet, wenn sie mildgesalzen und gekräutert sind, auch der Kräuterhering und vor allem Sprotten gehören

WARENKUNDE   KÜCHENPRAXIS   REZEPTE
→ *Fischprodukte*

dazu. Besonderer Beliebtheit erfreuen sich die süßsauren Anchosen aus Skandinavien, zu deren Herstellung man gewürzten Essig verwendet. Der Name »Anchovis« wird unterschiedlich verwendet, in romanischen Ländern generell für sardellenartige Fische, in Deutschland für kräutergesalzene Sprotten oder für Sardellen. Die Filets der Sprotten sind als »Appetitsild« bekannt. **Gesalzene Sardellen** (1) kommen meist aus Holland, Portugal und Spanien. Nach dem Entfernen von Kopf und Eingeweiden werden sie unter Zugabe großer Mengen Salz in Eichenfässer gepackt. Alle zwei Wochen wird die sich bildende fettreiche Lake über den Fischen abgeschöpft. Das typische Aroma für echten Anchovis aus gesalzenen Sardellen braucht 1 bis 2 Jahre zur vollen Entfaltung. Die Reifung von Anchovis aus Sprotten dauert etwa 3 Monate.

SALZHERINGE IM ÜBERBLICK

Heringe werden vor dem Salzen von Hand »gekehlt«; dabei wird mit Hilfe eines kleinen, spitzen Messers ein drehender Stich gemacht, mit dem zugleich Kiemen, Magen, Herz, Galle, Leber und ein Teil des Darms entfernt werden. Milch und Rogen bleiben beim Kehlen im Fisch. Höchste Qualität haben seegekehlte und seegesalzene Heringe, die meisten Salzheringe werden jedoch an Land gekehlt und gesalzen. Im Gegensatz zur Trockensalzung bei Magerfischen mit abwechselnden Lagen von Fisch und Salz bevorzugt man bei Fettfischen wie dem Hering die Nasssalzung in Fässern oder Bassins. Salzheringe kommen unter verschiedenem Namen in den Handel: Für Matjesheringe sind Heringe das Rohprodukt, die keinen äußerlich erkennbaren Ansatz von Milch oder Rogen aufweisen, sie sind dann besonders fettreich. Matjesheringe werden in Fässern (Bild links unten), vor allem solchen aus Eichenholz, mild gesalzen. Der Salzgehalt im Gewebewasser sollte zwischen 6 und 21 % liegen. Beim Fetthering handelt es sich, wie der Name sagt, um einen fetten Hering. Er hat ebenfalls keinen erkennbaren Ansatz von Milch oder Rogen. Im Gegensatz zum Matjeshering ist er aber »hartgesalzen«, das heißt, sein Salzgehalt liegt erheblich höher als beim Matjes. Auch Vollheringe sind hartgesalzen und oft ungekehlt. Milch und Rogen sind bei ihnen gut erkennbar. Ihlen ist die Bezeichnung für abgelaichte Heringe; auch sie sind hartgesalzen.

Eine Spezialität aus Skandinavien sind die Kräuterheringe. Zu ihrer Herstellung sind die fetten und großen atlanto-skandischen Heringe, wie die »Isländer« und »Norweger« besonders geeignet. Dem Salz werden dort meist Gewürze und oft auch etwas Zucker zugegeben.

Saure Marinaden: Konserven und Surimi

Mildgesalzener Lachs ist das Ausgangsprodukt für Räucherlachs. Die beste Qualität mit der Bezeichnung »prime« stammt von besonders fettreichen, möglichst rotfleischigen Lachsen. Lachs mit der Bezeichnung (T) ist mager, mit der Bezeichnung (TT) sehr mager. Die filetierten Seiten des Lachses werden in große Fässer gepackt und jeweils mit einer Lage Salz bedeckt. Zur Herstellung von geräuchertem »Seelachs« in Scheiben wird dieser ebenfalls zunächst gesalzen, die Farbe erhält er durch Zugabe von Farbstoffen. Für gesalzene Makrelen besteht in den USA ein großer Bedarf. Trotz beträchtlicher Makrelenanlandungen reicht die eigene Produktion der USA an Salzmakrelen nicht aus, so dass größere Mengen, vor allem aus Norwegen, importiert werden müssen.

GESÄUERTE FISCHE: MARINADEN

Unter Marinaden versteht man heute gesäuerte Fischprodukte, die vorher weder gekocht noch gebraten wurden. Die Fischfilets werden erst 4 bis 6 Tage in ein Essig-Salz-Bad gelegt – hierfür benutzt man Fässer oder größere Becken. Durch das Salz wird das Fischeiweiß »denaturiert«, das heißt, vom

In Schweden hat die Einlagerung von Heringen Tradition: Die Heringe reifen in Holzfässern, die in dunklen Stollen lagern. Bevor sie wieder ans Tageslicht kommen, werden sie nochmals geprüft.

rohen in den genussfertigen Zustand gebracht. Während Salz dem Fisch Wasser entzieht und ihn fester macht, hat Essigsäure den entgegengesetzten Effekt: Sie macht das Fischfleisch zarter. Die Menge des Salzes und die Essigkonzentration hängen wesentlich von der Rohware, besonders vom Fettgehalt ab und müssen daher sorgfältig aufeinander abgestimmt sein, um eine gute Qualität der Marinade zu erreichen. Für die Herstellung von Feinmarinaden werden zusätzlich Gewürze und Zucker zugefügt. Marinaden sollen von heller, weißgrauer Farbe, fest im Fleisch, saftig und nicht zäh sein.

Die Produktpalette an Marinaden ist groß: Marinierte Heringe sind ausgenommene, nicht entgrätete Heringe ohne Kopf und Schwanzflosse. Bismarckheringe sind im Gegensatz dazu entgrätet. Kronsild oder Kronsardinen sind keine Sardinen, sondern kleine entgrätete Heringe ohne Kopf. Für die Herstellung von Rollmöpsen werden entgrätete Heringe ohne Kopf und Schwanzflosse verwendet und mit Essig, Kräutern und Gewürzen abgerundet. Auch Koch- und Bratfische werden für verschiedene Produkte gesäuert, manchmal gibt man auch zusätzliche Gewürze hinzu, etwa beim Bratrollmops.

GEBRATEN ODER GEKOCHT: FISCHKONSERVEN

Als Rohware finden sowohl frische als auch tiefgekühlte Fische – vor allem Heringe – Verwendung. Die Gare wird hier durch Erhitzen erzielt. Gebratene Fische werden meist eingedost und bei einer Temperatur von 80 bis 90 °C pasteurisiert. Solche Halbkonserven sind ohne Kühlung bis zu 6 Monate haltbar. Der Gewichtsverlust der Rohware beträgt 15 bis 20 %. Als Vollkonserven bezeichnet man in luftdicht verschlossene Dosen verpackte und bei 100 und 120 °C sterilisierte Rohware ohne Zusätze von Konservierungs- oder Farbstoffen. Sie müssen mindestens 1 Jahr haltbar sein.

FISCHMASSE MIT TRADITION: SURIMI

Surimi (2) geht in Japan auf eine jahrhundertealte Tradition zurück: Reines Fischfleisch ohne Haut und Gräten wurde durch Kneten und wiederholtes Auswaschen zu einer glatten weißen Masse verarbeitet, die nach Würzung und Stärkezugabe geformt und gekocht oder gebacken wurde. Nach dieser Herstellungsprozedur hat Surimi seinen Namen erhalten: Surimi heißt »gewaschene Fischmasse«.

(1) **GESALZENE SARDELLEN** bringen den besten Geschmack mit, wenn sie im Ganzen gesalzen werden. Leider sind sie bei uns nur schwer zu bekommen – meist nur in italienischen Spezialgeschäften.

(2) **SURIMI** wird meist aus Alaska-Pollack hergestellt, größtenteils direkt auf den Fabrikschiffen, und tiefgekühlt angelandet. Die Ausbeute für Surimi beträgt 25 bis 30 %, der Rest ist Abfall.

Zu Surimi wird vorwiegend Alaska-Pollack (siehe S. 88) verarbeitet, meist bereits direkt auf den Fangschiffen. Die Ausbeute beträgt 25 bis 30 Prozent, der Rest ist Abfall. Heute wird Surimi keineswegs mehr nur von Japan hergestellt, auch die USA sind zu einem bedeutenden Produzenten und Verbraucher der schockgefrosteten Fischmasse geworden. Den beim Tiefkühlen eintretenden Qualitätsverlust versucht man durch Zugabe von Salz, Zucker, Polyphosphat und Sorbitol wieder wettzumachen. Surimi ist eine fast völlig geruchs- und geschmacksfreie und dazu blütenweiße Masse. Ein Grundprodukt, so manipulierbar, wie sich das die Industrie nur wünschen kann. Surimi ist auch die Grundlage des so genannten »Fisch-Crabmeat«. Über den Anteil an Krebsfleisch wird der Verbraucher allerdings im Unklaren gelassen. Nach Deklarationsvorschrift erfährt er aber, dass auch Hühnereiweiß, Wasser, Stärke, Sorbit und pflanzliches Eiweiß mit dabei sind. Das Produkt wird in Stäbchen, zu kleinen Stücken oder zu Krabbenscheren geformt.

Spitzenprodukte aus dem Norden

In der Produktion von gesäuerten Fischspezialitäten sind die skandinavischen Länder absolute Spitze hinsichtlich Quantität und Qualität.

WARENKUNDE KÜCHENPRAXIS REZEPTE
→ *Fischprodukte*

Geräucherte Fischprodukte

Das übliche Verfahren für tiefgekühlte und frische Fische ist die »Heißräucherung«, für Salzfische die »Kalträucherung«. Der Unterschied zwischen beiden besteht vor allem in der Temperatur beim Räuchern und in der Räucherdauer. Bei beiden Verfahren muss der Fisch vor dem Räuchern in bewegter Luft vorgetrocknet werden, um ein festes Fleisch, appetitliches Aussehen und eine möglichst lange Haltbarkeit zu erreichen. Diese ist vor allem darauf zurückzuführen, dass das Fischfleisch aus dem Rauch Stoffe mit bakterizider Wirkung aufnimmt. Generell sind kaltgeräucherte Fischwaren länger haltbar als heißgeräucherte. Bei sachgemäßer, kühler Lagerung beträgt die Haltbarkeit bei kaltgeräucherten Salzfischen wenigstens 14 Tage, bei heißgeräucherten, frischen Fischen 4 bis 8 Tage und für vakuumverpackte Produkte bis zu 6 Wochen.

Lachs (6) ist als Räucherfisch weltweit die Nummer eins. Meist ist das Ausgangsprodukt inzwischen Zuchtlachs aus Norwegen, Schottland oder Kanada. Von Feinschmeckern wird Wildlachs allerdings höher bewertet, der begehrteste und feinste ist der Atlantische Wildlachs mit einem Fettgehalt von etwa 14 %; andere wie der Coho oder der Chum Salmon haben einen niedrigeren Fettgehalt und eine geringere Qualität. Bei uns ebenfalls sehr beliebt ist **geräucherte Forelle** (1).

FARBE UND AROMA

Farbe und Aroma des geräucherten Fisches werden besonders von der Art des verwendeten Holzes bestimmt. Für das Räuchern von Fischen nimmt man Späne, Briketts oder Sägemehl aus Laubholz. Vor der Kalträucherung müssen Salzfische gewässert werden. Die Temperatur beim Kalträuchern beträgt 15 bis 20 °C. Der Räuchervorgang erstreckt sich über einen Zeitraum von 1 bis 6 Tagen. Bevorzugte Fische für die Kalträucherung sind Lachs, Meerforelle und Lachsforelle, aber auch Dornhai, Heilbutt oder Makrele. Unter der Bezeichnung Räucherlachs kommen sowohl Produkte aus Lachsen als auch sol-

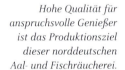

Hohe Qualität für anspruchsvolle Genießer ist das Produktionsziel dieser norddeutschen Aal- und Fischräucherei.

(1) GERÄUCHERTE FORELLE schmeckt vorzüglich und erfreut sich dank des niedrigen Fettgehalts großer Beliebtheit.

(2) OSTSEEHERINGE – frisch aus dem Rauch – hier mit Kopf und Schwanz, sind mit etwas Salz und Brot sehr delikat.

che aus Meerforellen in den Handel. Die zarteste Qualität wird mit frischem Lachs erzielt, der vor dem Räuchern für 12 Stunden in eine milde Salzlake eingelegt wurde. Für Lachshering werden große und möglichst fette, unausgenommene Salzheringe mit Kopf geräuchert. Die Rohware für Lachsbückling entspricht der für Lachshering. Er wird jedoch vor dem Räuchern ausgenommen und für einzelne Produkte nachträglich geköpft (Delikatesslachsbückling) und filetiert (Lachsbücklingfilet).

Kipper (4) sind kaltgeräucherte, frische Fettheringe. Vor dem Einlegen in Salzlake werden die geköpften Heringe gespalten. Dieser »gefleckte« Hering wird längstens 1 Tag geräuchert und ist nur kurze Zeit haltbar. Zum Verzehr wird er gebraten.

Vor der Heißräucherung werden die Fische gewaschen, geschuppt und in eine milde Salzlake eingelegt. Die Gare erhalten sie aber erst im Räucherofen bei einer Temperatur von 70 bis 90 °C, selten darüber. Das appetitliche goldgelbe Aussehen sowie das Raucharoma erhält der Fisch gegen Ende des Räucherprozesses in der »Dämpfphase«, in der die Luftzufuhr gedrosselt und das bis dahin brennende Räuchermaterial mit feuchten Spänen zugedeckt wird, so dass ein dichter, feuchter Rauch entsteht. Die Heißräucherung dauert bis zu 4 Stunden, die Zeit ist abhängig von der Fischart und der Größe der Stücke. Zur Heißräucherung eignet vor allem der Hering, besonders geschätzt ist der Bückling. Rohware sind vor allem **Nord- und Ostseeheringe** (2). Sie werden zum Räuchern nicht ausgenommen und haben im Sommer gute Qualität, weil sie dann sehr fettreich sind. Die **Kieler Sprotten** (3) erreichen in der zweiten Jahreshälfte ihre beste Qualität.

Einige geräucherte Produkte haben irreführende Namen. Dazu gehören neben den »**Schillerlocken**« (5) auch die geräucherten Rückenstücke des Dornhais: sie kommen als »Seeaal« in den Handel. Vom Heringshai stammt der »Kalbfisch«, der meist in Scheiben angeboten wird. Hinter der Bezeichnung »Speckfisch« verbergen sich knorpelfreie geräucherte Stücke vom Grauhai.

(3) **KIELER SPROTTEN** haben im Gegensatz zu den Heringen in den Herbst- und Wintermonaten die beste Qualität.

(5) **SCHILLERLOCKEN** nennt man die geräucherten Bauchstreifen des Dornhais.

(4) **KIPPER** sind vom Rücken her gespaltene Heringe, die in England kaltgeräuchert, in Norwegen heißgeräuchert werden.

(6) **RÄUCHERLACHS** wird heute meist aus Farmlachs hergestellt. Von Feinschmeckern wird Wildlachs höher bewertet.

Teubner Edition **133**

Kaviar – der Inbegriff von Luxus

Diese Luxus-Delikatesse ist von einem Mythos umgeben: Für manche muss es einfach Kaviar sein – koste es, was es wolle (und das tut's); andere tolerieren ihn, ob nun Beluga oder der gefärbte »Ersatz« vom Seehasen, höchstens als Dekoration für russische Eier. Sicher ist, dass beim »Echten Kaviar« nicht allein der reale Wert zählt (und bezahlt wird), sondern auch sein Symbolwert. Dabei ist Kaviar – nüchtern betrachtet – nichts anderes als präparierter Fischrogen. Der kann, rein theoretisch, von jedem Fisch sein, sofern er nicht giftig ist – wie zum Beispiel der berühmt-berüchtigte Fugu. Im Laufe der Zeit hat sich jedoch herausgestellt, dass der Rogen vom Stör eben doch der feinste ist. Und dass sich die Russen und die Iraner – mit ihren immer noch reichlichen Störvorkommen im Kaspischen Meer – am besten auf die Zubereitung dieses Luxusprodukts verstehen. Natürlich produzieren auch andere Länder Kaviar, China zum Beispiel, wo die Störe in den großen Flüssen Kaviar-Lieferanten sind. Oder Taiwan, wo Rogen vom Fliegenden Fisch zu **Tobi-Ko** (1) verarbeitet wird. In Kalifornien produziert ein Schwede erfolgreich einen sehr feinen »russischen Kaviar« von amerikanischen Strören.

Die Russen nehmen allerdings, und wohl mit Recht, für sich in Anspruch, den feinsten Kaviar zu produzieren. Die größte Erfahrung haben sie jedenfalls – schließlich sitzen sie an der Quelle. Denn nur vom lebenden Stör gibt es guten Kaviar. Wenn die Störweibchen zum Ablaichen aus dem Kaspischen Meer in die Flussarme des Wolgadeltas aufsteigen, werden sie gefangen, in Aquarien an Bord der Boote gehältert und in die Verarbeitungsfabriken gebracht. Zur Entnahme des Rogens werden die Fische betäubt. Von der Entnahme des Rogens bis zur Verpackung des fertigen Kaviars in Dosen vergehen nur etwa 10 Minuten. Frischer geht's nicht!

QUALITÄTSKRITERIEN

Die Qualität des Kaviars bestimmt aber auch der Gehalt an Salz, das frischen Kaviar haltbar macht. Die für den russischen Kaviar berühmte Bezeichnung »Malossol« steht für »wenig Salz«; die besten Qualitäten werden gerade nur so viel gesalzen, wie es für die begrenzte Haltbarkeit notwendig ist. Moderne Kühl- und Transportmöglichkeiten machen es möglich, frischen Kaviar an jeden Ort der Welt zu schaffen. Aber: Frischer Kaviar ist empfindlich. Er sollte stets bei einer Temperatur von -2 °C gelagert werden. Keinesfalls sollten -4 °C unterschritten werden, dann würden Geschmack und Konsistenz der Körner verloren gehen. Weil die Lagerung eben nicht ganz einfach ist, hat sich pasteu-

(1) **TOBI-KO** nennt man den Kaviar von Fliegenden Fischen in Taiwan. Diese leuchtend orangefarbene Kaviarsorte mit etwas kleinerer Körnung als der Forellen-Kaviar ist in Europa nur in Spezialgeschäften erhältlich.

(2) **OSIETRA-KAVIAR** ist für Kenner der Favorit. Er ist kleiner, hartschaliger und unempfindlicher. Man sagt ihm einen nussartigen Geschmack nach; tatsächlich ist sein Aroma mit keiner anderen Kaviarsorte vergleichbar.

(3) **BELUGA-KAVIAR** – der Kaviar der Superlative: der feinste, der teuerste und, mit 3,5 mm Durchmesser pro Korn, der größte. Auch ist der seltene, bis 4 m lange und 1.200 kg schwere Beluga-Stör der größte seiner Familie.

(4) **SEVRUGA-KAVIAR** kommt vom kleinsten Mitglied der Stör-Familie Der Kaviar ist sehr dünnschalig und entsprechend empfindlich. Kenner loben sein kräftiges und würziges Aroma. Er ist mittel- bis stahlgrau.

WARENKUNDE   KÜCHENPRAXIS   REZEPTE
→ Fischprodukte

risierter Kaviar in Gläsern durchgesetzt – von Kaviar-Verehrern schlicht als Konserve abgelehnt. Die Qualität konnte aber inzwischen wesentlich verbessert werden. Das soll heißen, besser ein gut pasteurisierter Kaviar als frischer Kaviar, der durch unsachgemäße Lagerung nicht mehr ganz so frisch ist. Serviert wird Kaviar immer kalt, möglichst auf einem Eissockel. Übrigens ist die Delikatesse mit 16 % Fettgehalt und etwa 270 Kalorien pro 100 g nicht eben mager. Der Eiweißgehalt liegt zwischen 25 und 30 %. Neben dem echten Kaviar – von dem es drei Sorten gibt, benannt nach den Störarten **Osietra** (2), **Beluga** (3) und **Sevruga** (4) von denen sie stammen – wird heute auch ein guter Ersatz angeboten. Man muss dabei nicht gleich an die pechschwarzen oder rosafarbenen **Seehaseneier** (6, 8) denken. Es gibt ja auch den **Keta-Kaviar** vom Lachs (7) oder **Forellenrogen** (5). Letzterer wird immer beliebter, er schmeckt angenehm kräftig und sieht sehr appetitlich und zudem dekorativ aus.

Keta-Kaviar hat schon seit Jahren einen hohen Marktanteil. Unter diesem Namen kommt übrigens jeglicher Lachsrogen auf den Markt – gleichgültig, von welchem Lachs er stammt. Die größten Produzenten sind Russland und die USA. Wichtigster Lieferant ist der Chum Salmon oder Keta-Lachs. Sein Rogen ist von etwas blasserer Farbe als der vom Pink Salmon oder Coho. Die Rogenkörner vom Pink Salmon oder Buckellachs und vom Coho sind etwas kleiner. Deutsche, aber auch polnische und dänische Teichwirtschaften beliefern zunehmend den Markt mit Forellenrogen.

Wie man mit Kaviar umgeht

Die ideale Verpackung für Kaviar ist die innen beschichtete Stülpdeckeldose von etwa 1,8 kg. Mit dem Deckel wird die überschüssige Lake herausgedrückt. Verschlossen wird die Dose mit einem breiten Gummiring, so dass keine Luft hineinkommt. In der ungeöffneten Dose bleibt der Kaviar ohne Qualitätsverlust bis zu einem Jahr haltbar. Ist der Kaviar erst einmal geöffnet, gilt vor allem eines: Niemals mit Silber an den Kaviar gehen! Silber oxidiert und verleiht dem Kaviar einen fischigen Geschmack. Auch mit Edelstahl sollte er nicht in Berührung kommen. Auf dem Markt sind geschmacksneutrale Bestecke aus Perlmutt. Aber auch Löffel aus Horn, Schildpatt und Holz taugen zum Verzehr der teuren Körner. Wer es ganz stilvoll wünscht, verwendet einen Goldlöffel.

Ein Blick genügt

Kennern reicht beim Kaviarkauf ein Blick auf den Deckel der Originaldose, und sie wissen, womit sie es zu tun haben: Die Deckelfarbe bei Beluga ist blau, bei Osietra gelb und bei Sevruga rot oder orange.

(5) FORELLEN-KAVIAR wird immer populärer. Der präparierte Rogen der Forellen, vor allem der großen Exemplare, ist dem Lachs-Kaviar geschmacklich durchaus ebenbürtig. Man kann ihn auch genauso verwenden.

(6) SCHWARZER SEEHASEN-KAVIAR ist feinkörnig und fest. Er kommt, stark gesalzen, aus Island, Norwegen oder Dänemark und wird – rot oder schwarz – für Dekorationszwecke in der kalten Küche verwendet.

(7) KETA-KAVIAR wird der orangerote Rogen vom Lachs aus dem Pazifik genannt. Das Korn ist sehr groß und empfindlich. Kulinarisch und preislich ein guter Kompromiss zwischen echtem Kaviar und Kaviar-Ersatz.

(8) ROTER SEEHASEN-KAVIAR oder Seehasenrogen ist die billigste Kaviarsorte und kommt in großen Mengen auf den Markt. Ursprünglich ist er rosa bis gelblich, wird dann aber rot oder schwarz eingefärbt.

KÜCHENPRAXIS

KÜCHENPRAXIS

Das richtige Handwerk für den Umgang mit Fisch

Fisch kaufen und verarbeiten

Wissenswertes zu Einkauf, Lagerung und Vorbereitung. Alles über das richtige Handwerk, das Fisch küchenfein macht.

WARENKUNDE **KÜCHENPRAXIS** REZEPTE
→ *Einführung*

Nur Mut: Ran an den Fisch!

Fischfilet ist praktisch! Aber ein frischer Fisch im Ganzen bietet viel mehr kulinarische Möglichkeiten. Doch was tun, wenn solch ein Prachtexemplar auf dem Küchentisch liegt? Hier finden Sie die Antwort.

DA LIEGT ES NUN, das Prachtexemplar von einem Fisch und soll ein echter Gaumenschmaus werden. Ausnehmen, schuppen, zerlegen – alles kein Problem, oder doch? Wer schon einmal beim Fischhändler zuschauen durfte, ist beeindruckt: Der Profi braucht nur wenige Augenblicke, jeder Handgriff sitzt, das nötige Handwerkszeug liegt stets griffbereit – Routine pur, egal, ob der Kunde einen Fisch zum Füllen ordert oder parierte Filets. Sicher, so routiniert und schnell geht's nur beim Profi. So schnell muss es aber in der Hobbyküche auch gar nicht gehen. Was hier zählt, ist der abschließende Erfolg, und der beginnt schon beim Einkauf!

BEIM EINKAUF AUF QUALITÄT ACHTEN

Wer ein sensibles Naturprodukt wie Fisch in der Küche selbst verarbeitet, sollte schon beim Einkauf darauf achten, dass er allerbeste Qualität erwirbt. Für Fisch heißt das, dass Sie ihn im Idealfall – und der trifft in unseren Breiten meist nur auf einige Süßwasserfische zu – beim Händler lebend aussuchen und ihn frisch geschlachtet mit nach Hause bringen. Alle anderen Fischarten sollten Sie im Geschäft sehr genau in Augenschein nehmen und anhand der auf den nächsten Seiten vorgestellten Frischemerkmale prüfen, ob der Fisch Ihren kulinarischen Ansprüchen genügt. Überlegen Sie dann auch, für welche Zubereitungsform Sie sich entscheiden, bevor Sie sich an die weitere Vorbereitung des Fisches machen.

PFLICHT, KÜR, ODER BEIDES?

Das Pflichtprogramm – Häuten, Schuppen, Ausnehmen – bietet nicht gerade die appetitlichsten Arbeiten, aber die, die Fisch erst küchentauglich machen. Zu Ihrer Beruhigung vorab: Ein guter Fischhändler wird Sie danach fragen, ob er Ihnen diese Arbeiten abnehmen kann. Mit dem Kürprogramm – Filetieren und Portionieren – lässt sich der vorbereitete

Fisch zum Garen veredeln. Natürlich können Sie auch das alles dem Profi überlassen. Aber Profiköche tun das nicht, und das hat seine Gründe: Wer Fisch selbst küchenfertig macht, darf mehr Frische erwarten. Und wer seinen Fisch selbst für die Küche vorbereitet, kann das, was beim Händler normalerweise als Abfall zurückbleibt wie ein Profi »veredeln«: Karkassen (das sind Kopf, Mittelgräte und Schwanzflosse) und Parüren (also alles, was beim Vorbereiten sonst noch abgeschnitten wird, wie Haut, Flossen, Fleischränder) sind eine wertvolle Basis zur Herstellung aromatischer Suppen und Saucen. Besser als alle Fertigprodukte, die man kaufen kann! Und wer darauf Wert legt, dem bleibt nichts anderes übrig, als selbst Hand an den Fisch zu legen. Oder die »Abfälle« teuer beim Händler mitzukaufen – wenn er sie überhaupt hergibt.

WER SICH TRAUT, ERNTET ERFOLG

Einen Fisch küchenfertig zu machen, ist nicht so schwer, wenn man weiß wie es geht. Sie brauchen nicht einmal unbedingt Spezialgeräte dafür, auch wenn das ein oder andere die Arbeit ein wenig vereinfacht. Profiköche wissen (und können) das alles aus dem »Effeff«: Qualität schon beim Kauf erkennen, den Fisch perfekt vorbereiten und auch zubereiten. Passionierte Angler unter den Hobbyköchen haben es auch gut. Ihr Repertoire umfasst das Küchenfertig-Machen der selbst gefangenen Fische. Hobbyköche schauen bei Bedarf in unseren Schritt-für-Schritt-Anleitung nach. Auf den nächsten Seiten finden Sie alles, was Sie wissen müssen, um Rund- und Plattfische küchenfein zu machen und um sie gekonnt zu servieren. So wird das Nacharbeiten zum Kinderspiel. Mit ein bisschen Übung gehen Ihnen diese Arbeitsschritte bald schnell von der Hand – und sollte doch noch eine Frage auftauchen, wissen Sie, wo Sie die Antwort dazu finden. Viel Spaß beim Ausprobieren und gutes Gelingen!

Teubner Edition 141

WARENKUNDE   KÜCHENPRAXIS   REZEPTE
→ Fischqualität

Fischqualität erkennen: Topfrisch, oder doch nicht?

Das Angebot ist groß – und Sie haben die Qual der Wahl. Doch wie sieht ein wirklich frischer Fisch aus? Achten Sie auf fünf wichtige Details: Haut, Flossen, Augen, Kiemen und Geruch geben Aufschluss darüber, wie gut die Qualität eines Fisches ist.

QUALITÄT UND FRISCHE – zwei Voraussetzungen, ohne die eine gute Fischküche unmöglich wäre. Frische ist das entscheidende Kriterium beim Meeresfisch, gleichgültig, ob er in Küstenregionen angeboten wird oder weite Wege bis ins Binnenland zurücklegen muss. Bei Süßwasserfischen ist Frische sicher weniger ein Thema, weil sie beim Fischhändler meist in Bassins gehältert werden. Meeresfisch wird hingegen nicht lebend gehandelt, und es kann Stunden oder gar Tage dauern, bis er zum Verbraucher kommt. Grund genug, beim Einkauf auf die nachfolgend beschriebenen Frischemerkmale zu achten und Haut, Flossen, Augen, Kiemen und Geruch genau zu prüfen. Aus diesen Einzelergebnissen kann man dann eine Entscheidung hinsichtlich Frische treffen. Im Zweifelsfall sollte man sich immer für die Frische entscheiden, also lieber einem wirklich frischen, vielleicht weniger edlen Fisch den Vorzug geben als einem Prestige-Fisch, der schon länger auf Eis liegt.

Fisch macht nach dem Fang oder Schlachten eine Totenstarre durch. Dabei entsteht durch den Abbau von Milchzucker Milchsäure. Die Totenstarre beginnt in der Kopfregion und dehnt sich von dort über den ganzen Körper aus. Die typischen Merkmale der Totenstarre – hartes Fleisch, schwer beweglicher Körper, abgespreizte Kiemendeckel – dauern bei den einzelnen Arten unterschiedlich lange an und gehen in der Regel nach einigen Stunden zurück. Nach der Totenstarre wird das Fleisch wieder elastisch. Mit zunehmender Dauer der Lagerung – auch auf Eis – wird das Fischfleisch immer weicher. Geschmacklich ist das Fleisch am besten nach der Totenstarre, während der sich durch Abbau der muskeleigenen Energieträger noch Aromastoffe bilden. Bei Fischen, die auf Eis gelagert sind, ist das am zweiten oder dritten Tag nach dem Fang der Fall. Die Verarbeitung zu Filet an Bord der Fang- und Fabrikschiffe erfolgt jedoch meist noch vor der Totenstarre und den mit ihr verbundenen Reifeprozessen für den Geschmack des Fleisches. Das ist die Ursache dafür, dass tiefgekühlte Ware im Vergleich zu auf Eis gelagerten Fischen manchmal fade schmecken kann.

QUALITÄTSMERKMALE

Die **Haut** soll natürlichen Glanz und Farbe aufweisen, nicht verblasst wirken, ohne Druckstellen sowie ohne Beschädigung irgendwelcher Art und, entsprechend der Fischart und der Fangmethode, normal beschuppt sein. Hering, Makrele und andere Meeresfische verlieren beim Fang fast stets die meisten Schuppen. Das ist bei diesen Fischarten normal. Bei Fischen guter, frischer Qualität ist der Schleim auf der Haut klar und durchsichtig.

Frischer geht es nicht: Werden Saiblinge direkt nach dem Fang verarbeitet, darf man beste Qualität erwarten.

FRISCHEMERKMALE UNTER DER LUPE

Das Aussehen der Haut wird beanstandet, wenn sie unnatürlich gelb oder grau verfärbt, trüb oder gar schmierig blutig ist. Trockene Haut ist ein deutliches Zeichen dafür, dass der Fisch bereits längere Zeit an der Luft gelegen hat.

Die **Flossen** (1) sollten gut erhalten sein. Beschädigungen sind häufig die Folge langer Schleppdauer und sehr voller Netze. Bei starker Schleimbildung, was besonders bei unsachgemäßer Lagerung der Fische auftritt, können die Flossen verkleben.

Die **Augen** (2, 3) fangfrischer Fische sind prall und klar, nicht eingesunken oder trüb.

Das Aussehen der **Kiemen** (4) ist ein besonders wichtiges Kriterium. Am frischesten ist der Fisch, wenn die Kiemen leuchtend rot, die einzelnen Blättchen klar und deutlich zu erkennen, nicht verschleimt und nicht verklebt sind. Grauweiße, hellgelbliche, braune, verklebte oder auch schleimige Kiemen weisen darauf hin, dass der Fisch seit längerer Zeit tot oder schlecht gelagert ist. Die Symptome können auch bei kranken Fischen auftreten, was gelegentlich bei Zuchtfischen der Fall sein kann.

Bei ausgenommenen Fischen sollte die Bauchhöhle sauber ausgeweidet und weitgehend geruchlos sein. Blutreste müssen leuchtend rot sein.

Die Eingeweide bei nicht ausgenommenen frischen Fischen weisen scharfe Konturen auf. Je länger der Fisch tot ist, umso undeutlicher sind die Umrisse zu erkennen, bis sie sich schließlich mit zunehmend breiiger Konsistenz der Eingeweide ganz auflösen.

Auch der **Geruch** (5) ist aufschlussreich: Der bei frischen Fischen nicht unangenehme Geruch der Eingeweide wird dabei mehr und mehr unangenehm bis faulig. Frisch riechen sie dagegen kaum. Ähnliches gilt auch für den ganzen Fisch: Frischer Fisch riecht fast nicht! Besonders gut lässt sich der Geruch eines Fisches hinter dem abgespreizten Kiemendeckel wahrnehmen. Der charakteristische Fischgeruch entsteht erst durch chemische Abbauprozesse bei längerer oder unsachgemäßer Lagerung. Der »typische Fischgeruch« ist daher für frischen Fisch keinesfalls typisch; und auch säuerlich, tranig oder faulig darf Fisch nicht riechen.

Profiköche unterziehen übrigens nicht nur ganze Fische, sondern auch Fischfilets einer einfachen Qualitätsprüfung: Sie streichen mit einer Messerklinge behutsam darüber. Je weniger daran hängen bleibt, desto frischer ist das Filet.

(1) Ein wesentliches Gütekriterium für gute Fischqualität zeigt sich an den Flossen: Sie sollen gut erhalten und möglichst wenig beschädigt sein. Beschädigungen sind oft die Folge langer Schleppdauer und voller Netze. Bei falscher Lagerung der Fische können die Flossen zudem verkleben.

(2) Klare Augen sind ein gut erkennbares Frischemerkmal. Das Beispiel einer fangfrischen Forelle zeigt deutlich: Das Auge ist prall und glasklar ohne jede Trübung.

(3) Trübe Augen – Finger weg! Das Auge dieses Zanders ist bereits verschleiert und trüb, was ein deutliches Zeichen dafür ist, dass der Fisch nicht mehr ganz frisch ist.

(4) Leuchtend rote Kiemen signalisieren Frische. Die einzelnen Kiemenblättchen müssen klar zu erkennen sein. Sie dürfen weder fleckig noch verschleimt aussehen.

(5) Frisches Fischfilet hat keinen ausgeprägten Geruch. Riecht es leicht fischig, ist es nicht mehr ganz frisch. Auch darf es nicht säuerlich, tranig oder faulig riechen.

WARENKUNDE **KÜCHENPRAXIS** REZEPTE
→ *Garmethoden*

Vielfalt mit Wirkung: Welche Garmethode für welchen Fisch?

Ob Dünsten, Kochen, Grillen oder Frittieren: Jede Garmethode hat charakteristische Merkmale, die sich auf das Gargut individuell auswirken. Daher eignet sich nicht jede Garmethode für jeden Fisch.

ES GIBT ZAHLREICHE GARMETHODEN, und sie lassen sich nach charakteristischen Merkmalen gliedern, wie etwa die Art des Kochgeschirrs, Flüssigkeits- oder Fettzugabe und Gartemperatur. Während man unter **Kochen** das Garen in reichlich Flüssigkeit bei großer Hitze versteht, handelt es sich beim Pochieren, Dämpfen und Dünsten um sanftere Methoden, die entweder mit einer geringeren Gartemperatur oder mit weniger Flüssigkeit auskommen.

Unter **Pochieren** (1) wird langsames Garziehen in viel Flüssigkeit verstanden, etwa in Fischfond, Court-Bouillon oder Salzwasser, und zwar bei Temperaturen unterhalb des Siedepunktes. Salz ist wichtig, damit der Fisch nicht auslaugt. Es gilt die Faustregel: kleine Fische in heiße, große in kalte Flüssigkeit einsetzen. Pochieren ist die beste Garmethode für ganze Fische mit Haut.

Dämpfen (2) hat vor allem in China Tradition, ist aber auch bei uns im Kommen. Die Chinesen stapeln Bambuskörbe übereinander und garen so mehrere Fische gleichzeitig. Hierzulande verwendet man meist einen herkömmlichen Topf mit Siebeinsatz oder einen professionellen Dampfgarer. Dämpfen eignet sich für ganze Fische unter 1 kg Gewicht. Es ist auch ideal für Filets, um ihren puren Geschmack voll zu erhalten.

Das Garen im eigenen Saft unter Zugabe von wenig Fett und Flüssigkeit wird als **Dünsten** (3) bezeichnet. Zugedeckt und bei mäßiger Temperatur, ist es eine der schonendsten Garmethoden. Die Hitze wirkt von zwei Seiten: Von unten gart der Fisch im Fond, von oben kommt der Dampf. Der Fisch wird zart und aromatisch. Dünsten ist ideal für kleinere Fische und Filets.

Zum **Braten in der Pfanne** (4) eignen sich ganze Fische, die nicht mehr als 400 g wiegen, sowie Filets. Diese Garmethode bekommt Fisch sehr gut – vo-rausgesetzt, man gart ihn möglichst kurz und auf den Punkt. Durch die starke Hitze schließen sich die Poren des Fischfleisches, das unter der schützenden Kruste angenehm saftig bleibt.

Beim **Frittieren** (5) wirken hohe Temperaturen auf das Gargut. Fisch sollte nur mit einer schützenden Hülle frittiert werden, so bildet sich rasch eine Kruste, die das zarte Fleisch saftig hält. Das kann eine dünne Mehlschicht sein, eine Panade oder ein Teigmantel. Größere Fischstücke werden bei 160 °C frittiert, kleine ganze Fische wie Sardellen bei 180 °C.

Die älteste Garmethode, das **Grillen** (6), ist auch für (ganze) Fische geeignet. Ob über Holzkohle oder unter dem Elektrogrill, durch die starke Strahlungshitze gerinnt das Eiweiß in den äußeren Schichten und bildet einen Schutzmantel, unter dem Saft, Aroma und Nährstoffe eingeschlossen bleiben. Der Grill muss jedoch immer gut vorgeheizt werden.

Eine schonende Garmethode für kleinere ganze Fische oder Fischstücke ist das **Räuchern** (7). Für das Räuchergut Fisch wählt man in der Regel das Heißräuchern: Bei einer Temperatur von etwa 60 °C bleibt der Fisch zart und saftig. Der Geschmack wird stark vom Räuchermehl und von zugesetzten Gewürzen beeinflusst, daher auf gute Qualität des Räuchermehls achten (gibt es im gut sortierten Haushaltswarenladen und im Anglerbedarf). Räuchern kann man in speziellen Räucheröfen, aber auch im Wok.

»Aus dem Ofen« (8) ist eine Zubereitungsmethode, die für ganze Fische, Filets und Koteletts geeignet ist. Sie sollten durch Abdecken oder Beschöpfen mit Flüssigkeit vor direkter Strahlungshitze geschützt werden. Alternativ dazu schafft das Einhüllen in Pergament oder Folie ideale Bedingungen, damit der Fisch im eigenen Saft garen kann. Das Aroma bleibt dabei voll erhalten und entfaltet sich bestens.

GARMETHODEN IM ÜBERBLICK

(1) Beim Pochieren oder Garziehen wird der Fisch in eine gewürzte Flüssigkeit gelegt, die auf keinen Fall mehr kochen sollte.

(2) Beim Dämpfen entfaltet die feuchte Hitze ihre ganze Wirkung: Der Fisch wird schonend und aromareich gegart.

(3) Beim Dünsten soll das Gargut möglichst im eigenen Saft garen. So bleibt das Aroma erhalten und das Fischfleisch wird sehr zart.

(4) Beim Braten spielt große Hitze eine Doppelrolle: Sie schließt die Poren, macht eine leckere Kruste und hält das Fischfleisch saftig.

(5) Beim Frittieren schützt eine Hülle empfindliches Gargut vor allzu großer Hitze. So wird es außen kross und bleibt innen saftig.

(6) Beim Grillen ist die starke Strahlungshitze notwendig: Nur die erzeugt die Röststoffe mit dem unverwechselbaren Aroma.

(7) Beim Räuchern kommt es auf den Rohstoff an: Frische und Tiefkühlfische werden heißgeräuchert, Salzfische dagegen kaltgeräuchert.

(8) »Aus dem Ofen« ist eine Zubereitungsmethode, die sich für ganze Fische, Filets und Koteletts eignet. Ihr Vorteil: Spezielle Bratfolie, Alufolie, Pergament oder Backpapier umhüllen den Fisch schützend und sorgen dafür, dass er saftig und sein Aroma voll erhalten bleibt.

Teubner Edition 145

WARENKUNDE KÜCHENPRAXIS REZEPTE
→ Tiefkühlen

F(r)ische aus dem Tiefkühlfach

Was tun, wenn Sie das Anglerglück ereilt? Essen, so viel geht! Und der Rest der fangfrischen Beute darf ausnahmsweise Tiefkühlschlaf halten!

FISCH RICHTIG KONSERVIEREN: Dass frischer Fisch, und um ihn geht es in diesem Buch in erster Linie, auch durch den feinsten tiefgekühlten nicht gleichwertig zu ersetzen ist, dürfte bekannt sein. Doch wird es immer wieder einmal passieren, dass man von dieser, übrigens besten Konservierungsmethode für Fisch, Gebrauch machen muss. In unseren Breiten wird das vermutlich seltener bei Meeresfischen der Fall sein, außer man wohnt in Meeresnähe, denn zum Tiefkühlen eignen sich nur wirklich fangfrische Fische. Bei Süßwasserfischen könnte es jedoch schon eher einmal vorkommen, dass man mehr Fische hat, als man momentan verbrauchen kann, und da empfiehlt es sich, sie so schnell wie möglich tiefzukühlen.

Dabei hängt es bei großen Fischen von der späteren Verwendung ab, ob man sie im Ganzen oder gleich in Portionen tiefkühlt. Auf jeden Fall sollten die Fische vorher ausgenommen und die Bauchhöhle unter fließendem Wasser gereinigt werden. Je nach Fischart können sie auch vorher geschuppt werden. Anschließend sollten Sie die Fische erst einmal glacieren (1). In jedem Fall aber müssen die Fische korrekt verpackt (2) werden, wenn sie die Lagerzeit ohne Mängel überstehen sollen. Kleine Fische (wie etwa Sardinen) werden erst einzeln vorgefroren, bevor man sie zusammen verpackt.

Als Verpackungsmaterial eignet sich Kunststoff- oder Alufolie. Wenn Fischstücke, etwa Filets, tiefgekühlt werden, sollten sie durch Folienblätter voneinander getrennt werden. Übrigens: die maximale Lagerzeit für Frischfisch wird vom Deutschen Tiefkühlinstitut mit 3 bis 8 Monaten angegeben – natürlich ausschließlich bei –18 °C und darunter!

GLACIEREN

(1) Glacierte Fische halten besser: Zum Glacieren die küchenfertig vorbereiteten Fische auf Alufolie legen und lose abgedeckt vorfrieren. Dann die Fische in eiskaltes Wasser tauchen und, sobald sie mit einer Eisschicht überzogen sind, den Vorgang wiederholen.

(2) Die so präparierten Fische sorgfältig verpacken: einzeln in Alufolie wickeln und im Tiefkühlgerät bei mindestens -18 °C bis zum baldigen Verbrauch lagern.

WARENKUNDE KÜCHENPRAXIS REZEPTE
→ Fischausbeute

Was vom Fisch übrig bleibt

Frischer Fisch – eine delikate Angelegenheit. Doch wie viel bleibt für das kulinarische Vergnügen nach dem Ausnehmen und Filetieren?

WIE VIEL VERWERTBARES FLEISCH hat ein Fisch? Beim Einkauf ist es wichtig, einen Anhaltspunkt zu haben, wie das Verhältnis von verwertbarem Fleisch zu den Abfällen ist. Das kann bei den verschiedenen Fischarten sehr unterschiedlich sein.

Die Tabelle gibt dazu Richtwerte an, ausgehend von handelsüblichen Größen. Mit der Größe ändern sich auch die Relationen. So hat ein kleiner Steinbutt von 1 kg, prozentual gesehen, einen geringeren Filetanteil als ein großer Steinbutt von 4 bis 5 kg.

Wie viel verwertbares Fleisch hat ein Fisch?

Ausgangspunkt für diese Tabelle ist – sofern nicht anders vermerkt – der ganze Fisch. Je nach Größe fällt der Anteil nicht verwertbarer Abfälle (Innereien und Flossen) unterschiedlich aus. Aus den verwertbaren Abgängen wie Kopf, Gräten, Haut und Flossensaum lässt sich ein Fond kochen. Der Anteil an Filetgewicht ist von Fisch zu Fisch verschieden. Die Tabelle unten gibt einen Überblick.

FISCH, BRUTTOGEWICHT	FISCH, KÜCHENFERTIG Nettogewicht	Abfälle, nicht verwertbar	VERWERTBARE ABGÄNGE zum Beispiel für Fonds (Kopf, Haut, Gräten, Flossen)	FILETGEWICHT (ohne Haut, sauber pariert)
Aal, 670 g	450 g/67,2 %	220 g	70 g/10,5 %	380 g/56,7 %
Dorade rosé/Brassen, 390 g	350 g/90,2 %	40 g	190 g/48,9 %	160 g/41,3 %
Ganzer Rochen, 7.000 g	6.650 g/95,0 %	350 g	4.900 g/70,0 %	1.750 g/25,0 %
Karpfen, 985 g	810 g/82,2 %	175 g	480 g/48,7 %	330 g/33,5 %
Lotte/Seeteufel, 730 g	470 g/64,2 %			
(ohne Kopf)	(enthäutet)	–	360 g/49,4 %	370 g/50,6 %
Loup de mer, 860 g	815 g/94,8 %	45 g	425 g/49,4 %	390 g/45,3 %
Petersfisch/St. Pierre, 650 g	500 g/77,0 %	150 g	330 g/50,8 %	170 g/26,2 %
Rochenflügel, 2.320 g	–	–	1.310 g/56,5 %	1.010 g/43,5 %
Seezunge, 525 g	495 g/94,2 %	30 g	280 g/53,8 %	215 g/40,4 %
Steinbutt, 2.700 g	2.640 g/97,8 %	60 g	1.790 g/66,4 %	850 g/31,4 %
Tilapia, 800 g	630 g/78,8 %	170 g	390 g/48,8 %	240 g/30,0 %
Wildlachs, 2.670 g	2.500 g/93,5 %	170 g	1.000 g/37,4 %	1.500 g/56,1 %
Zander, 1.000 g	900 g/90,0 %	100 g	460 g/46,0 %	440 g/44,0 %

Teubner Edition **147**

WARENKUNDE KÜCHENPRAXIS REZEPTE
→ Rundfisch vorbereiten

Rundfische vorbereiten: Schuppen und ausnehmen

Was tun mit einem fangfrisch gekauften Wolfsbarsch? Mit der richtigen Technik sind Schuppen und Ausnehmen kein Problem. Hier werden alle wichtigen Handgriffe Schritt für Schritt genau beschrieben.

AM BEISPIEL EINES WOLFSBARSCHS wird gezeigt, wie man einen fangfrischen Rundfisch küchenfertig vorbereitet. Die meisten Fische müssen vor der Zubereitung geschuppt werden, wobei zuvor die Flossen abgeschnitten werden. Am besten geschieht das Schuppen vor dem Ausnehmen, dann geht es einfacher. Ein Fischschupper erleichtert das Ablösen der Schuppen; man kann dafür aber auch den Rücken eines stabilen Kochmessers verwenden. Fische schuppt man am besten unter fließendem kaltem Wasser oder auch über einigen Lagen Zeitungspapier, dann verteilen sich die kleinen Blättchen nicht über den ganzen Raum.

Beim Ausnehmen heißt es vorsichtig sein: Die an der Leber hängende Galle darf nicht verletzt werden, die austretende Gallenflüssigkeit würde den Fisch ungenießbar machen. Nach dem Ausnehmen ist noch die Niere in der Bauchhöhle des Fisches, da sie wie ein Schlauch eng am Rückgrat anhaftet. Zwar müsste sie aus kulinarischer Sicht nicht entfernt werden, aus ästhetischen Gründen ist dies aber sinnvoll. Mit einem spitzen Messer ritzt man die weiße Schutzhaut auf, kratzt die Niere heraus und spült unter fließendem Wasser alle Reste weg. Im Allgemeinen nimmt man einen Fisch durch die Bauchhöhle aus. Will man aber einen ganzen Fisch mit Kräutern und Gewürzen füllen, kann man den Fisch auch durch die Kiemen ausnehmen.

DURCH DIE KIEMEN AUSNEHMEN

Bei dieser Methode bleibt die Bauchhöhle geschlossen. Die feinen Aromen von Fisch und Kräutern gehen darin eine köstlich duftende Verbindung ein. Zum Ausnehmen durch die Kiemen und Füllen mit Kräutern eignen sich am besten Portionsfische, die im Ganzen serviert werden können. Das sieht nicht nur besser aus, sondern hat auch ganz praktische Gründe: Der so ausgenommene Fisch enthält ja noch alle Gräten; größere Fische müssten mitsamt der Gräten zerteilt werden, die sich dann beim Essen nicht mehr so leicht entfernen lassen, wie beim ganzen Fisch. Größere Fische bereitet man deshalb auf diese Weise nur dann zu, wenn man aus dem Mittelstück Scheiben (»Darnen«) schneiden möchte, die an der Bauchseite noch geschlossen sein sollen, etwa für eine Teigfüllung.

EINEN RUNDFISCH SCHUPPEN

(1) Mit einer Schere die Brustflossen, die Bauch- und Rückenflosse sowie die Afterflosse entfernen.

(2) Den Fisch am Schwanzende mit einem Küchentuch anfassen und mit einer Hand gut festhalten.

(3) Mit einem Fischschupper oder mit dem Rücken eines stabilen Kochmessers zum Kopf hin schuppen.

RUNDFISCH DURCH DEN BAUCH AUSNEHMEN

(1) Die Bauchhöhle des Fisches von der Afteröffnung zum Kopf hin vorsichtig flach aufschneiden.

(2) Das letzte Stück unmittelbar vor dem Kopf mit der Küchenschere aufschneiden.

(3) Die Bauchseiten auseinander ziehen; die Innereien sind jetzt gut zu erkennen.

(4) Mit den Fingern oder mit der Schere die Eingeweide an der Afteröffnung lösen.

(5) Die Eingeweide mit den Fingern vorsichtig in Richtung Kopf herausziehen und abschneiden.

(6) Gut ist die an der Leber hängende schwarzgrüne Galle zu sehen, die nicht verletzt werden darf!

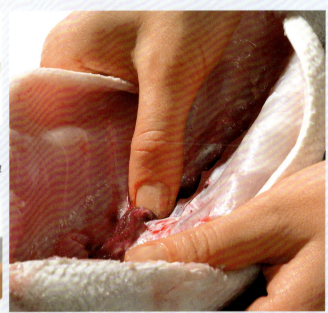

(7) Die Kiemen mit der Schere an einer Ansatzstelle abschneiden und vorsichtig herausziehen.

(8) Kiemen an der zweiten Ansatzstelle abschneiden und den Fisch unter fließendem Wasser waschen.

(9) Die Bauchhöhle des Fisches gut ausspülen und dabei auch mit dem Daumennagel oder einem Teelöffel die dunkelrote Niere herausschaben, die schlauchartig am Rückgrat anhaftet.

RUNDFISCH DURCH DIE KIEMEN AUSNEHMEN

(1) Mit einem kleinen Messer den Darm am After rundum vom Muskelfleisch trennen.

(2) Kiemendeckel wegklappen und die Kiemen mit der Schere am oberen Ende abschneiden.

(3) Mit der Schere auch das untere Ende abschneiden; die Kiemen vollständig entfernen.

(4) Mit zwei Fingern in die Kiemenöffnung greifen; Schlund mit den Innereien packen.

(5) Vor dem Entfernen durch leichtes Ziehen prüfen, ob der Darm am After ganz gelöst ist.

(6) Eingeweide herausziehen; der Darm darf nicht reißen, die Galle nicht verletzt werden.

WARENKUNDE KÜCHENPRAXIS REZEPTE
→ *Rundfisch vorbereiten*

Rundfisch küchenfertig machen: Portionieren und filetieren

Geschafft, der Fisch ist ausgenommen und geschuppt. Doch küchenfertig wird er erst durch Portionieren oder Filetieren.

KÜCHENFERTIG, das bedeutet meistens, dass ein Fisch nach dem Schuppen und Ausnehmen auch noch portioniert oder filetiert werden muss. Portionieren wird man vor allem große Fische. Am Beispiel eines großen Lachses wird gezeigt, wie man einen Rundfisch in gleichmäßige Portionen zerteilt, und zwar so, dass die Scheiben an der Bauchseite noch zusammenhängen. Zunächst den Kopf des Fisches abtrennen, wie im Bild unten gezeigt. Dann den Darm an der Afteröffnung lösen (siehe auch »Durch die Kiemen ausnehmen«, S. 149, Step 1) und mit den Eingeweiden vorn herausziehen (S. 149, Step 4 bis 6). Erst danach in portionsgerechte Scheiben schneiden, wie unten gezeigt. Die Stücke bis zum Ende der Bauchhöhle bezeichnet man als »Darnen« – die Nierenteile darin lassen sich problemlos mit dem Daumennagel oder einem Teelöffel herausschaben (siehe »Durch den Bauch ausnehmen«, S. 149, Step 9). Das Schwanzstück, das nicht mit portioniert wird, anderweitig verwenden.

EINEN RUNDFISCH FILETIEREN

Wird ein Fisch jedoch nicht portioniert und auch nicht im Ganzen verwendet, muss man ihn filetieren. So wie der in der Bildfolge rechts gezeigte Wolfsbarsch lassen sich auch andere Rundfische küchenfertig vorbereiten. Festhalten sollte man den Fisch dabei am besten mit einem Küchentuch, so hat man ihn besser im Griff. Das Ergebnis beim Filetieren: zwei gut parierte Filets sowie die Parüren, auch Abgänge genannt, dazu zählen Kopf, Skelett, Flossen, Haut und Abschnitte vom Zuschneiden. Nicht wegwerfen: Aus den Parüren lässt sich würziger Fischfond herstellen.

LACHS PORTIONIEREN

(1) Mit einem scharfen, kräftigen Messer zunächst den Kopf des Fisches sauber abtrennen.

(2) Vom Fisch – am Kopfende beginnend – mit einem großen Messer 2 bis 3 cm dicke Scheiben abschneiden.

RUNDFISCH FILETIEREN

(1) Den Kopf mit dem Messer abtrennen; dafür beidseitig schräg einschneiden.

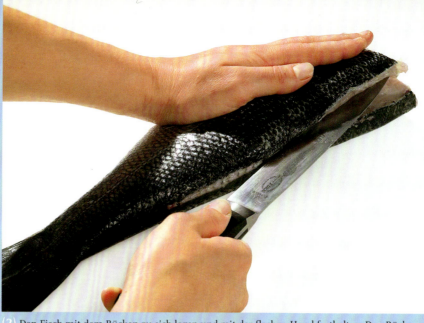

(2) Den Fisch mit dem Rücken zu sich legen und mit der flachen Hand festhalten. Den Rücken mit einem dünnen Messer direkt neben der Rückenflosse längs einschneiden.

(3) Das Messer am Kopfende quer unter das obere Filet schieben und das Filet ...

(4) ... direkt über der Mittelgräte in Richtung Schwanz abtrennen (braucht etwas Kraft).

(5) Am Kopfende unterhalb der Mittelgräte ansetzen und das zweite Filet abschneiden.

(6) Die Mittelgräte ist jetzt freigelegt und lässt sich gut mitsamt dem Schwanz abheben.

(7) Die Filets parieren, dafür zunächst die Bauchhöhlengräten entfernen.

(8) Die verbliebenen kleinen Gräten mit der Grätenzange oder einer -pinzette entfernen.

(9) Am Ende einschneiden, Hautende festhalten, Filet knapp über der Haut abschneiden.

(10) Das zweite Filet ebenso häuten. Jetzt hat man zwei sauber parierte Filets.

(11) Übrig bleiben die Parüren: Haut, Flossen, Mittelgräte, Kopf und sonstige Abschnitte.

Teubner Edition 151

WARENKUNDE   KÜCHENPRAXIS   REZEPTE
→ Rundfisch vorbereiten

Rundfische durch den Rücken entgräten und füllen

Nicht ganz einfach, aber dazu geeignet, andere zu beeindrucken: Das Entgräten durch den Rücken ist ideal, wenn große Fische gefüllt oder geräuchert werden sollen.

FÜR DAS ENTGRÄTEN durch den Rücken bieten sich Fische an, die ihrer Größe nach für ein Zwei-Portionen-Gericht geeignet sind. Die Methode ist zwar etwas aufwändig, aber für einige Zubereitungen – wie beispielsweise für das Füllen mit einer Farce – absolut unumgänglich. Ein weiterer Vorteil: Relativ große Fische sind in kürzester Zeit gleichmäßig gar. Man kann so vorbereitete Fische dämpfen und mit einem feinen Ragout füllen. Oder man kann sie roh mit Butterbröseln bestreichen und unter dem Grill gratinieren. Auch zum Räuchern sind durch den Rücken entgrätete Fische ideal.

ENTGRÄTEN DURCH DEN RÜCKEN

Am Beispiel eines Wolfsbarschs wird in der Stepfolge rechts das Entgräten durch den Rücken gezeigt. Sie brauchen dazu eine Fischschere, ein Messer, ein Sägemesser und eine Pinzette. Das Ergebnis: Die beiden grätenlosen Filets werden praktisch nur noch von Kopf und Schwanz und an der Bauchseite zusammengehalten. Vor dem Entgräten muss man den Fisch schuppen (siehe »Einen Rundfisch schuppen«, S. 148), und ausnehmen (siehe »Durch den Bauch ausnehmen« und »Durch die Kiemen ausnehmen«, S. 149). Auch die Flossen werden entfernt (siehe Step 1). Dann wird der Fisch flach auf eine Arbeitsfläche gelegt und das eigentliche Entgräten beginnt: Zunächst mit einem kurzen, scharfen Messer am Rücken neben der Wirbelsäule und den daran befindlichen Gräten einschneiden (siehe Step 2 bis 4). Den Schnitt über die Wölbung der Bauchgräten weiterführen, bis das Skelett frei liegt, und das Rückgrat sowie die Eingeweide entfernen (siehe Step 5 bis 7). Zum Schluss die Kiemen und die knochigen Teile bis zu den Kiemendeckeln entfernen, damit die Höhle für die Füllung schön groß ist (siehe Step 8 und 9). Die in den Filets verbliebenen Gräten mit einer Grätenzange herausziehen.

RUNDFISCH FÜLLEN

Wenn man einen Rundfisch füllen möchte, kauft man ihn am besten im Ganzen, also nicht ausgenommen. Das hat den Vorteil, dass man ihn dann

RUNDFISCH FÜLLEN

(1) Eine Farce, d.h. eine Masse zum Füllen der Bauchhöhle des Fisches, nach Rezept vorbereiten. Die fertige Farce mit einem Löffel in die Bauchöffnung des Fisches füllen.

(2) Die Bauchöffnung über der Farce zuklappen und den Fisch mit Küchengarn umwickeln, damit die Füllung nicht austreten kann.

(1)

(2)

WARENKUNDE **KÜCHENPRAXIS** REZEPTE
→ *Rundfisch vorbereiten*

selbst durch den Rücken entgräten und ausnehmen kann. Zum Füllen ist dies ideal, denn der Bauch bleibt geschlossen, und es entsteht eine schöne große Öffnung, die viel Farce aufnehmen kann (siehe S. 152, Step 1) – viel mehr als die kleine Bauchhöhle beim Ausnehmen durch den Bauch. Damit die Füllung nicht austritt, umwickelt man den Fisch in kurzen Abständen mehrere Male mit Küchengarn und verknotet die Fäden dann auf der Rückseite des Fisches (siehe S. 152, Step 2). Die Bildfolgen auf dieser Doppelseite zeigen das Vorbereiten und Füllen detailliert am Beispiel eines Wolfsbarschs.

DURCH DEN RÜCKEN ENTGRÄTEN

(1) Beim geschuppten Fisch mit einer Fischschere die Flossen am Rücken, am Bauch und am After jeweils in Richtung Kopf abschneiden.

(2) Mit dem Messer am Rücken oberhalb des Rückenflossenansatzes behutsam der Länge nach bis auf die Mittelgräte einschneiden.

(3) Dann den gleichen Schnitt am Rücken unterhalb des Rückenflossenansatzes machen, indem das Messer den Fisch behutsam der Länge nach tief bis auf die Mittelgräte einschneidet. Beim Schneiden für eine bessere Sicht das stehen gebliebene Mittelstück mit dem Daumen leicht nach oben drücken.

(4) Beim Freilegen der Filets die Bauchhöhlengräten möglichst nicht durchtrennen. Sie müssen sonst später einzeln aus den Filets gezupft werden.

(5) Die Bauchhöhle etwas aufspreizen und die frei liegende Mittelgräte direkt vor dem Schwanz am besten mit einer Schere abschneiden.

(6) Dann das lose Ende der Mittelgräte herausziehen und die Mittelgräte so nah wie möglich am Kopf mit einer kräftigen Schere abschneiden.

(7) Die frei liegenden Eingeweide vorsichtig herausnehmen und hinter dem Kopf abschneiden. Die Bauchhöhle gründlich kalt ausspülen.

(8) Die festen und knochigen Teile zwischen dem Bauch und der Kopfunterseite mit der Schere bis an den Kiemendeckel wegschneiden.

(9) Dann den Fisch auf der Arbeitsfläche auf den Rücken legen und die Kiemen entfernen; auch das geht am besten mit einer spitzen Küchenschere.

(10) Ein kleines Sägemesser unter die Gräten schieben und diese nach außen hin wegschneiden. Beim zweiten Filet ebenso verfahren.

(11) Die restlichen sichtbaren Gräten mit einer Grätenzange oder einer Grätenpinzette gründlich entfernen und den Fisch wieder umdrehen.

WARENKUNDE KÜCHENPRAXIS REZEPTE
→ Aal vorbereiten

Einen fangfrischen Aal küchenfertig vorbereiten

Aale kommen fast immer lebend in den Handel. Wie man sie küchenfertig vorbereitet, wird hier Schritt für Schritt gezeigt.

FRISCHE, ALSO LEBENDE AALE, die bei uns unter der Bezeichnung »Grüner Aal« zu kaufen sind, werden in Tanks gehältert. Wie man einen frischen Aal küchenfertig vorbereitet, wird hier ausführlich in den Stepfolgen beschrieben. Aber Vorsicht: Aalblut ist toxisch und sollte nicht in offene Wunden gelangen. Auf dieselbe Weise können übrigens auch Neunaugen vorbereitet werden, die zwar nicht mit dem Aal verwandt sind, mit ihm aber die dicke schleimige Haut gemein haben.

AAL HÄUTEN, ODER NICHT?

Wenn es darum geht, einen Aal für Topf oder Pfanne küchenfertig vorzubereiten, muss man ihm die Haut abziehen, denn sie ist dick, glatt und ziemlich schleimig. Nur bei sehr jungen Aalen oder bei zum Räuchern bestimmten Exemplaren kann sie dranbleiben. In diesem Fall muss aber der Schleim zuvor sorgfältig entfernt werden. Auf der Haut verbliebene Schleimreste sehen nämlich nach dem Räuchern grau und unansehnlich aus.

AAL ENTSCHLEIMEN UND AUSNEHMEN

(1) Zum Entschleimen den Fisch rundherum kräftig mit grobem Salz einreiben und dieses 2 bis 3 Minuten einwirken lassen. Dann das Salz mit dem daran haftenden Schleim gründlich mit der Hand abstreifen. Den Vorgang bei Bedarf wiederholen.

(2) Die Bauchdecke vorsichtig zum Kopf hin aufschneiden, ohne dabei Eingeweide zu verletzen. Den Aal umdrehen und den Schnitt 4 bis 5 cm in Richtung Schwanz weiterführen.

(3) Hier befindet sich der letzte Teil der Niere – die so genannte Schwanzniere – die Eingeweide liegen jetzt frei und der Aal kann nun vorsichtig ausgenommen werden.

(4) Die frei liegenden Eingeweide möglichst zusammenhängend lösen, vorsichtig mit der Hand in Richtung Kopf herausziehen und direkt hinter den Kiemen abschneiden.

(5) Die schlauchartige Niere mit dem Fingernagel oder einem kleinen Teelöffel entfernen und die Bauchhöhle säubern. Erst jetzt wird der Aal gehäutet und weiterverarbeitet.

154 Teubner Edition

AAL ENTSCHLEIMEN

Zum Entschleimen den gesamten Aal rundum mit grobkörnigem Meersalz einreiben, 2 bis 3 Minuten einwirken lassen und anschließend das Salz mit dem Schleim abstreifen (siehe S. 154, Step 1). Dabei darauf achten, dass keinerlei Schleimreste auf der Haut zurückbleiben, und den Aal unter fließend kaltem Wasser gründlich abwaschen. Nicht extra zu entschleimen braucht man einen Aal, der vor dem Räuchern in ein Salzbad kommt. Legt man ihn ausgenommen und gewaschen für 12 bis 14 Stunden in Salzlake, lässt sich der Aalschleim anschließend ganz einfach mit den Händen abstreifen.

Die noch sehr verbreitete Methode des Entschleimens mit Salmiaklösung ist recht aggressiv und kann den Geschmack beeinflussen, wenn der Aal an einer Stelle verletzt ist oder wenn er gar schon ausgenommen wurde. Diese Methode ist daher heute nicht mehr zu empfehlen.

AAL AUSNEHMEN

Zunächst schneidet man ihn auf: Dafür den Aal mit dem Bauch nach oben in die Hand nehmen, mit einem kurzen, spitzen Messer an der Afteröffnung einstechen und weiterarbeiten, wie in der Bildfolge links gezeigt wird. Die Eingeweide mit dem Daumen lösen und entfernen. Die unter der Bauchhaut direkt am Rückgrat liegende schlauchartige Niere ebenfalls entfernen. Dazu die Haut einritzen und die Niere unter fließendem Wasser mit dem Daumennagel herausschaben, dabei darauf achten, dass die Schwanzniere mit entfernt wird. Den Aal häuten, wie gezeigt. So vorbereitet, kann man den Aal jetzt nach Belieben weiterverarbeiten: entweder wird er im Ganzen geräuchert oder aber – in Stücke geschnitten – geschmort, gebacken oder gegrillt.

AAL HÄUTEN

Zum Häuten eines Aals gibt es zwei Methoden: Bei der ersten Methode wird die Haut durch Einschneiden etwas gelöst, der Aal aufgehängt und die Haut abgezogen. Einen besseren Griff hat man dabei, wenn man das Hautende mit einem Küchentuch festhält; keine Angst: Haut und Fleisch sind fest genug – sie reißen nicht ab. Bei der zweiten, ebenso gebräuchlichen Methode, wird die Haut hinter dem Kopf und den Brustflossen zu einer Art Griff eingeschnitten, vorsichtig etwas vom Fleisch gelöst und dann mit Kraft nach unten hin abgezogen.

AAL HÄUTEN (1. METHODE)

(1) Zuerst ein Stück Haut seitlich hinter dem Kopf etwas lösen und vorsichtig abziehen.

(2) Die Haut mit der anderen Hand bis zur anderen Seite lösen; so entsteht eine Art Griff.

(3) Die Haut mit der Schere einschneiden und in Richtung Schwanz abziehen.

(4) Den Aal festhalten und die Haut über den Schwanz vollständig abziehen, sie reißt nicht.

(5) Mit einer stabilen Schere die Flossen in Richtung Kopf hin abschneiden.

(6) Die Haut am Kopf ebenfalls abziehen; jetzt kann man den Aal nach Wunsch zerteilen.

AAL HÄUTEN (2. METHODE)

(1) Die Haut hinter dem Kopf einschneiden und etwas lösen.

(2) An der Einschnittstelle ein Stück Küchengarn um den Aal binden und gut verknoten.

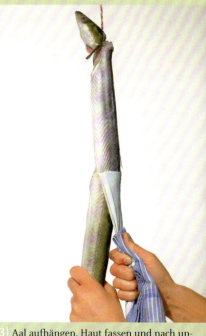

(3) Aal aufhängen, Haut fassen und nach unten ziehen. Den Aal am Schwanz straff halten.

Teubner Edition 155

Spezielle Geräte –
und wie Profis sie verwenden

Oben: Wer Fisch häufig selbst schuppt, kann einen Fischschupper gut gebrauchen.

Unten: Gutes Handwerkszeug ist eine wichtige Voraussetzung für das Gelingen der Gerichte.

Die Zubereitung von Fisch erfordert Fingerspitzengefühl – ob beim Ausnehmen, Filetieren oder Enthäuten, immer werden die Hände gebraucht. Doch darüber hinaus erleichtern gute und passende Küchenwerkzeuge dem Fischkoch die Vor- und Zubereitung eines Fisches enorm.

SCHUPPER, MESSER, SCHERE

Eines müssen alle Schneide-Werkzeuge in der Fischküche gemeinsam haben – sie müssen einen rutschfesten Griff haben, gut in der Hand liegen und sollten nach Möglichkeit nicht rosten.

Ein guter Schupper aus stabilem und rostfreiem Edelstahl ist eine gute Anschaffung, wenn Sie Fisch häufiger selbst entschuppen. Kleine Zacken am eigentlichen Schupperende sorgen dafür, dass die Schuppen leicht angehoben und bei der ziehenden Bewegung aus der Fischhaut herausgezogen werden. Wer nur ab und zu seinen Fisch selbst von den Schuppen befreit, tut dies am besten mit dem Rücken eines großen und stabilen Kochmessers.

Messer sind überhaupt ein wichtiger Bestandteil einer guten Fischküchen-Ausstattung. Für die unterschiedlichsten Arbeitsschritte sind diverse Messer notwendig. Ein großes, stabiles (nicht biegsames) Kochmesser kann, wie schon erwähnt, zum Schuppen verwendet werden, aber auch zum Durchtrennen fester Gräten und Mittelgräten. Auch zum Abtrennen des Fischkopfes ist es geeignet, wobei hier auch ein stabiles, nicht zu kurzes Sägemesser von gutem Nutzen sein kann. Dagegen brauchen Sie zum Filetieren und Häuten von Fischen sehr scharfe Messer mit flexibler Klinge, mit denen Sie ent-

> **Alle Schneide-Werkzeuge in der Fischküche müssen einen rutschfesten Griff haben, gut in der Hand liegen und sollten nach Möglichkeit nicht rosten.**

lang der Gräten das Fischfleisch oder auch die Haut entlang der Filets ablösen können. Je nach Größe des Fisches variiert auch die Länge des Messers. So kann es zum Häuten kleinerer Fische, etwa Forellen, kürzer sein, als zum Filetieren eines großen Lachses. Um Lachsfilet in hauchdünne Scheiben zu schneiden, empfiehlt sich ein sehr langes, scharfes und flexibles Lachsmesser. Zum Nachschärfen der Messer verwenden Sie am besten einen Wetzstahl – doch sind die Messer richtig stumpf, sollten sie vom Fachmann geschliffen werden.

Ebenso wichtig wie die Messer ist eine stabile Haushaltsschere, die kräftig genug ist, dass Sie damit auch größere, festere Flossen abtrennen können. Sie ist auch notwendig, um die Kiemen zu entfernen, und leistet gute Dienste beim Öffnen des letzten Stückes der Bauchhöhle.

Zum Herstellen von Fischfarcen brauchen Sie entweder einen Blitzhacker, einen Mixer oder eine Küchenmaschine mit scharfen Schlagmessern, die das stückige Fischfleisch in eine homogene, feine Masse verwandeln.

FÜRS GRÄTENZIEHEN – PINZETTE ODER ZANGE

Um Fischfilets auch restlos grätenfrei zu bekommen, ist bisweilen ein Nacharbeiten mit einer Grätenzange oder -pinzette notwendig. Welches Gerät Sie dafür nehmen, bleibt Ihnen überlassen – wichtig ist jedoch, dass das Zangen- oder Pinzettenende, mit dem die Gräte gefasst wird, gut zusammenkneift und kein Herausrutschen der Gräte möglich ist. Auch hier ist es von Vorteil, wenn der Griff rutschfest und gut festzuhalten ist. Sollten Sie keine spezielle Grätenzange haben, tut es auch eine kleine Zange aus dem Baumarkt, während eine herkömmliche Pinzette für diese Zwecke völlig ungeeignet ist.

TÖPFE, TIEGEL, PFANNEN

Klar – Töpfe und Pfannen hat jeder. Doch passt der Fisch auch im Ganzen hinein? Kleine Fischfilets lassen sich in herkömmlichem Gargeschirr gut zubereiten. Doch für eine ganze Forelle ist ein spezieller Fischbräter oder eine ovale Fischpfanne von großem Nutzen.

Zum Pochieren von Fisch brauchen Sie ausreichend große Töpfe – je nachdem ob Filets oder ganze Fische gegart werden sollen. Es gibt auch extra Fischkessel oder -bräter, die mit ihrer länglichen, ovalen Form sehr gut zum Garen ganzer Fische geeignet sind. Zudem haben sie oft einen gelochten oder einen Siebeinsatz, mit dem Sie den gegarten Fisch aus dem Sud heben können. Ein großer Bräter aus Edelstahl mit Siebeinsatz tut hier aber auch gute Dienste.

Kasserolle und Sauteuse zur Zubereitung verschiedenster Saucen sind wichtige Bestandteile der Fischküchen-Ausstattung.

Zum Dämpfen von Fisch oder Fischfilets eignen sich gelochte Dämpfeinsätze oder Siebeinsätze für Töpfe, aber auch in einem Wok mit Bambuskorb lässt sich Fisch gut dämpfen. Zum Garen im Ofen brauchen Sie eine hitzebeständige, ausreichend große Form aus Glas, Keramik oder Edelstahl. Auch ein Backblech oder die Fettpfanne eines Backrohrs eignet sich für kleine und große Fische, wenn sie etwa in Folie, Pergament oder Salzteig gegart werden.
Zum Braten eignen sich, je nach Größe des Fisches, herkömmliche Pfannen oder spezielle, ovale Fischpfannen. Eine Antihaftbeschichtung ist hier von Vorteil, da der Fisch mit relativ wenig Fett gebraten werden kann, ohne anzuhängen.

WEITERES ZUBEHÖR
Da zu Fisch oft Saucen gereicht werden, sind Kasserolle und Sauteuse in der guten Fischküche oft im Einsatz – ob zum Herstellen einer Reduktion, zum Reduzieren der Sauce oder zum Montieren mit Butter.

Eine gute Ergänzung für die Fisch-Saucenküche sind Spitzsieb und feinmaschiges Drahtsieb zum Passieren der aromatischen Flüssigkeiten – Letzteres eignet sich aber auch zum Durchstreichen feiner Fischfarcen. Um einer Sauce eine luftige Konsistenz zu verleihen, schlägt man sie am besten mit einem Pürierstab auf, der auch zum Pürieren, etwa von Gemüse, verwendet werden kann.
Schaumlöffel mit großer Lochung dienen zum Hinein- und vor allem Herausheben von Fisch oder anderen Zutaten in Flüssigkeiten, wie etwa Pochierfonds. Zum Abschöpfen von Schaum und Trübstoffen bei Fonds sollte der Schaumlöffel sehr eng gelocht sein oder ein feinmaschiges Drahtnetz besitzen. Selbstverständlich sind große und kleine Schöpflöffel, Backschaufeln und Pfannenwender ein nützliches Zubehör, nicht nur in der Fischküche.

BESTECK ZUM VORLEGEN
Ist der Fisch gegart, heben Sie ihn am besten mit einer Fisch-Schaufel aus dem Sud oder der Pfanne. Ebenso gut geht dies mit zwei großen, etwas flexiblen Bratenwendern. Zum Zerlegen (Tranchieren) und Vorlegen des Fisches verwenden Sie am besten spezielles Fisch-Besteck. Das besteht in der Regel aus einer Fischgabel, die leicht abgerundete Zinken hat, mit denen man den Fisch halten kann, dabei das Fleisch aber nicht zersticht. Das Messer hat eine relativ breite, stumpfe Klinge. So kann man beim Tranchieren das zarte Fischfleisch zerteilen, ohne eventuell vorhandene Gräten zu zerschneiden. Meist »schiebt« man das Fischfleisch damit von den Gräten und hebt es behutsam auf eine vorgewärmte Servierplatte.

Von links nach rechts: Handarbeit mit Handwerkszeug: Mit einer speziellen Pinzette lassen sich auch fest sitzende Gräten entfernen, bevor das Filet wie hier in feine Scheiben geschnitten wird. Nachschärfen gehört immer dazu.

Rochenflügel filetieren

Die Ausnahme unter den Fischen: Beim Rochen werden die Brustflossen, auch Flügel genannt, gegessen! Hierzulande kommen meist nur die Flügel auf den Markt – und müssen dann filetiert werden.

NUR KLEINE ROCHEN werden in der Regel im Ganzen angeboten. Von größeren Exemplaren kommen – schon der hohen Frachtkosten wegen – nur die Flügel, das sind die stark vergrößerten Brustflossen, in den Handel. Sie sind ohnehin der größte essbare Teil des Rochens mit dem gewichtigsten Fleischanteil. Rochen haben keine Gräten, sondern ein knorpeliges Skelett. Hat man doch einmal einen ganzen Rochen, sollte man nicht vergessen, die Bäckchen, die unter den Kiemendeckeln liegen, auszulösen. Sie haben in der Mitte noch einen kleinen Knorpel, den man gleich entfernen kann; nach dem Garen geht dies allerdings einfacher. Zum Filetieren eines Rochenflügels benötigt man ein stabiles, spitzes Messer.

Übrigens schmeckt Rochen im Gegensatz zu vielen anderen Fischarten nicht fangfrisch am allerbesten – ganz frisch ist sein Fleisch vielmehr recht zäh –, sondern erreicht seinen geschmacklichen Höhepunkt erst nach 2 bis 5 Tagen Lagerung, älter darf er dann aber auch wieder nicht sein.

ROCHENFLÜGEL FILETIEREN

(1) Zum Filetieren des Rochenflügels zunächst die zähe, ledrige Haut und das Fleisch einschneiden.

(2) Das Filet flach vom knorpeligen Skelett trennen und rundherum bis zum knorpeligen Rand lösen.

(3) Den Flügel umdrehen und mit Hilfe des spitzen Küchenmessers das untere, kleinere Filet Stück für Stück vom knorpeligen Skelett bis zum knorpeligen Rand lösen.

(4) Das obere und das untere Filet enthäuten; dafür flach hinlegen und an einer Stelle die Haut etwas lösen.

(5) Das Hautstück gut festhalten und mit einem Messer das Filet von der Haut schneiden.

(6) Mit einem kleinen Messer die Sehnen entfernen, sie befinden sich an der dicksten Stelle der Filets.

WARENKUNDE KÜCHENPRAXIS REZEPTE
→ *Plattfisch vorbereiten*

Plattfische ausnehmen, filetieren und portionieren

Haben Sie Lust auf eine grätenfreie Delikatesse? Dann ist Plattfisch genau das Richtige: Er wird meist bereits ausgenommen gehandelt und muss lediglich in handliche Filets zerlegt werden.

GROSSE PLATTFISCHE wie Steinbutt, Heilbutt oder Glattbutt werden selten im Ganzen, sondern meist filetiert oder portioniert zubereitet.
Wie das Filetieren solcher Fische geht, zeigt die detaillierte Bildfolge rechts oben am Beispiel eines Steinbutts (Step 1 bis 14). Dieser kommt bei uns meist mit einem Gewicht zwischen 1 und 3 kg und einer Länge von 45 bis 50 cm in den Handel.
Übrigens: In der Regel sind Plattfische beim Kauf bereits ausgenommen, trotzdem wird es hier – ebenfalls am Beispiel des Steinbutts der Vollständigkeit halber in der kleinen Bildfolge unten gezeigt. Ebenso kann auch mit anderen Plattfischen verfahren werden. Nur: Kleinere Exemplare werden erst gehäutet und dann filetiert, bei großen Fischen häutet man erst die bereits ausgelösten Filets.

PLATTFISCH PORTIONIEREN

Will man große Plattfische nicht filetieren und trotzdem auf Portionsgröße bringen, teilt man sie in Tranchen. So ganz einfach, wie es auf den ersten Blick aussieht, ist dies aber nicht, denn die Mittelgräten großer Fische sind recht stark, und man muss ein wenig Kraft aufwenden. Außerdem empfiehlt sich dabei der Einsatz eines großen und stabilen, sehr scharfen Küchenmessers, um die starke Mittelgräte glatt zu durchtrennen.
Am Beispiel eines Glattbutts wird in der Bildfolge rechts unten gezeigt, wie man große Plattfische portionieren kann. Wichtig dabei ist vor allem, dass die Scheiben gleichmäßig dick sind. Das Fleisch am Kopf- und Schwanzende eignet sich nicht für Portionsstücke, da es eine kürzere Garzeit hätte; es kann stattdessen gut für Farcen verwendet werden. Den Fisch zur Vorbereitung für das Portionieren, falls noch nicht geschehen, ausnehmen und schuppen. Am Schwanz festhalten und die Flossen in Richtung Kopf abschneiden (siehe Step 1). Den Fisch mit einem stabilen, scharfen Messer in gleichmäßig dicke Tranchen schneiden (siehe Step 2). Da die Tranchen aus der Mitte sehr groß sind, werden sie halbiert: Dazu die Tranche flach hinlegen, ein stabiles Messer auf die Mittelgräte setzen und die Scheibe mit Druck in der Mitte durchtrennen.

PLATTFISCH AUSNEHMEN

(1) Mit einem Messer hinter dem Kopf ansetzen und das Messer in einem geraden Schnitt nach außen führen.

(2) In die so entstandene Tasche greifen, mit den Fingern die Eingeweide lösen und ganz vorsichtig herausziehen.

(3) Die so entstandene Tasche ist, im Vergleich zur Bauchöffnung beim Ausnehmen der Rundfische, eher klein.

PLATTFISCH FILETIEREN

(1) Das Messer über den Augen am Rand des Kopfes ansetzen und am Kopf entlangführen.

(2) Den Schnitt auf der Seitenlinie des Fisches bis zum Schwanz gerade weiterführen.

(3) Die Haut und das Fleisch entlang des Flossensaumes mit dem Messer einschneiden. Zum Festhalten des Fisches dabei mit der Hand in die Tasche seitlich hinter dem Kopf fassen und kräftig zupacken.

(4) Dann das obere Filet abheben. Das Messer unter dem Fleisch flach über die Gräten führen.

(5) Das obere Rückenfilet abheben. Dann Haut und Fleisch auf der anderen Seite einschneiden.

(6) Das Küchenmesser unter dem Fleisch ganz flach auf den Gräten bis zum Rand führen.

(7) Das zweite Fischfilet abheben. Je nach Jahreszeit kommt dabei der Rogensack zum Vorschein.

(8) Den Fisch umdrehen – die Blindseite schaut jetzt nach oben – und dann einschneiden wie gezeigt.

(9) Das Messer erneut flach über die Gräten bis zum Rand führen und das dritte Filet abheben.

(10) Das vierte Filet auf dieselbe Weise vorsichtig auslösen, abheben und beiseite stellen.

(11) Auch der Rogensack lässt sich jetzt leicht entfernen.

(12) Zwischen Haut und Fleisch einschneiden, die Haut festhalten und das Filet von der Haut trennen.

(13) Den fransigen Flossensaum am Filet mit einem scharfen Messer gerade schneiden.

(14) Zum Schluss eventuell vorhandenes braunes Gewebe entfernen, es ist sehr fetthaltig.

BÄCKCHEN AUSLÖSEN

(1) Mit dem Messer hinter den Augen einstechen und einen Schnitt parallel zu den Augen führen.

(2) Die Bäckchen auslösen und vorsichtig die Haut abziehen. Das zweite Bäckchen ebenso auslösen.

PLATTFISCH PORTIONIEREN

(1) Um große Plattfische zu portionieren, zunächst mit der Schere den Flossensaum abschneiden.

(2) Dann den Fisch quer in Tranchen schneiden. Die mittleren, dicken Tranchen in der Mitte teilen.

Teubner Edition **161**

WARENKUNDE   KÜCHENPRAXIS   REZEPTE
→ *Plattfisch vorbereiten*

Seezunge häuten, filetieren und zum Füllen vorbereiten

Keine große Kunst: Das Häuten und Filetieren wird detailliert gezeigt. So lassen sich neben Seezunge auch Rot-, Bastard- und Lammzungen sowie Schollen oder Klieschen leicht vorbereiten.

WIE ANDERE KLEINERE PLATTFISCHE kann man Seezungen gut im Ganzen zubereiten – einmal gegart, lässt sich das delikate, zarte Fleisch leicht von den Gräten lösen. Für manche Zubereitungen ist es jedoch unabdingbar, sie zu filetieren, etwa für gefüllte Seezungenröllchen. Das Häuten und Filetieren kleinerer Plattfische zeigen die Bildfolgen am Beispiel einer Seezunge.

SEEZUNGE HÄUTEN UND FILETIEREN

Beim Häuten zunächst die Haut am Schwanzende so weit lösen, dass sie mit Daumen und Zeigefinger gut greifbar ist. Alternativ kann man das Schwanzende der Seezunge 2 bis 3 Sekunden in siedendes Wasser tauchen, danach lässt sich die Haut leicht ablösen. Weiterarbeiten, wie unten gezeigt.
Zum Filetieren erst den Kopf und die Flossen abtrennen. Eventuell vorhandenen Rogen freilegen und entfernen. Die Seezunge entlang der Mittelgräte einschneiden. Die Filets sauber parieren und auslösen, wie in der Bildfolge rechts oben beschrieben. Seezungenfilets eignen sich für sanfte Garmethoden wie Dünsten oder Dämpfen. Aus den Parüren (Kopf, Flossen und Mittelgräte) lässt sich ein feiner Fond herstellen, der die ideale Grundlage für die begleitende Sauce ist. Allerdings muss man ihn ausreichend reduzieren, sonst wird die Sauce wässrig. Ganze Fische schmecken auch à la meunière – nach Müllerin Art in Mehl gewendet und sanft in Butter gebraten – ganz ausgezeichnet. Übrigens: Im Gegensatz zu anderen Fischen gilt bei der Seezunge die Devise »je frischer, je besser« nicht. Seezungen brauchen vielmehr etwas Zeit, ehe sie ihre Bestform erreichen. Optimal sind die Plattfische ein bis zwei Tage nach dem Fang, dann haben sich Geschmack und Festigkeit des Fleisches ideal entwickelt.

SEEZUNGE FÜLLEN

Füllen kann man nicht nur Rundfische, auch kleinere Plattfische lassen sich füllen. Zwar umschließt ein Plattfisch die Füllung dabei nicht völlig, doch die durchs Entgräten entstandene Öffnung ist relativ groß und eignet sich bestens zum Aufnehmen von Farcen oder anderen Füllungen. Dafür die Seezunge häuten und einschneiden, wie in der Bildfolge rechts gezeigt, dabei am Kopf- und Schwanzende einen 2 cm breiten Rand lassen. Weiterarbeiten, wie in der Bildfolge rechts unten beschrieben.

SEEZUNGE HÄUTEN

(1) Mit dem Messer die Haut zwischen Schwanzflosse und -ende quer einschneiden.

(2) Das Schwanzende mit Meersalz bestreuen und die Haut etwas ablösen.

(3) Das Hautende abheben und dann die Haut mit einem kräftigen Ruck abziehen.

(4) Die Seezunge umdrehen, am Schwanzende einschneiden und die Blindseite ebenso häuten.

WARENKUNDE   KÜCHENPRAXIS   REZEPTE
→ *Plattfisch vorbereiten*

SEEZUNGE FILETIEREN

(1) Den Kopf mit einem scharfen Messer mit einem geraden Schnitt abtrennen.

(2) Mit der Schere den Flossensaum beidseits zum Kopf hin abschneiden.

(3) Den Rogen – falls vorhanden – der Länge nach vom Kopf her freilegen.

(4) Den Rogen mit einem Messer vorsichtig auslösen und entfernen.

(5) An der Mittelgräte einschneiden; Klinge zwischen Filet und Gräten führen.

(6) Das Messer an den seitlichen Gräten entlangführen; diese abschneiden.

(7) Das parierte Filet von der Mittelgräte abheben und vollends abtrennen.

(8) Klinge flach zwischen Gräten und Filet führen und zweites Filet auslösen.

(9) Seezunge auf der anderen Seite entlang der seitlichen Gräten einschneiden.

(10) Zweites Filet abtrennen. Genauso auch die Filets der Unterseite lösen.

SEEZUNGE ZUM FÜLLEN VORBEREITEN

(1) Die gehäutete Seezunge mit dem Messer auf der Mittelgräte einschneiden.

(2) Die beiden Filets mit dem Messer flach von den Gräten lösen.

(3) Die frei liegende Mittelgräte mit einem kräftigen Knick durchbrechen.

(4) Messer an der Bruchstelle unter die Gräten führen und diese abheben.

(5) Die angewachsenen Gräten beidseits mit der Küchenschere abtrennen.

(6) Die zweite Hälfte der Mittelgräte mit der Schere abtrennen und entfernen.

(7) Von der Seezunge ringsum den Flossensaum mit der Küchenschere abschneiden. In die durch das Entgräten entstandene Öffnung kann nun die Füllung verteilt werden.

Teubner Edition 163

WARENKUNDE KÜCHENPRAXIS REZEPTE
→ Fisch servieren

Rund- und Plattfische bei Tisch zerteilen und vorlegen

Gleichgültig, ob man den Fisch bereits in der Küche zerteilt oder das Zerlegen vor den Gästen »zelebriert«: Wichtig ist, dass die Filets möglichst unbeschädigt und schnell auf die Teller kommen.

APPETITLICH ANGERICHTET, fachmännisch vorgelegt und selbstverständlich ohne Gräten: So sollte Fisch auf den Tisch kommen. Hilfreich beim Zerlegen ist ein spezielles Fisch-Vorlegebesteck, das aus einem großen Fischmesser und einer extra breiten Gabel zum Vorlegen der Filets besteht.
Ein sorgfältig ausgelöstes ganzes Filet sieht appetitlicher aus, als wenn es Stück für Stück von den Gräten abgehoben wird. Der Zeitaufwand sollte dafür aber in Relation stehen, denn abgekühlter Fisch verspricht keinen Genuss. Bei Portionsfischen legt man die erste Hälfte vor, entfernt die Gräten und hält den Rest warm. Man kann aber auch den Fisch im Ganzen auf dem Teller servieren. So werden blaugekochte Portionsfische oft direkt im Fischtopf auf den Tisch gebracht – schneller und frischer geht es nicht. Gegrillte Portionsfische legt man dem Gast meist ganz vor, weil die knusprige Haut gern mitgegessen wird – wie auch bei korrekt geschuppten größeren Fischen, die mit der Haut filetiert werden. Wie man einen Rundfisch zerlegt, verdeutlicht die Bildfolge rechts am Beispiel einer Lachsforelle.

PLATTFISCH BEI TISCH ZERLEGEN

(1) Zuerst mit einem Fischmesser die Haut am Flossensaum und an der Mittelgräte lösen.

(2) Erst die eine Hälfte der Haut, dann die andere Hälfte mit dem Fischmesser vorsichtig abheben.

(3) Das erste Filet mit dem Fischmesser entlang des Flossensaums vorsichtig, aber trotzdem möglichst rasch lösen.

(4) Das Fischmesser von der Mittelgräte aus zwischen Filet und Gräten führen, das Filet abheben und warm stellen.

(5) Das zweite Filet ebenso ablösen. Die Mittelgräte vorsichtig von Kopf und Schwanz lösen.

(6) Die Mittelgräte vorsichtig abheben. Die beiden unteren Filets ebenfalls von der Haut lösen und abheben.

WARENKUNDE **KÜCHENPRAXIS** REZEPTE
→ *Fisch servieren*

Das Zerlegen von Plattfischen erläutert die Bildfolge links unten am Beispiel eines Steinbutts. Beim Babysteinbutt kann man die weiße Haut auf der Bauchseite mitessen. Auch die feinen Steinbuttbäckchen sollten dem Gast nicht vorenthalten werden; sie werden wie beim Rundfisch ausgelöst. Beim Zerlegen von Räucherfisch geht man genauso vor wie bei gegartem Fisch. Ist es ein Rundfisch, werden erst die Rückenflossen, dann die übrigen Flossen entfernt. Nach dem Abziehen der Haut werden die Filets gelöst. Nur geräucherten Aal mit seiner ledrigen Haut schneidet man zunächst in Stücke und zieht die Haut erst dann ab. Die Stücke vom Rücken her teilen und die Mittelgräte entfernen.

RUNDFISCH BEI TISCH ZERLEGEN

[1] Den gegarten Fisch mit Hilfe einer Fischschaufel oder Ähnlichem vorsichtig auf ein Tranchierbrett legen.

[2] Zuerst die Rückenflosse mit Hilfe des Fischmessers und einer Gabel herausziehen und beiseite legen.

[3] Dann mit Hilfe des Fischmessers vorsichtig die Haut entlang des Rückens, dann am Kopf und am Schwanz abtrennen. Den Fisch dabei am besten mit einer großen Fischgabel festhalten.

[4] Dann die Bauchflossen mit Hilfe des Fischmessers und der Gabel entfernen und beiseite legen.

[5] Die Haut entfernen: Dazu die Haut vom Kopf her auf das Fischmesser aufrollen und zugleich abziehen.

[6] Das obere Filet hinter dem Kopf mit dem Fischmesser lösen. Die Mittelgräte dabei nicht durchtrennen!

[7] Das Filet mit Hilfe des Fischmessers und der Gabel anheben, auf eine vorgewärmte Platte legen und warm stellen.

[8] Mit dem Fischmesser von unten her sehr vorsichtig das untere Filet vom Schwanz trennen.

[9] Das ganze Fischskelett behutsam abheben und dabei das Filet bis hinter den Kopf lösen. Den Kopf mit abheben.

[10] Das Filet mit der Hautseite nach oben auf die Platte legen und die Haut durch Aufrollen entfernen.

[11] Zuletzt am Fischkopf die Kiemendeckel von hinten anheben und die feinen Bäckchen auslösen.

WARENKUNDE KÜCHENPRAXIS REZEPTE
→ Pochierfonds zubereiten

Pochierfonds für Kenner

Zartheit und Aroma: Das langsame Garen in reichlich Flüssigkeit ist ideal für nahezu alle Fischarten. Ob sanftes Pochieren oder Blaukochen – wichtig ist die Auswahl des richtigen Pochierfonds.

ZUM POCHIEREN eignen sich vor allem ganze, durch ihre Haut geschützte Fische. Sie werden langsam und in reichlich Flüssigkeit gegart. Das kann sauberes Meerwasser sein – ersatzweise mit Meersalz versetztes Süßwasser – oder auch eine Court-Bouillon. So nennt man den in einer knappen halben Stunde leicht selbst herzustellenden, mild-würzigen Gemüsefond, der für alle Arten von Fisch ein idealer Garsud ist. Ein Zusatz von Milch und einige Zitronenscheiben in der Court-Bouillon erhalten beim Garen die schöne weiße Farbe des Fischfleisches. Er eignet sich ideal zum Pochieren von Fischstücken oder -filets. Auch kann der Sud mit Wein oder Essig angereichert werden: Fischen mit ausgeprägtem, kräftigem Geschmack tut der Zusatz von ½ l trockenem Weißwein (dann die Wassermenge auf 2 ½ l reduzieren) oder auch ein Schuss Weinessig gut. Beim Blaukochen ist Essig unabdingbar, da er die Farbe der Fischhaut verstärkt. Bei Forellen sollte der Essig jedoch vorsichtig dosiert werden, da das feine Aroma der Fische schnell von der Säure übertönt wird.

Garzeit beachten

Die Garzeit fürs Pochieren und Dämpfen von Fischen ist oft erheblich kürzer als die Zeit, die für die Zubereitung einer begleitenden Sauce benötig wird. Daher genau planen, rechtzeitig mit der Sauce beginnen und die Zeiten gut aufeinander abstimmen.

TIPPS & TRICKS FÜRS POCHIEREN

(1) Der Fond zum Blaukochen unterscheidet sich nur durch die Zugabe von Essig von der Court-Bouillon mit Gemüse.

(2) Schön weiß bleibt der Fisch, wenn Sie das Salzwasser zum Pochieren mit Milch und Zitronenscheiben anreichern.

(3) In einer Court-Bouillon mit Gemüse, Kräutern, Lorbeerblatt und Wacholderbeeren gerät der Steinbutt wunderbar zart.

Court-Bouillon mit Gemüse

ZUTATEN

- 100 g Möhren
- 50 g Petersilienwurzel
- 1 Schalotte
- 120 g Lauch
- 50 g Salz
- 1 Stängel Petersilie
- 2 Zweige Thymian
- 1 Lorbeerblatt
- 2 Wacholderbeeren
- 15 leicht angedrückte weiße Pfefferkörner

1. Schälen Sie die Möhren, Petersilienwurzel und Schalotte. Den Lauch putzen und gründlich waschen. Möhren und Petersilienwurzel in Scheiben schneiden. Die Schalotte in Ringe und den Lauch in feine Streifen (Julienne) schneiden.

2. Das zerkleinerte Gemüse in einen großen Topf füllen und 3 l Wasser zugießen. Salz, Petersilienstängel, Thymianzweige, Lorbeerblatt und Wacholderbeeren einlegen, aufkochen und 15 Minuten köcheln lassen. Die angedrückten Pfefferkörner zufügen und alles noch weitere 5 Minuten garen.

Fond zum Blaukochen

ZUTATEN

- 100 g Möhren
- 50 g Petersilienwurzel
- 1 Schalotte
- 120 g Lauch, 50 g Salz
- 1 Stängel Petersilie
- 2 Zweige Thymian
- 1 Lorbeerblatt
- 2 Wacholderbeeren
- 100 ml Weißweinessig
- 15 weiße Pfefferkörner

1. Bereiten Sie das Gemüse wie beim Rezept für die Court-Bouillon beschrieben vor. Das Gemüse in einen Topf geben, 3 l Wasser, Salz und Kräuter zufügen. Den Essig angießen, aufkochen und 20 Minuten köcheln. Die Pfefferkörner leicht andrücken, dazugeben und 5 Minuten mitköcheln lassen.

2. Die Säure des Essigs verleiht auch weniger edlen Fischen eine feine Note und verfärbt die anhaftende Schleimschicht intensiv blau, was die Fische besonders appetitlich aussehen lässt. Je frischer sie sind, umso schöner die Farbe! Beim Ausnehmen und Vorbereiten den Fisch wenig und vorsichtig anfassen, um die Schleimschicht nicht zu verletzen. Daher belässt man zum Blaukochen die Kiemen im Fisch.

Garsud für Portionsstücke

ZUTATEN

- ½ l Milch, 60 g Salz
- 1 unbehandelte Zitrone, in Scheiben

1. Füllen Sie die Milch in einen flachen Topf und gießen Sie 3 l Wasser dazu. Die Mischung mit Salz und Zitronenscheiben vermengen und aufkochen.

2. Jeweils nur 2 ungehäutete Fischstücke gleichzeitig einlegen – der Fond darf nicht zu stark abkühlen – und gar ziehen lassen. Der Fond soll stets köcheln.

3. Dieser Pochierfond mit Milch empfiehlt sich besonders für Fischstücke wie Tranchen und Darnen (dicke, aus dem Mittelstück der Fische geschnittene Scheiben).

Teubner Edition **167**

WARENKUNDE   KÜCHENPRAXIS   REZEPTE
→ *Fischfonds herstellen*

Fischfonds: Grundlagen
der guten Fischküche

»Fumet de poisson«, wie Fischfond in Frankreich genannt wird, ist relativ leicht und preiswert herzustellen – und von unvergleichlichem Aroma. Als Basis für Suppen und Saucen ist er einfach ideal.

OB ZUM GARZIEHEN, für Saucen oder Suppen: In der Fischküche ist ein aus Karkassen (oder auch Parüren), Gemüse und Gewürzen gekochter Fond unverzichtbar. Geeignet dafür sind die Karkassen von fangfrischen, weißfleischigen Fischen wie Stein- oder Glattbutt, Zander, Trüsche, Scholle oder Seezunge. Wer nur Filets verarbeitet, kann die Karkassen meist auch über den Fischhändler beziehen. Wichtig für einen guten Fischfond sind absolut frische Fische und die Auswahl des richtigen Kochweins. Er sollte jung und spritzig sein mit ausreichend Säure aber nicht zu ausgeprägtem Geschmack. Auch darf Fischfond nicht zu lange köcheln: nach 20 bis 30 Minuten ist er fertig, kocht man ihn länger, schmeckt er leimig und wird unbrauchbar. Und wenn es mal schnell gehen muss, darf es auch ein fertiger Fond aus dem Glas sein.

Fischfond

(ergibt etwa 2 ½ l)

ZUTATEN
· 1 kg Fischkarkassen
· 120 g Schalotten
· 80 g Lauch (nur den weißen Teil)
· 80 g Fenchel, 100 g Petersilienwurzeln
· 80 g Staudensellerie
· 60 g Butter
· ½ l trockener Weißwein (etwa Chardonnay)
· ½ TL weiße Pfefferkörner, grob zerdrückt
· 1 Lorbeerblatt, 2–3 Zweige Thymian

1. Zerkleinern Sie die Karkassen grob und entfernen Sie die Kiemen aus den Köpfen. Die Karkassen in einer Schüssel unter fließendem kaltem Wasser wässern (siehe Step 1) und abtropfen lassen.

2. Das Gemüse putzen oder schälen, Schalotten würfeln, Lauch in Ringe, Fenchel in Stücke, Petersilienwurzeln und Sellerie in Scheiben schneiden. In einem Topf die Butter zerlassen und weiterarbeiten, wie gezeigt (siehe Steps 2 bis 8). Lassen Sie den Fischfond erkalten und entfetten Sie ihn, bevor Sie ihn für Saucen oder Suppen verwenden.

Lachsfond

(ergibt etwa 900 ml)

ZUTATEN
· 700 g Lachskarkassen (ohne Kopf und Haut)
· 100 g weiße Zwiebeln
· 150 g Lauch (nur den weißen Teil)
· 100 g Staudensellerie
· 100 g Champignons
· 10 weiße Pfefferkörner
· ¼ l trockener Weißwein (etwa Chardonnay)
· 10 cl Noilly Prat
· 5 Stängel Petersilie
· 2 Lorbeerblätter

1. Wässern Sie die Karkassen 20 Minuten kalt, anschließend in einem Sieb gut abtropfen lassen. Die Zwiebeln schälen und vierteln, den Lauch und den Stangensellerie putzen und waschen, alles in Scheiben schneiden. Die Pilze putzen und in kleine Stücke schneiden.

2. Einen Topf (etwa 25 cm Ø) erhitzen, Zwiebeln und Lauch unter Rühren andünsten lassen, Pilze und Sellerie mitschwitzen. Die Karkassen einlegen und alles zugedeckt 5 Minuten dünsten. Pfeffer, Weißwein und Noilly Prat zufügen, alles um ein Drittel reduzieren. ¾ l Wasser angießen. Petersilie

168 Teubner Edition

und Lorbeerblätter zu einem Bouquet garni binden, zufügen und alles bei reduzierter Hitze noch 30 Minuten köcheln lassen.

3. Gießen Sie den Lachsfond durch ein grobmaschiges Sieb und drücken Sie ihn mit der Schöpfkelle leicht aus. Zum Abschluss den Fond noch einmal durch ein mit einem Tuch ausgelegtes Sieb gießen, auskühlen lassen und das Fett abschöpfen.

Räucherfischfond

(ergibt etwa 350 ml)

ZUTATEN
- 50 g weiße Zwiebel
- 100 g Tomaten
- 50 g Champignons
- 2 Stängel Petersilie
- 1 Zweig Dill
- 1 Lorbeerblatt
- 1 EL Sonnenblumenöl
- Karkassen von 2 geräucherten Forellen
- 350 ml Fischfond

1. Bereiten Sie das Gemüse vor: Zwiebel schälen, Tomaten waschen, vom Stielansatz befreien, Pilze putzen und alles in Stücke schneiden. Petersilie, Dill und Lorbeerblatt zu einem Bouquet garni binden.

2. Das Öl in einem Topf erhitzen, Gemüse- und Pilzstücke darin anschwitzen. Die Karkassen zufügen, den Fischfond angießen und das Bouquet garni zufügen. Sobald die Flüssigkeit kocht, schalten Sie die Hitzequelle aus und lassen den Sud etwa 30 Minuten ziehen. Den Fond durch ein mit einem Tuch ausgelegtes Sieb gießen.

Glace de poisson

1. Mit dieser leicht herzustellenden Fischfond-Reduktion kann man hervorragend Saucen abschmecken oder zu dünn geratene Fonds verbessern. Für »Glace de poisson« bereitet man zunächst einen Fischfond zu, der dann auf ein Viertel der ursprünglichen Menge reduziert wird.

2. Portionieren kann man den konzentrierten Fond am besten, indem man ihn in Eiswürfelschalen tiefkühlt. Später löst man die Würfel aus und lagert sie – möglichst einzeln verpackt – im Tiefkühlfach. Hält sich tiefgekühlt etwa 3 Monate.

FISCHFOND HERSTELLEN

(1) Um einen Fischfond zu kochen, erst einmal die Fischkarkassen etwa 20 Minuten kalt wässern.

(2) Die Karkassen unter Wenden in der zerlassenen Butter etwa 3 bis 4 Minuten leicht anschwitzen.

(3) Das vorbereitete Gemüse dazugeben und unter gelegentlichem Wenden leicht angehen lassen.

(4) Sobald die Mischung im Topf zu köcheln beginnt, den Wein angießen und etwas reduzieren.

(5) 2 l kaltes Wasser zu der Mischung gießen und alles zusammen noch einmal kräftig erhitzen.

(6) Pfefferkörner, Lorbeerblatt und Thymianzweige zufügen. Den Fond zum Kochen bringen.

(7) Mehrmals abschäumen und den Fischfond 20 bis 30 Minuten leicht köcheln lassen.

(8) Den Fond durch ein mit einem Passiertuch ausgelegtes Sieb gießen, den Satz dabei nicht ausdrücken.

GLACE DE POISSON

(1) Bei Fischfond ist es empfehlenswert, immer gleich eine größere Menge auf Vorrat herzustellen und dann portioniert für die spätere Verwendung tiefzukühlen.

(2) Eiswürfelschalen nehmen kleinere Portionen von reduziertem Fischfond auf. Das Aroma der konzentrierten Würfel ist ideal zum Nachwürzen.

KÜCHENPRAXIS
→ Fischfond klären

Aus Fond wird Consommé

Damit eine Fischconsommé auch wirklich appetitlich klar ist, muss man den Fond klären: Eiweiß, Eis und das richtige Know-how beseitigen dabei alle Trübstoffe. Köstlicher kann Suppe nicht sein!

Fischconsommé

(ergibt etwa 1 l)

ZUTATEN
- je 50 g Möhre, Schalotten, Lauch und Staudensellerie
- 2 Knoblauchzehen, 2–3 Zweige Thymian
- 1 Stängel Petersilie, 1 Lorbeerblatt
- 10 weiße Pfefferkörner
- 2 Wacholderbeeren
- 200 g Fischfilet von mageren Fischen (etwa Merlan, Rotbarsch, Pollack)
- 4 Eiweiße, 5–6 Eiswürfel
- 1 ¼ l kalter Fischfond (S. 168)

1. Putzen oder schälen Sie das Gemüse und schneiden Sie es in kleine Würfel. Den Knoblauch schälen und mit den Kräutern und Gewürzen in eine Schüssel füllen. Das Fischfilet durch die mittlere Scheibe des Fleischwolfs drehen, in die Schüssel füllen und weiterarbeiten, wie in der Bildfolge unten gezeigt (siehe Step 1). Rühren Sie alles gut durch, das Eiweiß soll leicht schaumig werden.

2. Die Klärmasse in einen Topf umfüllen, weiterarbeiten, wie gezeigt (siehe Steps 2 bis 5). Die Hitze reduzieren, alles 12 bis 15 Minuten köcheln. Eiklar und Fischeiweiß binden die Trübstoffe und steigen als Schaum nach oben. Den Fond schöpflöffelweise passieren, damit die Consommé klar bleibt.

FISCHFOND KLÄREN

(1) Die Eiweiße zu den vorbereiteten Zutaten gießen und kräftig durchrühren.

(2) Die Eiswürfel unter die in einen großen Topf umgefüllte Klärmasse rühren.

(3) Den kalten Fischfond zugießen, unterrühren und 20 Minuten durchziehen lassen.

(4) Alles langsam zum Kochen bringen, dabei ständig umrühren.

(5) Nicht mehr weiterrühren, sobald die Masse zu kochen beginnt. Einmal aufkochen lassen.

(6) Den Fond schöpflöffelweise durch ein mit einem Tuch ausgelegtes Sieb ablaufen lassen.

WARENKUNDE KÜCHENPRAXIS REZEPTE
→ *Geflügelfond herstellen*

Geflügelfond zu Fisch: eine gute Kombination

Er hat sich nicht rein zufällig hierher verirrt: Geflügelfond ist eine perfekte Ergänzung für das feine Fischaroma. Wer es probiert, dem ist eine kleine kulinarische Offenbarung sicher.

PROFIKÖCHE IN DER GANZEN WELT schwören darauf, und wer es noch nie probiert hat, versäumt eine kleine kulinarische Offenbarung: Geflügelfond passt ganz hervorragend zu Fisch, weil er das feine Aroma von Fischen abrundet und so unterstützt. Sie können ihn, ähnlich wie Fischfond, in größeren Mengen auf Vorrat zubereiten und tiefkühlen, dann haben Sie ihn immer griffbereit – und das nicht nur für die Zubereitung köstlicher Fischgerichte! Bei Bedarf können Sie ihn natürlich auch durch Geflügelfond aus dem Glas ersetzen.

Heller Geflügelfond

(ergibt 1 ½ l)

ZUTATEN
· 2 kg Hühnerkarkassen (mit Hals, Magen, Herz)
· 750 g Kalbsknochen, 4 EL Pflanzenöl
· 100 g Möhren, 80 g Staudensellerie, 80 g Lauch
· 40 g Knollensellerie, ¼ l trockener Weißwein
· 1 Lorbeerblatt, 15 Pfefferkörner, 4 Pimentkörner
· 1 Knoblauchzehe, angedrückt

1. Hacken Sie die Karkassen klein und wässern Sie sie mit den Kalbsknochen etwa 30 Minuten unter fließendem kaltem Wasser. Das Gemüse putzen, waschen und in 1 cm große Würfel schneiden.

2. Die Karkassen und Knochen gut abtropfen lassen (Step 1) und anschließend anbraten (Step 2). Möhren-, Lauch- und Selleriestücke dazugeben und farblos mitbraten. Alles mit dem Weißwein ablöschen und gut durchrühren.

3. Die Knochen-Gemüse-Mischung in einen großen Topf umfüllen und 3 l Wasser angießen. Aufkochen lassen, abschäumen und 2 Stunden köcheln lassen, dabei nach 1 Stunde Garzeit die Gewürze dazugeben. Den Fond mehrfach abschäumen (Step 3). Am Ende der Garzeit den Topf vom Herd ziehen und ohne weitere Hitzezufuhr noch etwa 20 Minuten ziehen lassen.

4. Den fertigen Fond durch ein mit einem Passiertuch ausgelegtes Spitzsieb gießen, etwas auskühlen lassen und entfetten. Dafür ein zugeschnittenes Küchenpapier über die Oberfläche des Fonds ziehen, damit das Fett aufnehmen und entfernen (Step 4).

GEFLÜGELFOND HERSTELLEN

(1) Die Knochen 30 Minuten unter fließendem kaltem Wasser wässern und abtropfen lassen.

(2) Das Öl erhitzen und die abgetropften Knochen darin unter Rühren farblos anbraten.

(3) Den Fond etwa 2 Stunden köcheln lassen und dabei mehrfach abschäumen.

(4) Zum Entfetten ein auf Topfgröße zugschnittenes Küchenpapier über den Fond ziehen.

REZEPTE

REZEPTE

Verführung zum Genuss

Kalte Fischküche und Vorspeisen

Kleine Gerichte mit Fisch: von Carpaccio über Salate bis zur Terrine. Altbewährtes und Neuentdecktes mit Genussgarantie.

WARENKUNDE   KÜCHENPRAXIS   **REZEPTE**
→ *Kalte Fischküche*
und Vorspeisen

Heiße Snacks und coole Starter

Willkommen zum ersten Gang! Kleine Vorspeisen und Snacks
sind der schönste Auftakt für ein erstklassiges Menü. Und das Beste:
Hier darf die Küche auch mal kalt bleiben.

WENN GÄSTE KOMMEN war es schon immer Sitte, ihnen ein köstliches Mahl zu kredenzen. Über Jahrhunderte hinweg haben sich die Köche bemüht, mit ihren Gerichten Eindruck zu schinden – optisch wie geschmacklich. Vom Mittelalter bis ins 19. Jahrhundert war es üblich, alle Speisen eines Festmahls möglichst gleichzeitig aufzutragen. Erst Anfang des 19. Jahrhunderts hat es sich eingebürgert, das Menü nach einer bestimmten Reihenfolge zu servieren: Diese, heute als »Gänge« bezeichneten Speisen, wurden einzeln nacheinander aufgetragen. Bis heute hat sich die Speisenfolge immer wieder ein wenig verändert, doch traditionell wird meist mit einer kalten Vorspeise begonnen.

KLASSIKER ODER EIGENKREATION?

Ob Sie nun eine Vorspeise, ein Entrée, Hors d'oeuvres oder Tapas servieren: Ihre Gäste werden gespannt darauf sein und das Gericht mit allen Sinnen prüfen. Und weil es der Auftakt zu einem Menü ist, sollten Sie sich hier besondere Mühe geben: Ob Sie nun zum Klassiker wie Graved Lachs greifen, um Ihre Gäste zu begeistern, oder lieber eine regional oder saisonal inspirierte Vorspeise wie Matjessalat servieren, bleibt Ihrem persönlichen Geschmack vorbehalten. Die Auswahl an Rezepten ist riesig und die Vielfalt der Fische schier unerschöpflich. Warum also nicht einmal eine Eigenkreation wagen? Lassen Sie sich von der Warenkunde und den Rezepten in diesem Buch inspirieren. Wer sich aber doch lieber an Bewährtes hält, kann sich bei einer Vielzahl von Gerichten aus den unterschiedlichsten Ländern Anregungen holen.

FISCHSNACKS SIND INTERNATIONAL

Mit Fischgerichten befinden Sie sich – kulinarisch gesehen – in internationaler Gesellschaft, denn Fischgerichte gibt es rund um den ganzen Erdball. Auch als kalte und warme Vorspeisen oder kleine Snacks ist Fisch weltweit beliebt, man denke nur an so bekannte Gerichte wie Gefüllte Sardinen (Italien), Stockfischkroketten (Portugal), Fish and Chips (Großbritannien), Sushi (Japan), Loup de mer mit weißen Bohnen (Belgien), Gefüllte Seezungenröllchen (Niederlande).

BERÜHMTE KÖCHE FISCHEN NACH LOB

Fischvorspeisen und kleine Snacks können beeindrucken, das haben berühmte Köche bewiesen. Francois Pierre de la Varenne, der Begründer der klassischen französischen Küche, kreierte Mitte des 17. Jahrhunderts eine nicht nur in der damaligen Zeit sehr beliebte Aalpastete im Teigmantel. Fast 100 Jahre später trat ein erfindungsreicher Koch namens Menon auf den Plan, der die schon damals berühmten französischen Saucen als Neuerung zu jeder Speise reichte. Er schrieb das erste Kochbuch für den Bürgerstand – bis dahin waren Gourmetrezepte dem Adel vorbehalten – und überlieferte so sein berühmtes »Snack-Rezept« für Lachsspießchen mit Remouladensauce.

Eine Vielzahl an Fischgerichten, die im Laufe der Jahrhunderte kreiert wurden, erhielten ihren Namen zu Ehren einer mit Glanz und Glamour behafteten Persönlichkeit. So auch eines der wohl berühmtesten Fisch-Zwischengerichte der gehobenen internationalen Küche: Auguste Escoffier, der »Kaiser der Köche und Koch der Kaiser«, widmete die »Filets de sole Otéro« einer berühmten Schönheit, der Tänzerin, Sängerin und Schauspielerin Caroline Otéro-Iglesias, der wohl berühmtesten Frau der »Belle Epoque«. So machen kleine Gerichte Geschichte – und bleiben den Feinschmeckerköchen der Fischküche bis heute erhalten.

Klein und leicht

Fisch als Vorspeise oder Snack ist ideal: Er lässt sich schön anrichten und hat ein feines Aroma, das die Geschmacksnerven anregt. Servieren Sie kleine Portionen und leichte Gerichte, die Lust auf den nächsten Gang des Menüs wecken.

REZEPTE
→ Kalte Fischküche und Vorspeisen

Graved Lachs

FÜR 10 PORTIONEN
ZUBEREITUNGSZEIT 1 Std.
MARINIERZEIT 18 Std.

ZUTATEN
- 2 TL weiße Pfefferkörner
- 2 TL Senfkörner
- 2–3 TL Fenchelsamen
- 2 Lorbeerblätter
- 2 TL Wacholderbeeren
- 2 TL Korianderkörner
- 4 Bund Dill (etwa 160 g)
- 300 g Meersalz
- 200 g Zucker
- 1 kg Lachsfilet am Stück, mit Haut
- 3 EL Olivenöl

AUSSERDEM
- Frischhaltefolie

»Mediterran mit Tomaten-Pesto«

Graved Lachs ist eigentlich eine etwas salzige Angelegenheit aus dem hohen Norden. Doch warum sollte er nicht auch mit mediterranen Aromen gut harmonieren? Ich finde, Tomatenpesto ist eine wunderbare Ergänzung zum Graved Lachs.
Dazu wird er wie beschrieben gebeizt. Dann erstelle ich aus 40 g fein gehackten getrockneten Tomaten, 2 abgezogenen und durchgepressten Knoblauchzehen, einem Bund gehacktem Basilikum und 30 ml gutem Olivenöl ein Pesto, das ich im Mörser gleichmäßig zerstoße. Das Pesto verteile ich auf dem von der Beize befreiten Fisch und lasse ihn weitere 6 Stunden ziehen.
Die Säure der Tomaten und die leichte Schärfe des Basilikums und der Knoblauchzehen ergeben ein schönes Aromenspiel, das den durch den Marniervorgang gewürzten Fisch belebt und eine gute Harmonie am Gaumen erzeugt.

Christian Petz

1. Zerstoßen Sie zunächst die Gewürze im Mörser. Dann fügen Sie Salz und Zucker hinzu, um die Mischung fein zu mörsern. Den Dill waschen, dann gut trockenschütteln und grob hacken.

2. Den Lachs mit kaltem Wasser abspülen und mit Küchenpapier gut trockentupfen. Den Fisch auf die Hautseite legen, mit der Salz-Kräuter-Mischung bedecken und diese gut andrücken. Zum Marinieren legen Sie den Lachs in ein entsprechend großes Gefäß, decken ihn mit einem Holzbrett ab und beschweren dieses mit Konservendosen oder gusseisernen Töpfen. Lassen Sie ihn mindestens 12 Stunden im Kühlschrank durchziehen, damit die Beize auch bis ins Innerste des Fisches eindringen kann.

3. Nach Ablauf der Zeit nehmen Sie den Lachs aus der Marinade und schaben diese mit einer Teigkarte oder einem Messerrücken so gut es geht ab. Dann den Lachs mit Olivenöl einreiben und in Folie gewickelt nochmals 6 Stunden durchziehen lassen.

4. Entfernen Sie die Folie. Schneiden Sie den Lachs schräg in sehr dünne Scheiben und servieren Sie ihn mit Sahnemeerrettich, Baguette und Blattsalat.

Viel Aroma durch Beizen

Beizen, marinieren, in eine Lake einlegen, pökeln – diese Vorgänge sind leicht zu verwechseln. Beize leitet sich von »beißend«, »ätzend« ab und wird mit dem Begriff »Lauge« in Verwandtschaft gestellt. Marinieren kommt vom französischen »mariné«, das heißt »in Salzwasser eingelegt«, und bezeichnet das Einlegen in eine »scharfe Tunke«. Eine Marinade wird oft bei der weiteren Verarbeitung mit verwendet, die Beize nicht. Allgemein bringt man die Marinade mit Fisch, Fleisch und Geflügel in Verbindung, das in einem Säurebad, bestehend aus Wein, Essig oder Zitronensaft, mit entsprechenden Gewürzen angereichert, haltbar, mürbe oder geschmacklich intensiviert wird. Das Wort »Beize« wird in diesem Zusammenhang meist bei Wild verwendet; sie soll das entsprechende Stück Fleisch mürbe machen, vor allem wenn das Wild schon älteren Jahrganges ist.

Was den »Graved Lachs« (schwed.: »eingegrabener Lachs«) betrifft, so ist seine Zubereitungsform ein Pökelvorgang, eine Konservierungsform mittels Salz, die dem Fischfleisch Flüssigkeit entzieht und es damit haltbarer macht. Außerdem bleibt dabei der Geschmack erhalten. Da man auch früher schon Zucker und Kräuter dazugab, sah man diese Zubereitungsform nicht mehr als reinen Pökelvorgang an und nannte das Ganze Beizen.

Die Salz-Zucker-Kombination sorgt dafür, dass der rohe Lachs sein feines Aroma noch intensiviert, die Dill- und manchmal auch alkoholische Beigabe würzt und aromatisiert. Dazu passen Senfsaucen mit leicht süßlicher Schärfe.

Teubner Edition

Carpaccio von Tunfisch und Seeteufel mit geröstetem Sesamöl

S. 82
WARENKUNDE Tunfisch

S. 43
WARENKUNDE Seeteufel

ZUBEREITUNGSZEIT 50 Min.

FÜR DAS CARPACCIO
· 250 g fangfrisches Tunfischfilet
· 150 g Seeteufelfilet, pariert

FÜR DIE GEMÜSEGARNITUR
· 2 gestr. EL rote Paprikaschote, geschält und fein gewürfelt
· 2 gestr. EL gelbe Paprikaschote, geschält und fein gewürfelt
· Filets einer Limette, in Stücke geschnitten
· Saft von 1 Limette
· ½ Chilischote, fein gewürfelt
· 1 TL Ingwer in Sirup (oder kandiert), fein gewürfelt
· 1 TL Ingwersirup (aus dem Asialaden)
· Salz, frisch gemahlener Pfeffer

180 Teubner Edition

ZUM ANRICHTEN
· 1 Knoblauchzehe
· 1 ½ TL Sesamöl aus geröstetem Sesam
· grobes Meersalz
· grob gemahlener Zitronenpfeffer
· 4 TL Sesamsamen, schwarz
· 4 TL Sesamsamen, geschält
· 20 Blättchen Koriandergrün

AUSSERDEM
· Frischhaltefolie, Alufolie

1. Schneiden Sie zunächst das Tunfischfilet der Länge nach taschenartig auf. Dann schieben Sie vorsichtig und möglichst gleichmäßig verteilt das Seeteufelfilet in diese Tasche hinein. Stellen Sie die Teller zum Servieren des Gerichts kühl: Legen Sie sie dazu in kaltes Wasser oder ins Tiefkühlfach.

2. Um das Carpaccio später hauchdünn schneiden zu können, wickeln Sie den gefüllten Fisch fest in Frischhaltefolie und lassen ihn im Tiefkühlfach etwa 15 Minuten leicht anfrieren. Eine perfekt runde Scheibenform erreichen Sie, wenn Sie das Carpaccio nach dem Einwickeln in die Frischhaltefolie zusätzlich mit Alufolie in Form rollen.

3. Für die Gemüsegarnitur mischen Sie die Zutaten, schmecken diese mit Salz und frisch gemahlenem Pfeffer ab und lassen die Mischung 15 Minuten bei schwacher Hitze abgedeckt durchziehen.

4. Zum Anrichten die vorgekühlten, trockenen Teller mit Knoblauch abreiben und dünn mit Sesamöl einpinseln. Mit Meersalz, Zitronenpfeffer und je der Hälfte der beiden Sesamsorten bestreuen.

5. Das Fischfilet dünn aufschneiden und auf die Teller verteilen. Wieder gleichmäßig mit Sesamöl einpinseln, mit Meersalz und Zitronenpfeffer würzen und die verbliebene Sesamsaat darüber streuen. Zum Abschluss die Gemüsegarnitur verteilen und mit Korianderblättchen garnieren.

Mehr Schärfe

Wer es gern noch etwas pikanter mag, kann zusätzlich 1 kleine, getrocknete Chilischote im Mörser zerkleinern und dann über das Carpaccio streuen. Das gibt dem Ganzen etwas mehr Schärfe und einen angenehmen Geschmack.

»Ingwer gibt den Ton an«

Heutzutage hat roher Fisch seinen Einzug in die gehobene Küche gefunden – dank der japanischen Sushi-Tradition. Fangfrischer Fisch benötigt als Würze allenfalls etwas Salz, Zitrone und hochwertiges Olivenöl als feinen Geschmacksträger. Da halte ich es mit dem griechischen Feinschmecker Archestratos von Gela (4. Jh. v. Chr.), der die Einfachheit der Zubereitung zum Prinzip erhob.

Beim Klassiker »Tunfisch-Carpaccio« werden hauchdünn geschnittene Scheiben vom Tunfischfilet nur mit etwas Meersalz und Limettensaft gewürzt und mit bestem Olivenöl verfeinert.

Spannend für einen Koch sind aber auch und gerade die Variationen eines klassischen Gerichts. Im nebenstehenden Rezept habe ich das Tunfisch-Carpaccio mit asiatischen Zutaten variiert. Hier gibt der Ingwer den Ton aus Schärfe und Süße an und bekommt einen Gegenspieler in der Frische des Limettensaftes und der Korianderblätter. Das Sesamöl aus geröstetem Sesam hingegen sorgt für die geschmackliche Abrundung, damit die einzelnen Gewürze harmonisch zusammenfinden. Die Verwendung von zweierlei Fischfilets sorgt nicht nur im Aroma für Abwechslung, sondern erfreut auch das Auge durch das ungewöhnliche Aussehen.

Ingo Bockler

WARENKUNDE   KÜCHENPRAXIS   REZEPTE
→ Kalte Fischküche und Vorspeisen

Sushi-Reis

ZUBEREITUNGSZEIT 20 Min.

FÜR DEN SUSHIREIS
· 150 g Sushi Reis

FÜR DIE REISMARINADE
· 30–40 ml Reisessig
· 1 EL Zucker
· 1 gestr. TL feines Meersalz

1. Waschen Sie den Reis unter fließendem kaltem Wasser, bis das Wasser klar ist und lassen Sie ihn gut abtropfen. Dann in einen Topf geben, mit 200 ml Wasser bedecken und zum Kochen bringen. Die Hitze reduzieren und den Reis bei schwacher Hitze ohne umzurühren etwa 12 Minuten garen. In der Zwischenzeit Essig, Zucker und Meersalz zusammen in einem Topf erhitzen und einmal aufkochen, dann beiseite stellen.

2. Den Reis nun in eine große flache Schüssel oder ein Tablett geben. Mit einem Holzlöffel oder Spatel kreuzweise durch den Reis fahren und diesen so auflockern. Währenddessen mit der Marinade beträufeln und diese solange unterheben bis der Reis mit einer sehr feinen, glänzenden Schicht überzogen ist. Den Reis mit einem Tuch abdecken, noch am gleichen Tag verbrauchen und nicht in den Kühlschrank stellen.

Nigiri-Sushi

ZUBEREITUNGSZEIT 25 Min.

ZUTATEN FÜR 12 STÜCK
· 1 Rezept vorbereiteter Sushi-Reis
· 12 Scheiben roher Fisch (etwa Tunfisch, Makrele, Lachs), je 5 x 2 cm groß
· Wasabipaste (Japanischer Meerrettich)
· Sojasauce und Gari (eingelegter Ingwer)

1. Bestreichen Sie eine Seite der Fischstücke hauchdünn mit Wasabipaste. Mit angefeuchteten Händen jeweils etwa 1 EL Sushi-Reis zu einem länglichen Klößchen formen.

2. Die Fischstücke mit der bestrichenen Seite nach oben in die linke Handfläche legen. Ein Reisklößchen darauf setzen und sanft auf den Fisch drücken.

3. Das Sushi umdrehen, behutsam in eine gleichmäßige Form drücken und die Enden mit Daumen und Zeigefinger leicht abrunden. Dabei die Finger in Essigwasser befeuchten. Mit Sojasauce, Wasabipaste und Gari servieren.

WARENKUNDE   KÜCHENPRAXIS   **REZEPTE**
➔ *Kalte Fischküche und Vorspeisen*

Inside-out-Sushi

ZUBEREITUNGSZEIT 20 Min.

ZUTATEN FÜR 18 STÜCK
· 1 Rezept vorbereiteter Sushi-Reis, 3 Noriblätter
· Wasabipaste (Japanischer Meerrettich)
· Streifen (etwa 2 x 10 cm) von Makrele, Lachs, Gurke und Kampyo (eingelegter Kürbis)
· Sesamsamen oder Fliegenfischkaviar

AUSSERDEM
· Essigwasser, Bambusrollmatte, Frischhaltefolie

1. Bedecken Sie die Bambusrollmatte mit einem Sück Frischhaltefolie. Legen Sie das Noriblatt darauf und verteilen Sie den Reis etwa $\frac{1}{2}$ cm hoch. Wenden Sie das Noriblatt, so dass die Reisseite auf der Folie liegt. Wenig Wasabi längs auf das obere Ende des Noriblatts streichen und Streifen von rohem Fisch und Gemüse auflegen.

2. Die Matte mit der Folie etwas anheben und das Sushi zu einer Rolle wickeln. Folie entfernen, die Rolle in 6 gleich große Stücke teilen und in Sesamsamen oder Fliegenfischkaviar wälzen. Die restlichen Noriblätter genauso verarbeiten.

Nori Maki

ZUBEREITUNGSZEIT 20 Min.

ZUTATEN FÜR 18 STÜCK
· 1 Rezept vorbereiteter Sushi-Reis
· 1 $\frac{1}{2}$ Noriblätter
· Wasabipaste (Japanischer Meerrettich)
· Streifen (etwa 2 x 10 cm) von Lachs, Tunfisch, Surimi, Avocado und Kampyo (eingelegter Kürbis)

AUSSERDEM
· Essigwasser, Bambusrollmatte

1. Legen Sie ein halbes Noriblatt mit der matten Seite nach oben auf eine Bambusrollmatte, so dass der Rand oben mit der Matte abschließt. Befeuchten Sie die Finger mit Essigwasser und verteilen Sie 1 cm hoch Sushi-Reis auf dem Noriblatt, oben einen Streifen frei lassen. Im vorderen Drittel eine Längsrille eindrücken, Gemüse- und Fischstreifen hineinlegen.

2. Das Noriblatt mit Hilfe der Bambusmatte vorsichtig und gleichmäßig aufrollen. Die Matte herausziehen und die Rolle auf den frei gelassenen Streifen drücken. Dann die Rolle wieder in die Matte wickeln und gleichmäßig auf vier Seiten etwas flach drücken.

3. Die Matte entfernen und die Sushi-Rolle mit einem sehr scharfen Messer in 6 gleich große Stücke schneiden. Das Messer zwischendurch in Essigwasser tauchen. Die restlichen Noriblätter genauso verarbeiten.

Teubner Edition **183**

Sushi – ein Fischhäppchen erobert die Welt

Mittwoch Mittag in Paris: In das kleine Lokal »Kaiseki« mit seinen einfachen Plastiktischen findet man nicht, hierhin verirrt man sich eher. Hier gibt es weder einen Maître d'Hôtel in Schwarz, noch feierlichen Kerzenschein, keine Spiegelsäle und kein Louis XIII-Mobiliar, hier gibt es gutes Essen. Und vor allem Sushi. Denn der schmächtige Monsieur japanischer Herkunft, Hisayuki Takeuchi, kurz Hissa genannt, ist trotz seines winzigen Lokals einer der führenden Sushi-Meister

Viele Sushi-Meister sind der Meinung, dass das geschickte Formen der Reishäppchen wesentlich wichtiger als ihr Belag sei.

in Frankreich und betreibt auch eine staatlich anerkannte Sushi-Schule.
Wer in seine spärlich eingerichtete Gaststube kommt, speist im Rhythmus des Meisters – serviert wird dann, wenn ein Gericht fertig und in Hissas Augen perfekt ist. Genügt es jedoch seinen Ansprüchen nicht, fängt er kurzer Hand nochmal selbst von vorn an. Mitarbeiter hat er nicht.
Sushi, die weltbekannten Fischhäppchen, kamen Mitte des 19. Jahrhunderts auf den Speiseplan. Angeblich wanderte der Sushi-Erfinder wegen Wucher ins Gefängnis, denn seine Reis-Fisch-Kreationen trieben die Preise für Fisch- und Meeresfrüchte schlagartig in die Höhe.

AUCH DIE FORM IST WICHTIG

Der wahre »Itamae« (Sushikoch) von heute drückt acht Jahre die Schulbank, wird seine Sushi stets nur nach den althergebrachten Rezepten herstellen und sich bei modischen Neuerungen wie den poppigbunten »California-Sushi« mit Grausen abwenden. Viele Sushi-Meister sind gar der Meinung, dass geschicktes Formen der Reishäppchen wichtiger als ihr Belag sei. Hissa kam 1985 aus Shirokawa nach Paris, studierte die französische Küche und Patisserie, plante und bekochte die Empfänge der japanischen Botschaft, des japanischen Kulturzentrums und der Université des Beaux Arts – und fand erst danach seinen Weg zur Küche seiner Heimat. »So finden sich in meinen eigenen Rezepten immer ein paar neue Ideen – genau wie ich es in meiner Wahlheimat gelernt habe.«

REIS – GRUNDLAGE FÜR GUTE SUSHI

Bevor es aber ans Kreieren geht, bereitet Hissa die Basis seiner Sushi wie jeder andere Itamae vor. Natürlich beginnt alles mit dem Reis: »Japanischer Reis wird leider kaum exportiert«, erklärt Hissa. Ein guter Ersatz ist etwa kalifornischer oder spanischer Sushi-Reis aus der Familie »Japonica«.
Ein guter Itamae kennt seinen Reis, weiß, dass er für Körner aus der letzten Ernte (shinmai) weniger Wasser aufsetzen muss und dass zu lang gelagerter Reis mehr Flüssigkeit benötigt, dafür aber den Essig weniger gut aufnimmt.
Wichtig ist, vor dem Kochen den Japonica-Reis eine Nacht lang im Wasser zu baden. Dann wandert der Reis zusammen mit dem Wasser in den Reiskocher. »Auf ein Glas Reis rechnet man ein Glas Wasser«, erläutert der Sushi-Meister. Gut 40 Minuten beträgt die Garzeit.
Anschließend wird der Reis mit einem Spezialessig parfümiert und auch der ist natürlich hausgemacht. Auf 550 Gramm Reis kommen ein Deziliter Reisessig (su oder komezu), 30 Gramm Puderzucker und 25 Gramm grobes Salz. Das Ganze wird in der Pfanne vermischt. Etliche Variationen sind erlaubt mit Himbeeressig, Sherryessig oder Cidreessig und mehr Zucker wird der Reis etwas süßer.
Schließlich verteilt man den Reis in einem flachen Gefäß oder einer Kuchenform, gibt den Essig darüber, vermischt das Ganze noch einmal und wärmt alles leicht an.

DIE KUNST, DEN FISCH (SUSHI-)GERECHT ZU ZERLEGEN

Nun folgt das San-Mai-Oroshi, das Ausnehmen und Zerteilen des Fisches mit einem uroko-hiki, dem Fischschupper, einem Deba-Messer, einem langen Yanagi-Ba-Messer und einer hone-nuki, das ist eine Pinzette zum Entfernen der Gräten. Und ganz wichtig ist natürlich die Qualität des Fisches, der in Japan oft vor Verwendung eingefroren wird, um eventuelle Parasiten abzutöten.
Zuerst wird der Fisch geschuppt, dann schneidet man der Länge nach die Bauchhöhle ein, nimmt ihn aus, entfernt die Kiemen – wichtig ist, das Innere des Fisches mit kaltem Wasser zu reinigen und mit einem Leintuch zu trocknen. Mit dem Deba-Messer trennt der Sushi-Meister den Kopf ab. Er eignet sich als Fond für eine Miso-Suppe. Der nächste Schnitt folgt der Rückengräte. Jetzt kann man die obere Fischhälfte abheben. Mit sicherer Hand führt Hissa

Der wahre »Itamae« (Sushikoch) von heute drückt acht Jahre die Schulbank und wird seine Sushis stets nur nach den althergebrachten Rezepten herstellen.

das Messer buchstäblich hautnah an den Gräten entlang, trennt mit fast schon chirurgischer Präzision Rücken, Bauch und Zentralgräten heraus.

ERST FEINARBEIT, DANN GROSSER GENUSS

Die Arbeit mit der »Grätenpinzette« ist etwas langwierig, aber erst wenn auch die noch so kleinste Gräte entfernt ist, sollte man den Fisch für die Sushi verwenden. Dann werden die Fischfilets in mundgerechte, längliche 20-Gramm Stücke zerteilt. Hissa mischt ein wenig fahlgrünes Wasabi-Pulver mit Wasser, rollt mit flinken Fingern eine Reiskugel, bestreicht den Fisch vorsichtig mit wenig Wasabi und formt, schneller als die Augen folgen können, ein Sushi in Form eines umgedrehten Bootsrumpfes – und dieser kleine Fischhappen hat inzwischen die ganze Welt erobert, denn er schmeckt nicht nur den Japanern einfach unwiderstehlich gut.

Claudia Bruckmann

oben: Der Essig muss gleichmäßig im Reis verteilt werden.
unten: Sushirollen erfordert Konzentration und Geschick.

Teubner Edition **185**

Herings-Tatar

ZUBEREITUNGSZEIT 30 Min.
MARINIERZEIT 2 Std.

ZUTATEN
- 90 g Joghurt (3,5 % Fett)
- 2 EL Meerrettich, frisch gerieben oder aus dem Glas
- Salz
- frisch gemahlener weißer Pfeffer
- Saft von 1 Zitrone
- 1-2 EL Schnittlauchröllchen
- 100 g gekochte Rote Bete
- 100 g fest kochende Kartoffeln, gekocht und gepellt
- 60 g Apfel
- 200 g Heringsfilet (eingelegt) oder Matjesfilet

S. 130
WARENKUNDE Fischprodukte

1. Zuerst geben Sie den Joghurt in eine Schüssel und schmecken ihn mit dem Meerrettich, mit Salz, Pfeffer, Zitronensaft und Schnittlauch ab. Die Rote Bete mit Küchenpapier trockentupfen. Schneiden Sie dann die Rote Bete und die Kartoffeln in etwa 1 cm große Würfel. Den Apfel schälen, vierteln, vom Kerngehäuse befreien und ebenfalls würfeln. Geben Sie die Würfel von Roter Bete, Kartoffeln und Äpfeln in die Joghurt-Marinade und vermengen Sie das Ganze behutsam.

2. Hacken Sie das Heringsfilet mit einem scharfen Messer in kleine Stücke oder zerdrücken Sie es mit einer Gabel auf einem flachen Teller. Heben Sie die Fischmasse unter die vorbereitete Sauce.

3. Lassen Sie das Herings-Tatar mindestens 2 Stunden (am besten allerdings länger, etwa über Nacht) im Kühlschrank abgedeckt durchziehen. Vor dem Servieren das Herings-Tatar nochmals pikant abschmecken und mit Schnittlauch bestreut servieren.

Kleiner Snack

Servieren Sie das Herings-Tatar als Vorspeise oder Snack auf gerösteten Brot. In Kombination mit Butterkartoffeln ergibt das Tatar ein leckeres Hauptgericht.

Saiblings-Tatar

FÜR 6 PERSONEN
ZUBEREITUNGSZEIT 25 Min.

ZUTATEN
- 400 g Saiblingsfilet ohne Haut
- 1 Schalotte
- ½ Stange Staudensellerie
- 1 Frühlingszwiebel
- 2–3 EL Olivenöl
- Salz
- frisch gemahlener Pfeffer
- Zitronensaft

1. Befreien Sie die fangfrischen Saiblingsfilets sorgfältig von allen Gräten, spülen Sie den Fisch unter kaltem Wasser ab und tupfen Sie ihn mit Küchenpapier trocken. Anschließend die Filets mit einem Messer fein würfeln und in eine Schüssel geben.

2. Die Schalotte schälen und in feine Würfel schneiden. Den Staudensellerie und die Frühlingszwiebel waschen, trockentupfen und in dünne Scheiben bzw. Ringe schneiden. Das Gemüse behutsam mit einem großen Löffel oder einem Teigspatel unter das Fischtatar heben.

3. Das Tatar mit dem Olivenöl anmachen und gut durchmischen, bis Ihnen die Konsistenz zusagt. Zum Schluss das Tatar mit Salz, frisch gemahlenem Pfeffer und Zitronensaft pikant abschmecken.

4. Ein frischer Blattsalat der Saison oder auch kleine Keniabohnen passen zusammen mit Baguette hervorragend zu diesem Tatar. Marinieren Sie das Tatar erst kurz vor dem Servieren, da dieser delikate Fisch durch Salz und Zitrone an Farbe verliert.

5. Um dem Tatar einen spritzigeren Charakter zu verleihen, können Sie auch etwas Forellenkaviar hinzufügen. Möchten Sie eine asiatisch angehauchte Variante servieren, geben Sie sehr fein geschnittenes Zitronengras und etwas frisches Koriandergrün dazu.

S. 35
WARENKUNDE Saibling

»Meerrettich statt Zwiebeln«

Das Herings-Tatar ist Bestandteil der traditionellen nordischen Küche. Puristen schwören auf die Verwendung von jungfräulichen Heringen. Man nennt sie Matjes, das kommt vom holländischen »meisje«, was Mädchen heißt. Das klassische Tatar enthält Zwiebeln, Dill oder Schnittlauch und Gewürzgurke. Bisweilen kommen noch feine Kapern, säuerlicher Apfel sowie etwas scharfer Senf hinzu und natürlich als Unterlage Vollkornbrot oder Pumpernickel. Ich bin in meinem Rezept der einfachen Zubereitungsform nahe geblieben, habe aber die oft beißende Schärfe der Zwiebeln durch die aromatische Schärfe des Meerrettichs ersetzt. Rote Bete und Kartoffeln sind keine Fremden in der nordischen Küche, aber in diesem Zusammenhang sind sie neu, ohne die Tradition ganz zu verlassen.

Wichtig bei der Zubereitung eines guten Matjes-Tatar ist, die Filets mit einem scharfen Messer klein zu schneiden; auf keinen Fall darf gehackt werden – das würde das feine Fischfleisch nur zerdrücken.

Matthias Buchholz

WARENKUNDE   KÜCHENPRAXIS   **REZEPTE**
→ *Kalte Fischküche
und Vorspeisen*

Schillerlocken-Salat

ZUBEREITUNGSZEIT 30 Min.

ZUTATEN
- 3–4 Schillerlocken (400 g)
- 1 Romanasalat
- 8 Blätter Radicchio
- 100 g Brin d'Amour (oder anderen Frischkäse aus Ziegenmilch)
- 8 Wachteleier
- 100 g Keniabohnen
- ¼ Meerrettichwurzel
- 2 kleine rote Zwiebeln

FÜR DIE VINAIGRETTE
- 200 ml Fischfond (S. 168)
- 1 Msp. Senf, 2 EL Estragonessig
- 4 EL Olivenöl, 4 TL Walnussöl
- Salz, Pfeffer, Zitronensaft

1. Schneiden Sie die Schillerlocken mit einem sehr scharfen Messer in gleichmäßige, 2 bis 3 cm große, schräge Stücke. Legen Sie die Spitzen und Enden zur Seite, füllen Sie die restlichen Stücke locker in eine Schüssel und stellen Sie diese zum Temperieren an einen zimmerwarmen Platz.

2. Den Romanasalat und die Radicchioblätter putzen, gründlich waschen und trockenschleudern. Den Ziegenkäse in ½ cm große Würfel schneiden.

3. Kochen Sie für die Vinaigrette den Fischfond mit den Spitzen und den Enden der Schillerlocken auf und reduzieren Sie die Flüssigkeit auf etwa 40 ml. Gießen Sie den Fond durch ein Sieb ab und rühren Sie ihn mit einem Schneebesen mit dem Senf und dem Estragonessig etwas schaumig. Lassen Sie dabei nach und nach das Oliven- und Walnussöl einlaufen. Zum Schluss mit Salz, frisch gemahlenem Pfeffer und Zitronensaft abschmecken.

4. Die Wachteleier in 4 Minuten wachsweich kochen, abschrecken und vorsichtig schälen. Die Keniabohnen bissfest blanchieren. Die Meerrettichwurzel putzen und fein raspeln. Die roten Zwiebeln schälen und in feine Ringe schneiden.

5. Machen Sie den Romanasalat und den Radicchio mit der Vinaigrette an und arrangieren Sie die Salatblätter auf den Tellern. Geben Sie die Schillerlockenstücke, die halbierten Wachteleier, die blanchierten und leicht abgekühlten Keniabohnen sowie die Käsewürfel darüber. Bestreuen Sie den Salat mit Meerrettichraspeln, und zum Schluss garnieren Sie alles mit den fein geschnittenen Zwiebelringen.

Tauschhandel

Dieser Salat kann auch gut mit anderen Räucherfischen, wie zum Beispiel mit Räucheraal, -saibling oder -forelle zubereitet werden. Als Beilage passen am besten frisches Baguette oder Ofenkartoffeln.

S. 133
WARENKUNDE Fischprodukte

S. 168
KÜCHENPRAXIS Fischfond

Matjes nach Hausfrauenart

ZUBEREITUNGSZEIT 45 Min.

ZUTATEN
- 450 g Matjesfilet
- 80 g grüner Apfel, geschält, entkernt und fein gewürfelt
- 100 g Salatgurke, entkernt und fein gewürfelt
- 80 g Schalotten, fein gewürfelt
- 50 g Radieschen, fein gewürfelt
- Meersalz, frisch gemahlener Pfeffer
- 80 g Crème fraîche
- 1 Bund Schnittlauch, in Röllchen geschnitten
- 2 TL Forellenkaviar
- Dillspitzen zum Garnieren

FÜR DIE SAUCE
- 40 g Crème fraîche, 4 TL Sahne
- Meersalz, frisch gemahlener Pfeffer
- 4 TL Forellenkaviar

AUSSERDEM
- Metallring (7 cm Durchmesser, mindestens 3 cm hoch)

1. Schneiden Sie die Matjesfilets der Länge nach in 3 cm breite Streifen, anfallende Abschnitte klein schneiden und beiseite stellen. Die Matjesstreifen an der Innenseite des Metallrings entlang einlegen, sie sollen einen 3 cm hohen Kreis bilden, der die nachfolgende Füllung umschließt.

2. Nacheinander Apfel-, Gurken-, Schalotten- und Radieschenwürfel mit Meersalz und Pfeffer würzen. Einen Teelöffel von jeder Würfelsorte mit klein geschnittenen Matjesabschnitten vermengen und nacheinander in Lagen übereinander fest in den Ring schichten. Die dabei übrig gebliebenen Matjes- und Gemüsestücke vermischen und auf den gefüllten Ringen verteilen. Mit Schnittlauch bestreuen. Crème fraîche glatt rühren, würzen und auf den Matjesringen verteilen. Mit Forellenkaviar garnieren.

3. Für die Sauce die Crème fraîche mit der Sahne glatt rühren, mit Meersalz und Pfeffer abschmecken und zum Schluss den Forellenkaviar einrühren. Die Sauce separat dazuservieren.

»Matjes leicht und raffiniert«

Klassisch wird Matjes nach Hausfrauenart wie ein Salat zubereitet. Dabei wird der Matjes in mundgerechte Stücke geschnitten und mit der Sauce aus Mayonnaise und den übrigen, nicht zu klein geschnittenen Zutaten vermischt. Bei dem Rezept auf dieser Seite wird ein Metallring seitlich mit einem Matjesfilet ausgekleidet; die Hauptzutaten werden miteinander vermischt oder in einzelnen Lagen wie bei einer Torte übereinander hineingeschichtet. Die Trennung der Zutaten bewirkt eine klarere Geschmacksausrichtung, die am Gaumen zu einem weitaus aromatischeren Zusammenspiel führt. Die leichtere Crème fraîche als Ersatz für die gehaltvolle Mayonnaise sorgt für eine cremige Frische.

Ingo Bockler

Lauwarme Rotbarbe mit Gemüsesalat und Wasabicreme

ZUBEREITUNGSZEIT 1 Std. 15 Min.

ZUTATEN
- 600 g Rotbarbenfilets (oder Loup de mer, Dorade)
- Salz, frisch gemahlener Pfeffer
- 10 Kirschtomaten
- 200 g Zuckerschoten
- 100 g Keniabohnen
- 2 Möhren
- 10 Minimaiskolben

FÜR DIE VINAIGRETTE UND SAUCE
- 2 EL Kürbiskernöl, 2 EL Olivenöl
- 2 EL Öl, 4 EL Fischfond (S. 168)
- 2 EL Aceto balsamico bianco
- Salz, Pfeffer, Zucker
- 5 EL Crème fraîche
- 1 TL Wasabipaste (Japanischer Meerrettich)
- 1 EL Zitronensaft

S. 68, 69
WARENKUNDE Rotbarbe

1. Spülen Sie die Rotbarbenfilets mit kaltem Wasser ab. Entfernen Sie sorgfältig etwaige noch verbliebene Gräten und tupfen Sie die Filets anschließend mit Küchenpapier gut trocken. Dann auf beiden Seiten mit Salz einreiben und mit frisch gemahlenem Pfeffer würzen.

2. Die Kirschtomaten waschen, kurz blanchieren und mit einem spitzen kleinen Messer häuten. Die Zuckerschoten und Keniabohnen putzen, die Möhren schälen und in dünne Scheiben schneiden. Die drei Gemüse sowie die Minimaiskolben nacheinander kurz blanchieren und in kaltem Wasser abschrecken.

3. Für die Vinaigrette die drei Öle mit dem Fischfond und dem Aceto balsamico bianco verrühren. Mit Salz, Pfeffer und Zucker pikant abschmecken. Für die Wasabicreme die Crème fraîche mit der Wasabipaste verrühren, mit Salz abschmecken und mit Zitronensaft verfeinern.

4. Die Rotbarben in einer großen Pfanne in Olivenöl von beiden Seiten etwa 3 Minuten braten. Das Gemüse kurz in einem Wok lauwarm sautieren und mittig auf den Tellern anrichten. Setzen Sie die Rotbarbe vorsichtig darauf und übergießen Sie das ganze Gericht mit der Vinaigrette. Mit Wasabicreme dekorativ verzieren.

Details

Für die schöne Garnierung des Gerichts geben Sie von der Wasabicreme mit einem Löffel drei Kleckse an den Tellerrand und verziehen diese dekorativ mit den Zinken einer Gabel oder mit einem spitzen Holzstäbchen.

WARENKUNDE KÜCHENPRAXIS REZEPTE
→ *Kalte Fischküche und Vorspeisen*

Petersfisch mit Bündnerfleisch und Kürbis

ZUBEREITUNGSZEIT 50 Min.

FÜR DEN KÜRBIS
- 500 g Kürbisfruchtfleisch
- 150 g Zucker
- 100 ml Aceto balsamico bianco
- 3 Sternanis, 1 Lorbeerblatt
- 1 TL frische Ingwerwurzel, gerieben
- Saft und abgeriebene Schale von 1 unbehandelten Zitrone

FÜR DEN FISCH
- 4 Scheiben Bündnerfleisch (oder Parmaschinken)
- 400 g Petersfischfilet (oder Seeteufel)
- 2 EL Olivenöl

FÜR DIE VINAIGRETTE
- 3 EL Schalotten- oder Weißweinessig
- 3 EL Geflügelfond
- 6 EL Olivenöl
- Salz, Zucker, frisch gemahlener Pfeffer
- ½ Bund Brunnenkresse oder Portulak

»Das Spicken von Fischfilet mit dem hocharomatischen Bündnerfleisch trägt zum Aroma und zur Saftigkeit des Fisches bei.«

1. Schneiden Sie das Kürbisfruchtfleisch in 2 cm große Rauten. Kochen Sie die Kürbisrauten mit den restlichen Zutaten für den Kürbis sowie mit 100 ml Wasser auf und garen Sie den Kürbis bissfest. Dann beiseite stellen und auskühlen lassen.

2. Das Bündnerfleisch in Streifen schneiden, die Fischfilets abspülen, gut trockentupfen und in 4 gleich große Stücke teilen. Die Filetstücke mit den Bündnerfleisch-Streifen spicken; dazu mit einem kleinen scharfen Messer den Fisch leicht einschneiden und die Bündnerfleisch-Streifen hineinstecken.

3. Alle Zutaten für die Vinaigrette verrühren und die Brunnenkresse darin marinieren. Die Fischfilets kurz in heißem Olivenöl braten, auf dem Kürbis anrichten und mit der Brunnenkresse garnieren.

WARENKUNDE   KÜCHENPRAXIS   **REZEPTE**
→ *Kalte Fischküche*
und Vorspeisen

Terrine von Edelfischen

ZUBEREITUNGSZEIT 3 Std.
MARINIERZEIT 12 Std.

FÜR DIE MARINADE
· 2 EL helle Sojasauce
· 2 EL Gemüsefond
· 1 EL thailändische Fischsauce
· frisch gemahlener, gerösteter Koriandersamen
· Salz, frisch gemahlener Pfeffer
· 5 g frische Ingwerwurzel, geschält und
  in Scheiben geschnitten
· 1 Knoblauchzehe
· 1 EL Honig
· abgeriebene Schale und Saft von 1 unbehandelten Limette

FÜR DIE TERRINE
· 300 g Bonitofilet (oder Tunfischfilet)
· 300 g Wildlachsfilet
· etwa 20 große Spinatblätter, Salz
· 300 g Lauch (nur der weiße Teil)
· 300 g Fenchelknollen
· 150 ml Gemüsefond
· frisch gemahlener Pfeffer
· frisch geriebene Muskatnuss
· Cayennepfeffer
· 1 Msp. Safranpulver
· 200 g Zanderfilet, gut gekühlt
· 150 g Sahne, gut gekühlt
· 2 Blatt weiße Gelatine, kalt eingeweicht
· 400 g Räucherlachs, in Scheiben

AUSSERDEM
· 1 Terrinenform von 1,2 l Inhalt
· Frischhaltefolie

S. 21, 32, 83
WARENKUNDE Fisch

1. Lassen Sie in einer Kasserolle alle Zutaten für die Marinade aufkochen und wieder auskühlen. Die Bonito- und Lachsfilets abspülen, in Stücke von 10 cm Länge, 1 cm Breite und 1 cm Höhe schneiden. In eine flache Form legen, mit Marinade begießen, 12 Stunden ziehen lassen und ab und zu wenden.

2. Den Zander in kleine Stücke schneiden, mit Salz, Pfeffer, Muskat und Cayennepfeffer würzen, 10 Minuten tiefkühlen. Vom Spinat die groben Stiele entfernen und die Blätter in Salzwasser blanchieren. Lauch putzen, nur den weißen Teil blanchieren.

3. Die Spinat- und Lauchblätter auf einem Tuch zum Trocknen ausbreiten. Die Fischstücke aus der Marinade ebenfalls auf einem Küchentuch abtrocknen lassen. Die Bonitostreifen in Spinatblätter, die Lachsstreifen in Lauchblätter einwickeln (Step 1).

4. Das Zanderfilet im Mixer pürieren, dabei nach und nach die kalte Sahne zugießen (Step 2). Streichen Sie die homogene Farce durch ein Passiersieb, um alle Häutchen und Gräten zu entfernen, dann 1 Stunde auf Eis abkühlen lassen.

5. Die Fenchelknollen in einzelne Blätter zerlegen, vorhandene Fäden abziehen und das Fenchelgrün beiseite legen. Den Fenchel klein würfeln und mit 100 ml Gemüsefond, Salz, Pfeffer, Muskat, Cayennepfeffer und Safran weich dünsten (Step 3). Auf Küchenpapier auskühlen lassen. Das Fenchelgrün hacken, mit den Fenchelwürfeln mischen und beides unter die Farce mischen.

6. Legen Sie die Terrinenform mit Frischhaltefolie aus. Die Farce in einen Spritzbeutel mit Lochtülle füllen und weiterarbeiten, wie in Step 4 gezeigt. Die Terrine bei 80 °C im Dämpfer oder Umluftofen 30 Minuten garen, herausnehmen, auskühlen lassen, aus der Form nehmen und kühl stellen.

7. Lösen Sie die Gelatine im restlichen Gemüsefond auf. Die Lachsscheiben ausbreiten, dünn mit Gelatine bestreichen und die Terrine – nach Entfernen der Folie – damit ummanteln (Step 5).

(1) Die vorbereiteten Bonitostreifen in die blanchierten Spinatblätter, die Lachsstreifen in die blanchierten Lauchblätter wickeln.

(2) Den Zander in kleine Stücke schneiden, würzen und im Gefrierfach kühlen. Erst dann im Mixer fein pürieren und dabei die kalte Sahne dazugeben.

(3) Den vorbereiteten Fenchel mit 100 ml Gemüsefond, Salz, Pfeffer, Muskat, Cayennepfeffer und Safran weich dünsten.

(4) Den Boden einer mit Frischhaltefolie ausgelegten Terrinenform vollständig mit der Farce bedecken. Abwechselnd Bonito- und Lachsstücke einlegen.

(5) Die ausgekühlte Terrine vorsichtig aus der Form nehmen, die Folie entfernen und mit den vorbereiteten Lachsscheiben ummanteln.

Suppen und Eintöpfe

Klare und gebundene Suppen, kleine und feine Suppeneinlagen mit Fisch sowie gehaltvolle Eintöpfe. Von leicht bis edel.

WARENKUNDE   KÜCHENPRAXIS   REZEPTE
→ *Suppen und Eintöpfe*

Alles aus einem Topf

Ob als festlicher Auftakt eines Menüs oder als sättigender Hauptgang:
Suppen und Eintöpfe sind die Alleskönner unter den Fischgerichten.
Von schnell bis opulent, von einfach bis exquisit: Alles aus einem Topf!

KULTURGESCHICHTLICH BETRACHTET haben Suppen und Eintöpfe schon immer eine bedeutende Rolle gespielt – zumindest seit der Entdeckung des Feuers als Kochstelle. Die ersten Suppen hatten allerdings mit den unseren heutzutage wenig gemeinsam: Sie bestanden lediglich aus Wasser, in dem ein Lebensmittel gekocht wurde. Erst später entdeckte man das Kochen von Fisch, Fleisch, Gemüse und Kräutern sowie verschiedene Gewürze, was sich letzten Endes in unseren heutigen Rezepten für Fonds widerspiegelt.

SUPPE IST EIN OBJEKT DER BEGIERDE

Sie sind beliebt wie eh und je – ob als Gaumenkitzler oder als Hauptgericht. Und dazu lassen sich Suppen ganz nach Gusto beliebig variieren. Berühmte Gourmets wie der Franzose Antonin Careme, der als der größte Koch aller Zeiten gilt, hat der Suppe als Thema bereits ein ganzes Buch gewidmet. Fast alle Suppen Caremes basierten auf stark gewürzten Consommés, auf die er auch bei Reisen nicht verzichten wollte. Zu diesem Zweck dickte er sie stark ein, stellte sie kalt und schnitt sie in Würfel – ein Vorläufer moderner Brühwürfel.

FISCHSUPPEN SIND SPEZIALITÄTEN

Suppen werden kalt und warm gegessen und als klare oder gebundene Variationen angeboten. Sie werden aus einer Hauptzutat kreiert und mit oder ohne Einlage serviert. Eintopfrezepte weisen dagegen fast immer mehrere Hauptzutaten auf, die das Gericht anreichern und sättigend machen. Beide – Suppe wie Eintopf – kennt man in fast allen Ländern der Erde, aber nur wenige haben es zu internationaler Berühmtheit gebracht: Hamburger Aalsuppe ist eine norddeutsche Spezialität, Borschtsch und Soljanka werden Gourmets nicht nur in Russland serviert, Schourabat el-Jabal stammt aus Syrien, Cacciucco-Eintopf und Brodino di pesce gibt

es in Italien, Bouillabaisse gilt als französisches Nationalgericht, die Mallorquina gibt es in ganz Spanien, Fish-Gumbo wird im Süden der USA geliebt und die asiatische Küche kennt eine ganze Palette mehr oder weniger scharfer Fischsuppen wie die chinesische Haifischflossensuppe, thailändische Po Dag und japanische Dashi-Brühe mit Fisch.

KLAR, GEBUNDEN ODER LEGIERT

Klare Suppen wirken appetitanregend, gebundene Suppen und Eintöpfe haben eine ähnliche Wirkung, tragen jedoch maßgeblich zur Sättigung bei. Klare Fischsuppen sind alle Fischfonds sowie die Fischconsommé, etwa als Basis für eine feine Hechtklößchensuppe, für Borschtsch oder als Suppenkomponente für feinen Saiblingstrudel. Zu den gebundenen Fischsuppen gehören Klassiker wie etwa die Fischvelouté, die zusätzlich mit den verschiedensten Einlagen, etwa Fischfilet, Meeresfrüchte, Reis oder Gemüse serviert wird.

EINE SUPPE PASST IMMER

Ein Blick auf andere Kulturen zeigt: Suppe passt fast zu jeder Tageszeit. Während sie bei uns nach oder an Stelle einer Vorspeise gereicht wird, hat die Suppe in Asien einen ganz anderen Stellenwert. In China wird sie traditionell am Ende einer Speisenfolge serviert. Bei großen Festmenüs gibt es sogar mehrere Suppengänge zwischen den Hauptspeisen. Suppe ist allerdings auch oft das einzige Hauptgericht: Die asiatischen Suppenküchen verkaufen ihre Produkte von frühmorgens bis spätabends. Einige Suppen sind echte Muntermacher, Einheimische essen sie schon zum Frühstück, »damit die scharfen Ingredienzien den Geist wecken und die Sinne schärfen«, sagt ein chinesisches Sprichwort.

Moderner Genuss

Noch im 17. Jahrhundert war Suppe eine Bezeichnung für alles, was in einem Topf gekocht wurde. Sie ähnelte unseren Eintöpfen oder war eher ein Püree. Rezepte aus dieser Zeit lassen vermuten, dass dabei die Sättigung dem Genuss weit überlegen war.

Teubner Edition **195**

Curry-Fenchel-Suppe mit Seeteufel-Piccata

ZUBEREITUNGSZEIT 1 Std. 30 Min.

ZUTATEN
- 350 g Fenchel (oder Kürbis)
- 1 Zwiebel
- 60 g mehlig kochende Kartoffel
- 700 g Seeteufel am Stück (oder 400 g Filets, ersatzweise Seezunge)
- 100 g Parmesan
- 2 Eier
- 2 EL rote Currypaste (oder Currypulver)
- 3 EL dunkles Sesamöl
- ½ l Gemüsefond
- 300 ml Kokosmilch, ungesüßt
- 2 EL Sahne
- 4 TL Crème fraîche
- Meersalz
- frisch geriebene Muskatnuss
- Salz, Pfeffer, Zitronensaft
- 2 EL Mehl
- 50 g Butter

S. 43
WARENKUNDE Seeteufel

1. Waschen Sie den Fenchel und putzen Sie ihn. Dann die Knolle halbieren, den Strunk entfernen und den verwertbaren Rest in kleine Scheiben schneiden. Einige der Scheiben für die Dekoration beiseite legen und diese später frittieren. Zwiebel und Kartoffel schälen und in grobe Stücke schneiden. Entfernen Sie beim Seeteufel die Mittelgräte und schneiden Sie das Fleisch in 8 etwa 50 g schwere Filets. Den Parmesan fein reiben und mit den Eiern verquirlen.

2. Schwitzen Sie die Zwiebel und die Currypaste in heißem Sesamöl an. Die Fenchel- und Kartoffelstücke hinzugeben, die Hitze reduzieren und alles 15 Minuten dünsten. Danach mit Gemüsefond und Kokosmilch aufgießen und 30 Minuten bei mittlerer Hitze auf die Hälfte reduzieren lassen. Das Gemüse sollte weich gekocht sein. Pürieren Sie die Mischung und geben Sie Sahne und Crème fraîche dazu. Die Suppe durch ein feines Sieb gießen und mit Salz und frisch geriebener Muskatnuss abschmecken.

3. Legen Sie eine Frischhaltefolie unter und über den Fisch. Dann die Seeteufelfilets mit einem schweren Kochmesser dünn plattieren. Mit Salz, frisch gemahlenem Pfeffer und Zitronensaft würzen und in Mehl wenden, dabei überschüssiges Mehl abklopfen. Wenden Sie die Seeteufelfilets nacheinander in der Parmesan-Ei-Masse und backen Sie den zarten Fisch in Butter bei schwacher Hitze goldbraun aus.

4. Die Suppe zum Servieren mit dem Pürierstab nochmals luftig aufschlagen und in einer schmalen, hohen Suppenschale anrichten. Die Piccata auf einem separaten flachen Teller anrichten und mit hauchdünnen, frittierten Fenchelscheiben dekorieren. Als Beilage passt Ciabattabrot.

Fischsuppe mit Zitronengras und Galgant

ZUBEREITUNGSZEIT 30 Min.

ZUTATEN
- 1 Stück Galgant (etwa 20 g; oder Ingwer)
- 400 ml Kokosmilch, ungesüßt
- 4 Stängel Zitronengras
- 4 Zitronenblätter
- 1 kleine, getrocknete Chilischote (rot oder grün), zerstoßen
- 200 g Red Snapper Filet, in 8 Stücke geschnitten
- 1–2 EL Fischsauce
- 2 TL brauner Zucker
- 2–3 EL Limettensaft
- 100 g kleine Champignons, geviertelt
- 4 Stängel Koriandergrün
- 1 EL Chiliöl

»Es ist beinahe selbstverständlich, dass die Suppe mit anderen Fischen, etwa Drachenkopf, genauso köstlich schmeckt. Und wer es noch etwas schärfer mag, der nimmt einfach 1 bis 2 Chilis mehr.«

1. Den Galgant schälen und mit einem scharfen Messer in sehr feine Streifen schneiden. Das Zitronengras putzen, die Stängel flach klopfen. 2 Zitronenblätter in sehr feine Streifen schneiden. Die Korianderblättchen von den Stängeln zupfen.

2. Gießen Sie die Kokosmilch in einen Topf und bringen Sie sie zusammen mit den Galgantstreifen, dem Zitronengras, den beiden ganzen Zitronenblättern und der zerstoßenen Chili zum Kochen.

3. Reduzieren Sie die Hitze, legen Sie die Stücke des Red Snappers in den Sud ein und würzen Sie den Sud mit Fischsauce, Zucker und Limettensaft. Lassen Sie den Fisch 2 bis 3 Minuten in der Suppe gar ziehen.

4. Heben Sie den Fisch aus dem Sud und legen Sie ihn in eine vorgewärmte Suppenterrine. Den Sud durch ein Sieb auf die Fischstücke in der Terrine gießen. Champignons, Korianderblättchen und Zitronenblätterstreifen darüber streuen. Nach Geschmack mit etwas Chiliöl verfeinern.

STRUDEL
von Saibling mit Lauch

(1) Das Strudelblatt auf einem Küchentuch auslegen, zwei Drittel davon mit zerlassener Butter bestreichen und auf das freie Drittel die Hälfte der Farce verteilen.

(2) Das Saiblingsfilet auflegen, die restliche Farce darauf verstreichen und anschließend den Lauch darauf verteilen.

(3) Das Strudelblatt mit Hilfe des Küchentuchs aufrollen, überstehende Ränder abschneiden und die Enden links und rechts einschlagen.

Consommé mit Saiblingstrudel

ZUBEREITUNGSZEIT 1 Std. 10 Min.

FÜR 4 BIS 6 PORTIONEN
ZUTATEN
- 1–1 ½ l Fischconsommé (S. 170)

FÜR DEN STRUDEL
- 250 g Saiblingsfilet, ohne Haut (oder Lachs, Meerforelle, Zander)
- 1 Eiweiß, 4 EL Sahne, 80 g Lauch
- Salz, frisch gemahlener Pfeffer
- 1 Strudelblatt (gibt es fertig in der Kühltheke)
- 50 g zerlassene Butter
- 1 TL zerstoßene Gewürze (Koriandersamen, Anis und Pfefferkörner)

1. Vom Saiblingsfilet etwa 150 g abschneiden und grob würfeln. Die Filetstücke im Mixer mit dem Eiweiß zerkleinern. Die Sahne zugießen, kurz weitermixen. Die Farce mit Salz sowie frisch gemahlenem Pfeffer würzen und kühl stellen.

2. Den Lauch putzen, waschen, der Länge nach halbieren und quer in dünne Streifen schneiden, in Salzwasser blanchieren, kalt abschrecken und abtropfen lassen. Das restliche Saiblingsfilet salzen und pfeffern. Den Backofen auf 190 °C vorheizen.

3. Breiten Sie das Strudelblatt auf einem Küchentuch aus und arbeiten Sie weiter, wie in Step 1 und 2 beschrieben. Die Lauchstreifen auf das Filet mit der Farce gleichmäßig verteilen.

4. Rollen Sie den Strudel auf, wie in Step 3 gezeigt. Die Oberfläche mit Butter bestreichen, mit den Gewürzen bestreuen und den Strudel im vorgeheizten Ofen in 10 bis 12 Minuten goldbraun backen. In der Zwischenzeit die Consommé erhitzen. Den Strudel in fingerdicke Scheiben schneiden und als Einlage in der heißen, klaren Fischsuppe servieren.

S. 35
WARENKUNDE Saibling

S. 170
KÜCHENPRAXIS Consommé

»Der hauchdünn ummantelte Saiblingstrudel
ist eine feine Komposition aus
Saiblingsfarce, -filet und Lauch.
Er veredelt jede klare Fischsuppe.«

Ravioli von der Räucherforelle im Spargelsud

ZUBEREITUNGSZEIT 2 Std.

FÜR DEN RAVIOLITEIG
- 150 g Mehl
- 1 Ei, 1 Eigelb
- 1 TL Olivenöl

FÜR DIE FÜLLUNG
- 80 g Fischfilet (etwa Zander, Hecht, Seezunge)
- ½ Eiweiß
- 80 g Sahne
- 150 g Filet von geräucherter Forelle, entgrätet und in ½ cm große Würfel geschnitten
- 1 TL geschnittener Kerbel
- Meersalz, Pfeffer
- 1 Eigelb

FÜR DEN SPARGELSUD
- 12 Stangen weißer Spargel
- Salz, Zucker
- Zitronensaft
- 2 gestrichene TL Stärkemehl

FÜR DIE EINLAGE
- 2 EL fein gewürfelte Möhre
- 2 EL feine Lauchringe
- 2 EL fein gewürfelter Sellerie
- 1 Tomate, enthäutet, entkernt und in Würfel geschnitten
- 1 TL geschnittener Kerbel

AUSSERDEM
- Frischhaltefolie

S. 21, 37
WARENKUNDE Fisch

S. 132
WARENKUNDE Fischprodukte

1. Verkneten Sie alle Zutaten für den Ravioliteig miteinander; bei Bedarf 1 EL Wasser zugeben. Lassen Sie den Teig in Folie gewickelt 1 Stunde ruhen. Das Weißfischfilet in kleine Würfel schneiden, salzen, mit dem Eiweiß mischen, 10 Minuten tiefkühlen, dann pürieren und nach und nach die Sahne einmixen, bis eine glatte Farce entstanden ist. Durch ein Haarsieb streichen. Die Forellenfiletwürfel und den Kerbel unter die Farce heben, mit Meersalz und Pfeffer abschmecken.

2. Für den Spargelsud den Spargel schälen und zu Päckchen binden. Etwa 2 l Wasser aufkochen und mit Salz, Zucker und Zitronensaft abschmecken. Den Spargel 10 Minuten kochen, herausnehmen, abschrecken und schräg in 2 cm lange Stücke schneiden. Den Spargelsud etwas reduzieren, durch ein Passiertuch gießen. 400 ml davon abnehmen und mit dem angerührten Stärkemehl binden.

3. Den Ravioliteig auf einer bemehlten Arbeitsfläche sehr dünn ausrollen und in etwa 15 cm breite Bahnen schneiden. Das Eigelb mit 2 EL Wasser verrühren und eine Bahn damit einstreichen. Mit Abstand kleine Portionen Farce (je etwa 3 TL) darauf setzen, mit einer zweiten Teigbahn bedecken und andrücken. Die Ravioli 6 bis 7 cm groß ausstechen.

4. Die Ravioli in kochendes Salzwasser geben und 3 Minuten ziehen lassen. Den gebundenen Spargelsud mit den Gemüsewürfeln aufkochen, Spargelstücke und Tomatenwürfel zugeben. Geben Sie pro Portion drei Ravioli in einen tiefen Teller und verteilen Sie das Gemüse mit dem Sud darüber. Mit Kerbel garnieren.

Französische Bouillabaisse

ZUBEREITUNGSZEIT 2 Std. 40 Min.

ZUTATEN
- 1 kg verschiedene kleine ganze Fische (etwa Rotbarbe, Petermännchen, Drachenkopf, Seeteufel, Knurrhahn)
- 100 g Zwiebeln
- 250 g Tomaten
- 1 Knoblauchzehe
- 150 g mehlig kochende Kartoffeln
- 150 g Fenchel
- 2 EL Olivenöl
- 2 Stängel glatte Petersilie
- 2 Zweige Thymian
- Salz, frisch gemahlener Pfeffer
- 20 Safranfäden

FÜR DIE EINLAGE
- 800 g Mittelmeerfische (möglichst dieselben wie für den Fond)

1. Für den Fond die kleinen Fische schuppen, sorgfältig ausnehmen, unter fließendem kaltem Wasser abspülen, wie auf den Seiten 148 bis 150 gezeigt. Dann mit einem sehr scharfen Messer in kleine Stücke zerteilen und beiseite stellen. Die Zwiebeln schälen und fein würfeln, die Tomaten blanchieren, häuten, von Stielansätzen und Samen befreien und das Fruchtfleisch in kleine Würfel schneiden. Den Knoblauch abziehen und fein schneiden. Die Kartoffeln schälen, die Fenchelknolle waschen und putzen und beides in mundgerechte Stücke schneiden.

2. In einem Topf das Öl erhitzen und die Zwiebelwürfel darin glasig schwitzen. Die Fischstücke für den Fond, die Tomatenwürfel sowie die angedrückte Knoblauchzehe zufügen und alles bei geringer Hitze 8 bis 10 Minuten dünsten. Die Kartoffel- und Fenchelstücke hinzufügen, mit 1 ½ l kaltem Wasser aufgießen, alles einmal aufkochen lassen, abschäumen und den Fond 1 Stunde bei geringer Hitze köcheln lassen, dabei mehrfach abschäumen.

3. In der Zwischenzeit bereiten Sie die Fische für die Einlage vor: gegebenenfalls schuppen, ausnehmen, kalt abspülen, wie auf den Seiten 148 bis 150 gezeigt, und die Fische oder Fischstücke in Portionsgröße schneiden. Nach 50 Minuten Garzeit die Petersilie und den Thymian zur Suppe geben und mit Salz und Pfeffer abschmecken.

4. Lassen Sie den Fond durch ein feines Sieb in einen Topf ablaufen und drücken Sie die im Sieb verbliebenen festen Bestandteile gut aus. Die Safranfäden in den Fond einrühren, aufkochen und 5 Minuten ziehen lassen. Die vorbereiteten Fischstücke hinzufügen – erst die größeren, etwas später die kleineren – und in 5 bis 10 Minuten gar ziehen lassen, abschmecken und servieren.

S. 43, 68, 75, 99, 103
WARENKUNDE Fisch

S. 148, 150
KÜCHENPRAXIS Fisch

Bouillabaisse:
Eine Suppe macht Karriere

Zwiebeln und Tomaten, Fenchel und Knoblauch, dazu Drachenkopf, drei weitere Felsfische aus dem Mittelmeer, ein paar Reste Seeteufel und Petersfisch – so beginnt das Rezept einer zünftigen Bouillabaisse. Eine Mischung aus unverkäuflicher Restware, die in Fischerhütten oder an Bord aufgekocht wurde. Die Fischer von damals warfen die Fische mehr oder minder wahllos in den Topf, wenn sie die Netze an Bord holten. Am Abend wurde die stundenlang geschmurgelte Suppe dann mit der großen Kelle ausgeteilt. War etwas Geld da, wurde die Mischung mit Olivenöl, etwas getrockneter Orange oder gar Safran verfeinert. Aber eigentlich war die Bouillabaisse (franz. »Lou bouiabaisso«, das bedeutet »aufkochen« oder »reduzieren«) ein Arme-Leute-Gericht, schnell und ohne großen Aufwand aus Resten zubereitet, scheinbar weit weg von großen Genüssen. Vielleicht wäre der Fischeintopf noch heute eine regionale Kuriosität in den Fischerhütten am Mittelmeer, hätten sie nicht drei findige Köche zu Revolutionszeiten auf die Speisekarte ihres Pariser Restaurants »Frères Provencaux« gesetzt. So brachten sie den Hauptstädtern die Küche ihrer Heimat näher und hatten damit so viel Erfolg, dass sie zeitweise zu Leibköchen des Prinzen von Conti aufstiegen. Das Lokal boomte, selbst Robespierre war Stammgast und »man musste seine Ellenbogen spielen lassen, um dort einen Tisch zu bekommen.« Der Eintopf der armen Fischer war in der snobistischen Pariser Gesellschaft angekommen, frühe Kochbuchautoren interessierten sich plötzlich für die Restesuppe aus der Gegend von Marseille und clevere Küchenchefs begannen damit, das Gericht etwa mit einer Languste zu verfeinern. Und Croûtons mit Knoblauch oder Rouille, eine rostrote Knoblauchmayonnaise mit Paprika oder Chili, Olivenöl und edlem Safran geben seitdem in manchen Lokalen der Bouillabaisse erst den richtigen Pfiff.

Der Fischeintopf entwickelte sich zum Trendgericht, über deren Zubereitung Köche und Intellektuelle bis heute verschiedenster Meinung sind. Inzwischen gibt es mehr Bouillabaisse-Rezepte als Buchten zwischen Genua und Sète. So wandern Kartoffeln in die »Bouillabaisse de Martigues«, in Bordeaux wird Bouillabaisse aus Arcachon-Krabben und mit weißem Graves serviert, in der Bretagne hingegen kommt die »Cotriade« auf den Tisch: mit Fischen aus Atlantik und Ärmelkanal, sowie Kartoffeln – anders als in Marseille isst man hier jedoch zuerst den Fisch und löffelt danach die Suppe aus.

Doch es existiert auch Einigkeit unter den Freunden der Bouillabaisse, wie etwa darin, dass sie stets für mindestens acht Personen zubereitet werden sollte. Aus Gründen, die nach dem heutigen Stand der Wissenschaft nicht ganz verständlich erklärt werden können, schmecken größere Portionen einfach besser.

Jörg Zipprick

»Meine Pariser Edel-Bouillabaisse«

Die klassische Fischsuppe aus Marseille hat sich im Laufe der Jahre vom einfachen Eintopf mit sämiger Konsistenz zu einer hoch geschätzten kulinarischen Köstlichkeit gewandelt.

Meine Bouillabaisse ist der Pariser Variante von Auguste Escoffier nachempfunden, wobei ich sie noch mit Kaisergranaten und Hummer verfeinert habe. Durch die Zugabe von Staudensellerie und Fenchel erhält die Suppe eine frische anisartige Note, die sich wunderbar mit den anderen Aromen, allen voran dem Safran, verbindet.

Außerdem verzichte ich auf die herkömmliche Bindung der Suppe, was ihr eine gewisse Leichtigkeit verleiht. Zudem kann der Fond am Vortag gut vorbereitet werden. 30 Minuten vor dem Servieren wird die Einlage zugegeben, kurz gegart und schon kann serviert werden. Ein wunderbares Gericht für zahlreiche Gäste!

Bobby Bräuer

Edle Bouillabaisse

ZUBEREITUNGSZEIT   3 Std.

FÜR DEN FOND
- · 1 Seezunge (600–800 g)
- · 2 Rotbarben (jeweils etwa 300 g)
- · 1 Drachenkopf oder Knurrhahn (600–800 g)
- · 4 Kaisergranate (oder Garnelen)
- · 1 Hummer (500–600 g)
- · 4 Schalotten, 2 Knoblauchzehen
- · 1 kleine Möhre, ½ Fenchelknolle
- · 1 Stange Staudensellerie, ½ Stange Lauch
- · 100 ml Olivenöl, 10 Safranfäden
- · 2 Zweige Thymian, 1 Bund Basilikum (die Blätter abgezupft und gehackt; Stiele aufgehoben)
- · 100 ml Weißwein, 2 cl Pernod

FÜR DIE EINLAGE
- · 500 g Miesmuscheln
- · 1 kleine Möhre, ½ Fenchelknolle
- · 2 Stangen Staudensellerie, ½ Stange Lauch
- · 100 ml Olivenöl
- · Salz, frisch gemahlener Pfeffer
- · 4 Tomaten, gehäutet, entkernt und gewürfelt
- · 20 Safranfäden, 1 Bund Petersilie, gehackt

1. Die Seezunge filetieren, wie auf Seite 162 gezeigt. Rotbarben und Drachenkopf schuppen, filetieren und entgräten, wie auf den Seiten 148 und 150 gezeigt. Die Karkassen 30 Minuten unter fließendem kaltem Wasser säubern. Das Fleisch der Kaisergranate aus den Schalen auslösen. Den Hummer in kochendem Wasser 1 bis 2 Minuten pochieren, dann aus dem Wasser nehmen. Den Schwanz ausbrechen und in Scheiben schneiden, den Hummerkopf halbieren, die Scheren anschlagen.

2. Die Schalotten schälen und würfeln, die Knoblauchzehen abziehen und halbieren. Die Möhre putzen und schälen, den Fenchel putzen, den Staudensellerie waschen und alle drei Gemüse grob würfeln. Den Lauch putzen, waschen und in Streifen schneiden. Erhitzen Sie dann in einem weiten Topf 100 ml Olivenöl und braten Sie darin zunächst die Schalen der Kaisergranate und die Hummerkarkassen an. Die Fischkarkassen und das Gemüse dazugeben und mit angehen lassen. 10 Safranfäden, den Thymian und die abgezupften Basilikumstiele hinzufügen, mit Weißwein und Pernod ablöschen und mit etwa 4 l kaltem Wasser aufgießen. Unter ständigem Abschöpfen des Schaums zunächst 25 Minuten köcheln und dann 1 Stunde ziehen lassen. Den Sud durch ein feines Sieb abgießen.

3. Für die Einlage putzen und wässern Sie die Miesmuscheln. Die Möhre putzen und schälen, den Fenchel putzen, den Staudensellerie waschen, den Lauch putzen und waschen. Schneiden Sie die Gemüse in feine Streifen (Julienne). In einem Topf das Olivenöl erhitzen. Die Hummerscheiben und -scheren sowie die Kaisergranate mit Salz und Pfeffer würzen und anbraten. Die Gemüsestreifen und Tomatenwürfel dazugeben, die Safranfäden einstreuen und die Muscheln hineingeben. Mit dem Sud angießen und aufkochen. Die Hitze reduzieren, die mit Salz und Pfeffer gewürzten Fischfilets einlegen und 4 Minuten ziehen lassen. Die Suppe abschmecken und in einem großen Suppentopf servieren. Mit gehackter Petersilie und Basilikumblättchen bestreuen. Dazu passen eine Rouille (siehe Seite 296) und ofenfrisches Baguette.

REZEPTE
→ *Suppen und Eintöpfe*

Spanischer Kartoffel-Fisch-Eintopf

ZUBEREITUNGSZEIT 45 Min.

- 400 g vorwiegend fest kochende Kartoffeln
- 2 Zwiebeln
- 6 TL Olivenöl
- 400 g Kichererbsen (aus der Dose)
- 400 ml Fischfond (S. 168)
- Salz, frisch gemahlener Pfeffer, Zucker
- 1 g Safran
- 1 rote Paprikaschote
- 1 gelbe Paprikaschote
- 100 g Chorizo (spanische Rohwurst)
- 400 g Seehechtfilet (oder Dorsch, Makrele)
- 2 EL Mehl

S. 91
WARENKUNDE Seehecht

S. 168
KÜCHENPRAXIS Fischfond

1. Schälen Sie die Kartoffeln und Zwiebeln und schneiden Sie die Kartoffeln in 1 cm große Würfel. Anschließend eine der Zwiebeln fein würfeln und in einem Topf mit 2 TL Olivenöl glasig anschwitzen. Die Kichererbsen und Kartoffeln hinzufügen, 5 Minuten dünsten und mit dem Fischfond ablöschen. Schmecken Sie diesen Eintopf mit Salz, frisch gemahlenem Pfeffer und Safran ab und lassen Sie ihn etwa 15 Minuten bei mittlerer Hitze köcheln.

2. Die Paprikaschoten von Samen und Scheidewänden befreien und mit einem Sparschäler schälen. Die zweite Zwiebel in feine Würfel und die Paprikaschoten in 1 cm breite Rauten schneiden. Zuerst die Zwiebelwürfel in einem Topf mit 2 TL Olivenöl glasig anschwitzen, dann die Paprikarauten hinzufügen. Bei mittlerer Hitze etwa 10 Minuten zugedeckt schmoren lassen und mit Salz, Pfeffer und etwas Zucker abschmecken. Lassen Sie zum Schluss die in Scheiben geschnittene Chorizo noch eine Weile mit ziehen.

3. Teilen Sie den Seehecht in vier gleich große Stücke und bestauben Sie diese auf einer Seite mit Mehl. Mit der mehlierten Seite in einer Pfanne in 2 TL Olivenöl etwa 5 Minuten anbraten. Anschließend in den Eintopf legen und darin noch 4 bis 5 Minuten ziehen lassen.

Mauretanisch angehaucht

In den Küchen Südspaniens ist der kulinarische Einfluss Afrikas deutlich zu spüren: Kichererbsen und Safran sind typische Zutaten, die einst aus Marokko nach Spanien kamen.

Borschtsch mit Steinbutt

ZUBEREITUNGSZEIT 2 Std. 35 Min.

FÜR DIE SUPPE
- 1 kg Fischkarkassen von Weißfischen
- 100 g Lauch, 80 g Staudensellerie
- 1 Lorbeerblatt, 1 Zweig Thymian
- 60 g Schalotten, 2 Knoblauchzehen
- 1 TL weiße Pfefferkörner
- ¼ l trockener Weißwein, 12 cl Noilly Prat
- 300 g Rote Bete, Salz, 2 EL Kümmel
- 200 g weißes Fischfilet (etwa Kabeljau, Zander)
- 1 Eiweiß, Salz, frisch gemahlener Pfeffer

FÜR DIE EINLAGE
- 300 g Steinbuttfilet (oder Kabeljau), 50 g Sahne
- 5 blanchierte Wirsingblätter (8–9 Min. gegart)
- 250 g Pilze (etwa Steinpilze), Butterschmalz

1. Wässern Sie die Fischkarkassen 30 Minuten lang. In der Zwischenzeit waschen und putzen Sie den Lauch und Staudensellerie und binden das Gemüse mit dem Lorbeerblatt und dem Thymianzweig zu einem Bouquet garni. Schälen und würfeln Sie die Schalotten. Dann die gewässerten Karkassen mit dem Bouquet garni, den Schalotten, den nicht abgezogenen Knoblauchzehen, den zerdrückten Pfefferkörnern, 1 l Wasser sowie Wein und Noilly Prat zum Kochen bringen und 20 Minuten ziehen lassen, dabei immer wieder den Schaum abschöpfen. Gießen Sie den Fond durch ein Passiertuch, dabei die Fondzutaten mit der Schöpfkelle leicht ausdrücken. Lassen Sie den Fond erkalten.

2. Die Rote Bete in Salzwasser mit dem Kümmel weich garen, schälen und in Scheiben schneiden. Für die Einlage acht Scheiben Rote Bete in feine Streifen schneiden und beiseite stellen. Drehen Sie das Fischfilet mit ½ Knolle grob zerkleinerter Rote Bete durch die grobe Scheibe des Fleischwolfs und heben Sie das leicht verquirlte Eiweiß unter, anschließend salzen, pfeffern, ¼ l kalten Fond zugießen und kräftig durchrühren. Nach und nach den übrigen Fond angießen, unter ständigem Rühren aufkochen und 30 Minuten mit der restlichen klein geschnittenen Roten Bete ziehen lassen. Durch ein Tuch passieren und die Consommé noch etwas reduzieren.

3. Für die Einlage vom Steinbutt 100 g abwiegen, salzen und mit der Sahne pürieren. Die Wirsingblätter leicht plattieren, eines davon in Streifen schneiden. Auf den übrigen 4 Blättern die Farce verstreichen, je 50 g Steinbuttfilet darauf legen, einschlagen und 6 bis 7 Minuten zusammen mit dem geschnittenen Blatt dämpfen. Die Pilze putzen, würfeln, kurz in heißem Butterschmalz anbraten und zusammen mit den Fischpäckchen sofort mit der Fischconsommé anrichten.

S. 87
WARENKUNDE Kabeljau

S. 109
WARENKUNDE Steinbutt

Dünsten, Dämpfen, Pochieren

Von der Forelle blau über Fischfondue bis zum geschmorten Stockfisch. Ganz einfach Aroma pur genießen.

WARENKUNDE KÜCHENPRAXIS **REZEPTE**
→ *Dünsten, Dämpfen,*
Pochieren

Ab ins kulinarische Dampfbad

Fisch braucht Wasser – und das auch in der Küche. Dampf und heißes
Wasser sind sein Schönheitselixier, denn sie bringen Aroma und Zart-
heit zur vollen Entfaltung. Leckerer kann Fisch nicht schmecken!

FISCH WILL SCHWIMMEN, sagt der Volksmund.
Üblicherweise ist damit gemeint, dass Fisch in Wasser am besten gart, oder auch, dass der Fischgenie-
ßer reichlich zum Mahl trinken soll. Letzteres hat
ursprünglich ganz praktische Gründe: Die Trink-
empfehlung stammt vermutlich aus dem Mittelalter, einer Zeit, in der Fisch nahezu ausschließlich im Ganzen serviert und mitsamt der Gräten
verzehrt wurde. Reichliches Trinken sollte verhindern, dass sich die Gräten beim Schlucken allzu
leicht quer stellen.

SCHONEND UND ZART DURCH DAMPF

Wurde Fisch früher in reichlich Flüssigkeit gekocht,
so entdeckten findige Köche bald die wundersame
Wirkung eines würzigen Dampfbades für Fisch.
Gedämpfter Fisch gart ausschließlich in Wasser-
dampf. Dazu verwendet man einen Kochtopf, der
einen Sieb- bzw. gelochten Einsatz hat oder einen
Wok mit Bambuskörbchen. In den Topf wird wenige Zentimeter hoch Wasser eingefüllt, das vor sich
hin köcheln soll, um eine satte Dampfatmosphäre
zu erzeugen. Die herrscht bis hinauf unter den
Deckel und umhüllt den Fisch, der auf einer perfo-
rierten Plattform über dem Wasser liegt. Moderne
Köche verwenden einen Einbau-Dampfgarer, ein
fest in die Küchenzeile integriertes Spezialgerät
zum Dämpfen von Lebensmitteln.
Dampf ist etwas ganz Wunderbares in der Küche:
Er streicht zart über das Lebensmittel und die Hitze
wirkt schonender auf das Gargut. Mit Erfolg: In
Dampf gegarter Fisch bleibt saftig, auch wenn er
einmal etwas zu lange gegart wird.

DAS KRÄUTERBETT BRINGT AROMA

Beim Dünsten kommt nicht nur Dampf zum Einsatz: Der Fisch wird mit einer sehr geringen Menge
Flüssigkeit gegart, die sich auch mit austretendem
Fischsaft vermischt. Der Fisch selbst hat dabei idealerweise »trockene Füße«, das heißt, er soll nicht
direkt in der Flüssigkeit liegen – oder zumindest
nicht ganz. Dazu wird er auf Gemüse oder Kräuter
gebettet, die durch ihr Aroma zu einer etwas anderen Geschmacksnote als beim Dämpfen beitragen.

WÜRZIG UND WEICH IM BAD

Beim Pochieren wird der Fisch in eine auf knapp
unter den Siedepunkt erhitzte Flüssigkeit (etwa einen mild gewürzten Fond) gelegt, die nicht kochen
darf. Ähnlich verhält es sich beim Schmoren, allerdings darf hier die Flüssigkeit köcheln und die Garzeit wird etwas verlängert, damit die Fleischkonsis-
tenz weicher wird, etwa bei Stockfischgerichten.
Auch können die Aromen des Sudes dann besser
ins Fleisch eindringen, wie es bei Aalgerichten häufig praktiziert wird.

DAS AROMATISCHE TRIO

Dämpfen, Dünsten und Pochieren (das auch Garziehen genannt wird) sind die schonendsten Garmethoden. Der Vorteil ist, dass die Temperatur im Topf
nie über 100 °C steigt, der magi-
schen Grenze, ab der mit Bräu-
nung und Entwicklung von Röstaromen zu rechnen ist. So bleibt
das arteigene Aroma erhalten.
Fisch schmeckt nach Fisch, köstlich rein und beim Dünsten und
Dämpfen stets saftig. Beim Pochieren und Schmoren muss der Koch
dagegen etwas genauer arbeiten.
Zwar übersteigt die Temperatur
des Garsuds auch hier nicht die 100-Grad-Grenze,
doch der Fisch liegt direkt im Sud und damit ist die
Gefahr groß, dass er durch zu langes Garen auslaugt
und sich geschmacklich nicht ideal präsentiert. Probieren Sie es selbst aus: Richtig angewendet weckt
jede Garmethode das ganz Besondere im Fisch.

Deckel drauf

Ein gut schließender Topfdeckel ist beim
Dünsten und Dämpfen unerlässlich: Er sorgt
für eine satte Dampfatmosphäre rund um
den zu garenden Fisch. So kann sich sein
feines Aroma auf das Beste entfalten und
der Fisch bleibt zart und saftig.

Teubner Edition **211**

WARENKUNDE KÜCHENPRAXIS **REZEPTE**
→ *Dünsten, Dämpfen, Pochieren*

Renke blau mit Sternanis

Fisch blaukochen

Hinter diesem Begriff verbirgt sich eine sanfte Garmethode, die bei Fischen mit einer dicken Schleimschicht, etwa bei Forelle, Renke, Karpfen, Schleie, Wels oder Saibling, möglich ist. Sie darf bei der Vorbereitung des Fisches nicht zerstört werden. Der Fisch gart in einem etwa 80 °C heißen Pochierfond. Die Hitzezufuhr bewirkt die Veränderung bestimmter Eiweiße in der Schleimschicht, die das Licht brechen und so bläulich erscheinen.
Gibt man dem Garsud Säure in Form von Essig oder säurehaltigem Weißwein dazu, intensiviert sich die Verfärbung hin zu einem leuchtenden Blau. Achten Sie auf eine sehr gute Qualität der säurehaltigen Zusätze, denn sie beeinflussen das Aroma des zarten Fischfleisches.
Klassisch wird blau gegarter Fisch nur mit heißer Butter gereicht. Savarin empfiehlt dazu eine Sauce Hollandaise, Patron Escoffier und Meister Bocuse verfeinern den Fisch mit einer mit etwas Zitronensaft abgeschmeckten heißen Butter oder reichen die Forelle blau auch kalt mit Mayonnaise.

ZUBEREITUNGSZEIT 50 Min.

FÜR DIE COURT-BOUILLON
· 80 g Möhren, 60 g Fenchelknolle
· 100 g Lauch, 1 Schalotte
· 50 g Salz, 1 Stängel glatte Petersilie
· 2 Zweige Thymian, 1 Lorbeerblatt
· 12 ganze Stücke Sternanis
· 15 angedrückte weiße Pfefferkörner
· 4 Knoblauchzehen, abgezogen
· 7 cl Pernod, 100 ml feiner Weißweinessig

FÜR DEN FISCH
· 4 küchenfertige Renken (je 250–300 g)

1. Putzen und waschen Sie die Möhren, die Fenchelknolle und den Lauch. Schälen Sie die Schalotte. Schneiden Sie die Schalotte und den Lauch in feine Ringe – den Lauch leicht schräg –, die Möhren und den Fenchel in dünne Scheiben. Das Gemüse in einen breiten, flachen Topf (oder ovalen Fischtopf) füllen, etwa 3 l Wasser zugießen und mit dem Salz würzen. Den Petersilienstängel, die Thymianzweige, das Lorbeerblatt und den Sternanis zufügen und alles gut 30 Minuten köcheln lassen.

2. Kurz vor Ende der Garzeit Pfefferkörner, Knoblauchzehen und Pernod zugeben. Den Essig angießen und die von den Kiemen befreiten, gewaschenen Renken hineingeben. Die Court-Bouillon mit dem Fisch bis zum Siedepunkt erhitzen und kurz aufwallen lassen. Die Hitze sofort reduzieren und den Fisch in 8 bis 10 Minuten gar ziehen lassen, dann vorsichtig herausnehmen und servieren.

3. Die Renken mit Anissternen, Fenchelgrün und nach Geschmack mit Dillblüten garnieren. Als Beilage passen zerlassene Butter mit geschnittenem Dill und ein feines Fenchelgemüse.

S. 36
WARENKUNDE Renken

»Schon beim Garziehen der Fische
weckt der intensive Anisduft die Vorfreude auf das Mahl,
das dann durch sein unerwartet feines Aroma besticht.«

Pochierter Steinbutt

ZUBEREITUNGSZEIT 1 Std.

ZUTATEN
- 2 küchenfertige Steinbutte (je 1 kg)
- Salz, frisch gemahlener Pfeffer
- 3 Schalotten
- 3 Champignons
- 2 EL Butter
- 50 ml Weißwein (Riesling)
- ½ l Fischfond (S. 168)
- 1 Bund Kerbel
  (oder 2–3 Zweige Zitronenthymian, gezupft,
  oder auch 2–3 Stängel Koriandergrün, fein
  geschnitten)
- 140 g kalte Butter, in Würfel geschnitten
- Zitronensaft

S. 109
WARENKUNDE Steinbutt

S. 168
KÜCHENPRAXIS Fischfond

1. Spülen Sie die beiden Steinbutte unter fließendem kaltem Wasser ab, dann mit Küchenpapier gut trockentupfen und mit Salz und Pfeffer würzen. Die Schalotten schälen, die Champignons putzen und beides in dünne Scheiben schneiden. Dünsten Sie die Schalotten in der Butter in einem breiten Topf glasig an und geben Sie die Champignons dazu. Löschen Sie das Ganze mit Weißwein ab und gießen Sie den Fischfond an.

2. Zupfen Sie die Kerbelblätter ab, binden Sie die Stängel mit Küchengarn zusammen und legen Sie diese mit den gewürzten Steinbutten in den Fond. Lassen Sie jeden der Fische nacheinander etwa 12 bis 15 Minuten zugedeckt in dem würzigen Fond ziehen. Nach der Garzeit den Steinbutt mit geeignetem Besteck vorsichtig aus dem Fond herausheben, die dunkle Hautseite mit einer Gabel und einem spitzen Messer vorsichtig lösen und den Fisch warm stellen.

3. Sind beide Steinbutte pochiert, den Fond durch ein Passiertuch gießen, reduzieren und mit den kalten Butterwürfeln montieren. Am Schluss den fein gehackten Kerbel zufügen und mit Zitronensaft abschmecken. Den Fisch mit der Sauce überziehen. Als Beilage passt gut gedünstetes Gemüse, etwa roter Mangold.

Breite Basis

Sie können das Rezept auch für jeden anderen festfleischigen Fisch verwenden. Wollen Sie dazu eine Sauce reichen, ziehen Sie diese – wie hier auch – direkt aus dem Pochierfond.

Waller aus dem Wurzelsud mit frittierten Selleriechips

ZUBEREITUNGSZEIT 1 Std.

FÜR DEN WALLER
- 1 kg Wallerfilet (oder Hecht, Zander)
- Salz, frisch gemahlener Pfeffer
- 1 Möhre, ½ Knollensellerie
- ½ Steckrübe (oder Knollensellerie, Kohlrabi)
- 1 Zwiebel, 4 TL Olivenöl
- 100 ml Weißwein, 200 ml Fischfond (S. 168)
- Saft von ½ Zitrone
- 1 TL Safranfäden
- 3 fest kochende Kartoffeln
- 50 g Butter

FÜR DIE SELLERIECHIPS
- glatte Petersilie, fein gehackt
- ½ Knollensellerie
- Öl zum Frittieren

S. 39
WARENKUNDE Waller

S. 168
KÜCHENPRAXIS Fischfond

1. Teilen Sie das Wallerfilet in vier Portionen und würzen Sie diese mit Salz und Pfeffer. Möhre, Sellerie, Steckrübe und Zwiebel schälen und in 2 cm große Würfel schneiden. Diese in einem Bräter mit 4 TL Olivenöl anschwitzen und mit dem Weißwein und dem Fischfond ablöschen. Mit 100 ml Wasser auffüllen und mit Salz, frisch gemahlenem Pfeffer und Zitronensaft abschmecken. Den Safran hinzugeben.

2. Die Kartoffeln schälen und vierteln, in den Sud geben und in etwa 25 Minuten weich garen lassen. Den Fischfond erhitzen und das Fischfilet darin 15 Minuten gar ziehen lassen. Die Butter in den Sud einrühren. Den Sud in tiefe Teller gießen und Gemüse und Fisch zufügen. Bestreuen Sie das Ganze mit etwas fein gehackter Petersilie.

3. Als Garnitur die andere Hälfte der Sellerieknolle schälen und mit der Aufschnittmaschine in dünne Scheiben schneiden (Stufe 1–2). Die Scheiben kurz blanchieren, gut trockentupfen und frittieren. Am besten schuppenförmig auf dem Waller anrichten.

Klößchen und Nocken

In der gehobenen Küche dürfen sie nicht fehlen: feine Fischklößchen oder -nocken, zart im Geschmack, leicht und cremig in der Konsistenz. Zu unterscheiden sind Mousselines (Schaumbrötchen) von den zarteren Quenelles (Klößchen). Während erstere dank einer Mehlbindung in Form kommen, sind die Letzteren aufgrund geschlagenen Eischnees oder durch Sahne regelrechte Luftkissen, die, im Gegensatz zu den Mousselines, nie in Förmchen gegart, sondern immer pochiert werden. Das eigentliche Geheimnis gelungener Klößchen liegt in der richtigen Temperatur der Zutaten und Arbeitsgeräte. Kalt sollte alles sein! Das empfindliche Eiweiß des Fischfleisches verliert nämlich bei Erwärmung schnell seine Bindefähigkeit. Schon die Reibungsenergie, die beim Zerkleinern durch den Fleischwolf oder im Mixer entsteht, wird dem sensiblen Eiweiß gefährlich. Deshalb sollten nach jedem Arbeitsschritt alle Zutaten erneut gekühlt werden. Der zweite wichtige Aspekt ist das ausreichende, doch nicht zu lange Durchschlagen der Fischfarce sowie des zugefügten Eischnees oder der Sahne: Je luftiger alles ist, desto zarter und cremiger werden die Klößchen. Damit die Klößchen beim Kochen schön aufgehen und die gewünschte schaumige Konsistenz bekommen, muss das im Teig enthaltene Wasser beim Garen verdampfen können. Dazu benötigen Wasser und Luft eine große Berührungsfläche – und um diese zu erhalten muss eine große Menge Luft im Teig vorhanden sein. Deshalb das gute Schlagen. Doch trotzdem ist Vorsicht geboten – ein zu langes Schlagen lässt alles wieder zusammenfallen. Die Klößchenmasse wird noch einmal gut gekühlt, bevor die Klößchen geformt und pochiert werden.

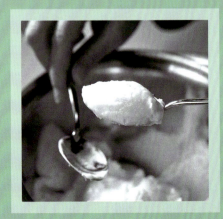

Hechtklößchen

ZUBEREITUNGSZEIT 2 Std.

ZUTATEN
- 500 g Hechtfleisch ohne Haut und dunkle Stellen
- 350 g Sahne
- 8 cl Pernod
- 2 Sternanis
- 10 g Fenchelsamen
- etwas Safranpulver
- Salz, 1 Msp. Cayennepfeffer
- Limettensaft

1. Das Hechtfleisch mit Hilfe einer Grätenzange gründlich entgräten und Hautreste sowie dunkle Stellen sorgfältig entfernen. Das Hechtfleisch in grobe Stücke schneiden und im Tiefkühlgerät 10 bis 15 Minuten anfrieren lassen. Dann durch die grobe Scheibe eines Fleischwolfs drehen.

2. In der Zwischenzeit den Pernod mit Sternanis, Fenchelsamen und Safranpulver zusammen aufkochen und auf etwa ein Drittel reduzieren, durch ein Sieb passieren und anschließend abkühlen lassen.

3. Das durch den Fleischwolf gedrehte Hechtfleisch salzen und im Blitzhacker zu einer homogenen Masse mixen. Die ausgekühlte Reduktion dazugeben und nach und nach die kalte Sahne unterrühren, bis eine glänzende, feine Masse entsteht. Die Masse durch ein feines Sieb streichen und mit Salz, Cayennepfeffer und Limettensaft abschmecken.

4. Die Hechtfarce mit 2 kleinen Esslöffeln zu gleich großen Klößchen formen und 10 Minuten in Salzwasser pochieren. Dazu passt ein Tomaten-Fenchelgemüse sowie eine Safransauce.

S. 37
WARENKUNDE Hecht

S. 144
KÜCHENPRAXIS Pochieren

»Der Klassiker pur und verfeinert«

Die »Quenelles de brochet« sind fester Bestandteil der gehobenen Küche. Bereits in früheren Jahrhunderten wurde das hoch aromatische, aber grätige Hechtfleisch mit viel Aufwand zu Klößchen verarbeitet. Fischklößchen des beginnenden 20. Jahrhunderts basierten auf einem Mehl-Brandteig oder einer Panade, die mit Butter, Eiern oder Eigelben und dem pürierten Fischfleisch angereichert und zu Klößchen geformt wurde.
Heute verzichten die Köche auf diese üppige Zubereitung, und so werden die Klößchen klassisch nur aus Hechtfleisch, Sahne, Salz und Pfeffer zubereitet, in einem aromatischen Fond pochiert und mit einer Weißweinsauce mit Dill serviert. Ich variiere diesen Klassiker durch die Zugabe entsprechender Gewürze, etwa einigen Safranfäden, Fenchelsamen, Sternanis und einem Schuss Pernod.

Matthias Buchholz

Fischfondue

ZUBEREITUNGSZEIT 40 Min.

ZUTATEN
- 2 kg Fische im Ganzen (etwa Lachs, Tunfisch, Seeteufel, Petersfisch oder Steinbutt)
- Muscheln, kleine Calamaretti nach Belieben
- 2 Stangen Staudensellerie
- 4 Schalotten
- ¼ Knollensellerie
- 1 Fenchelknolle
- 1 Stange Lauch
- 150 g Champignons
- 300 ml Weißwein
- 10 cl Noilly Prat
- 5 cl Pernod
- Salz, frisch gemahlener Pfeffer
- Safranfäden nach Belieben

1. Filetieren Sie die Fische, wie auf den Seiten 150 und 161 gezeigt, es sollten etwa 800 g Fischfilet übrig bleiben. Die Filets in mundgerechte Stücke schneiden. Die Muscheln putzen und waschen, die Calamaretti waschen und mit Küchenpapier trockentupfen. Alles auf Platten anrichten.

2. Die Fischkarkassen 30 Minuten wässern (ohne Kiemen, Haut und Innereien) und mit dem klein gewürfelten Gemüse in Weißwein, Noilly Prat, Pernod und 1,2 l Wasser 10 Minuten kräftig kochen. Dabei ständig abschäumen und anschließend durch ein feines Sieb gießen. Für einen konzentrierteren Fischfond wird dieser noch weiter reduziert und mit Salz, Pfeffer und Safranfäden pikant abgeschmeckt.

3. Bei Tisch die einzelnen Zutaten auf Fonduegabeln stecken und zum Garen in den heißen Fond halten. Für Fische mit weniger festem Fleisch sowie für Muscheln gibt es im Asia-laden kleine Drahtkörbchen. Mit Dips und klein geschnittenem Gemüse, etwa mit Paprikaschoten, Chinakohl, Champignons oder auch mit Thaispargel servieren.

Verwandlung

Sie können die Fische auch sehr gut durch einen Tempurateig ziehen und frittieren. Reichen Sie dazu scharfe und exotische Saucen.

S. 32, 43, 82, 107, 109
WARENKUNDE Fisch

S. 150, 161
KÜCHENPRAXIS Filetieren

DIP-VARIATIONEN

(1) Für die **Chantilly-Mayonnaise** 250 g Mayonnaise mit etwas Zitronensaft verfeinern, 1 TL geschlagene Sahne unterheben und alles mit Cayennepfeffer pikant abschmecken.

(2) Für die **Honig-Senf-Sauce** 2 EL flüssigen Honig mit 2 EL Dijon-Senf verrühren. Mit Salz und Pfeffer abschmecken, 2 bis 3 EL fein geschnittenen Dill unterheben und mit je 1 TL Weißweinessig und Öl abrunden.

(3) Für die **Zigeunersauce** 6 EL Tomatenketchup mit 1 EL Tomatenmark, 2 EL Sonnenblumenöl, 1 fein gehackten Schalotte, etwas gehacktem Knoblauch, 2 TL Senf und 1 TL Sardellenpaste verrühren. Mit 2 bis 4 Spritzern Tabasco, Salz und Pfeffer abschmecken und 2 EL gehackte Petersilie sowie 1 EL Schnittlauchröllchen unterheben.

Gedämpfter Wolfsbarsch mit Ingwer und Frühlingszwiebeln

ZUBEREITUNGSZEIT 1 Std.

FÜR DEN FISCH
- 1 Wolfsbarsch, ausgenommen, geschuppt, ohne Kiemen, etwa 1,2–1,4 kg
- 2 EL trockener Sherry
- 2 EL Sojasauce
- Salz, frisch gemahlener Pfeffer
- 20 g junger Ingwer
- 2 Frühlingszwiebeln
- 4 EL Öl

FÜR DEN SUD
- ½ l Geflügelfond (S. 171)
- je 4 EL trockener Sherry, Sojasauce und Fischsauce
- 20 g Ingwer, in dünne Scheiben geschnitten
- 2 Knoblauchzehen, angedrückt
- 2 kleine rote oder grüne Chilischoten, gehackt
- 6 Frühlingszwiebeln, in 3 cm lange Stücke geschnitten
- 2 Stängel Zitronengras, flach geklopft
- Saft von 2 Limetten
- 4 getrocknete Shiitake-Pilze, grob zerkleinert

1. Kochen Sie alle Zutaten für den Sud im Wok auf, dann den Wok beiseite stellen. Den Wolfsbarsch auf jeder Seite mehrere Male bis zur Gräte einschneiden, die Sojasauce und den Sherry mischen und den Fisch damit marinieren. Mit Salz und Pfeffer würzen und 10 bis 15 Minuten ruhen lassen.

2. Legen Sie den Wolfsbarsch in den Dämpfeinsatz des Woks und lassen Sie ihn zugedeckt über dem kochenden Sud 10 bis 15 Minuten dämpfen. In der Zwischenzeit den Ingwer schälen, die Frühlingszwiebeln putzen und beides in sehr feine Streifen schneiden. Die Ingwer- und Frühlingszwiebelstreifen auf den Fisch legen und 5 Minuten mitdämpfen.

3. Das Öl in einem Topf sehr heiß werden lassen und über den Fisch gießen, dass es zischt, so kann der Geschmack von Ingwer und Frühlingszwiebeln in den Fisch eindringen.

4. Den gedämpften Wolfsbarsch vorsichtig aus dem Dämpfer nehmen, auf eine vorgewärmte Servierplatte legen und in seinem Sud anrichten. Dazu passen gekochte Kartoffeln.

Bachsaibling aus dem Kräuterdampf

ZUBEREITUNGSZEIT 1 Std.

FÜR DEN FISCH
- 4 kleine Bachsaiblinge, küchenfertig
- 2 EL Olivenöl
- Salz, frisch gemahlener Pfeffer
- 4 Zweige Thymian, 4 Stängel Petersilie
- je 4 Stängel Zitronenmelisse und Koriandergrün
- 5 Kaffirlimettenblätter, 1 Lorbeerblatt
- ¼ l trockener Weißwein

FÜR DIE SAUCE
- 70 g Schalotten, 4 TL Butter
- 150 ml Crème fraîche, 200 g Sahne
- 2 EL fein gehackte Kräuter (Petersilie, Rosmarin und Koriandergrün)

AUSSERDEM
- Alufolie

1. Entfernen Sie die Kiemen, spülen Sie die Saiblinge mit kaltem Wasser ab und tupfen Sie die Fische mit Küchenpapier trocken. Den Backofen auf 130 °C vorheizen. Einen Bräter mit dem Olivenöl ausstreichen, die Saiblinge salzen, pfeffern und hineinlegen. Verteilen Sie die Kräuter und Gewürze auf den Fischen, dann gießen Sie den Wein an und bringen alles zum Kochen. Verschließen Sie die Form mit Alufolie und lassen Sie die Saiblinge im Ofen 10 bis 12 Minuten dämpfen. Anschließend die Folie entfernen.

2. Für die Sauce zunächst die Schalotten schälen und würfeln, dann in der Butter anschwitzen. Den verbliebenen Fischsud aus der Form zugießen und auf die Hälfte reduzieren. Die Saiblinge wieder in den Ofen stellen und bei offener Tür warm halten. Die Crème fraîche und die Sahne in den reduzierten Sud einrühren und diesen weiter reduzieren, bis die Sauce schön sämig ist. Zum Schluss rühren Sie die fein gehackten Kräuter ein und schmecken die Sauce mit Salz und frisch gemahlenem Pfeffer pikant ab. Ziehen Sie vor dem Servieren nach Belieben die Haut der Saiblinge an der Oberseite vom Kopf zum Schwanz hin ab und übergießen Sie die Fische mit der würzigen Sauce.

S. 35
WARENKUNDE Saibling

WARENKUNDE   KÜCHENPRAXIS   **REZEPTE**
→ *Dünsten, Dämpfen, Pochieren*

Rotbarbenfilet auf Risotto

ZUBEREITUNGSZEIT 45 Min.

FÜR DEN FISCH
- 1 Schalotte
- 12 Rotbarbenfilets (je 70–80 g)
- 1 EL Butter
- 60 ml Weißwein

FÜR DEN RISOTTO
- 1 Schalotte, 320 ml Fischfond (S. 168)
- 100 ml Geflügelfond (S. 171, oder Fischfond)
- 200 g Queller (Glasschmalz, oder grüner Spargel)
- 3 EL Olivenöl
- 200 g Risottoreis (etwa Superfino Arborio)
- 100 ml Weißwein, Salz
- 2 EL Butter, in Flocken
- 2 EL frisch geriebener Parmesan
- frisch gemahlener Pfeffer

1. Zunächst die beiden Schalotten schälen und in feine Würfel schneiden. In der Zwischenzeit den Fisch- und den Geflügelfond zusammen zum Kochen bringen. Putzen Sie den Queller und kürzen Sie längere Stücke auf 3 bis 4 cm Länge.

2. Schwitzen Sie in einer Kasserole die Hälfte der Schalottenwürfel in Olivenöl kurz an, dann den Reis dazugeben und mit dem Weißwein ablöschen. Salzen, nach und nach mit heißem Fond auffüllen und nicht mehr rühren! Der Risotto benötigt 20 bis 25 Minuten Garzeit. Fügen Sie in den letzten 8 Minuten den Queller zu, um ihn mitzugaren.

3. Die Rotbarbenfilets mit kaltem Wasser abspülen, trockentupfen und von Gräten befreien. Die Filets mit den restlichen Schalottenwürfeln, der Butter und dem Weißwein in eine Pfanne mit Deckel geben und diese in 5 bis 6 Minuten saftig dünsten.

4. Abschließend den Risotto mit Butterflocken und Parmesan verrühren, mit Salz und frisch gemahlenem Pfeffer abschmecken und auf heißen, tiefen Tellern anrichten. Legen Sie die gedünsteten Rotbarbenfilets darauf.

S. 68
WARENKUNDE Rorbarbe

S. 168, 171
KÜCHENPRAXIS Fonds

Lachsforelle im Wirsingblatt

ZUBEREITUNGSZEIT 1 Std. 25 Min.

FÜR DIE FARCE
- 100 g Steinbutt- oder Zanderfilet
- 1 kleines Ei
- Salz, frisch gemahlener Pfeffer
- 1 EL weiche Butter
- 60 g Sahne, gut gekühlt

FÜR DEN FISCH
- 8 große Wirsingblätter
- 8 Lachsforellenfilets ohne Haut (je 70–80 g)

FÜR DIE SAUCE
- 80 g Schalotten
- 4 EL Butter
- ⅛ l Fischfond
- ⅛ l Weißwein
- 250 g Sahne
- Salz, frisch gemahlener Pfeffer
- frisch geriebene Muskatnuss

1. Schneiden Sie für die Farce das Fischfilet in kleine Würfel, dann Ei, Salz und frisch gemahlenen Pfeffer unterrühren und zugedeckt 30 Minuten kühl stellen. Die Masse pürieren, durch ein Sieb streichen (Step 1) und kühl stellen. Die weiche Butter sowie die Sahne nach und nach unterrühren, abschmecken und bis zur Verwendung kühl stellen.

2. Die Wirsingblätter auf einer Arbeitsfläche auslegen und mit Farce bestreichen (Step 2). Je ein Lachsforellenfilet darauf legen und vorsichtig in das Wirsingblatt einrollen (Step 3). Die Schalotten schälen, fein würfeln und in 2 EL Butter anschwitzen. Mit Fond und Wein ablöschen, die Flüssigkeit auf ein Viertel reduzieren. Die Sahne zugießen und cremig einkochen lassen.

3. Dämpfen Sie die Fischpäckchen 8 bis 10 Minuten. In der Zwischenzeit die restliche Butter in die Sauce rühren und diese mit Salz, Pfeffer und Muskat abschmecken. Servieren Sie die Lachsforelle im Wirsingmantel in der Sauce. Dazu passen in Butter gebratene Waldpilze.

FISCHFARCE VORBEREITEN
und Wirsingblätter füllen

(1) Die Masse zu einer Farce verarbeiten und durch ein Sieb streichen.
(2) Die Wirsingblätter auslegen und dünn mit der Farce bestreichen.
(3) Die Lachsforellenfilets darauf legen und die Wirsingblätter einrollen.

WARENKUNDE   KÜCHENPRAXIS   **REZEPTE**
→ *Dünsten, Dämpfen, Pochieren*

Zander souffliert auf Limettenschaum

ZUBEREITUNGSZEIT 2 Std.

FÜR DIE FARCE
· 200 g Lachsfilet (oder Lachsforelle)
· 100 g Sahne, 1–2 cl Pernod
· Salz, Pfeffer, Zitronensaft

FÜR DAS BLUMENKOHLPÜREE
· 1 Blumenkohl, Saft von 2 Zitronen, Salz
· 50 g Butter, 50 g Mehl
· 200 ml Gemüsefond, 100 g Sahne
· Pfeffer, Trüffelbutter oder Trüffelöl

FÜR DEN LIMETTENSCHAUM
· 100 ml Weißwein, 200 g Sahne
· 100 ml Fischfond (S. 168), 50 g Butter
· Saft von 1 Limette, Salz, Pfeffer

FÜR DEN FISCH
· 600 g Zanderfilet (oder Bachsaibling, Felchen)

1. Schneiden Sie für die Farce das Lachsfilet in grobe Würfel und kühlen Sie diese 20 Minuten im Tiefkühlfach. Dann weiterarbeiten, wie in Step 1 rechts beschrieben.

2. Den Blumenkohl putzen, waschen, in Röschen zerteilen und in gesalzenem und mit Zitronensaft gewürztem Wasser weich kochen. In der Zwischenzeit eine Sauce herstellen, wie in Step 2 gezeigt. Anschließend den Blumenkohl zusammen mit der Sauce im Mixer pürieren und warm stellen.

3. Lassen Sie für den Limettenschaum den Weißwein 5 Minuten einkochen und geben Sie dann Sahne und Fischfond hinzu. Verfeinern Sie die fertige Sauce mit der Butter und schmecken Sie sie mit Limettensaft, Salz und Pfeffer ab.

4. Die Lachsfarce mit einem Löffel auf die gewürzten Zanderfilets streichen, wie in Step 3 gezeigt, und die Filetstücke in einem Dampfgarer oder einem Topf mit Siebeinsatz bei 75 °C etwa 12 bis 15 Minuten dämpfen. Dabei erhält die Lachsfarce eine lockere Konsistenz (sie wird souffliert). Die heiße Limettensauce mit dem Pürierstab aufschäumen und mit dem Blumenkohlpüree zum Fisch anrichten. Als Beilage eignen sich Kartoffeln.

(1)

EINE LACHSFARCE ZUBEREITEN
und die Zanderfilets soufflieren

(1) Für die Farce das Lachsfilet in grobe Würfel schneiden und 20 Minuten tiefkühlen. Dann im Blitzhacker pürieren und nach und nach die Sahne dazulaufen lassen. Die Masse durch ein feines Sieb streichen und mit Salz, Pfeffer, Zitronensaft und Pernod abschmecken. Die Farce kalt stellen.

(2) Die Butter in einem Topf braun werden lassen und mit dem Mehl bestauben. In die Mehlschwitze die Brühe und die Sahne einrühren und mit Zitronensaft, Salz, Pfeffer und Trüffelöl oder Trüffelbutter abschmecken. Den separat weich gekochten Blumenkohl zusammen mit der Sauce im Mixer pürieren und warm stellen.

(3) Die Lachsfarce etwa 2 cm dick auf die gewürzten Zanderfilets streichen. Wer es besonders dekorativ möchte, kann die Farce auch mit einem Spritzbeutel mit einer Lochtülle (ohne Zacken, etwa 1 ½ cm breit) füllen und auf die Zanderfilets spritzen.

»Mit einer Farce von Riesengarnelen«

Ein Gericht, das in der Tradition des Meisterkochs Auguste Escoffier steht: Seezungenröllchen mit einer delikaten Füllung. Beim Garen ist darauf zu achten, dass die Röllchen sanft dünsten – heftiges Kochen würde sie nur hart werden lassen.

Statt mit Lachsfarce fülle ich die Röllchen auch gerne mit Garnelen: Dazu schneide ich 4 Riesengarnelen in sehr kleine Würfel und vermische sie mit 2 EL gemischten, bissfest gegarten Möhren-, Sellerie- und Lauchwürfeln. Diese Masse würze ich mit Salz, Pfeffer und etwas gehackten Estragonblättchen und bestreiche damit die Seezungenfilets. Dazu reiche ich eine Krustentiersauce (siehe Seite 294). Einen optischen Zusatzeffekt erreichen Sie, indem Sie das Schwanzfleisch einer Riesengarnele mit einrollen, so dass das Schwanzstück am oberen Rollenende herausschaut – die Garzeit verlängert sich dann um 3 bis 4 Minuten.

Markus Bischoff

WARENKUNDE KÜCHENPRAXIS **REZEPTE**
→*Dünsten, Dämpfen, Pochieren*

Gefüllte Seezungenröllchen

ZUBEREITUNGSZEIT 50 Min.

FÜR DIE SEEZUNGENRÖLLCHEN
- 4 Seezungen (je etwa 600–700 g, oder Schollen)
- 100 g Lachsfilet
- 80 g Sahne
- Salz, frisch gemahlener Pfeffer, Muskatnuss
- 1 Schalotte, fein gewürfelt, 1 EL Butter
- 100 ml Weißwein
- 2 cl Noilly Prat
- Zitronensaft
- 2 EL Crème fraîche

FÜR DAS SCHMORGEMÜSE
- 2 Salatgurken
- 1 EL Butter, Salz
- 4 Tomaten, gehäutet, entkernt und gewürfelt
- 1 Bund Dill, fein geschnitten

AUSSERDEM
- Zahnstocher oder kleine Metallspieße

1. Enthäuten und filetieren Sie die Seezungen, wie auf Seite 162 gezeigt, so dass Sie insgesamt 16 Filets erhalten. Für die Farce das Lachsfilet in Würfel schneiden und pürieren, dabei nach und nach die Sahne zufügen. Die Masse durch ein Sieb streichen und mit Salz, Pfeffer und frisch geriebener Muskatnuss abschmecken. Bestreichen Sie die Seezungenfilets mit der Farce und rollen Sie die Filets ein, zur Fixierung am besten mit einem Zahnstocher zusammenstecken.

2. Dünsten Sie die Schalottenwürfel in der Butter glasig an. Mit Weißwein und Noilly Prat ablöschen, mit Zitronensaft, Salz und Pfeffer abschmecken und die Seezungenröllchen darin 6 bis 8 Minuten dünsten. Nehmen Sie anschließend die Röllchen heraus und binden Sie den Garsud mit der Crème fraîche.

3. Die Salatgurken schälen, Kerne entfernen, in 3 mm breite Scheiben schneiden und diese in 1 EL Butter mit wenig Salz weich dünsten. Zum Schluss das in kleine Würfel geschnittene Fleisch der Tomaten unterheben und mit dem Dill abschmecken. Richten Sie das Gurken-Tomaten-Gemüse auf Tellern an, setzen Sie je 2 Seezungenröllchen darauf und überziehen Sie diese mit der Sauce. Dazu passt Safranreis.

S. 32, 116
WARENKUNDE Fisch

S. 162
KÜCHENPRAXIS Filetieren

Pochieren in Wasser

Die Seezungenfilets kann man auch nebeneinander auf Frischhaltefolie ausbreiten, dann mit der Farce bestreichen und mit der Folie wie eine Wurst zusammenrollen. Zusätzlich in Alufolie eingepackt, lässt sich die Rolle in Wasser pochieren. Nach dem Entfernen der Folien kann man die Filets in Scheiben oder Röllchen schneiden.

Teubner Edition **227**

Rochenflügel Grenoble

ZUBEREITUNGSZEIT 30 Min.

ZUTATEN
- 1 Schalotte
- 1 EL Butter
- 60 ml Weißwein
- 1 Stängel Estragon
- Salz, frisch gemahlener weißer Pfeffer
- 4 filetierte Rochenflügel, ohne Haut (je 150 g) (oder 2 sehr große Rochenflügel oder 4 kleine Rochenflügel zum Selbst-Filetieren)

FÜR DIE SAUCE
- 1 Zitrone
- 200 g Butter
- 1 EL kleine Kapern
- 1 EL fein geschnittene Petersilie

AUSSERDEM
- Alufolie

1. Heizen Sie den Backofen auf 180 °C vor. Dann schälen Sie die Schalotte und schneiden Sie in feine Würfel. Schwitzen Sie die Schalottenwürfel in einer Pfanne in zerlassener Butter an, ohne dass sie Farbe bekommen. Mit dem Weißwein ablöschen, den Estragon zufügen und den mit Salz und frisch gemahlenem weißem Pfeffer gewürzten Rochenflügel einlegen. Mit dem Sud übergießen, mit Alufolie abdecken und etwa 8 Minuten im Ofen pochieren.

2. Schälen Sie die Zitrone so ab, dass keine weiße Haut mehr zu sehen ist. Lösen Sie mit dem Messer die Filets aus der Frucht und schneiden Sie diese in kleine Stücke. Erhitzen Sie die Butter in einer Pfanne bis sie eine schöne goldbraune Färbung annimmt, dann die Zitronenstückchen, die Kapern und die fein geschnittene Petersilie hinzufügen, kurz aufschäumen lassen. Die Rochenflügel auf einem Teller anrichten und mit der Sauce übergießen.

S. 126
WARENKUNDE Rochen

S. 159
KÜCHENPRAXIS Filetieren

»Raffinesse durch Balsamico«

Während der Klassiker gedünstet und mit Kapern und Kräutern verfeinert wird, brate ich den Rochenflügel nur kurz und serviere ihn mit einer feinen Balsamico-Butter und frischen Kräutern.

Dafür lasse ich 4 Filets vom Rochenflügel, je etwa 100 g, vom Fischhändler vorbereiten. Diese brate ich in heißer Butter von beiden Seiten je etwa 2 Minuten. Anschließend hebe ich die Rochenflügel heraus und stelle sie abgedeckt im 70 °C heißen Ofen warm. In einem Topf lasse ich 80 g Butter hellbraun aufschäumen und lösche sie mit 50 ml Aceto balsamico ab. Unter Rühren – am besten mit einem Schneebesen – gieße ich 100 ml Kalbsjus dazu und lasse alles nochmals aufkochen. Dieser Vorgang sollte möglichst schnell gehen.

Ich schmecke die Sauce mit Salz und schwarzem Pfeffer ab, rühre noch weitere 2 EL kalte Butter ein und hebe etwas frisch geschnittene glatte Petersilie oder Basilikum unter. Zum Servieren gebe ich die Rochenflügel auf vorgewärmte Teller und überziehe sie mit der Sauce.

Christian Petz

WARENKUNDE   KÜCHENPRAXIS   **REZEPTE**
→ *Dünsten, Dämpfen, Pochieren*

Knurrhahn Livornoer Art

ZUBEREITUNGSZEIT 50 Min.

ZUTATEN
· 80 g Schalotten
· 30 g Schwarze Trüffel
· 3 Tomaten
· 1 l Fischfond (S. 168)
· 600 g Knurrhahnfilet, ohne Haut (oder Petersfisch, Goldbarsch)
· 125 g Butter, Meersalz

AUSSERDEM
· Alufolie

1. Schälen Sie die Schalotten und schneiden Sie sie und die Trüffel in feine Würfel. Die Tomaten am Stielansatz kreuzweise einritzen, blanchieren und abschrecken. Die Haut abziehen, die Frucht vierteln, entkernen und in 1 cm große Rauten schneiden.

2. Lassen Sie den Fischfond in einem großen, flachen Topf auf einen halben Liter reduzieren, so dass er kräftig schmeckt. Dann die Schalotten, die Tomaten und die Trüffelwürfel dazugeben. Die Fischfilets einlegen und etwa 3 Minuten pochieren.

3. Die Fischfilets herausnehmen, auf einen vorgewärmten Teller geben, mit Folie abdecken und bei 60 °C im Backofen warm halten. Den Fischfond durch ein Sieb gießen (Step 1), die Schalotten, Tomaten und Trüffelstücke auffangen und beiseite stellen.

4. Den Fond mit Butter aufschlagen und mit Meersalz abschmecken (Step 2). Wenn der montierte Fond die gewünschte cremige Konsistenz hat, geben Sie die zur Seite gestellten Schalotten-, Tomaten- und Trüffelwürfel wieder dazu (Step 3). Zum Anrichten die Knurrhahnfilets mit der Gemüsesauce übergießen. Als Beilage passt Reis.

S. 102
WARENKUNDE Knurrhahn

S. 168
KÜCHENPRAXIS Fischfond

AUS DEM POCHIERFOND
die Gemüsesauce zubereiten

(1) Den Fischfond durch ein Sieb abgießen, die Schalotten-, Tomaten- und Trüffelstücke auffangen und beiseite stellen.

(2) Den Fond mit kalter Butter aufmontieren und abschmecken.

(3) Die zur Seite gestellten Schalotten-, Tomaten- und Trüffelstücke wieder in die fertige Sauce geben.

Teubner Edition **231**

REZEPTE
→ *Dünsten, Dämpfen, Pochieren*

Gedünsteter Skrei mit Räucherlachs

ZUBEREITUNGSZEIT 50 Min.

FÜR DEN FISCH
- 4 Skreifilets (etwa 600 g; Ersatz: Kabeljau)
- 100 g Räucherlachs
- Salz, frisch gemahlener Pfeffer
- 2 Schalotten, 3 kleine Champignons
- 3–4 EL Butter
- 200 ml Weißwein
- 200 ml Fischfond (S. 168)
- 100 g Sahne, 4 EL Crème fraîche
- 1 Zitrone, 1 Bund Dill
- 1 Salatgurke
- Salz, Zucker

AUSSERDEM
- eine Spicknadel für den Räucherlachs

S. 132
WARENKUNDE Räucherlachs

S. 168
KÜCHENPRAXIS Fischfond

1. Schneiden Sie den Räucherlachs in schmale Streifen und durchziehen Sie die Skreifilets mit Hilfe einer Spicknadel vorsichtig mit dem in Streifen geschnittenen Räucherlachs. Anschließend würzen Sie die Fischfilets mit Salz und frisch gemahlenem Pfeffer. Den Backofen auf 180 °C vorheizen.

2. Schälen Sie die Schalotten, putzen Sie die Champignons und schneiden Sie beides in feine Scheiben. Dann die Butter in einem feuerfesten Bräter zerlassen und die Schalotten- und Champignonscheiben darin andünsten. Mit Weißwein und Fischfond aufgießen. Die gewürzten Fischfilets zufügen und im Ofen 6 bis 7 Minuten pochieren. Den Fisch aus dem Bräter nehmen und warm stellen.

3. Gießen Sie den Fond durch ein feines Sieb, dann auf ein Drittel reduzieren lassen und die Sauce mit Sahne und Crème fraîche binden. Den Zitronensaft dazugeben und mit gehacktem Dill abschmecken.

4. Die Salatgurke schälen und halbieren, die Kerne herausschaben und die Gurke in gleichmäßig dünne Scheiben schneiden. Mit Butter, Salz und Zucker in einer Pfanne glasig dünsten. Setzen Sie zum Schluss die Fischfilets auf die Schmorgurken und überziehen Sie das Gericht mit der Dillsauce.

Richtig Spicken

Beim Spicken wird zunächst ein schmaler Streifen Räucherlachs (oder auch Speck) in eine spezielle Spicknadel eingelegt. Diese wird dann durch ein Stück Fisch oder Fleisch gezogen, wobei der Räucherlachs bzw. der Speck im Fisch verbleibt.

Skrei: Kabeljau der Extraklasse

Das »Gold Norwegens« ist eigentlich ein Kabeljau, der jedes Jahr zwischen Januar und April von der Barentssee bis vor seine Laichgründe nahe der Nordküste Norwegens zieht, da es in seiner angestammten Heimat zum Laichen zu frostig ist. Diese »Wanderung« über Hunderte von Kilometern macht sein Fleisch fest und weiß und zur echten Delikatesse. Die Jagd auf den Skrei, dessen Name so viel wie Wanderer bedeutet, ist seit einigen Jahren streng limitiert und staatlich überwacht. Mit Netzen und Angeln wird der Skrei aus dem Meer gezogen, um entweder frisch vermarktet oder auf riesigen Holzgestellen getrocknet zu werden. Als »stoccafisso« verkauft man den getrockneten Skrei in Italien, dem Hauptimportland. Wer einmal ein Skrei-Gericht verkostet, erkennt schnell: Skrei und Kabeljau tragen zwar beide die wissenschaftliche Bezeichnung *Gadus morhua*, haben aber eigentlich nichts gemeinsam.

Jörg Zipprick

Geschmorter Aal mit Rotweinlinsen und Gemüse

ZUBEREITUNGSZEIT 2 Std.
MARINIERZEIT 48 Std.
EINLEGEN DER LINSEN 2 Std.

FÜR DEN SUD
- 3 l Rotwein
- ½ l roter Portwein
- je 4 gestr. EL Möhren-, Lauch-, Sellerie- und Schalottwürfel
- 20 Pfefferkörner
- 1 Lorbeerblatt

FÜR DEN FISCH
- 1 ½ kg frischer Aal (ohne Haut und Kopf, in Stücke geschnitten)

S. 40
WARENKUNDE Aal

S. 154
KÜCHENPRAXIS Aal vorbereiten

FÜR DIE ROTWEINLINSEN
- 90 g grüne Linsen (etwa Berglinsen oder De-Puy-Linsen)
- 90 g schwarze Linsen (etwa Champagnerlinsen)
- 40 g Schalotten, geschält und fein gewürfelt
- 90 g Butter
- 2 TL Rotweinessig, 2 TL Aceto balsamico
- 120 g Gemüse (Stangensellerie, Lauch, Möhren), fein gewürfelt und blanchiert
- 1 Zweig Thymian

1. Geben Sie alle Zutaten für den Sud in einen großen Topf, kochen Sie die Mischung auf und reduzieren Sie sie auf etwa die Hälfte. Wenn der Sud abgekühlt ist, den Aal einlegen und im Kühlschrank etwa 48 Stunden darin marinieren.

2. Gießen Sie die für 2 Stunden in Wasser eingelegten Linsen in ein Sieb ab, dünsten Sie sie zusammen mit den Schalotten in 30 g Butter an und löschen Sie mit dem Essig ab. Etwas vom Marinierfond des Aals zugeben und den Topf für 10 Minuten auf mittlerer Schiene bei 140 °C in den Umluftofen stellen.

3. Die Linsen aus dem Ofen nehmen und kurz umrühren, die Aalstücke darauf verteilen, den Thymianzweig dazugeben und das Ganze für 25 Minuten abgedeckt in den Ofen stellen. Wenn nötig, etwas von dem Marinierfond des Aals zugeben.

4. Wenn sich der Aal von der Mittelgräte löst, die Fischstücke herausnehmen, in einen Topf legen und mit einem Deckel verschließen, damit er heiß bleibt.

5. Kochen Sie nun die Linsen auf dem Herd gar, wenn nötig noch mehr von dem Marinierfond des Aals zugießen. Zum Schluss die Gemüsewürfel zu den Linsen geben, mit der kalten Butter binden und pikant abschmecken. Die Linsen sollen auf keinen Fall trocken sein.

Einweichen, oder nicht?

Sie können, Sie müssen getrocknete Linsen aber nicht unbedingt vor dem Garen einweichen. Bei manchen Sorten, vor allem bei den etwas größeren Linsen, wird es jedoch empfohlen, da das Einweichen die Garzeit erheblich verkürzt.

»Aalvariation mit Rotwein«

Schon seit Jahrhunderten gehört Aal zu einem der besten Speisefische überhaupt, wie bereits Rezepte aus der Antike belegen.

Das bekannteste Aalgericht dürfte »Aal grün« sein, das klassisch flämische Schmorgericht, das durch seine ungewöhnlichen Kräuterbeigaben wie Taubnessel, Kerbel, Sauerampfer und Brunnenkresse besticht. Dafür wird der Aal gehäutet und in Stücke geschnitten. In heißer Butter werden Zwiebelstücke angebraten, der Aal zugefügt und mitgebraten. Nach etwa 10 Minuten kommen gehackte Kräuter und Spinat dazu. Das Ganze wird dann mit Weißwein und/oder Fischfond aufgegossen, mit Salz und Pfeffer kräftig abgeschmeckt und weitere 10 Minuten geschmort. Anschließend wird die Sauce mit etwas Mehlbutter oder mit rohem Eigelb gebunden. Der Aal wird in der Sauce mit gehackten Kräutern bestreut serviert.

Mein Aalrezept links schließt an die spanisch-portugiesische Tradition der »Escabèche« (Marinade) an, die im 16. Jahrhundert den Sprung über die Alpen schaffte. Der Aal zieht in einer eigens gekochten sauer-scharfen Marinade, wobei sein festes Fleisch die Aromen der zugefügten Kräuter und Gewürze aufnimmt. Wichtiger Geschmacksgeber ist bei mir der Portwein, der mit seiner leichten Süße den Fond abrundet. Im Anschluss daran wird der Aal dann zusammen mit etwas Marinierfond saftig geschmort und mit würzigen Linsen serviert.

Matthias Buchholz

WARENKUNDE   KÜCHENPRAXIS   **REZEPTE**
→ *Dünsten, Dämpfen, Pochieren*

Geschmorter Stockfisch mit warmer Feigenvinaigrette

ZUBEREITUNGSZEIT 1 Std. 20 Min.
EINWEICHZEIT 24–36 Std.

ZUTATEN
· 750 g Stockfisch (Kabeljau; es geht auch
  Klippfisch, dann zum Würzen das Salz
  sparsam verwenden)
· 2 TL Senf, 3 EL Weizenmehl
· ½–¾ l Milch, 100 ml Olivenöl
· 1 Lorbeerblatt

FÜR DIE FÜLLUNG
· 200 g Zwiebeln, in feine Würfel geschnitten
· 2 EL Olivenöl
· 1 Knoblauchzehe, fein gehackt
· 1 Bund Basilikum, die Blätter fein geschnitten
· 1 TL Zitronensaft
· 1 EL Semmelbrösel
· ½ TL Meersalz, ½ TL Pfeffer
· 1 Msp. Cayennepfeffer
  (oder 2 Spritzer Tabasco)
· 2 Anchovis, in Salz eingelegt
· 120 g Parmesan, fein gerieben

FÜR DAS PÜREE
· 750 g mehlig kochende Kartoffeln
· ½ TL Meersalz, 1 Lorbeerblatt
· 1 TL kalte Butter

FÜR DIE VINAIGRETTE
· 4 EL fruchtiges Olivenöl
· 1 TL Puderzucker
· 125 g getrocknete Feigen, grob gewürfelt
· ½ TL Meersalz, frisch gemahlener Pfeffer
· 1 EL Sherryessig (oder Aceto balsamico bianco)
· 1 EL Zitronensaft

AUSSERDEM
· Küchengarn

1. Weichen Sie den Stockfisch 24 bis 36 Stunden in kaltem Wasser ein, das Sie mehrmals wechseln. Dann den Fisch herausheben und abtropfen lassen. Den Fisch schuppen und an der Bauchseite öffnen. Gräten, Rückgrat und Flossen entfernen, dickere Fleischstellen einschneiden (Step 1).

2. Für die Füllung die Zwiebeln im Olivenöl anschwitzen. Knoblauch, Basilikum, Zitronensaft und Semmelbrösel unterrühren, mit Meersalz, Pfeffer und Cayennepfeffer würzen. Den Topf vom Herd nehmen, die klein gehackten Anchovis und den Parmesan einrühren.

3. Verteilen Sie diese Mischung auf der Innenseite des Stockfisches (Step 2). Den Fisch wieder zusammenklappen, in vier Stücke teilen und jedes mit Küchengarn zu einem Päckchen binden. Diese mit Senf einstreichen und mit Mehl bestauben (Step 3).

4. Legen Sie die Fischstücke in einen Topf. Mit Milch und Öl aufgießen, so dass der Fisch bedeckt ist (Step 4). Das Lorbeerblatt zugeben und alles ohne Deckel köcheln, bis die Milch nach 45 Minuten eingekocht ist. Dabei den Topf mehrmals schwenken, ohne umzurühren. Zwischendurch eine kleine Kelle von der Milch für das Püree abnehmen.

5. Während der Fisch köchelt, die Kartoffeln schälen und in Stücke schneiden. In Wasser mit Salz und dem Lorbeerblatt weich kochen. Für die Vinaigrette das Olivenöl erwärmen, Zucker, Feigen, Meersalz, Pfeffer, Essig und Zitronensaft hinzufügen.

6. Die Kartoffeln abgießen und mit der Gabel oder einem Kartoffelstampfer ein nicht zu feines Püree herstellen, dabei die Butter, etwas Salz und die Milch vom Fisch dazugeben. Zum Anrichten in jeden Teller eine Nocke Püree geben, ein Stück Fisch darauf setzen und die Vinaigrette darum herum verteilen. Mit Basilikumspitzen garnieren.

Basilikumspitzen

Basilikum lässt sich mühelos fein schneiden, indem Sie 5 bis 8 Blätter aufeinander legen, diese ohne viel Druck der Länge nach zusammenrollen und dann von dieser Rolle mit einem scharfen Messer feine Streifen schneiden.

(1) Den Stockfisch von Flossen, Gräten und Rückgrat befreien. Dickere Fleischstellen einschneiden und aufklappen.

(2) Die etwas abgekühlte Füllung mit einem Löffel möglichst gleichmäßig auf der Innenseite des vorbereiteten Stockfisches verteilen.

(3) Die Fisch-Päckchen nun einseitig mit dem Senf einstreichen und von allen Seiten sorgfältig mit dem Mehl bestauben.

(4) Legen Sie die Fischstücke in einen Topf, gießen Sie mit Milch und Öl auf und garen Sie die Fischstücke wie im Rezept links beschrieben.

Braten und Frittieren

Von Forelle Müllerin bis zur Makrele süßsauer aus dem Wok. Die echten Klassiker von heute und morgen.

WARENKUNDE KÜCHENPRAXIS **REZEPTE**
→ *Braten und Frittieren*

Klassiker aus der Pfanne

Es müssen ja nicht unbedingt Fischstäbchen sein, wenn Köche zur Pfanne oder Fritteuse greifen. Aber es gibt ein paar beliebte Klassiker, die aus der Fischküche nicht mehr wegzudenken sind.

KNUSPRIG BRAUN und mit herrlichem Aroma, so gehören sie zu den typischen Erinnerungen aus der Kindheit: Was damals an Fisch in die Pfanne kam, waren garantiert Fischstäbchen. 1959 auf dem deutschen Markt eingeführt, glaubte zunächst niemand so recht an den Erfolg des neuen Produkts. Doch schnell war klar, dass diese Form des Bratfisches nach dem amerikanischen und britischen Markt nun auch den deutschen Markt erobert hatte. Fischstäbchen wurden im Handumdrehen das Synonym für gebratenen Fisch schlechthin.

BRATEN WILL GELERNT SEIN

Ihren Siegeszug verdanken die Fischstäbchen vor allem der einfachen Zubereitung sowie der knusprigen Hülle mit ihren typischen Geschmacksnuancen. Beides lässt sich in der Profiküche natürlich qualitativ wesentlich besser durch Braten oder Frittieren erreichen, vorausgesetzt Sie wählen die dazu geeigneten Fische. Zum Braten sollten Sie Fische bevorzugen, die ein relativ festes Fleisch haben, das die hohen Temperaturen des Fetts in der Pfanne gut aushält. Auch sollte das Bratgut kein zu feines Aroma besitzen, das allzu leicht durch kräftige Röstaromen überdeckt wird.

Beim Bratvorgang selbst darf die Temperatur in der Pfanne nicht zu hoch werden: Die Fischaußenseite sollte dabei nur so heiß werden, dass sie leicht bräunt und sich nur ein wenig Röstaroma bildet. Küchenprofis bezeichnen das als Sautieren. Zum Sautieren eignen sich vor allem Fischfilets und kleinere, ganze Fische. Beim Filet ist jedoch die Gefahr des Anbrennens größer, weshalb es unter Profiköchen üblich ist, die Filets mit etwas Mehl, gemahlenen Nüssen oder Ähnlichem zu bedecken. Als Bratfett wird empfohlen, auf ein qualitativ hochwertiges und möglichst geschmacksneutrales Öl oder auf geklärte Butter zurückzugreifen, die beide höher erhitzt werden können als Butter. Und ganz wichtig: die Garzeit. Ist sie zu lange, so tritt aus dem Fischfleisch Wasser aus und es wird hart und trocken. Richtig gebraten ist Fisch eine echte Delikatesse: fein-aromatisch, saftig und zart. Das kann man lernen, auch wenn der berühmte Brillat-Savarin einst behauptete: »Man wird Koch. Zum Bratkünstler wird man jedoch geboren.«

AUF DIE HÜLLE KOMMT ES AN

Zum Frittieren eignen sich auch Fische, die nicht ganz so festfleischig sind, wenn Sie sie in einen schützenden Teigmantel hüllen. Dieser gart schnell im sehr heißen Frittierfett und schließt das Fischfleisch nach außen hin ab, so dass es im Dampf seines eigenen Saftes gart, was den Fisch zart und saftig erhält. Das Ganze funktioniert jedoch nur, wenn der Teigmantel die richtige Beschaffenheit hat: Er muss in erster Linie gut am Fisch haften, damit er beim Frittieren schnell fest und gar wird.

PERFEKTE GAUMENFREUDE FÜR GOURMETS

Frittieren hat vor allem in Großbritannien eine lange Tradition: Fish and Chips hat als wohl bekanntestes Gericht von der Insel weltweiten Ruf erlangt. Bei uns ist Frittieren als Zubereitungsart zwar ein wenig aus der Mode gekommen – und zwar aus gesundheitlichen, vor allem diätetischen Gründen. Allerdings wissen große und kleine Gourmets diese Garmethode dennoch zu schätzen, denn die goldbraune Knusperkruste rund um das Gargut und die typischen Röstaromen sind allemal perfekte Gaumenschmeichler. Wer mag da schon an Kalorien denken!

Perfekte Teighülle

Nehmen Sie in etwa gleiche Teile Mehl und Flüssigkeit, etwa Milch, Wasser oder Bier – je nach Geschmack. Wenn Sie ein Ei unterrühren, wird der Teig beim Frittieren schneller fest. Lassen Sie die Teigmasse 1 Stunde quellen, bevor Sie die Fischstücke hineintauchen und in 180 °C heißem Fett ausbacken.

Teubner Edition **239**

WARENKUNDE   KÜCHENPRAXIS   REZEPTE
→ Braten und Frittieren

Forelle »Müllerin«

»Die Zubereitung macht's«

Dieses Gericht ist einer der Klassiker schlechthin: Was allerdings so leicht anmutet, hat sehr viel mit der richtigen Temperatur zu tun. Da das Fischeiweiß in der heißen Butter sofort zu gerinnen beginnt, muss der Garvorgang mit großer Präzision erfolgen. So darf die Hitze nicht zu schwach sein, sonst klebt der Fisch am Pfannenboden an und die Hülle aus Butter und Mehl kann sich nicht schnell genug verfestigen, um das Eindringen der Hitze zu blockieren. Zudem zieht der Fisch bei zu geringer Hitze Wasser. Zu starke Hitze dagegen bräunt den Fisch zu sehr und führt zu einem ungleichmäßigen Gargrad des Fischfleisches. Das Einstellen der richtigen Temperatur bedarf etwas Erfahrung.
Den fertig gegarten Fisch richte ich auf einer vorgewärmten Platte an, würze ihn mit Zitronensaft, Salz und Pfeffer und übergieße ihn mit der aufgeschäumten Bratbutter. Bisweilen variiere ich das Rezept, indem ich die Butter noch aromatisiere (siehe Rezept rechts) oder ich verfeinere sie mit fein gehackten Pinienkernen oder Mandeln.

Ingo Bockler

ZUBEREITUNGSZEIT 25 Min.

· 4 küchenfertige Bachforellen (je 350 g)
  (oder Lachsforellen)
· feines Meersalz
· frisch gemahlener Pfeffer
· Saft von 2 Zitronen
· etwas Mehl
· 50 ml Erdnussöl
· 120 g Butter
· 3 EL Kalbsjus (gibt es fertig zu kaufen)
· 3 EL Worcestershire Sauce
· 3 EL gehackte Petersilie
· 8 Scheiben einer sauber geschälten Zitrone

1. Entfernen Sie die Kiemen, spülen Sie die Forellen unter fließendem kaltem Wasser ab und tupfen Sie sie sorgfältig mit Küchenpapier trocken. Würzen Sie die Fische von innen und außen mit Meersalz, frisch gemahlenem Pfeffer und etwa der Hälfte des Zitronensaftes. Wenden Sie die Forellen in Mehl, das überschüssige Mehl gut abklopfen.

2. Erhitzen Sie das Erdnussöl in einer großen Pfanne und braten Sie die Forellen darin von jeder Seite in 4 Minuten goldbraun. Kurz abtropfen lassen und auf vorgewärmten Tellern anrichten.

3. Das Bratfett abgießen und die Butter in der Pfanne aufschäumen lassen. Kalbsjus, Worcestershire Sauce und den restlichen Zitronensaft zusammen kurz aufkochen lassen und die Forellen damit beträufeln. Die fein gehackte Petersilie über die Fische streuen und mit den Zitronenscheiben garnieren.

Was dazu passt

Zum Klassiker aus der Fischküche gibt es auch eine ganz klassische Beilage: Empfehlenswert sind Petersilienkartoffeln. Dazu kleine Kartoffeln bissfest garen, in zerlassener Butter schwenken und mit fein gehackter Petersilie und etwas Salz verfeinern.

Zander auf Champagnerkraut

ZUBEREITUNGSZEIT 1 Std. 30 Min.

FÜR DIE BALSAMICO-SPECKSAUCE
- 2 kleine Schalotten, ½ Knoblauchzehe
- 3 Champignons
- 30 g geräucherter durchwachsener Speck, ½ TL Tomatenmark
- 2–3 EL Aceto balsamico
- 100 ml Weißwein
- ¼ l Fischfond (S. 168)
- 1 Lorbeerblatt, 1 Zweig Thymian
- 50 g Sahne, 2 TL Crème fraîche
- Salz, Pfeffer, Zitronensaft, Zucker

FÜR DAS CHAMPAGNERKRAUT
- 30 g Zucker, 30 g Butter
- 3 Schalotten, 300 g Sauerkraut
- ¼ l Champagner (oder guter Sekt)
- 1 Lorbeerblatt, 4 Wacholderbeeren
- ½ TL Kümmel, 6 Pfefferkörner
- 1 mehlig kochende Kartoffel (50 g)
- Salz, frisch gemahlener Pfeffer

FÜR DEN FISCH
- 4 Zanderfilets (je 140–200 g)
- Salz, Pfeffer, 2 TL Zitronensaft
- 1 EL Mehl, 1 EL Olivenöl, 20 g Butter

1. Für die Sauce schälen Sie die Schalotten, ziehen Sie den Knoblauch ab und schneiden Sie beides in feine Würfel. Die Champignons putzen und würfeln, den Speck ebenfalls würfeln. Braten Sie die Speckwürfel mit den Schalotten, den Champignons und dem Knoblauch in einer großen Pfanne an, ½ TL Tomatenmark kurz mitrösten und das Ganze mit Aceto balsamico und Weißwein ablöschen. Mit Fischfond aufgießen, das Lorbeerblatt und den Thymian zugeben und etwa 15 Minuten köcheln lassen.

2. Gießen Sie die Sauce durch ein feinmaschiges Sieb ab, geben Sie Sahne und Crème fraîche zu, dann die Sauce erneut aufkochen, mit dem Pürierstab aufmixen und mit Salz, frisch gemahlenem Pfeffer, Zitronensaft und einer Prise Zucker fein abschmecken.

3. Lassen Sie für das Champagnerkraut den Zucker in einer Kasserolle zerlaufen, dann Butter und in Scheiben geschnittene Schalotten zugeben, kurz anschwitzen, das Kraut zugeben und mit dem Champagner auffüllen. Ein Gewürzsäckchen (oder Tee-Ei) mit dem Lorbeerblatt, Wacholder, Kümmel und den Pfefferkörnern in das Kraut hängen und zugedeckt bei schwacher Hitze 30 Minuten dünsten. Die Kartoffel schälen und in das Kraut reiben, mit Salz und Pfeffer abschmecken und nochmals aufkochen lassen.

4. Würzen Sie die Zanderfilets mit Salz, Pfeffer und Zitronensaft, dann den Fisch auf der Hautseite mit Mehl bestauben und in Olivenöl langsam auf der Hautseite in etwa 5 Minuten braun braten. Kurz vor dem Wenden die Butter zufügen und die Zanderfilets in weiteren 3 Minuten fertig braten. Auf dem Champagnerkraut anrichten und mit Sauce umgießen.

S. 21
WARENKUNDE Zander

WARENKUNDE KÜCHENPRAXIS **REZEPTE**
→ *Braten und Frittieren*

Petersfisch mit Limettenblättern in süßem Senfschaum

ZUBEREITUNGSZEIT 1 Std. 30 Min.

FÜR DEN FISCH
- 600 g Petersfischfilet, mit Haut (oder Steinbutt, Glattbutt)
- Salz, frisch gemahlener Pfeffer
- 4 frische Lorbeerblätter (oder getrocknete Lorbeerblätter)
- 4 Limettenblätter
- 2 EL Butterschmalz

FÜR DIE SAUCE
- 200 ml Fischfond (S. 168)
- 100 g Sahne
- 2 EL süßer Senf, 1 EL Pommerysenf
- 50 g Butter, Saft von 1 Zitrone
- Salz, frisch gemahlener Pfeffer, Zucker

1. Würzen Sie den Fisch mit Salz und Pfeffer und ritzen Sie die Haut mit einem scharfen Messer gleichmäßig ein. In die Ritzen bei jedem Filet je ein Lorbeer- und Limettenblatt stecken. Den Backofen auf 180 °C vorheizen.

2. Kochen Sie für die Sauce den Fischfond mit der Sahne auf, dann den Senf unterrühren, kurz ziehen lassen und durch ein Sieb gießen. Die Sauce mit Butter, Zitronensaft, Salz, Pfeffer und Zucker abschmecken und mit einem Pürierstab aufschäumen.

3. Erhitzen Sie das Butterschmalz in einer ofenfesten Pfanne. Darin die Petersfischfilets zunächst auf der gespickten Seite etwa 3 Minuten anbraten, dann wenden und im vorgeheizten Ofen bei 180 °C etwa 6 Minuten fertig garen. Den Fisch mit der Sauce anrichten. Als Beilage passt gut ein gebuttertes Kartoffelpüree oder Buttergemüse aus Zucchini und Möhren.

WARENKUNDE KÜCHENPRAXIS **REZEPTE**
→ *Braten und Frittieren*

Seeteufel im Speckmantel

ZUBEREITUNGSZEIT 45 Min.

ZUTATEN
- 16 Scheiben Frühstücksspeck, sehr dünn geschnitten
- 4 Seeteufelstücke (je 140 g)
- 3 EL Butterschmalz
- 1 Bund glatte Petersilie
- 40 g Butter
- Saft von ½ Zitrone
- Salz, frisch gemahlener Pfeffer

1. Heizen Sie den Backofen auf 180 °C vor. Legen Sie je 4 Speckscheiben nebeneinander aus und wickeln Sie je eines der Seeteufelstücke darin ein. Braten Sie die Fischstücke im Speckmantel in einer Pfanne in heißem Butterschmalz rundherum an und garen Sie sie anschließend 10 Minuten im vorgeheizten Backofen, zwischendurch ein- bis zweimal wenden.

2. In der Zwischenzeit die Petersilie waschen, trockenschütteln und die Blättchen abzupfen, große Blätter halbieren oder vierteln. Dann den Backofen ausschalten, den Fisch aus der Pfanne nehmen und zum Warmhalten auf einer Platte oder den Tellern in den ausgeschalteten, offenen Ofen stellen.

3. Gießen Sie das Bratfett ab. Lassen Sie die Butter in der Pfanne leicht braun werden, dann geben Sie den Großteil der Petersilie dazu und lassen sie kurz andünsten. Anschließend mit dem Zitronensaft ablöschen, mit Salz und frisch gemahlenem Pfeffer würzen.

4. Richten Sie die Seeteufelstücke im Speckmantel mit der Petersiliensauce auf vorgewärmten Tellern an und streuen Sie die restliche Petersilie darüber. Dazu passen Blattsalate und Baguette.

Kulinarisches Stückwerk

Sie können die Seeteufelstücke auch jeweils in 4 Scheiben schneiden, diese einzeln mit dem Speck umwickeln, dann anbraten und – wie im Bild gezeigt – als mundgerechte Partyhappen servieren.

S. 43
WARENKUNDE Seeteufel

»Mit Frühstücksspeck schmeckt's milder«

»Scholle Finkenwerder Art« – ein nordischer Klassiker aus der Hamburger Hausmannsküche, benannt nach einer Halbinsel der Hansemetropole. Dafür wird durchwachsener Räucherspeck in Streifen geschnitten, gebraten und warm gestellt. Im Speckfett und etwas Butter wird die gesalzene, mit Zitronensaft beträufelte und in Mehl gewendete Scholle von jeder Seite ein paar Minuten gebraten. Dann wird sie mit den Speckstreifen belegt serviert – was dem eher zarten Fisch ein pikantes Aroma verleiht.
Ich habe in meiner Variante Seeteufelfilet mit Speck eingehüllt, so dass beim Garen im Backofen das feine Fischfleisch geschützt ist und von diesem Speckmantel Aromastoffe erhält. Zudem habe ich auch den weniger dominant schmeckenden Frühstücksspeck verwendet. Somit konkurrieren die beiden Zutaten geschmacklich nicht miteinander, sondern ergänzen sich auf eine feine Art. Ein i-Tüpfelchen bildet die aromatische, fein-säuerliche Petersilien-Zitronensauce.

Matthias Buchholz

Marlinsteak mit Pak Choi und Bohnen

ZUBEREITUNGSZEIT 45 Min.

FÜR DEN FISCH
- 4 Marlinsteaks (je 200 g)
- 2 gestr. TL Cajun Spice (siehe Tipp)
- 1 EL Sonnenblumenöl

FÜR DEN LIMETTENSCHAUM
- 100 ml Gemüse- oder Fischfond
- Saft von 1 Limette, 100 g Sahne
- Salz, frisch gemahlener weißer Pfeffer
- 50 g kalte Butter, in Würfeln

FÜR DAS GEMÜSE
- 4 kleine Pak Choi (etwa 250 g)
- 1 Knoblauchzehe, abgezogen
- 200 g Schwarze Bohnen, fermentiert
- 1 EL Öl, 1 EL Austernsauce (Asialaden)
- 100 ml Gemüsefond
- Zucker, frisch gemahlener Pfeffer
- 1 EL Fischsauce, 1 EL Sojasauce
- 1 Spritzer Limettensaft

S. 85
WARENKUNDE Marlin

1. Heizen Sie den Backofen auf 80 °C vor. Die Marlinsteaks mit Cajun Spice würzen und den Fisch in 1 EL Sonnenblumenöl von beiden Seiten kurz anbraten. Anschließend auf einer ofenfesten Servierplatte in den vorgeheizten Backofen schieben und etwa 12 Minuten garen, damit der Fisch schön saftig bleibt.

2. Bereiten Sie in der Zwischenzeit den Limettenschaum zu: Dazu löschen Sie den Bratsatz mit dem Gemüse- oder Fischfond ab, geben Sie den Limettensaft und die Sahne dazu und lassen die Sauce auf die Hälfte reduzieren. In der Zwischenzeit den Pak Choi putzen, waschen, trockentupfen und halbieren. Den Knoblauch in hauchdünne Scheiben schneiden. Die fermentierten Schwarzen Bohnen gemäß Packungsangabe einweichen.

3. In einer Pfanne das Öl erhitzen und die Knoblauchscheiben darin goldgelb rösten. Den Pak Choi zugeben und von allen Seiten kurz anbraten. Mit Austernsauce und Gemüsefond ablöschen und mit Zucker, Pfeffer, Fisch- und Sojasauce würzen. Die Schwarzen Bohnen in ein Sieb abgießen, kurz abtropfen lassen, zum Pak Choi geben und etwa 4 bis 5 Minuten mitköcheln, bis dieser gar ist. Abschmecken und mit Limettensaft verfeinern.

4. Stellen Sie den Limettenschaum fertig: Die Saucen-Reduktion mit Salz und Pfeffer abschmecken. Die Butter in die Sauce einrühren und diese mit dem Pürierstab kurz aufschäumen. Als Beilage passt Basmatireis.

Cajun Spice

Mischen Sie 75 g Salz mit 2 gestr. TL Cayenne-Pfeffer, je 1 TL scharfem Paprikapulver, schwarzem und weißem Pfeffer sowie 1 Msp. gemahlenen Senfkörnern und 1 Prise gemahlenen Nelken.

Makrele süßsauer

ZUBEREITUNGSZEIT 50 Min.

FÜR DEN FISCH
- 2 Makrelen je 400 g (oder Lachs, Seeteufel)
- 200 g Basmatireis

FÜR DIE MARINADE
- 2 Knoblauchzehen, fein gehackt
- 1 TL fein gehackte Ingwerwurzel
- 4 EL helle, leichte Sojasauce
- 2 EL Sesamöl, 2 EL Olivenöl
- 2 EL Hoisinsauce (Asialaden)
- 2 EL Honig
- ½ TL Reisweinessig (oder Weißweinessig)
- Saft von ½ Limette

FÜR DEN WOK
- 1 Paprikaschote
- 125 g Zuckerschoten
- 1 kleine rote Chilischote
- ¼ Kopf Chinakohl
- 4 Pak Choi
- 1 Bund Choy Sum oder Gai Larn (Chinabrokkoli, je etwa 200 g)
- ½ Bund Koriandergrün
- 1 TL Speisestärke
- 1 EL Limettensaft
- 1 EL Sojasauce
- 3 EL Erdnussöl (oder Traubenkernöl)
- 100 g Sojasprossen
- 4 Frühlingszwiebeln, geputzt und in feine Ringe geschnitten
- 2 EL Gemüsefond
- ½ TL Meersalz
- frisch gemahlener Pfeffer
- 1 EL geröstete schwarze Sesamsamen

S. 80
WARENKUNDE Makrele

S. 150
KÜCHENPRAXIS Filetieren

1. Filetieren und häuten Sie die Makrelen, wie auf Seite 150 gezeigt, und entfernen Sie die Gräten mit einer Grätenpinzette. Anschließend die Filets erst der Länge nach halbieren und dann in 3 cm lange Stücke schneiden. Alle Zutaten für die Marinade in einer Schüssel vermengen und die Fischstücke behutsam darin wenden. Während Sie die anderen Zutaten vorbereiten, kann der Fisch marinieren.

2. Bereiten Sie den Basmatireis nach Packungsangaben zu, dann zugedeckt im Ofen warm halten. Die Paprikaschote halbieren, Samen und Scheidewände entfernen, die Hälften der Länge nach halbieren, die Viertel schräg in Streifen schneiden. Die Zuckerschoten schräg halbieren.

3. Die Chilischote der Länge nach halbieren, Samen und Scheidewände entfernen und fein hacken. Chinakohl, Pak Choi und Choy Sum putzen, waschen und abtropfen lassen. Den Chinakohl in 1 cm breite Streifen schneiden. Das Koriandergrün grob hacken.

4. In einem Wok 2 EL Öl erhitzen. Die Makrelenstücke aus der Marinade nehmen und bei starker Hitze 2 Minuten anbraten. Mit der Schaumkelle die Fischstücke aus dem Wok nehmen und in der Schüssel, in der sie mariniert wurden, beiseite stellen.

5. Mit Küchenpapier den Wok auswischen und das restliche Öl darin erhitzen. Paprika und Zuckerschoten darin 1 Minute pfannenrühren. Sojasprossen und Chili zugeben und 1 Minute heiß anbraten. Den Chinakohl, das Blattgemüse und die Frühlingszwiebeln in den Wok geben und 1 Minute zusammen garen.

6. Die Speisestärke mit dem Limettensaft und der Sojasauce verrühren und erst dann mit dem Gemüsefond vermischen. Salz, Pfeffer, Sesamsamen und Koriandergrün dazugeben und gut durchrühren. Die Fischstücke samt restlicher Marinade in den Wok geben, vorsichtig unterheben und für eine weitere Minute bei starker Hitze anbraten. Sofort auf dem Reis anrichten und servieren.

Fischfrikadellen mit Perlgraupen und Kartoffelsalat

S. 34, 36, 87
WARENKUNDE Fische

S. 171
KÜCHENPRAXIS Geflügelfond

ZUBEREITUNGSZEIT 1 Std. 20 Min.

FÜR DIE FISCHKÜCHLEIN
- 500 g Fischfilet (nach Belieben von Forelle, Renke, Saibling, Hecht, Kabeljau, Schellfisch oder Goldbarsch)
- 2 Scheiben Toastbrot
- 1 Schalotte
- 4 EL Gemüsewürfel (etwa Möhre, Petersilienwurzel, Staudensellerie, Lauch)
- 4 EL gekochte Graupen (Perlgraupen)
- 2 EL gehackte Petersilie (oder Thymianblättchen, Majoran)
- 2 Eier
- Salz, frisch gemahlener Pfeffer
- frisch geriebene Muskatnuss
- Butterschmalz zum Ausbacken der Frikadellen

FÜR DEN KARTOFFELSALAT
- 500 g fest kochende Kartoffeln
- 1 kleine Salatgurke
- 3 EL Topfen (oder Quark), 70 g Sahne
- 2–3 EL reduzierter Geflügelfond (S. 171)
- Salz, frisch gemahlener Pfeffer
- Zitronensaft oder Weißweinessig
- 2 EL Schnittlauchröllchen

1. Für den Kartoffelsalat die Kartoffeln weich kochen, pellen und in dünne Scheiben schneiden. Die Gurke waschen und schälen, dabei ein paar grüne Streifen stehen lassen. Die Gurke der Länge nach halbieren, entkernen und in etwa 3 bis 4 mm dicke Scheiben schneiden.

2. Rühren Sie den Topfen mit der Sahne und dem Geflügelfond glatt. Mit Salz, Pfeffer und Zitronensaft oder Essig abschmecken und unter die Kartoffel-Gurken-Mischung heben. Die Schnittlauchröllchen über den Kartoffelsalat streuen.

3. Drehen Sie für die Fischküchlein das von Gräten befreite Fischfilet durch die mittlere Scheibe des Fleischwolfes und stellen Sie das Fischhack sofort wieder kühl. Das Toastbrot im Blitzhacker zu Bröseln zerkleinern. Die Schalotte schälen und fein würfeln. Die Schalottenwürfel zusammen mit den Gemüsewürfeln, den abgekühlten Graupen, der Petersilie und den Eiern unter das Fischhack mischen. Mit Salz, Pfeffer und Muskat abschmecken.

4. Aus der Fischmasse 12 Frikadellen formen. In einer Pfanne das Butterschmalz erhitzen und die Fischküchlein von beiden Seiten goldbraun ausbacken. Nach Belieben mit Kräuterdip oder Aioli (siehe Seite 297) servieren.

Fingerfood

Formen Sie aus der Fischmasse 24 kleine Frikadellen und reichen Sie diese – auf kleine Spieße gesteckt – als leichte Partyhappen.

»Edel und fein gefüllt«

Das Fischpflanzerl, wie man in Bayern sagt, entstammt der mittelalterlichen Klosterküche. Da die Kirche über 130 Tage des Jahres als Fastentage deklarierte – und damit an diesen Tagen das Fleischessen verbot – kreierten findige Klosterbrüder zahlreiche Fischgerichte, damit für das leibliche und kulinarische Wohl auch in diesen scheinbar entbehrungsreichen Zeiten gesorgt war.

Die Güte einer solchen Frikadelle wird durch die Zutaten bestimmt: je edler und hochwertiger das verwendete Fischfleisch, desto zarter und schmackhafter das Ergebnis. Eine edle Abwandlung erhalten Sie, wenn Sie statt Fischfleisch einfach Garnelenfleisch verwenden. Sie können auch nur einen Teil des Fischfilets durch Garnelenschwänze ersetzen und diese grob hacken, so erhält das Pflanzerl etwas mehr Biss.

Für eine besondere Gaumenüberraschung sorgt eine Füllung im Pflanzerl: Diese bereite ich gerne aus einem Mozzarellakern zu, der beim Braten leicht schmilzt und für ein zart-schmelzendes Erlebnis sorgt. Dafür umhülle ich eine etwa 5 mm dicke, 3 x 3 cm große Mozzarellascheibe mit der Fischmasse und brate das Pflanzerl anschließend genau wie im nebenstehenden Rezept.

Noch feiner ist ein Mittelpunkt aus Kaviar, etwa 1 TL pro Pflanzerl, der sich beim Aufbeißen körnig in den Mund ergießt.

Markus Bischoff

WARENKUNDE   KÜCHENPRAXIS   **REZEPTE**
→ *Braten und Frittieren*

Lachsschnitte mit Jakobsmuschel

ZUBEREITUNGSZEIT 45 Min.

FÜR DEN FISCH
- 600–700 g Lachsfilet (am Stück, mit Haut)
- 4 Jakobsmuscheln, ausgelöst
- Salz, 1–2 EL Mehl, 2 EL Olivenöl
- 1 EL Thymianblättchen, nach Belieben

FÜR DAS KARTOFFEL-OLIVEN-PÜREE
- 2 mittelgroße mehlig kochende Kartoffeln
- 100 ml Milch, 40 g Butter
- 1 EL Tapenade (Olivenpaste)
- Salz, frisch geriebene Muskatnuss

AUSSERDEM
- Zahnstocher

1. Das Lachsfilet entgräten und behutsam von der Haut schneiden, anschließend das Filet leicht schräg in 4 längliche Tranchen zerteilen. Die Lachsstücke sollten etwas breiter sein als die Jakobsmuscheln (Step 1). Füllen Sie die Lachstranchen, wie in Step 2 gezeigt, und stecken Sie sie mit einem Zahnstocher zu.

2. Für das Kartoffel-Oliven-Püree die Kartoffeln schälen, vierteln, in Salzwasser weich kochen und in einer vorgewärmten Schüssel zerstampfen. Die Milch erhitzen. In der Zwischenzeit die Kartoffeln mit der kalten Butter vermischen und dann die heiße Milch einrühren. Die Tapenade zufügen, mit Salz und Muskatnuss abschmecken und warm halten.

3. Die gefüllten Lachstranchen salzen, mit Mehl bestauben (Step 3) und in Olivenöl bei mittlerer Hitze von jeder Seite etwa 2 Minuten braten. Portionsweise – den Zahnstocher vorher entfernen – auf dem Kartoffel-Oliven-Püree anrichten.

S. 32
WARENKUNDE Lachs

S. 151
KÜCHENPRAXIS Entgräten

LACHSSCHNITTE VORBEREITEN
und mit Jakobsmuschel füllen

(1) Das Lachsfilet von der Haut schneiden, entgräten und leicht schräg in 4 länglich geschnittene Tranchen (von etwa 2 cm Dicke) teilen. Die Lachsfiletstücke sollten jeweils etwas breiter als die Jakobsmuschel sein.

(2) In jede Lachstranche mit einem spitzen, sehr scharfen Messer eine Tasche einschneiden, die groß genug ist, dass eine Jakobsmuschel darin Platz findet. Je eine Jakobsmuschel mit Thymianblättchen bestreuen, in die Lachstranche einlegen und diese mit einem Zahnstocher wieder verschließen.

(3) Die gefüllte Lachstranche salzen und mit Mehl bestauben. Danach in Olivenöl bei mittlerer Hitze etwa 2 Minuten von jeder Seite braten.

Teubner Edition 251

Rochenflügel in Sardellenbutter

ZUBEREITUNGSZEIT 45 Min.

FÜR DEN FISCH
- 1 kg Rochenflügel (küchenfertig)
- Salz, frisch gemahlener Pfeffer
- 3 EL Olivenöl
- 4 cl Noilly Prat, ¼ l Fischfond (S. 168)
- 2 EL gehacktes Koriandergrün
- 120 g kalte Butter

FÜR DIE SARDELLENBUTTER
- 70 g Schalotten
- 1 Knoblauchzehe
- 450 g Tomaten
- 500 g grüner Spargel
- Salz
- 6 Sardellen, in Salz eingelegt

1. Den Rochenflügel am besten vom Fischhändler abziehen lassen, weil er sehr spitze Stacheln hat. Von beiden Seiten das Filet lösen, wie auf S. 159 beschrieben, und quer halbieren, so erhält man ½ Filet pro Portion. Für die Sardellenbutter schälen Sie die Schalotten und ziehen Sie den Knoblauch ab, dann beides in kleine Würfel schneiden. Die Tomaten blanchieren, abschrecken, die Haut abziehen, die Stielansätze und Samen entfernen und das Fruchtfleisch klein würfeln. Vom Spargel die Enden abschneiden und die Stangen in gesalzenem Wasser in 8 Minuten bissfest garen. Den Spargel herausnehmen, längs halbieren und in 2 cm lange Stücke schneiden.

2. Die Rochenfilets salzen und pfeffern. In einer Pfanne das Öl erhitzen und den Fisch darin von beiden Seiten 2 bis 3 Minuten anbraten. Herausnehmen, die Rochenflügelfilets auf eine vorgewärmte Platte legen und im Backofen warm stellen.

3. Die Sardellen in ein Sieb geben und abspülen oder 10 Minuten in kaltes Wasser legen. Die Schalotten- und Knoblauchwürfel im verbliebenen Öl in der Fischpfanne glasig schwitzen und mit dem Noilly Prat ablöschen. Den Fischfond angießen und die Flüssigkeit etwas reduzieren. Butter- und Tomatenwürfel, Spargelstücke, abgetropfte Sardellen sowie Koriandergrün behutsam untermischen. Die Rochenflügelfilets auf Tellern anrichten, mit der Sauce übergießen.

Leichte Ergänzung

Als Beilage zu diesem Gericht passt gut Baguette, gedämpfter Reis oder auch ein gemischter Blattsalat (etwa Lollo Rosso, Frisée-Salat, Eichblatt- und Kopfsalat) mit einer leichten Vinaigrette.

S. 126
WARENKUNDE Rochen

S. 159
KÜCHENPRAXIS Rochen

WARENKUNDE   KÜCHENPRAXIS   REZEPTE
→ *Braten und Frittieren*

Fish and Chips

ZUBEREITUNGSZEIT 1 Std. 50 Min.

FÜR DIE CHIPS
· 750 g mehlig kochende Kartoffeln, Salz

FÜR DEN TEIG
· 1 Ei, ¼ l Bier (Ale, oder dunkles Altbier)
· 170 g Mehl, 2 EL zerlassene Butter
· 1 Spritzer Tabasco
· 1 TL edelsüßes Paprikapulver
· ½ TL Salz

FÜR DEN FISCH
· 500 g Kabeljaufilet
· Salz, frisch gemahlener weißer Pfeffer
· 2–3 EL Zitronensaft, 50 g Mehl
· 3–4 l Öl zum Frittieren

1. Schälen Sie die Kartoffeln für die Chips und schneiden Sie diese in gleichmäßige, etwa 1 ½ cm dicke Stäbchen. Die Kartoffelstäbchen dann mit kaltem Wasser abspülen und anschließend auf einem Küchentuch abtrocknen lassen.

2. Trennen Sie für den Teig das Ei. Das Eigelb mit dem Bier, dem Mehl, der Butter sowie mit Tabasco und Paprikapulver glatt rühren. Bis zur weiteren Verwendung stehen lassen.

3. Spülen Sie das Fischfilet unter fließendem kaltem Wasser ab, dann mit Küchenpapier trockentupfen und mit Salz, frisch gemahlenem weißem Pfeffer und Zitronensaft würzen. Schneiden Sie die Filets in etwa 3 x 5 cm große Streifen.

4. Teilen Sie die Kartoffelstäbchen in drei Portionen und lassen Sie die Chips in 140 °C heißem Öl etwa 8 Minuten vorfrittieren, anschließend das Öl gut abtropfen lassen. Kurz vor dem Servieren die Chips in 170 °C heißem Öl etwa 3 Minuten knusprig frittieren, erneut das Öl gut abtropfen lassen, Salz darüber streuen und die Chips im 80 °C heißen Backofen warm stellen, bis alles frittiert ist.

5. Das Eiweiß mit dem Salz zu steifem Eischnee schlagen und vorsichtig unter die Eigelbmasse heben. Die Fischstücke in drei Portionen teilen, nacheinander in Mehl wenden und durch den Backteig ziehen. Schwimmend in 170 °C heißem Öl je 5 Minuten frittieren, bis der Teig goldbraun ist. Im Backofen warm stellen. Traditionell werden Fish and Chips in einer Tüte aus Zeitungspapier serviert und mit Malzessig gegessen.

Fish and Chips with Dips

Statt Kabeljau können Sie auch Karpfen, Leng, Rotzunge oder Zander verwenden und die Fische mit exotischen Dips wie etwa Sojasauce, Ingwermayonnaise, Currysauce, Honig-Senf-Sauce oder Mango-Chutney servieren.

»Mit einer feinen Hülle knusprig frittiert«

Bei diesem Gericht scheiden sich die kulinarischen Geister. Denn viele denken bei »Fish and Chips« an das regennasse England, eine zusammengewickelte Zeitung mit leicht erkalteten Fritten darin, übergossen mit dem unvermeidlichen »Vinegar« (Essig). Hier biete ich Ihnen aber eine Zubereitungsform, die auch Feinschmecker und Feingeister kulinarisch erfreut: Frische Fischstücke, von einem schaumig aufgeschlagenen, pikanten Ausbackteig umhüllt, in heißem Öl frittiert und mit gebackenen Kartoffeln serviert – das ist eine wirklich feine Sache.

Die Besonderheit liegt im Ausbackteig, der die richtige Konsistenz haben muss, damit er das zarte Fischfleisch vor der Frittierhitze schützt und dieses dennoch gegart wird. Der Teig sollte also nicht den Fisch wie ein Eisenmantel umhüllen, aber auch nicht löchrig und durchlässig wie ein Sieb sein. Einen solchen Teig erhalten Sie, indem Sie zuerst das Mehl mit den Gewürzen und dem Eigelb vermischen und dann das Bier nach und nach unter Rühren dazugießen, bis ein glatter Teig entstanden ist. Zum Schluss kommt die zerlassene Butter dazu.

Früher ließ man den Teig für ungefähr zwei Stunden bei Zimmertemperatur stehen – er hatte dadurch Zeit, ein bisschen zu gären. Chemisch passiert dabei Folgendes: Gärung bedeutet nichts anderes, als dass eine Substanz durch Enzyme zerlegt wird. Beim Bierteig setzen Bakterien und Hefen, die im Bier enthalten sind, diese Enzyme frei. Übrigens steht kein Geringerer als Louis Pasteur für dieses Wissen Pate. Zumeist wird Stärke (das ist im Mehl) in Zucker umgewandelt (das ist in Reinform auch im Bier enthalten) und verwandelt sich in Ethylalkohol und blubberndes Kohlendioxidgas. Fertig ist die Gärung. Für den Teig bedeutet das, dass er eine gute Bindung erhält und dennoch aufgrund des Kohlendioxids eine gewisse Geschmeidigkeit besitzt. Das lange Warten ist nicht unbedingt erforderlich. Eines aber ist von größter Wichtigkeit: Das steif geschlagene Eiweiß darf wirklich erst kurz vor dem Ausbacken untergezogen werden – damit kommt Luft und Lockerheit in den Teig.

Ein Verwandter meines Teigrezepts ist der japanische Tempurateig, der von portugiesischen Missionaren, die eine Vorliebe für in einem Teigmantel frittierten Fisch hatten, nach Japan gebracht wurde. Das Wesensmerkmal des Tempurateiges ist die Zugabe von eiskaltem Wasser oder von Mineralwasser.

In meiner Variation bleibe ich zwar beim klassischen Backteigprinzip, ersetze aber das Bier durch Reiswein und gebe etwas Ingwer dazu. Die Süße des Reisweins findet in der frischen Schärfe der geriebenen Ingwerwurzel einen würdigen Gegenspieler.

Auch in einer klassischen Panade bestehend aus den drei Komponenten Mehl, verquirltes Ei und Semmelbrösel lassen sich gewürzte Fischfilets wunderbar frittieren. Dabei können Sie das Mehl mit gehackten Mandeln oder Pinienkernen anreichern. Dazu reichen Sie am besten Zitronenspalten und klassisch eine Mayonnaise oder Remouladensauce. Oder Sie probieren einen anderen Dip dazu – beispielsweise ein Mango-Chutney.

Welche Teigform oder Hülle auch immer Sie bevorzugen: Servieren Sie Ihren frittierten Fisch so heiß wie möglich – dann ist der Genuss garantiert.

Christian Petz

REZEPTE
→ Braten und Frittieren

Gefüllter Steinbeißer in Eihülle

ZUBEREITUNGSZEIT 55 Min.

FÜR DIE FÜLLUNG
- 100 g frischer Blattspinat
- 1 Schalotte
- 30–50 g Mandeln, gehackt
- 4 TL Butter
- Salz, frisch gemahlener Pfeffer
- frisch geriebene Muskatnuss
- 1 EL Weißbrotbrösel

FÜR DEN FISCH
- 500 g Steinbeißerfilet, im Ganzen
- Salz, Mehl, Olivenöl, 1 verquirltes Ei

S. 76
WARENKUNDE Steinbeißer

1. Putzen Sie den Spinat, waschen Sie ihn gründlich in kaltem Wasser und lassen Sie ihn abtropfen. Die Schalotte schälen und fein würfeln. Die gehackten Mandeln in einer beschichteten Pfanne ohne Fett unter Rühren leicht anrösten.

2. Lassen Sie die Butter in einer Pfanne leicht hellbraun werden, dann die Schalotten und den Spinat darin andünsten und mit Salz, Peffer und Muskat abschmecken. Die gerösteten Mandeln zugeben und die Weißbrotbrösel hinzufügen. Anschließend die Masse auskühlen lassen.

3. Schneiden Sie in den Steinbeißer eine kleine Tasche hinein und füllen Sie diese mit der Spinat-Mandel-Masse. Den Fisch würzen und mehlieren. In einer Pfanne Öl erhitzen, den Fisch durch das verquirlte Ei ziehen und braten. Sie können den Fisch auch zum Garen bei 150 °C (Umluft) für etwa 3 bis 4 Minuten auf jeder Seite in den Backofen schieben.

Eglifilet in Eihülle

ZUBEREITUNGSZEIT 1 Std. 20 Min.

FÜR DEN FISCH
- 500–600 g Eglifilet
- Salz, frisch gemahlener Pfeffer
- Saft von 1 Zitrone, 2 EL Mehl, 2 Eier

FÜR DIE ZITRONENMAYONNAISE
- 150 g Mayonnaise, Saft von 1 Zitrone
- 3 Stängel Zitronenmelisse, Blätter fein gehackt
- Zitronenpfeffer, Salz

FÜR DIE ZUCCHINICHIPS
- 250 g Zucchini, 2 EL Mehl
- Salz, Pfeffer, 1 l Öl

AUSSERDEM
- Frischhalte- oder Gefrierbeutel

1. Würzen Sie die Fischfilets mit Salz, frisch gemahlenem Pfeffer und Zitronensaft und stellen Sie sie bis zur weiteren Verwendung kühl. Für die Zitronenmayonnaise die Mayonnaise mit Zitronensaft, fein gehackter Zitronenmelisse, Zitronenpfeffer und Salz verfeinern.

2. Die Zucchini waschen, von Stiel- und Blütenansatz befreien und in dünne Scheiben schneiden oder hobeln. Das Mehl in einem Frischhaltebeutel mit Salz und Pfeffer vermischen, die Zucchinischeiben zufügen und kurz darin schütteln. Dann in ein Sieb füllen und durch vorsichtiges Rütteln das überschüssige Mehl entfernen. Das Öl in einer hohen Pfanne auf 180 °C erhitzen und die Zucchinischeiben portionsweise darin goldgelb frittieren, mit einem Schaumlöffel herausheben und auf Küchenpapier abtropfen lassen.

3. Für den Fisch das Mehl auf einen Teller sieben und die Eier in einem tiefen Teller verquirlen. Die Fischfilets nacheinander zuerst in Mehl und dann in Ei wenden und im 180 °C heißen Fett goldgelb frittieren. Herausnehmen, auf Küchenpapier entfetten und die frittierten Eglifilets sofort mit Zucchinichips und Zitronenmayonnaise servieren.

S. 114
WARENKUNDE Rotzunge

S. 144
KÜCHENPRAXIS Frittieren

Tauschhandel

Eglifilet wird im Handel häufig unter dem Namen Flussbarschfilet angeboten. Ein guter Ersatz sind auch Rotzungenfilets. Zu diesem sommerlichen Fischgericht empfiehlt sich ein nicht zu kräftiger, frisch-fruchtiger Weißwein, etwa ein Sancerre.

Aus dem Ofen

Fisch in Folie, Papier und Teig, aber auch gefüllt und unter einer delikaten Kruste. Immer für eine Überraschung gut.

WARENKUNDE KÜCHENPRAXIS **REZEPTE**
→ *Aus dem Ofen*

Zart und saftig aus dem Ofen

*Kleines kulinarisches Versteckspiel gefällig? Dann her mit dem Zauber-
mäntelchen: In schützender Hülle aus Folie, Papier, Teig oder Salz
bleibt Fisch schön zart und saftig. Schonender kann er nicht garen.*

VON EINER SCHÜTZENDEN HÜLLE umgeben
oder selbst delikate Hülle für eine feine Füllung –
Fisch aus dem Ofen ist äußerst variabel und immer
wieder köstlich. Schon der Geruch ist ein Gaumen-
kitzel und lässt jedem das Wasser im Munde zusam-
menlaufen. Jetzt darf man sich der Vorfreude hinge-
ben und entspannen – auch der Koch, denn
Ofengerichte haben einen entscheidenden Vorteil:
sie lassen sich (meistens) gut vorbereiten!

KNUSPRIG UND SAFTIG AUS DEM OFEN

Zum Garen im Ofen eignen sich vor allem ganze
Fische, die hierbei besonders saftig und aromareich
gelingen. Ob man den Fisch dazu nur in Butter brät
und dabei öfter mit der Butter übergießt, oder ob
man ihn mit etwas zugefügtem Fischfond von Zeit
zu Zeit beschöpft – das Ergebnis ist ausgezeichnet:
Außen knusprig, innen saftig, vorausgesetzt, Sie
garen ihn auf den Punkt. Doch das ist bei Fisch gar
nicht so einfach, zumal die durchschnittlichen Backöfen im Haushalt eine sehr unterschiedliche Tempe-
raturverteilung aufweisen. Nur allzu leicht wird
Fisch übergart und ist dann trocken und zäh. Es
kann aber sehr hilfreich sein, ganze Fische nicht
»nackt«, also ohne Umhüllung zu garen. Am besten
werden sie in eine schützende Hülle gepackt, um sie
sanft zu garen.

LUFTIGER TEIG FÜR ZARTE FISCHE

Als Hülle können Sie spezielle Bratfolie, Pergament-
oder Backpapier sowie Alufolie verwenden, um den
Fisch darin ganz zu verpacken. Sie können dem
Fisch aber auch eine »Decke« aus Nüssen, Semmelbröseln und Kräutern auflegen, die sein zartes
Wesen verhüllt. Der Kontrast von knuspriger Kruste und saftigem Fischfleisch sorgt für ein vollkom-
menes Geschmackserlebnis. Wenn es passt, können
Sie auch andere würzende Zutaten wie Pinienkerne
oder Cornflakes verwenden. Solche Auflagen eig-

nen sich übrigens auch perfekt für Fischfilets, die
noch mehr Schutz bedürfen als ganze Fische. Wer
es dekorativer mag, hüllt ganze Fische rundherum
in einen, der Fischform nachgebildeten Mantel aus
Salzmasse, die sich beim Backen zu einer harten,
appetitlich gebräunten Kruste verfestigt, die allerdings nicht mitgegessen werden kann. Die Künstler
unter den Köchen formen aus Pasteten-, Blätter-
oder Mürbteig eine dekorative und zugleich essbare
Hülle: Sie bietet gleich doppelte Tafelfreuden.

WARUM EIN MANTEL WICHTIG IST

Egal, ob ein Fisch in Folie, Salz, Teig oder unter einer
Kruste versteckt wird, um ihn im Ofen zu garen, der
Grund ist stets der gleiche: Fisch trocknet beim
Garen leicht aus und genau das soll die Hülle verhindern. Zum einen schützt sie das zarte Fischfleisch vor allzu heftiger, direkter Hitzeeinwirkung.
Zum anderen sorgt sie während
des Garprozesses dafür, dass der
Fleischsaft des Fisches, der durch
die Hitze verdampft, nicht entwei-
chen kann. So gart der Fisch –
trotz trockener Ofenhitze – im
eigenen Saft und in einer rundum
feuchten Atmosphäre, die ihn
schön zart macht, saftig erhält und
seine eigenen Aromen auf das
Feinste intensiviert. Dabei kann
sich sein individuelles Aroma auch bestens mit dem
einer feinen Füllung oder mit Kräutern, Gewürzen
oder sonstigen aromatischen Beigaben innig verbinden und delikat ergänzen.
Bratfolie sollten Sie übrigens nach dem Befüllen
und Verschließen mehrfach an der Oberfläche einstechen: Durch den hohen Druck, der durch den
Dampf beim Garen entsteht, kann die Folie sonst im
Ofen platzen. Die eingestochenen Löcher wirken
dagegen wie Ventile.

Leichte Kost

Fisch aus dem Ofen in einer Bratfolie gegart
ist einfach und schnell zubereitet – und
obendrein auch noch ein leichtes, diätgeeig-
netes Mahl, sofern Sie dazu einen fettarmen
Fisch (etwa Forelle) wählen.

Teubner Edition **259**

WARENKUNDE   KÜCHENPRAXIS   **REZEPTE**
→ *Aus dem Ofen*

Red Snapper auf Gemüsejulienne

FÜR 2 PORTIONEN
ZUBEREITUNGSZEIT 45 Min.

FÜR DEN FISCH
· 1 Red Snapper (800 g bis 1 kg)
· Salz, frisch gemahlener Pfeffer
· ½ Zitrone, in Scheiben geschnitten
· Olivenöl, 30 g Butter, in Flocken
· einige Salbei- und Basilikumblätter
· 1 Knoblauchzehe
· Wacholderbeeren, Pfefferkörner

FÜR DAS GEMÜSE
· 1 Möhre, ¼ Knollensellerie
· ½ Stange Lauch, 1 Petersilienwurzel
· 2 Schalotten

AUSSERDEM
· Pergamentpapier oder Alufolie

1. Den Red Snapper schuppen, ausnehmen und die Kiemen entfernen, wie auf Seite 148 gezeigt. Den Fisch unter kaltem Wasser gut abspülen und mit Küchenpapier trockentupfen, dann an der dicksten Stelle ziselieren, d. h. mit einem scharfen Messer schräg einschneiden, damit der gesamte Fisch gleichmäßig gart. Den Red Snapper mit Salz und frisch gemahlenem Pfeffer innen und außen würzen und die in Scheiben geschnittene Zitrone in die Bauchhöhle legen. Den Fisch mit Olivenöl einpinseln und den Backofen auf 200 °C vorheizen.

2. Das Gemüse waschen, schälen oder putzen und in feine Streifen schneiden. Alles mischen und auf einen großen Bogen Pergamentpapier legen.

3. Auf die Ober- und Unterseite des Red Snappers Salbeiblätter, Basilikum, Knoblauch, Wacholder- und Pfefferkörner geben. Den Fisch auf das Gemüse legen, mit Butterflöckchen belegen und anschließend das Papier zu einem luftdichten Päckchen verschließen. Den Fisch im vorgeheizten Ofen etwa 20 Minuten garen, bei höherem Gewicht des Fisches die Garzeit auf 25 bis 30 Minuten verlängern. Dazu passen am besten Salzkartoffeln oder Baguette.

Pergament und sein Ersatz

Sie können den Fisch statt in Pergamentpapier auch in so genanntem Pergamentersatzpapier oder in Backpapier garen. Nicht geeignet ist Butterbrotpapier. Damit das Papier bei einem schwereren Fisch am Boden nicht reißt, legen Sie es am Boden mehrfach zusammen. Oder Sie setzen das Päckchen auf ein Stück doppelt gefaltete Alufolie.

S. 58
WARENKUNDE Red Snapper

S. 148
KÜCHENPRAXIS Fisch vorbereiten

»Ein Mäntelchen aus Speck oder Trüffeln«

Anstelle eines Red Snappers empfehle ich auch andere Fische mit festem, feinem Fleisch, die sich geschmacklich mit den aromatischen Kräutern und Gewürzen zu einem harmonischen Ganzen verbinden. So kann das gleiche Rezept auch mit einem Wolfsbarsch, einer Dorade oder mit Rotbarben zubereitet werden. Als Süßwasseralternativen sind Forellen oder Saiblinge eine gute Wahl. Bei der Zubereitung von in Folie gegarten Fischen sind der Phantasie keine Grenzen gesetzt. Variieren Sie einfach mit verschiedenen Gemüsen und Kräutern.

Rustikaler wird das Gericht beispielsweise, wenn man den Fisch mit hauchdünn geschnittenen Speckscheiben ummantelt und zusätzlich mit Thymian würzt. Ungleich feiner ist die Zugabe von dünn aufgeschnittenen schwarzen Trüffelscheibchen. Die auf den Fisch aufgetragenen Butterflöckchen sorgen als Geschmacksträger für die delikate Entfaltung der schwarzen Edelknolle.

Markus Bischoff

Zackenbarsch in Folie mit Gemüse-Pot-au-Feu

ZUBEREITUNGSZEIT 1 Std.

FÜR DEN FISCH
- 1 Zackenbarsch (etwa 1,2 kg) (oder Loup de mer, Dorade)
- 3 Stängel Zitronengras (oder Schale von 1–2 unbehandelten Zitronen)
- 2 TL grobes Meersalz
- 3 Stängel Rosmarin

FÜR DAS GEMÜSE
- 8 Mini-Frühlingszwiebeln
- 8 kleine Möhren, 8 Navetten (weiße Rübchen), 100 g Kirschtomaten
- 2 l Gemüsefond, 2 EL Olivenöl
- 1 Bund Zitronenthymian
- 40 g kalte Butter, Meersalz

AUSSERDEM
- Alufolie

S. 47
WARENKUNDE Zackenbarsch

S. 148
KÜCHENPRAXIS Fisch vorbereiten

1. Den Backofen auf 200 °C vorheizen. Den Zackenbarsch schuppen, ausnehmen und die Kiemen entfernen, wie auf Seite 148 gezeigt. Spülen Sie den Fisch innen und außen mit kaltem Wasser ab. Dann den Fisch mit Küchenpapier gut trockentupfen und auf der ausgebreiteten Alufolie platzieren. Schneiden Sie den Fisch an der dicksten Stelle schräg etwa 5 mm tief ein, damit er gleichmäßig garen kann. Das Zitronengras etwas flach klopfen. Meersalz, Zitronengras und Rosmarin auf den Fisch legen. Falten Sie die Folie über dem Fisch wie ein Päckchen fest zusammen, falzen Sie die Seitenöffnungen mehrfach zu und kneifen Sie die Ecken um.

2. Für das Gemüse die Frühlingszwiebeln putzen und waschen. Die Möhren und Navetten schälen und in fingerlange Stifte schneiden. Die Kirschtomaten waschen. Den verpackten Zackenbarsch auf einem Backblech für 25 bis 30 Minuten in den vorgeheizten Ofen schieben. In der Zwischenzeit die Gemüsewürfel im Gemüsefond bissfest garen, die Kirschtomaten in Olivenöl anschwitzen. Die Zitronenthymianblätter abzupfen. Vom Gemüsefond 60 ml entnehmen, mit Zitronenthymian verfeinern und die Butter einrühren.

3. Das gegarte Gemüse durch ein Sieb abgießen, in die Sauce geben und mit Meersalz abschmecken. Den Zackenbarsch vorsichtig auf eine vorgewärmte Platte legen und mit dem Gemüse servieren.

Fischpäckchen

Zum Verpacken ganzer Fische extra starke Alufolie verwenden, die nicht so leicht reißt. Verwenden Sie Pergamentpapier, sollten Sie das Papier am Boden in mehreren Lagen übereinander legen, damit es beim Garen nicht durchweicht.

Kabeljau im Pergament

ZUBEREITUNGSZEIT 1 Std. 20 Min.

FÜR DEN FISCH
- 500 g Kabeljaufilet ohne Haut, in 4 Stücke zu je 125 g geschnitten
- 150 g Lauch (nur der hellgrüne Teil)
- 300 g rote Paprikaschoten
- ½ Limette
- 2 EL Sesamöl
- 1 TL rosenscharfes Paprikapulver
- ½ TL geriebene, frische Ingwerwurzel
- 150 g Sojasprossen
- Salz, Pfeffer, Koriandergrün

FÜR DIE SAUCE
- 2 TL Butter
- 1 EL Schalottenwürfel
- 2 EL trockener Weißwein
- 2 cl Noilly Prat
- 150 ml Fischfond (S. 168)
- 50 g Sahne
- 1 EL Crème fraîche
- 1 TL Maisstärke
- Salz, 3 Rohrzuckerwürfel
- Saft von ½ Limette
- 2 Stängel Zitronengras

AUSSERDEM
- 4 Pergament- oder Backpapierstücke für den Fisch (jeweils 35 x 20 cm)

1. Spülen Sie die Fischfilets kalt ab und tupfen Sie sie trocken. Lauch und Paprikaschoten putzen, waschen und in 4 cm lange Juliennestreifen schneiden. Die Limette heiß waschen, von der Schale Zesten reißen, blanchieren und abtropfen lassen. Im heißen Sesamöl die Lauch- und Paprikastreifen anschwitzen. ½ TL Paprikapulver, Ingwer, Limettenzesten sowie die abgespülten und abgetropften Sojasprossen dazugeben.

2. Für die Sauce die Butter zerlassen, die Schalottenwürfel glasig anschwitzen, mit Weißwein, Noilly Prat und Fischfond (1 EL abnehmen) ablöschen. Sahne und Crème fraîche einrühren und kurz aufkochen lassen. Den restlichen EL Fischfond mit der Stärke verrühren und die Sauce binden. Mit Salz, Rohrzucker und Limettensaft würzen, das Zitronengras 10 Minuten in der Sauce mit ziehen lassen, dann entfernen und die Sauce mit dem Pürierstab aufmixen. Den Backofen auf 220 °C vorheizen.

3. Das Pergamentpapier ausbreiten, in die Mitte ein Achtel der Gemüsemischung setzen. Die Fischfilets mit Salz, Pfeffer und ½ TL Paprikapulver würzen, ein Filet auf das Gemüse legen, ein zweites Achtel Gemüse darauf setzen und mit 3 bis 4 EL Sauce beträufeln. Das Papier zusammenkneifen, damit das Päckchen gut verschlossen ist. Die übrigen 3 Filets ebenso einpacken, alle auf ein Backblech legen und im vorgeheizten Ofen 8 Minuten garen. Zum Servieren mit Koriandergrün bestreuen.

S. 87
WARENKUNDE Kabeljau

Lachs in Filoteig

ZUBEREITUNGSZEIT 1 Std. 10 Min.

FÜR DIE FÜLLUNG
- 60 g Schalotten, 1 Knoblauchzehe
- 1 Chilischote, 5 g frische Ingwerwurzel
- 80 g Fenchel mit etwas Grün, 1 EL Olivenöl
- 100 g rote, grüne und gelbe Paprikawürfel
- 1 Zweig Thymian, Salz, frisch gemahlener Pfeffer

FÜR DIE SAUCE
- 100 g Tomaten, 1 EL gehackte Kapern
- 2 EL fein gewürfelte schwarze Oliven
- Salz, Pfeffer, 4–5 EL Olivenöl

FÜR DEN FISCH
- 4 Lachsfilets ohne Haut (je etwa 140 g)
- Salz, frisch gemahlener Pfeffer
- 4 Filoteigblätter (28 x 28 cm)
- 1 Eiweiß zum Bestreichen
- 5–6 EL Olivenöl

1. Für die Füllung die Schalotten schälen, den Knoblauch abziehen und beides fein würfeln. Die Chilischote längs halbieren, Samen und Scheidewände entfernen und in feine Streifen schneiden, den Ingwer fein hacken. Den Fenchel putzen, waschen und mitsamt dem Grün ebenfalls fein hacken.

2. In einer Pfanne das Öl erhitzen, Schalotten und Knoblauch darin hell anschwitzen. Chili, Ingwer, Fenchel und Paprikawürfel zufügen, Thymianzweig zugeben und alles einige Minuten anschwitzen. Salzen, pfeffern und den Thymianzweig herausnehmen.

3. Für die Sauce die Tomaten blanchieren, häuten, entkernen und das Fruchtfleisch fein würfeln. Die Tomatenwürfel mit den gehackten Kapern und Oliven vermischen, mit Salz und Pfeffer würzen, das Olivenöl unterrühren und die Sauce beiseite stellen. Die Lachsfilets salzen und pfeffern. Anschließend weiterarbeiten, wie rechts beschrieben.

S. 32
WARENKUNDE Lachs

FILOTEIG FÜLLEN,
anbraten und im Ofen fertig garen

(1) Die Filoteigblätter nebeneinander auf einer Arbeitsfläche auslegen und jeweils ein Viertel der Gemüsemischung in die Mitte setzen. Die vorbereiteten Lachsstücke darauf legen, die Teigränder mit Hilfe eines Pinsels ringsum mit Eiweiß bestreichen und den Teig zu Päckchen zusammenfalten. Den Backofen auf 200 °C vorheizen.

(2) Das Öl in einer großen feuerfesten Form erhitzen und die Lachspäckchen darin von beiden Seiten kurz auf dem Herd anbraten. Dann alle Päckchen in der Form im Backofen 5 bis 7 Minuten fertig garen. Die Lachspäckchen mit der Sauce auf vorgewärmten Tellern anrichten und sofort servieren. Dazu passt ein gemischter Blattsalat mit einer einfachen Olivenöl-Balsamico-Vinaigrette.

Teubner Edition

Dorade mit Kerbelfüllung

ZUBEREITUNGSZEIT 2 Std.

FÜR DEN FISCH
- 2 Doraden (je 600–800 g; oder Wolfsbarsch)
- 100 g Weißbrot, ohne Rinde, 120 ml Milch
- 3 Schalotten, 1 kleine Knoblauchzehe
- 2 Stangen Staudensellerie
- 2 kleine Möhren, 1 EL Butter
- 3 cl Noilly Prat, 1 Ei
- 2 Bund Kerbel (100 g), gehackt
- Salz, frisch gemahlener Peffer
- 2–3 TL Zitronensaft

FÜR DAS GEMÜSE
- 2 kleine Möhren, 2 Stangen Staudensellerie
- 1 Stange Lauch (nur der weiße Teil)
- 1 EL Butter, in kleinen Stücken
- 100 ml Fischfond (S. 168)

AUSSERDEM
- Küchengarn zum Binden
- gebuttertes Pergament- oder Backpapier

1. Entgräten Sie die Doraden durch den Rücken, wie auf Seite 152 gezeigt. Eventuell verbliebene Gräten mit der Grätenzange entfernen. Für die Füllung das Weißbrot in grobe Würfel schneiden, in eine große Schüsel geben und mit der Milch vermischen. Die Schalotten schälen, den Knoblauch abziehen, Sellerie und Möhren putzen und alles in kleine Würfel schneiden. Die Gemüse- und Schalottenwürfel in der Butter anbraten, den Noilly Prat angießen und die Mischung im geschlossenen Topf bissfest garen. Die Masse vom Herd nehmen und etwas abkühlen lassen. Den Backofen auf 180 °C vorheizen.

2. Das Ei verquirlen und mit dem gegarten Gemüse, dem ausgedrückten Weißbrot und dem Kerbel in einer Schüssel gründlich vermischen. Mit Salz, Pfeffer und nach Belieben mit etwas Zitronensaft abschmecken. Die Doraden aufklappen, innen mit Salz und Pfeffer würzen, mit der Masse füllen und mit Küchengarn wie eine Roulade zubinden.

3. Für das Gemüse die Möhren schälen, den Stangensellerie und den Lauch putzen und waschen. Schneiden Sie das Gemüse in feine Streifen (Julienne) und geben Sie sie zusammen mit den Butterstückchen in eine feuerfeste Form. Mit dem Fischfond angießen, die Fische außen mit Salz und Pfeffer würzen und auf das Gemüse legen. Die Form mit dem gebutterten Pergamentpapier abdecken und den Fisch im vorgeheizten Ofen etwa 20 Minuten garen. Die Fische aus der Form nehmen, das Küchengarn entfernen und mit dem Gemüse und etwas Schmorfond auf Tellern anrichten.

S. 62
WARENKUNDE Dorade

S. 152
KÜCHENPRAXIS Fisch vorbereiten

WARENKUNDE   KÜCHENPRAXIS   **REZEPTE**
→ *Aus dem Ofen*

Gefülltes Seezungenfilet mit Blutorangensabayon

ZUBEREITUNGSZEIT 1 Std. 45 Min.

FÜR DIE SEEUNGEN
- 4 kleine Seezungen (je etwa 350 g)
- 100 ml Fischfond (S. 168)
- 1 EL trockener Weißwein
- 1 Champignon, in Scheiben geschnitten
- 1 Schalotte, in Scheiben geschnitten

FÜR DIE FÜLLUNG
- 80 g geschälte Kartoffeln, grob gewürfelt
- 1 EL Butter, Salz, Muskatnuss
- 1 Msp. gehackte Anissamen

FÜR DAS BLUTORANGENSABAYON
- 1 Eigelb
- 300 ml Blutorangensaft, auf 100 ml reduziert
- 1 TL kalte Butter, in Stücken
- 200 ml Weißweinsauce (S. 292)
- Salz, Zitronensaft, 2 Blutorangen, filetiert

S. 116
WARENKUNDE Seezunge

S. 163
KÜCHENPRAXIS Fisch entgräten

1. Häuten und öffnen Sie die Seezungen an der Mittelgräte taschenartig, dann einschneiden und die Mittelgräte entfernen, wie auf Seite 163 beschrieben. Für die Füllung die Kartoffeln in reichlich Salzwasser weich kochen. Durch eine Presse drücken und mit den kalten Butterstücken zu einer glatten Masse verarbeiten. Mit Salz, Muskat und dem gehackten Anis abschmecken.

2. Den Backofen auf 180 °C vorheizen. Die Seezungenfilets salzen und die Kartoffelmasse mit einem Löffel oder mit Hilfe eines Spritzbeutels in die Taschen der Fische füllen. Den Fischfond mit Weißwein, Schalotten- und Champignonscheiben aufkochen. Die Seezungen hinzufügen und im Backofen etwa 5 Minuten garen.

3. Für die Sauce das Eigelb mit der Blutorangensaftreduktion in einem Wasserbad schaumig schlagen und die Butter einrühren. Die Weißweinsauce aufkochen, das Orangensabayon einfließen lassen, mit einem Pürierstab aufschäumen und abschmecken. Die Seezungen mit der Sauce übergießen und mit Blutorangenfilets garnieren.

Blutorangenzeit

Blutorangen haben von Mitte Dezember bis Mitte März Saison. Statt Blutorangensaft können Sie auch herkömmlichen Orangensaft verwenden.

Teubner Edition **267**

WARENKUNDE   KÜCHENPRAXIS   **REZEPTE**
→ *Aus dem Ofen*

Tartelettes mit Lauch und Stockfisch

ZUBEREITUNGSZEIT 1 Std. 20 Min.
EINWEICHZEIT 24–48 Std.

FÜR DIE TARTELETTES
- 300 g Stockfisch
- 600 g Lauch, geputzt
- 100 g rohen Schinken, in Streifen geschnitten
- 4 TL Butter
- Salz, frisch gemahlener Peffer
- 400 g Blätterteig (aus der Kühltheke)
- 4–5 Eier, 250 g Sahne
- frisch geriebene Muskatnuss
- 50 g gehackte Walnusskerne
- Butter, 1 Eigelb

AUSSERDEM
- 4 Tartelettesförmchen oder 2 Quicheformen (18 cm Ø)

1. Wässern Sie den Stockfisch 24 bis 48 Stunden lang: den Fisch dabei mit kaltem Wasser ganz bedecken und das Wasser alle 6 Stunden wechseln. Danach den Fisch unter kaltem Wasser abspülen, Haut und Gräten entfernen, dann den Fisch trockentupfen und in fingerbreite Streifen schneiden. Den Backofen auf 200 °C vorheizen.

2. Den Lauch putzen, waschen, halbieren und quer in 2 cm breite Streifen schneiden. Den Schinken in Butter anschwitzen, den Lauch mitdünsten, mit Salz und Pfeffer würzen und auskühlen lassen. Die Tartelettesförmchen mit dem Blätterteig auslegen, wie in Step 1 gezeigt. Eier und Sahne verrühren, mit Salz, Pfeffer und Muskat würzen und mit Walnüssen und Lauch vermengen. Die Lauchmasse zur Hälfte in die Formen geben, die Fischstreifen auflegen und den übrigen Lauch darauf verteilen (Step 2).

3. Der Fisch-Lauch-Mischung einen Blätterteigdeckel aufsetzen, wie in Step 3 gezeigt. Die Tartelettes im vorgeheizten Ofen etwa 30 Minuten goldbraun backen. Sie schmecken lauwarm oder auch kalt mit einem knackigen Blattsalat.

S. 128
WARENKUNDE Fischprodukte

BLÄTTERTEIG-TARTELETTES
formen, füllen und backen

(1) Die Tartelettesförmchen dünn mit flüssiger Butter ausstreichen. Den Blätterteig ausrollen die Tartelettesförmchen mit Teig auskleiden, überstehende Teigränder mit einem Messer rundherum abschneiden.

(2) Die vorbereitete Lauchmasse etwa zur Hälfte auf die Förmchen verteilen, die Stockfischstreifen darauf legen und die restliche Lauchmasse darüber geben.

(3) Aus dem Teig vier Kreise in Größe der Förmchen ausstechen, auf die Tartelettes legen und die Teigränder fest zusammenkneifen. Die Tartelettes mit Eigelb bestreichen und den Deckel mit einer Gabel mehrfach einstechen. Aus den Teigresten Blätter oder Blüten ausstechen, auf die Tartelettes legen und mit Eigelb bepinseln. Die Tartelettes im auf 200 °C vorgeheizten Backofen etwa 30 Minuten goldbraun backen.

»Pfeffer bringt Aroma«

Eine Salzkruste aus grobkörnigem Meersalz ist ein idealer Schutzmantel für zartes Fischfleisch, das darin gleichmäßig gart, ohne der direkten Hitze ausgesetzt zu sein. Die Fische werden für diese Zubereitung übrigens nicht geschuppt, damit die Haut nicht verletzt wird und zu viel Salz in das Fleisch eindringen kann.

Klassisch wird der Fisch bei dieser Zubereitung mit Kräutern gefüllt oder auch belegt und in der puren Salzkruste gegart. So verbindet sich das feine Fischaroma mit dem Aroma des jeweiligen Krautes, etwa Kerbel, Thymian oder Salbei.

Eine andere Art, dem Fisch Aroma zu verleihen, ist die Zugabe von Pfeffer in die Salzkruste. Verschiedene Pfeffersorten aromatisieren dabei das feine Fischfleisch, ohne dass es die beißende Schärfe aufnimmt. Ich verwende gerne eine Mischung aus drei Pfeffersorten: Malabar-Pfeffer, der den Namen seiner westindischen Heimat trägt, beeindruckt durch seine schwere, hoch aromatische Schärfe. Szechuanpfeffer aus China hat einen charakteristisch beißend-prickelnden Geschmack, dem eine leichte Taubheit auf der Zunge folgt. Als dritte Pfeffersorte gebe ich Tasmanischen Pfeffer, in Deutschland auch als australischer Pfeffer bekannt, hinzu. Diese, leider nicht überall erhältlichen Samenkapseln erinnern an schwarzen Pfeffer, stammen jedoch botanisch gesehen von einer anderen Pflanzenfamilie ab. Tasmanischer Pfeffer schmeckt anfangs leicht süßlich, dann aber deutlich scharf. Die Kombination der drei Pfeffersorten sorgt für ein außerordentliches Geschmackserlebnis.

Bobby Bräuer

Wolfsbarsch in der Pfeffer-Salz-Kruste

ZUBEREITUNGSZEIT 50 Min.

FÜR DEN FISCH
- 1 ½ kg grobes (unbehandeltes) Meersalz
- 3–4 EL Pfeffer (etwa tasmanischer Pfeffer, Szechuan- und Malabar-Pfeffer)
- 3 Eiweiße
- 1 Wolfsbarsch, nicht geschuppt (etwa 1,3 kg) (Ersatz: Dorade, Red Snapper)

AUSSERDEM
- Öl zum Bestreichen des Backblechs

1. Vermischen Sie das Meersalz mit den verschiedenen Pfeffersorten. Dann die Eiweiße leicht verschlagen und unter die Pfeffer-Salz-Mischung rühren. Arbeiten Sie nach Möglichkeit kein Wasser in die Mischung ein. Den Backofen auf 200 °C vorheizen.

2. Den Wolfsbarsch ausnehmen, wie auf Seite 148 gezeigt. Die Kiemen nicht entfernen. Etwa die Hälfte der Pfeffer-Salz-Masse in der Größe des Fisches auf ein geöltes Backblech geben und mit einer Teigkarte oder Ähnlichem glatt streichen. Wenn es besonders festlich aussehen soll, falten Sie aus Alufolie einen stabilen Streifen, legen diesen in Form einer Fischkontur auf das geölte Backblech und füllen diese »Fischform« mit der Hälfte der Pfeffer-Salzmasse. Achten Sie darauf, dass sich die Kontur beim Füllen nicht verformt.

3. Den vorbereiteten Wolfsbarsch auf die Pfeffer-Salz-Masse legen. Die restliche Pfeffer-Salz-Masse darüber verteilen, leicht andrücken und dann am besten mit einem kleinen Messer glatt streichen, damit der Fisch unter der Salzkruste gleichmäßig gart. Den Fisch in den vorgeheizten Backofen schieben und 35 Minuten garen.

4. Den Fisch nach der Garzeit aus dem Ofen nehmen und die Pfeffer-Salz-Kruste zum Servieren vorsichtig mit dem Rücken eines schweren Kochmessers aufbrechen. Als Beilage zum Wolfsbarsch passt ein würziges Schmorgemüse mit Artischocken und Tomaten.

S. 44
WARENKUNDE Wolfsbarsch

S. 148
KÜCHENPRAXIS Fisch ausnehmen

»Zu diesem Fisch passt ein mediterranes
Schmorgemüse mit Artischocken,
Fenchel, Kartoffeln und Tomaten,
gewürzt mit Knoblauch, Safran und Koriander,
verfeinert mit etwas Weißwein.«

Teubner Edition 271

WARENKUNDE KÜCHENPRAXIS **REZEPTE**
→ *Aus dem Ofen*

Seezunge mit Tomaten und Pilzen

ZUBEREITUNGSZEIT 1 Std.
TROCKNUNGSZEIT 6 Std.

ZUTATEN
- 30 Kirschtomaten
- Salz, frisch gemahlener Pfeffer
- je 1 EL gehackter Knoblauch, Basilikum und Thymian, 3–4 EL Olivenöl
- 300 g kleine, feste Steinpilze
- 1 Knolle junger Knoblauch
- 4 Seezungen (je 300–350 g)
- 2 kleine Zwiebeln, Saft von ½ Zitrone
- Mehl, 50 g Butter
- 1 Bund glatte Petersilie, gehackt
- ½ Bund Basilikum, in Streifen geschnitten
- 4 Zitronenscheiben oder 2 EL Zitronenzesten

1. Blanchieren Sie die Kirschtomaten ein paar Sekunden in kochendem Wasser, anschließend kalt abschrecken und schälen. Danach mit Salz, Pfeffer, Knoblauch, Basilikum, Thymian und etwas Olivenöl marinieren und im Backofen bei 80 °C etwa 6 Stunden leicht trocknen lassen.

2. Die Steinpilze sorgfältig säubern und in Spalten schneiden. Den jungen Knoblauch abziehen und die Zehen 3 Minuten in Salzwasser blanchieren, danach kalt abschrecken und zum Trocknen legen.

3. Spülen Sie die Seezungen mit kaltem Wasser ab, dann die Haut abziehen, die Kiemen entfernen und den Saum mit einer Schere abschneiden, wie auf Seite 162 gezeigt. Die kleinen Zwiebeln schälen und in Scheiben schneiden.

4. Die Seezungen mit Salz, frisch gemahlenem Pfeffer und Zitronensaft würzen, dann den Fisch in Mehl wenden und in einer ofenfesten Pfanne in Olivenöl auf beiden Seiten anbraten.

5. Die Butter mit in die Pfanne geben, dann die Steinpilze und den Knoblauch zufügen und das Ganze im vorgeheizten Backofen bei 180 °C unter ständigem Begießen mit der Butter etwa 5 Minuten garen. Die Seezungen wenden, die Zwiebelscheiben und Kirschtomaten zufügen und weitere 5 Minuten garen.

6. Streuen Sie vor dem Servieren die gehackte Petersilie und die in Streifen geschnittenen Basilikumblätter über das Tomatengemüse und garnieren Sie jeden Fisch mit einer Zitronenscheibe.

Pilzersatz

Sollten Sie keine frischen Steinpilze erhalten, können Sie auch 30 g getrocknete Steinpilze verwenden. Diese sollten Sie 30 Minuten in warmem Wasser einweichen. Geben Sie dann die eingeweichten Steinpilze und 2 EL vom Sud zum Fisch.

S. 116
WARENKUNDE Seezunge

S. 162
KÜCHENPRAXIS Fisch vorbereiten

Gelacktes Karpfenfilet

ZUBEREITUNGSZEIT 45 Min.
MARINIERZEIT 20 Min.

ZUTATEN
- 150 ml Sake
- ¼ l Mirin (Reiswein)
- 225 g helle Misopaste (Asialaden)
- 150 ml Sojasauce
- 4 Karpfenfilets (je 150 g)
- 1 Limette

1. Sake und Mirin in einem Topf erhitzen und flambieren (Achtung: die Flammen können sehr hoch auflodern, daher unbedingt ausreichend Abstand halten). Dann die Misopaste in dem heißen Sake-Mirin-Gemisch vollkommen auflösen, die Sojasauce dazugeben und die Mischung abkühlen lassen.

2. Die Karpfenfilets kalt abspülen, trockentupfen und in die würzige Marinade einlegen. Mindestens 20 Minuten darin ziehen lassen. Heizen Sie in der Zwischenzeit den Backofen auf 100 °C vor.

3. Garen Sie die Karpfenfilets auf einem Backblech oder in einer entsprechend großen ofenfesten Form im vorgeheizten Backofen etwa 15 Minuten. Während der Garzeit die Karpfenfilets mehrmals vorsichtig wenden und mit der Marinade bestreichen, damit der Fisch nicht austrocknet.

4. Die Limette heiß abwaschen, trockenreiben und mit einem Zestenreißer dünne Streifen von der Schale abziehen. Dann mit einem Messer die Schale der Limette großzügig entfernen und die Filets aus dem Fruchtfleisch schneiden. Die gelackten Karpfenfilets mit den Limettenfilets garnieren und mit den Zesten bestreuen. Als Beilage passen geriebener japanischer Rettich (Daikon) oder weißer Rettich sowie Reis und frittierte Jalapeno Peppers, die mit Meersalz bestreut sind.

*»Der herrliche Glanz
und das leicht säuerliche Aroma
machen dieses Fischgericht zu
etwas ganz Außergewöhnlichem!«*

S. 30
WARENKUNDE Karpfen

WARENKUNDE   KÜCHENPRAXIS   **REZEPTE**
→ *Aus dem Ofen*

Sauerbraten vom Seeteufel auf Spitzkohl

ZUBEREITUNGSZEIT 1 Std. 30 Min.
MARINIERZEIT 24 Std.

FÜR DIE MARINADE
· 1 l Rotwein
· ¼ l roter Portwein
· 70 g Zwiebel
· 100 g Lauch (nur der weiße Teil)
· 2 EL Honig
· 2 Gewürznelken
· 1 Lorbeerblatt
· 1 Zweig Thymian
· 5 Stängel glatte Petersilie
· 1 Knoblauchzehe, geschält und halbiert
· abgeriebene Schale von je 1 ½ unbehandelten
  Orangen und Zitronen

FÜR DEN FISCH
· 800 g Seeteufelschwanz (mit Mittelgräte)
· Salz, frisch gemahlener Pfeffer
· 2 TL Mehl
· 4 EL Olivenöl
· 1 TL Thymianblättchen

FÜR DEN SPITZKOHL
· 1 kleiner Spitzkohl (etwa 400 g)
· 50 g Schalotten
· 50 g durchwachsener Speck
· 4 TL Butter, Salz, Pfeffer
· frisch geriebene Muskatnuss
· 150 ml Geflügelfond (S. 171)
· 100 g geputztes und klein gewürfeltes Gemüse
  (etwa Möhren, Knollensellerie und Lauch),
  bissfest blanchiert

1. Kochen Sie für die Marinade den Rotwein und den Portwein zusammen in einer Kasserolle auf. Die Zwiebel schälen und fein würfeln. Den Lauch putzen und in Ringe schneiden und beides 4 bis 5 Minuten mitköcheln lassen. Fügen Sie den Honig, die Gewürze und Kräuter hinzu, geben Sie den Knoblauch sowie die Orangen- und Zitronenschale zu und lassen Sie die Flüssigkeit um etwa ein Fünftel reduzieren. Dann die Marinade in eine flache Form gießen und auskühlen lassen.

2. Befreien Sie den Seeteufel von Haut und Gräten, die Filets jedoch an der Mittelgräte belassen. Legen Sie den Fisch in die Marinade und lassen Sie ihn mit Folie abgedeckt im Kühlschrank 24 Stunden marinieren. Dabei mehrmals wenden.

3. Den Seeteufel herausnehmen, mit Wasser abspülen und mit Küchenpapier trockentupfen. Die Marinade durch ein Sieb gießen und beiseite stellen. Den Backofen auf 220 ℃ vorheizen. Den Fisch salzen, pfeffern und mit Mehl bestauben. In einer ofenfesten Pfanne das Olivenöl erhitzen und den Seeteufel darin auf beiden Seiten anbraten.

4. Fügen Sie dem Fisch in der Pfanne die Zwiebelwürfel und Lauchringe aus der Marinade sowie die Gewürze (möglichst trocken) zu und garen Sie den Fisch im vorgeheizten Ofen etwa 15 Minuten, dabei immer wieder mit der Marinade begießen.

5. Inzwischen den Spitzkohl putzen und in feine Streifen schneiden. Die Schalotten schälen, Schalotten und Speck klein würfeln. In einer Pfanne die Butter zerlassen, die Schalotten und den Speck darin anschwitzen. Den Spitzkohl kurz mitbraten, mit Salz, Pfeffer und Muskat würzen, mit dem Geflügelfond ablöschen und den Spitzkohl gar dünsten.

6. Den Fisch aus dem Ofen nehmen und den Fond durch ein Sieb gießen. Die blanchierten Gemüsewürfel unter den Kohl rühren. Den Seeteufel auf dem Spitzkohl anrichten, mit Thymianblättchen bestreuen, etwas Schmorfond daneben träufeln und sofort servieren.

S. 43
WARENKUNDE Seeteufel

WARENKUNDE KÜCHENPRAXIS **REZEPTE**
→ *Aus dem Ofen*

Glattbutt mit Honig-Nuss-Kruste

ZUBEREITUNGSZEIT 1 Std. 10 Min.

FÜR DEN FISCH
- 4 Glattbuttfilets (etwa 600 g; oder Kabeljau)
- Salz, frisch gemahlener Pfeffer
- 3 EL Olivenöl

FÜR DEN GESCHMORTEN KÜRBIS
- 400 g Kürbisfruchtfleisch
- 150 ml Gemüsefond
- Salz, frisch gemahlener Pfeffer
- 1 TL Zucker, 1 Spritzer Zitronensaft

FÜR DIE HONIG-NUSS-KRUSTE
- 100 g Macadamianüsse, grob gehackt
- 100 g Parmesan, grob gerieben
- 2 EL Honig, 1 TL Ahornsirup
- 30 g Semmelbrösel

FÜR DIE KRÄUTER IN TEMPURATEIG
- 100 g Reismehl
- etwa 150 ml Reiswein
- 1 Bund Basilikum
- 1 Bund glatte Petersilie
- je 8 Zweige junger Thymian und Rosmarin
- je 4 Stängel Estragon und Melisse
- Öl zum Frittieren (etwa 2 cm hoch)

1. Spülen Sie die Fischfilets mit kaltem Wasser ab, dann trockentupfen, salzen und pfeffern. In einer Pfanne das Olivenöl erhitzen. Die Filetstücke von beiden Seiten kurz anbraten und beiseite stellen.

2. Schneiden Sie das Kürbisfruchtfleisch mit einem scharfen Messer in 3 bis 5 mm dünne Scheiben. Den Gemüsefond erhitzen, mit Salz, Pfeffer, Zucker und Zitronensaft würzen und die Kürbisscheiben darin bissfest garen. Das Kürbisgemüse warm halten. Den Backofen auf 200 °C vorheizen.

3. Für die Kruste die gehackten Macadamianüsse mit Parmesan, Honig, Ahornsirup und Semmelbröseln vermischen. Dann die Masse auf den Fischfilets verteilen und leicht andrücken.

4. Setzen Sie die Glattbuttstücke in eine ofenfeste, heiße Pfanne oder Form, schalten Sie den Ofen auf reine Oberhitze und backen Sie den Fisch im vorgeheizten Backofen in 5 bis 8 Minuten goldbraun.

5. In der Zwischenzeit aus Reismehl und Reiswein einen flüssigen Teig rühren, die Kräuter durchziehen und im heißen Öl frittieren. Auf Küchenpapier entfetten. Zum Anrichten die Kürbisscheiben auf vorgewärmten Tellern anrichten, die Glattbuttfilets darauf setzen und die frittierten Kräuter ringsherum arrangieren. Ganz nach Belieben mit Fischvelouté (siehe Seite 293) oder Weißweinsauce (siehe Seite 292) servieren.

Krustenvariation

Statt mit Macadamianüssen können Sie die Honig-Nuss-Kruste auch mit Pinienkernen, Cashews oder Mandeln zubereiten.

Zanderfilet mit Basilikum-Pinienkern-Kruste

ZUBEREITUNGSZEIT 30 Min.

FÜR DIE PANADE
- 1 Bund Basilikum
- 100 g Pinienkerne
- 2 EL Butter
- 100 g Semmel- oder Weißbrotbrösel
- Salz, 1 EL Senfpulver
- Saft von 1 Limette

FÜR DEN FISCH
- 600 g Zanderfilet
- 4 EL Olivenöl
- Meersalz

AUSSERDEM
- Frischhaltefolie

1. Das Basilikum waschen, gut trockenschütteln, die Blättchen von den Stielen zupfen und fein hacken. Die Pinienkerne im Mörser zerstoßen. Vermischen Sie das Basilikum mit der weichen Butter, den zerstoßenen Pinienkernen und den Semmelbröseln und schmecken Sie die Masse mit Salz, Senfpulver und Limettensaft ab.

2. Spülen Sie das Zanderfilet mit kaltem Wasser ab, dann mit Küchenpapier trockentupfen. Schneiden Sie den Fisch quer in feine, etwa 1 cm dicke Scheiben (etwa 150 g pro Person) und legen Sie die Filets zwischen Frischhaltefolie, um sie mit einem Messer zu plattieren. Die Zanderfiletscheiben dünn mit Olivenöl bestreichen, mit Meersalz würzen und die Basilikum-Pinienkern-Kruste gleichmäßig dick darauf verteilen.

3. Lassen Sie die Panade unter dem Backofengrill langsam goldbraun und knusprig werden. Der Fisch soll nach 3 bis 5 Minuten glasig und saftig sein. Lassen Sie den Fisch vor dem Servieren noch ein paar Minuten abgedeckt garziehen. Dazu passt Pesto, Tomatenrelish oder Beurre Blanc (siehe Seite 295).

S. 21
WARENKUNDE Zander

Grillen und Räuchern

Fisch im Ganzen oder portioniert, perfekt zubereitet auf dem Grill oder im Räucherofen. Nicht nur einen Sommer lang.

WARENKUNDE   KÜCHENPRAXIS   REZEPTE
→ *Grillen und Räuchern*

Zwei mit rauchigem Aroma

Sie haben nicht nur im Sommer Hochkonjunktur: Grillen und Räuchern bringen Abwechslung auf den Tisch. Lacht die Sonne, freut sich der Grillfan. Und wenn es nicht so schön ist, genießen Sie Räucherfisch.

GRILLEN UND RÄUCHERN - zwei Garverfahren, wie sie unterschiedlicher nicht sein könnten, und doch haben sie eine Gemeinsamkeit, die sich zunächst nur dem aufmerksamen Auge und schließlich auch dem geschulten Gaumen erschließt: sie verbirgt sich im Rauch, der bei beiden Verfahren eine wichtige Rolle spielt.

GRILLEN IST EINE KUNST

Einen Fisch zu grillen ist wahrscheinlich die schnellste und zugleich einfachste Methode, ihn zu garen. Vorausgesetzt, Sie beherrschen diese Kunst. Der Fisch soll nämlich eine knusprige Haut haben und zugleich gerade gar sein. Das klingt ganz einfach – ist es aber nicht. Idealerweise haben Sie einen leistungsstarken Grill und der Fisch muss nur einige Minuten erhitzt werden. Ist Ihr Grill dagegen nicht so leistungsstark oder Sie lassen den Fisch zu lange auf dem Grill, wird das Fischfleisch zäh und trocken. Backöfen im Haushalt erreichen nicht immer die notwendige Leistungsstärke: Das beste Ergebnis im Backofen liefern Geräte mit zusätzlich zuschaltbaren Heizschlangen.

WARUM TEMPERATUR UND RAUCH DIE ENTSCHEIDENDE ROLLE SPIELEN

Beim Grillen ist die Temperatur sehr hoch, weit über 100 °C. Das Gargut liegt entweder über oder unter der Wärmequelle auf einem Rost. Meistens wird dabei der Fisch mit Öl oder geklärter Butter eingepinselt, um den Kontakt mit dem Rostgitter zu verbessern, ohne dass der Fisch darauf festklebt, und um die Wärmeübertragung zu beschleunigen. Dabei gilt grundsätzlich: Je heißer der Grill, umso schneller ist der Fisch gar und umso weniger Wasser kann austreten. Allerdings soll das empfindliche Fischeiweiß dabei nicht verbrennen, sondern nur leicht bräunen, um feine Röststoffe zu entwickeln, die gut zum zarten Fischaroma passen. Und der Fisch soll

im Kern gerade durch sein, wenn er auf den Teller kommt. Geschmackgebend ist aber nicht nur die Temperatur an der Außenseite des Garguts, sondern auch der Rauch, der sich auf offenem Feuer entwickelt. Sein typisches Aroma macht »echte« Grillspezialitäten unverkennbar und so beliebt. Um dieses Aroma auch bei Schlechtwetter oder im Winter zu erzeugen, haben sich Köche und Küchentechniker vieles einfallen lassen: etwa Elektrogrill, Grillpfanne, Grillplatte oder Strahlengrill im Backofen. Allerdings gilt unter Gourmets das einhellige Urteil »oft kopiert und nie erreicht«, da alle Versuche, das echte, leicht rauchige Grillaroma auch in der klimatisierten Küche zu erreichen, bisher fehlschlugen.

GEWÜRZT, GERÄUCHERT UND GELIEBT

Auch beim Räuchern macht der Rauch den Geschmack aus: Der Rauch, der beim Verbrennen eines speziellen Räuchermehls (z.B. aus Buchenholz) entsteht, zieht über die Oberfläche des Räucherguts und kondensiert dort aromareich. Zwei Verfahren stehen zur Wahl: Beim Heißräuchern wird der Rauch mit etwa 70 °C über den Fisch gelenkt, beim Kalträuchern darf er leicht abkühlen und trifft mit etwa 35 °C auf den Fisch. Räuchern dient in erster Linie dem Haltbarmachen. Im Gegensatz zu anderen Verfahren bleibt der Fisch dabei saftig und ist ohne weitere Behandlung direkt nach dem Räuchern genießbar. Konservierend wirken die im Rauch enthaltenen Stoffe: sie unterbinden enzymatische Aktivitäten und bakteriellen Verderb. Ob Räucherlachs, geräucherter Aal oder geräucherte Forelle: Das zufällig beim Trocknen von Fisch über offenem Feuer entdeckte Verfahren zur Haltbarmachung verhalf ihnen zu ihrer Beliebtheit.

Spezialitäten mit Grill und Rauch

Wer kennt sie nicht, die süddeutschen Biergartenschmankerl vom Grill: Steckerlfisch können Sie auch gut selbst zubereiten – einfach eine frische, ausgenommene Makrele auf einen unbehandelten Buchenholzstab stecken und ab damit auf den Grill.

Teubner Edition **279**

Gegrillter Tandoori-Steinbutt mit Aprikosen-Tomaten-Chutney

ZUBEREITUNGSZEIT 1 Std. 40 Min.

FÜR DEN FISCH
- Salz, 400 g Blattmangold, ohne Strunk (oder Blattspinat)
- 4 kleine Steinbutte (je 500 g)
- 4 Pitabrote, 1 Limette, in Viertel geschnitten

FÜR DAS TANDOORI-MASALA
- abgeriebene Schale von ½ Orange
- 2 EL Koriandersamen (oder gemahlener Koriander)
- 1 TL mildes Chilipulver
- 2 TL edelsüßes Paprikapulver
- ½ TL frisch geriebene Muskatnuss
- 2 TL ganzer oder gemahlener Schwarzkümmel (oder Kreuzkümmel)
- 2 Knoblauchzehen, abgezogen und grob gehackt
- 2 TL frischer, fein geriebener oder gehackter Ingwer
- 1 TL Meersalz, 1 EL Joghurt
- 1 TL Zitronensaft

FÜR DEN BULGUR
- 175 g Bulgur
- 1 EL Olivenöl
- 1 TL Kreuzkümmel
- 1–2 EL Zitronensaft
- ½ Bund glatte Petersilie
- ½ TL Meersalz
- 300 ml Gemüsefond (oder Fischfond, S. 168)

S. 109
WARENKUNDE Steinbutt

FÜR DAS CHUTNEY
- 12 Kirschtomaten, 4 kleine Schalotten
- 200 g Aprikosen, frisch oder getrocknet (oder gute Aprikosenkonfitüre)
- 1 EL Olivenöl
- 1 TL Puderzucker, ½ EL Tomatenmark
- 1 TL Aceto balsamico bianco (oder Weißweinessig)
- 150 ml halbtrockener Weißwein
- Saft von 2 Blutorangen
- 1 Msp. Meersalz
- frisch gemahlener schwarzer Pfeffer

AUSSERDEM
- 4 Bogen starke Aluminiumfolie (je 40 cm lang)
- 4 Bogen Backpapier (je 34 cm lang)

1. Heizen Sie den Elektro- oder Holzkohlengrill vor. Bringen Sie einen großen Topf mit Wasser und einer Prise Salz zum Kochen, dann die gewaschenen Mangoldblätter hineingeben. Nach etwa 2 Minuten den Mangold mit der Schaumkelle aus dem Topf nehmen, in Eiswasser abschrecken und abtropfen lassen. Blanchieren Sie die Kirschtomaten für das Chutney 20 Sekunden im kochenden Mangoldsud, anschließend kalt abschrecken und die Haut abziehen.

2. Für das Tandoori-Masala alle Zutaten miteinander vermischen und zuletzt den Joghurt und den Zitronensaft unterrühren. Die Steinbutte gründlich abspülen, mit Küchenpapier trockentupfen und häuten. Die Fische auf ein großes Blech legen, von beiden Seiten mit einer Prise Meersalz bestreuen und mit der Masala-Gewürzmischung gleichmäßig einreiben. Beiseite stellen und marinieren lassen.

3. In der Zwischenzeit den Bulgur in eine Schüssel geben und mit einer Gabel das Olivenöl, den Kreuzkümmel, Zitronensaft, Petersilie und Meersalz gut untermischen. Den Gemüsefond in einem Topf aufkochen, auf den Bulgur gießen und mit dem Holzlöffel gut durchmischen. Dann mit Frischhaltefolie abdecken und ziehen lassen. Für das Chutney Schalotten schälen, Aprikosen entsteinen, beides fein hacken und in einem Topf in Öl anschwitzen. Den Puderzucker, das Tomatenmark und den Essig zugeben, den Weißwein und Orangensaft zugießen und alles kurz aufkochen lassen. Zum Schluss die Kirschtomaten zugeben und mit Meersalz und Pfeffer pikant abschmecken.

4. Legen Sie die Fische auf den Grill und drehen Sie sie nach 2 Minuten um 45 Grad, um ein schönes Grillmuster zu erhalten. Nach weiteren 2 Minuten drehen Sie die Fische um und grillen die andere Seite für 4 Minuten. Die Alufolien mit jeweils einem Stück Backpapier darauf nebeneinander ausbreiten, jeweils etwas Mangold in die Mitte geben und mit Meersalz würzen. Die Fische vom Grill nehmen, auf den Mangold setzen und die Papiere zu Paketen schließen. Das funktioniert am besten, wenn man die Seiten an Kopf- und Schwanzende einschlägt. Dann die obere und untere Seite des Papiers über dem Fisch ineinander rollt und verschließt. Legen Sie die Fischpakete für 5 Minuten zurück auf den Grill. Rösten Sie die Pitabrote auf dem Grill leicht an. Zum Anrichten die Pakete mit einer Schere öffnen, das Papier auseinander ziehen und den Fisch in der Folie auf große ovale Teller geben. Jeweils ein Viertel Limette auf das Schwanzende der Fische geben und zusammen mit dem Bulgur und dem Chutney servieren.

Fischtausch

Kleiner Steinbutt lässt sich durch Steinbutt- oder Schollenfilets mit Haut ersetzen. Die Hautseite mehrfach einritzen, die Filets marinieren und auf jeder Seite etwa 2 Minuten, beginnend mit der Hautseite, grillen. 1 Minute nachziehen lassen.

Haifischsteak mit Salat von grüner Mango

ZUBEREITUNGSZEIT 55 Min.
MARINIERZEIT 20 Min.

FÜR DIE STEAKS
- 2 Knoblauchzehen
- 3 Stängel Minze
- 1 EL helle Sojasauce
- 1 EL Pflanzenöl
- 4 Haifischsteaks (je 150 g) (oder Schwertfisch, Butterfisch)
- Salz, frisch gemahlener Pfeffer

FÜR DEN SALAT
- 150 g grüne (unreife) Mango
- 150 g reife Mango
- 25 g getrocknete Garnelen (aus dem Asialaden)
- 1 EL Palmzucker
- 1–2 kleine, frische rote Chilis
- 25 g Kokosraspeln, braun geröstet (oder geröstete, gehackte Cashewkerne)
- 2 EL fein gewürfelte Schalotten
- Fischsauce (aus dem Asialaden)
- Limettensaft

1. Ziehen Sie die Knoblauchzehen ab und schneiden Sie sie in feine Scheiben. Die Minze waschen, trockenschütteln und in feine Streifen schneiden. Knoblauch, Minze, Sojasauce und Öl mischen und die Haifischsteaks darin etwa 20 Minuten marinieren. Feuern Sie den Holzkohlengrill an.

2. Die Mangos schälen und in Streifen von 8 cm Länge und 2 bis 3 mm Breite schneiden. Zerstoßen Sie die getrockneten kleinen Garnelen zusammen mit dem Zucker im Mörser. Schneiden Sie die Chilis klein und mischen Sie alle Zutaten unter die Mangostreifen. Den Salat mit den Händen etwas durchkneten und pikant abschmecken.

3. Würzen Sie die Haifischsteaks mit Salz und Pfeffer und garen Sie die Steaks auf beiden Seiten jeweils etwa 4 Minuten auf dem Holzkohlengrill. Dabei unbedingt darauf achten, dass der Fisch nicht zu lange gegrillt und dadurch zu trocken wird.

4. Servieren Sie den Mangosalat mit den Haifischsteaks. Als Beilage eignet sich hervorragend Klebreis, der auch lauwarm serviert werden kann.

Grillen im Winter

Wenn Sie das Gericht im Winter oder bei schlechtem Wetter zubereiten möchten, können Sie statt des Holzkohlengrills im Freien auf einen elektrischen Tischgrill, eine Grillplatte oder auf den Backofengrill ausweichen. Heizen Sie elektrische Grillgeräte jedoch gut vor, damit sie beim Einlegen der Steaks auch wirklich genügend Hitze bringen.

Schwertfischsteak mit Oliven gespickt

ZUBEREITUNGSZEIT 40 Min.

FÜR DEN FISCH
- 4 Schwertfischsteaks (je etwa 130 g)
- 16 entsteinte schwarze Oliven
- 2 EL Olivenöl

FÜR DIE KRÄUTERSAUCE
- 2 Sardellenfilets
- 1 Knoblauchzehe
- ½ Bund gemischte Kräuter (Minze, Melisse und Koriandergrün)
- 150 g Tomatenfruchtfleisch, gewürfelt
- 3 EL trockener Weißwein
- 100 ml Fischfond (S. 168)
- Saft von ½ Zitrone

S. 84
WARENKUNDE Schwertfisch

1. Spülen Sie die Schwertfischsteaks unter fließendem kaltem Wasser ab, dann trockentupfen und kühl stellen. Halbieren Sie die Oliven. Bringen Sie mit einem kleinen, spitzen Messer je 8 kurze Schnitte an jedem Steak an und stecken Sie vorsichtig die Olivenhälften hinein.

2. Für die Sauce die Sardellenfilets fein hacken und mit dem Messer zerdrücken. Den Knoblauch abziehen und fein hacken, die Kräuter waschen, trockenschütteln und in feine Streifen schneiden. Erhitzen Sie das Olivenöl in einer Grillpfanne und braten Sie die Schwertfischsteaks darin von jeder Seite etwa 1 Minute an. Dann die Steaks herausnehmen und bis zum Servieren abgedeckt oder in Folie gehüllt warm stellen.

3. Schwitzen Sie die Tomatenwürfel in der Grillpfanne an. Den Knoblauch und die Sardellen zufügen und mit dem Weißwein ablöschen. Den Fischfond angießen und etwas reduzieren lassen. Einige Spritzer Zitronensaft sowie die Kräuter unterrühren und alles kurz aufkochen. Die Schwertfischsteaks auf Tellern anrichten, die Kräutersauce darüber verteilen und sofort servieren.

Für Grillgourmets

Sie können die Schwertfischsteaks auch gut auf dem Grill zubereiten: Verwenden Sie dazu jedoch möglichst eine Grillschale – der Fisch zerfällt sonst leicht, da er keine Haut hat. In der Grillschale dauert es zwar etwas länger, der Fisch gart aber dafür gleichmäßiger.

Knurrhahn vom Grill mit Kräuterbutter

ZUBEREITUNGSZEIT 1 Std. 40 Min.

FÜR DIE KRÄUTERBUTTER
- 125 g weiche Butter, 50 g rote Paprikaschote
- 3 TL gehackte glatte Petersilie
- 1 TL Thymianblättchen
- 1 Msp. rosenscharfes Paprikapulver
- Salz, Zitronensaft

FÜR DEN KNURRHAHN
- je 12 lange, dünne Zucchini- und Auberginenscheiben
- 8 Knurrhahnfilets, Zitronensaft, Salz

AUSSERDEM
- Pergamentpapier, Küchengarn

1. Feuern Sie den Holzkohlengrill an. Schälen Sie die Paprikaschote mit einem Sparschäler. Das Fruchtfleisch fein würfeln, blanchieren, in Eiswasser abschrecken und gut abtropfen lassen. Bereiten Sie die Kräuterbutter zu, wie rechts gezeigt (Step 1 und 2) und stellen Sie sie kalt.

2. Das Gemüse für den Fisch in der Grillpfanne im Ofen 5 bis 10 Minuten in heißem Olivenöl anbraten, damit es sich besser biegen lässt. Nun je 3 Gemüsescheiben abwechselnd nebeneinander legen, je 1 Filet darauf setzen und beides mit Salz und Zitronensaft würzen. Die Filets in das Gemüse einschlagen und mit Küchengarn sorgfältig umwickeln.

3. Wenn alle Filets eingepackt sind, werden sie auf dem Grill oder in einer Grillpfanne von jeder Seite 6 bis 10 Minuten gegrillt. Das Küchengarn entfernen und die Filets mit der Kräuterbutter servieren.

S. 103
WARENKUNDE Knurrhahn

KRÄUTERBUTTER ZUBEREITEN
und Knurrhahnfilets einwickeln

(1) Die Butter schaumig schlagen, die vorbereiteten Kräuter und die blanchierten und abgetropften Paprikawürfel unterrühren. Die Buttermischung mit Zitronensaft und Salz abschmecken.

(2) Mit Pergamentpapier eine gleichmäßig dicke Butterrolle formen und diese kalt stellen.

(3) Das Gemüse für den Knurrhahn in der Grillpfanne kurz anbraten. Die Filets auf die Gemüsestreifen legen. Das Gemüse einschlagen, die Fischfiletpäckchen mit Küchengarn umwickeln und anschließend auf dem Grill oder in der Grillpfanne garen.

Geräucherter Saibling mit Spargel

ZUBEREITUNGSZEIT 50 Min.
MARINIERZEIT 12 Std.

FÜR DEN FISCH
- 4 Saiblinge, ausgenommen (je 300 g)
- Räuchermehl (Buche)

FÜR DIE FISCH-BEIZE
- je 1 TL weiße Pfeffer- und Senfkörner
- 2 TL Fenchelsamen, 1 Lorbeerblatt
- 1 TL Wacholderbeeren
- 1 TL Korianderkörner
- 150 g Meersalz, 100 g Zucker, 80 g Dill

FÜR SPARGEL UND VINAIGRETTE
- 500 g grüner Spargel
- Salz, 2 Schalotten
- je 1 EL Schnittlauchröllchen und gehackter Kerbel
- 2 EL Weißweinessig, 4 EL Olivenöl
- 2 EL Geflügelfond, 1 TL Dijon-Senf
- frisch gemahlener Pfeffer, Zucker
- Blattsalate zum Garnieren

1. Spülen Sie die Saiblinge mit kaltem Wasser ab, dann trockentupfen und die Kiemen – und sofern noch vorhanden auch die Nieren – entfernen. Alle Gewürze für die Marinade mörsern und mit Salz, Zucker und dem grob geschnittenen Dill vermengen. Die Saiblinge mit der Gewürzmischung einreiben und 12 Stunden abgedeckt im Kühlschrank beizen.

2. Die Beize behutsam abschaben und die Haut gut trockenreiben. Die Fische im Räucherofen bei 50 °C etwa 20 Minuten räuchern. Es ist auch möglich, die Fische im Wok zu räuchern (siehe auch Seite 288) und sie anschließend noch einmal im Backofen bei 100 °C etwa 8 bis 10 Minuten nachgaren zu lassen. Die Fische noch lauwarm enthäuten und filetieren.

3. Die Enden des grünen Spargels schälen, die Stangen in kräftig gesalzenem Wasser bissfest kochen und dann abschrecken. Die Schalotten schälen, in feine Würfel schneiden und in Salzwasser kurz blanchieren.

4. Aus den angegebenen Zutaten eine Vinaigrette herstellen, mit Salz, Pfeffer und Zucker abschmecken. Den Spargel und die Blattsalate darin marinieren und mit den geräucherten Saiblingsfilets anrichten.

S. 35
WARENKUNDE Saibling

S. 171
KÜCHENPRAXIS Geflügelfond

Geräucherte Renke mit Linsensalat

ZUBEREITUNGSZEIT 30 Min.
EINWEICHZEIT 12 Std.

ZUTATEN
- 100 g De-Puy-Linsen (oder Champagnerlinsen)
- Salz, 1 TL Butter
- 1 kleine Schalotte, fein gewürfelt
- je 1 EL Möhren-, Sellerie- und Lauchwürfel
- 1 EL gewürfelter Bauchspeck
- ½ TL Tomatenmark
- 2–3 EL roter Portwein
- 1 Lorbeerblatt, 1 kleiner Zweig Thymian
- 50 ml Geflügelfond (S. 171)
- 3 EL Kalbsfond (oder Geflügelfond)
- ½ TL Senf
- 1 Msp. abgeriebene Orangenschale
- 2 EL Aceto balsamico
- frisch gemahlener Pfeffer
- 2 EL Distelöl
- 4 geräucherte Renken (oder Saiblinge)

1. Weichen Sie für den Salat die De-Puy-Linsen über Nacht in kaltem Wasser ein, dann abgießen und in kochendem Salzwasser 3 Minuten blanchieren, abgießen und kalt abspülen.

2. In der Butter die Schalotten-, Gemüse- und Speckwürfel anrösten. Das Tomatenmark hinzufügen und mit dem roten Portwein ablöschen. Die Lorbeerblätter und Thymianzweige dazugeben und mit dem Geflügel- und Kalbsfond auffüllen. Fügen Sie die Linsen hinzu und lassen Sie sie zugedeckt 20 Minuten sanft kochen, bis sie nur noch einen leichten Biss haben.

3. Die Linsen mit Senf, Orangenschale, Aceto balsamico, Salz und Pfeffer abschmecken. Kurz vor dem Anrichten das Distelöl zufügen. Der Linsensalat sollte lauwarm zu den geräucherten Renken gereicht werden und eine leicht sämige Konsistenz haben.

Räucherfisch zubereiten

Wer den Räucherfisch seiner Wahl nicht bekommt, kann ihn leicht selbst etwa im Wok zubereiten: Einfach Räuchermehl in den Wok füllen, gebeizten Fisch einlegen und je nach Größe 10 bis 20 Minuten räuchern (siehe Seite 288).

WARENKUNDE   KÜCHENPRAXIS   REZEPTE
→ Grillen und Räuchern

Geräucherter Karpfen aus dem Wok

ZUBEREITUNGSZEIT 45 Min.

FÜR DEN FISCH
· 4 Karpfenkoteletts
· Salz, frisch gemahlener Pfeffer
· 3 Lorbeerblätter, 10 Pfefferkörner
· 5 Wacholderbeeren
· Sahnemeerrettich

FÜR DEN SALAT
· 250 g gemischte Blattsalate
· 50 g weiße Zwiebel, 100 g Kirschtomaten
· 2 EL Basilikumblättchen

FÜR DIE VINAIGRETTE
· 2 EL Aceto balsamico bianco
· Salz, frisch gemahlener Pfeffer
· 1 Msp. scharfer Senf, 5 EL Sonnenblumenöl
· 1 EL gehackte Kräuter (Petersilie, Schnittlauch)

AUSSERDEM
· Alufolie
· 200 g Räuchermehl (Buche)

1. Die Karpfenkoteletts abspülen, gründlich mit Küchenpapier trockentupfen und mit Salz und frisch gemahlenem Pfeffer würzen. Bereiten Sie dann den Wok zum Räuchern vor (Step 1 und 2).

2. Die Lorbeerblätter, Pfefferkörner und Wacholderbeeren auf dem Räuchermehl verteilen, die Karpfenkoteletts auf das mit Alufolie ummantelte Einsatzgitter des Woks legen und dieses über dem Räuchermehl platzieren (Step 3). Den Wok auf den Herd stellen, die Herdplatte einschalten und den Fisch 12 bis 15 Minuten räuchern, dann herausnehmen und lauwarm abkühlen lassen.

3. Die Blattsalate putzen, waschen und trockenschleudern. Die Salatblätter mundgerecht zerpflücken. Die Zwiebel schälen und in dünne Ringe schneiden, die Tomaten waschen, trockentupfen und halbieren. Alle Zutaten für die Vinaigrette miteinander verrühren. Die geräucherten Karpfenkoteletts mit den Salatzutaten anrichten, mit der Vinaigrette beträufeln, mit den Basilikumblättchen bestreuen und mit Sahnemeerrettich servieren. Dazu passt frisches Baguette.

Räuchermehl

Sind Sie auf der Suche nach Räuchermehl? Sie bekommen es im gut sortierten Haushaltswarengeschäft oder im Laden für Anglerbedarf.

RÄUCHERN IM WOK
mit Räuchermehl aus Buche

(1) Ummanteln Sie den Gittereinsatz des Woks mit Alufolie, kneifen Sie den Rand fest und stechen Sie die Folie mehrfach vorsichtig mit einer Gabel ein.

(2) Kleiden Sie den gesamten Wok mit Alufolie aus und geben Sie dann etwa 2 cm hoch Räuchermehl hinein.

(3) Legen Sie die Karpfenkoteletts auf das Gitter und platzieren Sie es über dem Räuchermehl.

Saucen und Dips

Warme und kalte, klassische und auch innovative Saucen und Dips. Die perfekte Ergänzung zu Fisch.

WARENKUNDE   KÜCHENPRAXIS   **REZEPTE**
→ *Saucen und Dips*

Edle Saucen in der Hauptrolle

Hier zeigt sich, was ein Meister ist: Eine gute Sauce krönt jedes Gericht. Wer sie mit Bedacht wählt und mit Liebe zubereitet, serviert seinen Gästen das i-Tüpfelchen – und das nicht nur zu Fisch.

SAUCEN LIEGEN IM TREND, aber nicht die Art von Saucen, die man aus Großmutters Küche noch kennt, mit Mehlschwitze oder Stärkemehl. Und schon gar nicht die Art von Einheitssauce, die die Industrie uns tagtäglich zu verkaufen versucht. Im Trend liegen hochwertige, aus Fischfond hergestellte, wenig oder gar nicht gebundene Saucen und Fonds, die direkt – also nicht aus Grundsaucen – hergestellt werden. Eine angenehme Sämigkeit wird dabei durch die Zugabe von etwas Butter, wenig Sahne oder auch Eigelb erreicht.

DAS GEHEIMNIS GUTER SAUCEN

Für die Zubereitung hochwertiger Saucen ist ein qualitativ hochwertiger Fond als Ausgangsbasis unabdingbar. Für Saucen zu Fischgerichten sollten Sie auf einen guten Fischfond oder ersatzweise auch auf Geflügelfond zurückgreifen. Beide können Sie ganz leicht selbst herstellen: Alles, was Sie für einen Fischfond brauchen, sind ein paar Fischkarkassen, die ohnehin bei Ihnen anfallen, wenn Sie ganze Fische verarbeiten, oder die Sie günstig beim Fischhändler kaufen können, sowie etwas Gemüse (etwa Schalotten, Lauch, Fenchel, Petersilienwurzel), Gewürze (etwa Pfeffer und Lorbeer) und Weißwein. Die Zutaten dazu sind also nicht teuer. Ihre Hauptinvestition umfasst lediglich etwas Zeit für das Vorbereiten und Kochen des Fischfonds. Dafür erhalten Sie einen echten »fumet de poisson«, wie die Franzosen so treffend sagen: einen wohlduftenden, aromareichen Sud, der durch kein käufliches Produkt gleichwertig zu ersetzen ist.
Der Fischfond ist die Grundlage aller Saucen zu Fisch. Sie können ihn aus gemischten Fischen, Lachs oder Räucherfischen zubereiten, je nachdem, zu welchem Gericht er später passen soll. Sie können ihn auch gut in größerer Menge herstellen und dann tiefkühlen. Dieser Grundfond wird weiterverarbeitet zu Grundsaucen, etwa Fischvelouté, auch

Samtsauce genannt, oder zu Buttersaucen, für die der Grundfond reduziert und individuell abgewandelt wird, etwa durch die Zugabe von Kräutern, Tomaten oder Gewürzen. Alle diese »echten Saucen« tragen wesentlich zur geschmacklichen Abrundung eines Fischgerichts bei.

EIN FISCHGERICHT OHNE SAUCE IST WIE EIN FISCH OHNE WASSER

Neben den Grundrezepten für »echte Fischsaucen« gibt es aber auch eine große Anzahl von Einzelrezepturen für Saucen, die zwar typischerweise zu Fisch gereicht werden, aber nicht aus einem Grundfond abgeleitet sind. Sie dienen weniger der feinen geschmacklichen Abrundung eines Fischgerichts, sondern vielmehr der kulinarischen Ergänzung, fast schon im Sinne einer Beilage. Sie sind häufig kräftig und bisweilen sogar dominant im Geschmack, man denke an Aioli, Rouille, Sauce au pistou oder Sahnemeerrettich. Alle diese Rezepturen verwenden keinen Fischfond als Zutat, vor allem Dips oder Remouladen und Buttermischungen kommen gänzlich ohne ihn aus.

EINE FUNDGRUBE FÜR FEINSCHMECKER

Jeder gute Koch wird bei der Auswahl der passenden Sauce genau überlegen, was er damit erreichen will: Abrundung oder Ergänzung? In jedem Fall gilt: Neben einem exzellenten Geschmack spielt auch die Konsistenz der Sauce eine entscheidende Rolle für die Aromawahrnehmung, so fanden französische Forscher heraus. Die perfekte Sauce soll eine sämige, cremige, manchmal auch sirupartige, stets jedoch homogene Beschaffenheit haben und darf weder zu flüssig noch zu püreeartig sein.

Saucenmeisterschaft

Die Zubereitung von Saucen war schon bei den Römern eine geschätzte Kunst. So versprach Kaiser Heliogabal um 200 n. Chr. jedem Koch eine Belohnung, der ihn mit einer neuen Sauce in Entzücken versetzte. Viele Köche versuchten es, aber nur wenige wurden dabei reich.

Teubner Edition **291**

Weißweinsauce – Sauce au vin blanc

ERGIBT etwa ¼ l
ZUBEREITUNGSZEIT 50 Min.

ZUTATEN
- 1 Schalotte
- 100 ml trockener Weißwein
- 2 EL Noilly Prat
- 400 ml Fischfond (S. 168)
- 250 g Sahne
- 1 EL Butter, in kleinen Stücken
- Salz, Cayennepfeffer
- etwas Zitronensaft
- 1–2 EL geschlagene Sahne

S. 168
KÜCHENPRAXIS Fischfond

1. Die Schalotte schälen, dann in feine Ringe schneiden, in eine Kasserolle füllen, den Weißwein und den Noilly Prat angießen und die Mischung zum Kochen bringen. Den Fischfond zugießen und die gesamte Flüssigkeit auf etwa ein Drittel reduzieren.

2. Die Sahne zugießen, vorsichtig aufkochen und bei geringer Hitze köcheln, bis die Sauce sämig ist und die gewünschte Konsistenz erreicht hat. Dabei gelegentlich umrühren. Vorsicht: Sahne kocht leicht über!

3. Gießen Sie die Sauce durch ein feines Sieb in eine andere Kasserolle und rühren Sie die Butterstücke einzeln ein. Die Sauce mit dem Pürierstab kurz aufschäumen.

4. Die Sauce mit Salz, Cayennepfeffer und einigen Tropfen Zitronensaft würzen und mit dem Schneebesen die geschlagene Sahne behutsam unterziehen.

Saucen-Klassiker

Die Sauce au vin blanc ist in der klassischen Fischküche die wohl wichtigste Sauce überhaupt. Mildwürzig und cremig passt sie mit ihrem feinen Aroma hervorragend zu gedünsteten, gedämpften, pochierten und auch sanft gebratenen Fischen.

Samtsauce – Velouté

ERGIBT etwa 350 ml
ZUBEREITUNGSZEIT 30 Min. (ohne Auskühlen)

FÜR DEN FOND
- 300 g Fischparüren (möglichst von Forelle, Zander, Seezunge)
- 1 gestr. TL Butter
- 1 Schalotte, in feine Würfel geschnitten
- 150 ml trockener Riesling
- 1 TL Salz, ½ Zweig Thymian

FÜR DIE VELOUTÉ
- 1 EL Butter
- 2 TL Mehl
- 1 Eigelb
- 100 g Sahne

1. Die Fischparüren 30 Minuten wässern. Die Butter zerlassen und die Schalottenwürfel darin glasig werden lassen; sie dürfen keine Farbe annehmen. Die Fischparüren dazugeben und etwa 2 Minuten anschwitzen.

2. Etwa 400 ml Wasser und den Riesling zugießen, das Salz und den Thymianzweig hinzufügen. Bei geringer Hitze aufkochen lassen und den entstehenden Schaum abschöpfen. Nach etwa 20 Minuten Kochzeit den Fond durch ein mit einem Passiertuch ausgelegtes Sieb abgießen und anschließend auf etwa 350 ml einkochen. Abkühlen lassen.

3. Für die Velouté die Butter erhitzen, das Mehl darin ohne Farbe unter Rühren anschwitzen. Den abgekühlten Fischfond angießen und die Mischung unter ständigem Rühren mit dem Schneebesen aufkochen. 10 Minuten köcheln lassen.

4. Die Eigelbe und die Sahne miteinander verquirlen und unter Rühren in die Velouté gießen, die jetzt nicht mehr kochen darf! Ein Sieb mit einem Passiertuch auslegen. Die heiße Sauce einfüllen, ablaufen lassen, dann mit dem Pürierstab aufschlagen und fein abschmecken.

Wein in der Fischküche – weiß oder rot?

Es muss nicht immer Weißwein sein! Weißwein wird bevorzugt als Getränk zu Fisch serviert. Deshalb wird er auch gerne bei der Zubereitung von Fischgerichten oder Saucen zu Fisch verwendet. Doch diese alte Regel wird allmählich immer mehr gelockert.

Traditionell wird die Kombination von Fisch und Weißwein damit begründet, dass Weißwein säurehaltig ist und deshalb gut zum zarten Fischfleisch passt. Ein weiterer Aspekt ist jedoch, dass Weißwein keine Tannine (Gerbstoffe) enthält, die erfahrungsgemäß nicht besonders gut mit dem feinen Fischaroma harmonieren.

Also doch nur Weißwein zum Fisch? Nein – Rotwein ist fast ebenso säurehaltig wie Weißwein und enthält in unterschiedlichem Maß Tannine. Leichte, tanninarme Rotweine können also durchaus gute Partner zu Fisch sein. Besonders dann, wenn es sich um festfleischige Fische mit kräftigem Eigenaroma handelt – etwa Aal, Lachs, Tunfisch, Heil- und Glattbutt. Und auch ein höherer Fettgehalt des Fisches sowie eine Zubereitungsart, die kräftige Aromen hervorbringt, etwa kräftiges Würzen, Braten oder Grillen, passen wunderbar zu einem leichten Rotwein.

Probieren Sie einfach unterschiedliche Rot- und Weißweine aus – Hauptsache, sie sind säurereich und tanninarm. Was letztendlich zählt, ist ohnehin der eigene Geschmack.

Feine Hummersauce

ERGIBT etwa 200 ml
ZUBEREITUNGSZEIT 1 Std.

ZUTATEN
- Karkassen von 2 gegarten Hummern
- 1 EL Olivenöl, 2 EL Butter
- 40 g Schalotten, gewürfelt
- 80 g Möhren, gewürfelt
- 50 g Knollensellerie, gewürfelt
- 1 Knoblauchzehe, angedrückt
- 2 cl Cognac, 1 EL Tomatenmark
- je 1 Stängel Petersilie und Estragon
- 1 Zweig Thymian
- 1 Msp. Kümmelsamen
- 50 ml Weißwein
- 150 ml Fischfond (S. 168)
- 150 g Crème fraîche
- Salz, frisch gemahlener Pfeffer

1. Spülen Sie die Karkassen unter fließendem kaltem Wasser gut ab und entfernen Sie alles Gewebe sowie weißgelbliche Panzerteile. Die Karkassen zerkleinern und im heißen Öl kräftig anbraten, bis sich am Boden ein hellbrauner Ansatz bildet und sie trocken zu knistern beginnen.

2. Die Butter zugeben, das Gemüse und den Knoblauch zufügen und mit dem Cognac ablöschen. Das Tomatenmark einrühren und die Kräuter sowie den Kümmel zufügen. Mit Wein ablöschen, 150 ml Wasser und den Fischfond angießen und aufkochen. Alles 20 Minuten köcheln lassen.

3. Die Crème fraîche einrühren und 2 bis 3 Minuten weiterköcheln lassen. Den Topfinhalt durch ein feines Sieb passieren, dabei die Karkassen und das Gemüse gut ausdrücken. Die Sauce mit dem Pürierstab aufschlagen und mit Salz und Pfeffer würzen.

S. 168
KÜCHENPRAXIS Fischfond

Weiße Buttersauce – Beurre blanc

ERGIBT etwa 200 ml
ZUBEREITUNGSZEIT 25 Min.

ZUTATEN
· 1 Schalotte, 100 ml Fischfond (S. 168)
· 150 ml trockener Weißwein
· 2 EL Weißweinessig
· 160 g eiskalte Butter, in Scheiben
· Salz, Pfeffer, 1 EL geschlagene Sahne

1. Schälen Sie die Schalotte und schneiden Sie sie in feine Würfel. In eine Kasserolle geben und den Fischfond, Wein und Essig angießen. Alles rasch zum Kochen bringen und bei relativ starker Hitze die Flüssigkeit im Topf auf etwa 4 EL reduzieren. Lassen Sie die Reduktion durch ein feines Sieb in eine andere Kasserolle ablaufen. Dann erneut erhitzen.

2. Rühren Sie die eiskalten Butterstücke einzeln in die Sauce ein, bis die Butter geschmolzen und die Sauce von homogener Konsistenz ist. Nicht mehr kochen! Mit Essig, Salz und Pfeffer fein abschmecken und mit dem Pürierstab aufmixen. Zuletzt die geschlagene Sahne unterziehen.

Rote Buttersauce – Beurre rouge

ERGIBT etwa 150 ml
ZUBEREITUNGSZEIT 1 Std. 20 Min.

ZUTATEN
· je 30 g Schalotten, Petersilienwurzel und Lauch, 50 g Möhre, 10 g Fenchel
· ¼ Lorbeerblatt, 1 EL Butter,
· 350 g Karkassen von Magerfischen
· 400 ml Rotwein (etwa Burgunder)
· 1 Zweig Thymian, 120 g eiskalte Butter

1. Schälen oder putzen und waschen Sie das Gemüse und schneiden Sie alles in Scheiben. Die Karkassen wässern. Gemüse und Lorbeerblatt in der Butter anschwitzen, die Karkassen zufügen und die sich bildende Flüssigkeit einkochen lassen; Gemüse und Gräten dürfen keine Farbe nehmen.

2. Löschen Sie das Gemüse und die Karkassen mit dem Wein ab, zugleich 400 ml Wasser angießen und aufkochen. Den Fond 25 Minuten köcheln lassen, dabei immer wieder abschäumen. Dann durch ein feines Sieb in eine Kasserolle ablaufen lassen. Den Thymian zufügen, die Flüssigkeit auf 100 ml reduzieren. Zuletzt den Thymian entfernen und die in Stücke geschnittene Butter mit dem Schneebesen einrühren, nicht aufmixen.

Fette in der Fischküche

Fette dienen dem zarten Fischfleisch als Geschmacksträger und als Schutz. Butter unterstreicht das zarte Aroma des Fischs und der jeweiligen Würzzutaten ohne dabei in den Vordergrund zu treten. Das gilt für Butter in Saucen gleichermaßen wie für Butter als Bratfett.
Auch Olivenöl lässt das Fischaroma intensiver werden. Dabei bleibt mildes Olivenöl eher im Hintergrund, während würzige und fruchtige Olivenöle geschmacklich eine gute Ergänzung sind. Sie verleihen in Kombination mit entsprechenden Aromaten vielen Fischgerichten eine mediterrane Note.

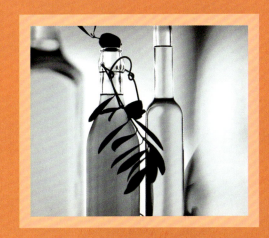

Französische Rouille und ihre Variationen

ERGIBT 4 BIS 6 PORTIONEN
ZUBEREITUNGSZEIT   1 Std.

ZUTATEN
· 175 g rote Paprikaschoten
· 8–10 Chilischoten
· 5–6 Knoblauchzehen
· ½ TL grobes Meersalz
· 5–6 Safranfäden
· 100 g gegarte, mehlig kochende Kartoffeln
· 1 Eigelb
· 150 ml Olivenöl

1. Die Paprikaschoten waschen, dann halbieren und die Samen und Scheidewände entfernen. Rösten Sie die Fruchthälften unter dem Grill des Backofens, bis die Haut sich dunkel verfärbt.

2. Lassen Sie die Paprikaschoten in einer Plastiktüte oder unter einem feuchten Küchentuch schwitzen, bis die Haut Blasen wirft. Dann die Haut mit Hilfe eines kleinen Messers abziehen und das Fruchtfleisch in kleine Würfel schneiden.

3. Die Chilischoten waschen, halbieren, die Samen und Scheidewände entfernen und das Fruchtfleisch fein würfeln. Die Knoblauchzehen abziehen und in Hälften oder Viertel schneiden.

4. Das gewürfelte Paprikafruchtfleisch, die Chiliwürfel, die abgezogenen und zerteilten Knoblauchzehen, das Meersalz und die Safranfäden in einen Mörser geben und alles fein zerreiben.

5. Pellen Sie die gekochten, ausgekühlten Kartoffeln, dann in Stücke schneiden und mit einer Gabel oder einem Kartoffelstampfer grob zerdrücken, anschließend die Kartoffelmasse sorgfältig in die Paprika-Chili-Knoblauchmischung einrühren.

6. Rühren Sie das Eigelb behutsam unter die Kartoffelmasse und füllen Sie die Mischung zur Fertigstellung der Rouille in eine größere Schüssel um. Geben Sie dann das Olivenöl zunächst tropfenweise und schließlich in einem dünnen Strahl zur Mischung. Rühren Sie das Öl dabei mit dem Schneebesen kräftig unter die Masse, bis sie eine angenehme, homogene Konsistenz bekommt.

Internationale Saucenküche

Rouille wird in Frankreich gerne zu Bouillabaisse gereicht, Aioli bevorzugen spanische Gourmets zu Bratfisch oder Kartoffeln und Hummer-Mayonnaise passt zu gedünsteten, gegrillten und gebratenen Edelfischen der deutschen Küche.

SPANISCHES AIOLI
passt zu kräftigen Gerichten

Zunächst weichen Sie 2 Scheiben Weißbrot ohne Rinde in ⅛ l Milch ein. Halbieren Sie 6 abgezogene Knoblauchzehen und verreiben Sie diese mit ½ TL grobem Meersalz im Mörser. Die Gewürzmischung in eine Schüssel umfüllen und das ausgedrückte Weißbrot untermengen. Ein Eigelb einarbeiten und weiterrühren, bis eine glatte Paste entstanden ist. ¼ l Olivenöl erst tropfenweise, dann in dünnem Strahl einrühren und alles zu einer dicken Sauce verarbeiten. Zum Schluss mit Zitronensaft fein abschmecken. Ergibt 6 bis 8 Portionen.

HUMMER-MAYONNAISE
veredelt durch Safran

Zuerst bringen Sie 50 g fertige Hummerbutter in einem Wasserbad zum Schmelzen und weichen darin ¼ g Safranfäden ein. Geben Sie dann 3 Eigelbe in ein höheres Gefäß und würzen Sie mit Meersalz, frisch gemahlenem Pfeffer, Cayennepfeffer, 1 Msp. gemahlenem Kardamom und etwas Zitronensaft. Mixen Sie zum Schluss mit einem Pürierstab 150 ml Distelöl und die Safran-Hummerbutter unter, so dass eine schön gefärbte, delikate Mayonnaise von cremiger Konsistenz entsteht.

Teubner Edition 297

Kumquat-Tomaten-Pesto

ZUBEREITUNGSZEIT 30 Min.
TROCKNEN DER TOMATEN 5 Std.

ZUTATEN
- 150 g halbierte Strauchtomaten
- Meersalz, Thymian, Rosmarin, Knoblauch
- abgeriebene Schale von je ½ unbehandelten Orange und Zitrone, 120 ml Olivenöl
- 50 g Kumquats, in Scheiben geschnitten
- Orangensaft, 1 EL Honig
- 1 Msp. Zimt, 1 Lorbeerblatt
- 50 g Pinienkerne, geröstet und gehackt
- 50 g Parmesan, Salz

1. Geben Sie die Tomaten auf ein geöltes Backblech und bestreuen Sie sie mit Meersalz, Thymian, Rosmarin, Knoblauch und der Orangen- und Zitronenschale. Die Tomaten mit 2 EL Olivenöl beträufeln und 5 Stunden bei 80 °C im Ofen trocknen lassen.

2. Die Kumquatscheiben in Orangensaft mit Honig, Zimt und Lorbeerblatt weich kochen. Auskühlen lassen und Lorbeerblatt entfernen. Die gegarten Kumquats mit den Tomaten, Pinienkernen, Parmesan und Salz mischen. Mit dem Pürierstab pürieren und dabei das restliche Olivenöl untermixen.

Sauce au pistou

ZUBEREITUNGSZEIT 35 Min.

ZUTATEN
- 50 g Schalotten, ⅛ l Weißwein
- 100 g Sahne, 1 Knoblauchzehe
- 2 EL Olivenöl, 1 EL gehacktes Basilikum
- 20 g Pinienkerne, Pfeffer, Salz

1. Schälen und würfeln Sie die Schalotten. Mischen Sie sie in einem Topf mit dem Weißwein, dann aufkochen und fast vollständig reduzieren. Die Sahne dazugießen und alles bis zur gewünschten Konsistenz einkochen lassen.

2. Die geschälte Knoblauchzehe, das Olivenöl, das Basilikum und die Pinienkerne im Mörser fein zerreiben. Rühren Sie die Pistou-Mischung in die Sauce ein, dann mit frisch gemahlenem Pfeffer und Salz fein abschmecken.

Orangen-Basilikum-Sauce

ZUBEREITUNGSZEIT 35 Min.

ZUTATEN
- ½ l Orangensaft, 1 Ei
- 2 EL Sauternes (oder anderer Dessertwein)
- 1 EL Fischsauce
- 8 Basilikumblätter

1. Erhitzen Sie in einer Kasserolle den Orangensaft und lassen Sie ihn auf 150 ml reduzieren. Anschließend etwas abkühlen lassen und die Saftreduktion in eine Schüssel umfüllen. Rühren Sie mit einem Schneebesen das Ei, den Wein und die Fischsauce gründlich unter.

2. Setzen Sie die Sauce auf ein heißes Wasserbad. Mit dem Pürierstab oder dem Schneebesen die Sauce aufschlagen, bis sie schön sämig ist – das ist bei etwa 70 °C der Fall. Die Basilikumblätter in feine Streifen schneiden und in die Sauce einrühren.

Tomaten-Oliven-Sugo

ZUBEREITUNGSZEIT 1 Std. 20 Min.

ZUTATEN
- 350 g rote Paprikaschote
- 2 EL Olivenöl, 50 g Schalottenwürfel
- 2 Knoblauchzehen
- 350 g gewürfelte Tomaten
- 100 ml Rotwein
- 150 ml Fischfond (S. 168)
- 300 g gewürfeltes Tomaten- und Paprikafruchtfleisch
- 1 EL Tomatenmark
- 100 g schwarze Oliven, in Stücke geschnitten

S. 168
KÜCHENPRAXIS Fischfond

1. Waschen und häuten Sie die Paprikaschoten, wie auf Seite 297 in Step 1 und 2 beschrieben. Dann das Fruchtfleisch in kleine Würfel schneiden. Das Olivenöl erhitzen und die Schalottenwürfel sowie die abgezogenen und gehackten Knoblauchzehen darin anschwitzen. Die gewürfelten Tomaten 5 Minuten mitdünsten. Den Rotwein und den Fischfond angießen, 20 Minuten köcheln lassen, aufmixen und durch ein Sieb gießen.

2. Fügen Sie das gewürfelte Tomaten- und Paprikafruchtfleisch hinzu, dann alles aufkochen lassen und das Tomatenmark sowie die schwarzen Olivenstücke einrühren.

Nicht nur zu Fischgerichten

Diese Sauce passt nicht nur hervorragend zu mediterranen Fischgerichten, sondern kann auch gut solo zu Pastagerichten gereicht werden.

WARENKUNDE   KÜCHENPRAXIS   **REZEPTE**
→ *Saucen und Dips*

Rote-Bete-Wasabi

ZUBEREITUNGSZEIT 1 Std.

ZUTATEN
· 1 Rote Bete
· 1 Schalotte
· 4 TL Butter
· 2 EL Wasabipulver (Japanischer Meerrettich)
· 1 TL Honig
· Meersalz

1. Kochen Sie die Rote-Bete-Knolle in Salzwasser weich, dann etwas abkühlen lassen, schälen und klein würfeln. Die Schalotte schälen und in Würfel schneiden. Die Schalottenwürfel in Butter anschwitzen, das Wasabipulver einrühren und den Honig sowie die gewürfelte Rote Bete untermischen. Alles mit Meersalz abschmecken.

2. Die Mischung mit dem Pürierstab fein pürieren, die Sauce anschließend durch ein Sieb streichen und gut auskühlen lassen.

Schön scharf

Diese Sauce erhält ihre angenehme Schärfe durch Wasabipulver, das es im Asialaden zu kaufen gibt. Rote-Bete-Wasabi passt hervorragend zu geräuchertem Fisch.

Scharfe Asia-Sauce

ZUBEREITUNGSZEIT 30 Min.

ZUTATEN
· 2 Knoblauchzehen
· je 1 kleine orangefarbene und rote Chilischote
· 20 g frische Ingwerwurzel
· 5 g Zitronengras
· 150 g Tomaten, geschält
· 1 EL Erdnussöl
· 200 ml passierte Tomaten
· 50 ml Fischsauce
· 2 EL dunkle Sojasauce
· 1 TL Limettensaft
· 1 TL Palmzucker (oder brauner Zucker), Salz
· 1 TL gehacktes Koriandergrün

1. Die Knoblauchzehen abziehen und fein hacken. Die Chilischoten halbieren, Samen und Scheidewände entfernen und das Fruchtfleisch in feine Ringe schneiden. Die Ingwerwurzel fein reiben und das Zitronengras in feine Ringe schneiden. Die Tomaten entkernen und in feine Würfel schneiden.

2. Erhitzen Sie in einem Topf das Erdnussöl und schwitzen Sie darin die orangefarbenen und roten Chiliringe sowie den Knoblauch hell an. Den Ingwer und die Zitronengrasstücke kurz mit anschwitzen lassen. Die passierten Tomaten zugeben, mit der Fischsauce aufgießen und die Sauce aufkochen lassen.

3. Würzen Sie die Sauce mit der dunklen Sojasauce, dem Limettensaft, Palmzucker und Salz. Zum Schluss das gehackte Koriandergrün sowie die Tomatenwürfel einrühren und noch etwa 5 Minuten köcheln lassen.

Tandoori-Ingwer-Sauce

ZUBEREITUNGSZEIT 1 Std.

ZUTATEN
- 500 g Tomaten
- Salz
- frisch gemahlener Pfeffer
- 1 TL Tandoori-Paste, mild
- 50 g kalte Butter, in Würfeln
- 2–3 cm frischer Ingwer, fein gehackt

1. Die Tomaten blanchieren, häuten, von Stielansätzen und Samen befreien und das Fruchtfleisch in kleine Würfel schneiden. Die Tomatenwürfel in einer Schüssel mit Salz und frisch gemahlenem Pfeffer bestreuen und 15 Minuten ziehen lassen. Pürieren Sie die Tomaten im Mixer und streichen Sie das Püree vorsichtig durch ein feines Sieb.

2. Das Tomatenpüree in einem Topf auf etwa die Hälfte reduzieren, die Tandoori-Paste einrühren und die kalten Butterwürfel untermixen, bis die Sauce eine cremige Konsistenz hat. Den Ingwer einrühren, die Sauce abschmecken und servieren.

GLOSSAR

ABGÄNGE: Bei der Vorbereitung anfallende Lebensmittelteile, insbesondere von Rohstoffen, die noch verwertbar sind. Das können bei Fisch Gräten, Flossen, Köpfe und Parüren sein.

ABSCHÄUMEN: Fonds, Saucen oder Brühen mit Hilfe des Schaumlöffels von geronnenem Eiweiß und Trübstoffen befreien, die sich an der Oberfläche abgesetzt haben.

ABSCHRECKEN: einer heißen Speise kaltes Wasser zusetzen, um ihre Temperatur schnell zu senken.

ANSCHWITZEN: in Fett leicht angehen lassen, ohne dass die Speise Farbe annimmt.

BÄCKCHEN: Die Backe unterhalb der Augen von Forelle, Seeteufel u. Ä., besonders delikat.

BINDEN: andicken von Saucen oder anderem mit Hilfe eines Bindemittels wie Mehl oder Speisestärke.

BLANCHIEREN: Gemüse in siedendem Salzwasser kurz kochen, um es von unangenehmen Geschmacksstoffen oder Verunreinigungen zu befreien oder um Häute und Schalen besser entfernen zu können.

BOUQUET GARNI: Würzsträußchen aus verschiedenen Kräutern, Gemüse und Gewürzen zur Verfeinerung von Fonds, Brühen und Saucen. Klassische Zusammenstellung aus Möhre, Sellerie, Petersilienwurzel, Petersilie, Thymian und Lorbeer.

BRAISIEREN: siehe Schmoren.

BRUNOISE: in gleichmäßig feine Wüfel geschnittenes Gemüse.

CONSOMMÉ: besonders kräftige, klare Brühe oder Fond von Krustentieren, Fisch, Geflügel oder Fleisch.

COURT-BOUILLON: gut gewürzte Brühe, meist aus Wasser, Essig, Weißwein, Gemüse und Gewürzen, zum Garen von Meeresfrüchten und Fischen.

CROÛTONS: geröstete Weißbrotscheiben, etwa als Unterlage für kleine Fleischstücke oder, gewürfelt, als Suppeneinlage.

DARNE: dicke Scheibe aus dem Mittelstück von Fischen (hinter dem Kopf bis zum Ende der Bauchhöhle).

ENTFETTEN: frittierte Speisen von überschüssigem Fett befreien. Erstarrtes Fett von der Oberfläche erkalteter Brühen abheben, flüssiges Fett auf heißen Suppen mit einer Kelle abschöpfen.

FARCE: Füllung für Pasteten, Terrinen, Fische, Krustentiere, Fleischteile oder Gemüse, bestehend aus sehr fein gehacktem oder püriertem Fleisch, Fisch, Gemüse, pikant gewürzt und gebunden.

FARCIEREN: Fisch, Fleischteile oder Gemüse mit einer gut abgeschmeckten Masse (Farce) füllen.

FETTFISCHE: Fischarten, die überschüssige Energiereserven als Fett im Muskelgewebe ablagern und daher einen Fettgehalt von über zehn Prozent aufweisen (etwa Aal, Hering, Lachs, Makrele).

FILET: bei Fisch das von den Gräten gelöste Fleisch der Seiten.

FOND: Extrakt, der beim Garen von Schal- und Krustentieren, Fisch, Fleisch oder Gemüse gewonnen wird. Er dient als Grundlage für Saucen und Suppen.

GELEE: verschiedene geklärte und erstarrte Flüssigkeiten, nach Bedarf durch Zugabe eines Geliermittels wie Gelatine.

GLACE: eingekochte Brühe von Fisch, Meeresfrüchten, Hühner-, Kalb- oder Wildfleisch. Zum Verbessern von Saucen und Überglänzen von Speisen.

GLACIEREN: Speisen mit Glace überziehen.

GRATINIEREN: ein Gericht bei starker Oberhitze überbacken, bis eine goldbraune Kruste entstanden ist.

HÄLTERN: Vorübergehende Haltungsform von Fischen und Meerestieren in Bassins bis zum Verkauf.

JULIENNE: feine Streifen von Gemüse oder Trüffeln, als Einlage oder Beilage.

KARKASSE: das Gerippe von Fisch, Krustentieren und Geflügel.

KLÄREN: bei Kraftbrühen und Gelees alle trübenden Bestandteile entfernen. Mit Hilfe von Eiweiß und fein gehacktem Fleisch oder Fisch werden diese Bestandteile gebunden und entfernt.

GLOSSAR

KNOCHENFISCHE: Untergruppe der wasserbewohnenden Wirbeltiere mit knöchernem Skelett. Die meisten Speisefische sind Knochenfische.

KNORPELFISCHE: Untergruppe der wasserbewohnenden Wirbeltiere mit knorpeligem Skelett. Haie und Rochen sind die bekanntesten Vertreter.

KOTELETT: bei Fischen allgemein übliche Bezeichnung für eine Tranche.

LEGIEREN: eine Speise mit einem Bindemittel sämig machen.

MAGERFISCHE: Fischarten, die überschüssige Energiereserven als Fett in der Leber ablagern und daher fettarmes Fleisch mit einem Gehalt von weniger als einem Prozent Fett aufweisen (etwa Barsch, Hecht, Kabeljau, Leng, Schellfisch, Seelachs, Wittling und Zander).

MARINADE: mit Kräutern und Gewürzen versehene Flüssigkeit (Wein, Zitronensaft, Essig, Sauer- oder Buttermilch) zum Haltbarmachen, Würzen oder Mürbewerden von Fleisch und Fisch. Auch Salatsaucen werden häufig als Marinade bezeichnet.

MARINIEREN: Einlegen oder Benetzen von Fisch in eine meist saure Würzlösung zum Zwecke der Aromatisierung und Farberhaltung.

MEDAILLONS: kleine, runde oder ovale Fischscheiben (etwa vom Seeteufel oder vom Waller).

MONTIEREN: Sauce oder Suppe mit kalter Butter aufschlagen.

MOUSSE: feine Schaumspeise aus püriertem Krebsfleisch, Fisch, Fleisch oder Geflügel, auch Fruchtmark und Sahne.

PARIEREN: Fische, Meeresfrüchte oder Fleisch mit einem Messer von nicht essbaren Teilen befreien und gleichmäßig zurechtschneiden.

PARÜREN: Abfälle, die beim Parieren entstehen.

PASSIEREN: Flüssigkeiten oder Pürees durch ein feines Sieb oder durch ein Passiertuch gießen, streichen oder drücken.

PLATTFISCHE: Fische mit eher plattem Körperquerschnitt (etwa Flunder, Scholle, Seezunge und Steinbutt). Sie weisen eine helle, augenlose Blindseite sowie eine gefärbte Augenseite auf. Es gibt links- und rechtsäugige Arten.

PLATTIEREN: eine Scheibe Fleisch oder eine Fischtranche mit dem Plattiereisen (am besten zwischen Folie) oder dem Beil flach klopfen.

POCHIEREN: Gargut, etwa Fisch, Gemüse oder Eier, langsam in heißer Flüssigkeit nahe dem Siedepunkt gar ziehen lassen, ohne es zu kochen.

REDUZIEREN: Flüssigkeiten wie Fonds, Suppen oder Saucen auf die gewünschte Konzentration einkochen. Verstärkt den Geschmack.

RUNDFISCHE: Fische mit einem eher runden Körperquerschnitt (etwa Aal, Kabeljau, Forelle, Hecht, Schellfisch und Seelachs)

SAUTIEREN: kleine Fleisch-, Fisch- oder Geflügelstücke in der offenen Pfanne rasch anbraten.

SCHMOREN: Garvorgang zwischen Braten und Kochen.

SIMMERN: kurz unter dem Siedepunkt halten.

SOUFFLIEREN: eine schaumige Masse (Soufflémasse) während des Garens aufgehen lassen.

SPICKNADEL: Spezialnadel, in die Speckstreifen oder Streifen anderer Zutaten gesteckt werden können, um sie in ein Lebensmittel (etwa Fisch, Fleisch) einzubringen.

TRANCHE: dicke Scheibe oder Schnitte mit Gräten, vertikal zur Mittelgräte (Wirbelsäule) geschnitten (siehe auch Kotelett).

TRANCHIEREN: Fisch zum Anrichten in Scheiben schneiden oder zerlegen.

WEISSFISCHE: Nicht-wissenschaftlicher Sammelname für Fische mit magerem, weißem Fleisch, etwa Schellfisch, Alaska-Seelachs, Kabeljau oder Seezunge.

ZESTEN: streichholzförmige Stücke der Schale von Zitrusfrüchten. Sie werden mit einem so genannten Zestenreisser direkt von der Frucht abgezogen. Größere Schalenstücke werden mit einem Messer in feine Streifen geschnitten.

ZISELIEREN: dicke Fische quer zur Mittelgräte auf beiden Seiten schräg nach innen einschneiden, damit das Fleisch gleichmäßig durchgart.

REGISTER

Das Register enthält Fischnamen (*lateinische Namen kursiv*), relevante Fachbegriffe aus der Küchenpraxis und Rezepte (mit • gekennzeichnet).

A

Aal 147
Aal ausnehmen 154
Aal entschleimen 154
Aal häuten 154
Aal, Australischer 40
Aal, geschmorter, mit Rotweinlinsen und Gemüse 234 •
Aal, Japanischer 40
Aal, Neuseeländischer 41
Aalartige Fische 19, 40
Aalmutter 92
Aalquappe 23
Aalraupe 23
Aalrutte 23
Aaltorausku 127
Abadejo 88
Abadejo de Alasca 88
Abalistes stellaris 97
Abbor 20
Abborkilling 44, 45
Abborre 20
Abgänge 147, 302
Able de Heckel 26
Ablette 28
Aborre 20
Abborkilling 44, 45
Abramis bjoerkna 29
Abramis brama 29
Abschäumen 302
Abschrecken 302
Acanthocybium solandri 81
Acanthuridae 77
Acanthurus bleekeri 77
Acciuga 95
Acedíagolleta 117
Achselfleck-Brassen 61
Acipenser gueldenstaedti 119, 120
Acipenser ruthenus 120
Acipenser sturio 119
Acipenseriformes 19, 119
Acoupa pintade 66, 67
Acura imperiale 85
Adlerfisch 66, 67
Adriatischer Lachs 32, 33
Aetos 66, 67
Aflang kirurgfisk 77
Aguglia 42
Aguglia imperiale 85
Agulha 42
Ährenfischartige Fische 19, 42
Ährenfische 42
Ahven 20
Aiguillat commun 124
Aileron argenté 86
Aioli, spanisches 297 •
Aitel 26
Alabote de Atlântico 114
Alabote de Gronelândia 114
Alalonga 83
Aland 26, 27
Alaska-Pollack 88
Albacore 83
Albula vulpes 120
Albulidae 120

Alburno 120
Alburnus alburnus 28
Alectis indicus 55
Alfoncino 118
Algen-Amur 30
Alice 95
Aligote 61
Alitán 121, 122
Allis shad 24
Alonge 27
Alosa alosa 24
Alosa fallax 24
Alose feinte 24
Alose vraie 24
Alse 24
Alver 28
Älvsik 36, 37
American butterfish 86
American catfish 39
American plaice 113
Amerikanischer Butterfisch 86
Amerikanischer Flussaal 40
Amerikanischer Seesaibling 35
Amerikanischer Seeteufel 43
Amerikanischer Streifenbarsch 21
Ammodytidae 77
Anaplopomatidae 105
Anarhichadidae 76
Anarhichas lupus 76
Anarhichas minor 76, 77
Anchois 95
Anchosen 129
Anchova 52, 53
Anchovis 130
Anchovy 95
Androga 29
Ange de mer 125
Angel shark 125
Angelote 125
Angler 43
Anguila 40, 41
Anguilla anguilla 40, 41
Anguilla australis 40
Anguilla dieffenbachii 41
Anguilla japonica 40, 41
Anguilla marmorata 40
Anguilla rostrata 40
Anguillidae 40
Anguilliformes 19, 40
Anisotremus virginicus 64
Anjo 125
Anjova 52, 53
Annular seabream 62
Anoplopoma fimbria 105
Anschwitzen 302
Ansjos 95
Ansjovis 95
Aphanopus carbo 79
Aphareus rutilans 59
Apodes 40
Appetitsild 130
Aprikosen-Tomatenchutney: Gegrillter Tandoori-Steinbutt mit Aprikosen-Tomatenchutney 280 •
Aprion virescens 59
Archosargus probatocephalus 63
Arctic cod 87
Arenque del Pacífico 93
Arete 102
Argyrops spinifer 63
Argyrosomus regius 66, 67

Arinca 87
Aringa del Pacifico 93
Arktische zalmforel 35
Armflosser 19, 43
Arnoglossa 111
Arnoglossus laterna 111
Arripidae 57
Arripis georgianus 57
Arripis trutta 57
Äsche 37
Äschen 37
Asp 27
Aspitrigla cuculus 102
Aspius aspius 27
Atherina 42
Atherina spp. 42
Atherinidae 42
Atheriniformes 19, 42
Atka Mackerel 105
Atlantic bonito 81
Atlantic butterfish 86
Atlantic croaker 66
Atlantic cutlass-fish 79
Atlantic pomfret 56
Atlantische Brachsenmakrele 56
Atlantische Makrele 80
Atlantischer Degenfisch 79
Atlantischer Hering 93
Atlantischer Lachs 32
Atlantischer Pfeilhecht 72
Atlantischer Wrackbarsch 46
Atropus atropus 55
Atropus indyjski 55
Atum rabilho 82
Atum voador 83
Atun 82
Atún blanco 83
Atun-Schlangenmakrele 78
Augen 143
Augenfleck-Umberfisch 66
Augen-Seezunge 117
Augenseite 108
Aus dem Ofen 144
Ausbeute 147
Ausnehmen 148, 160
Australian herring 57
Australian salmon 57
Australischer Aal 40
Australischer Knurrhahn 103
Australischer Lachs 57
Auxid 83
Axillary sea bream 61

B

Baars 20
Bacalao 87, 129
Bacalao largo 105
Bacalhau do atlântico 87
Bacaliaros 91
Bachforelle: Forelle Müllerin 240 •
Bachsaibling 35
Bachsaibling aus dem Kräuterdampf 221 •
Bäckchen 161, 302
Badejo 88
Balai de l'Atlantique 113
Balistapus undulatus 97
Baliste cabri 97
Baliste vétule 97
Balistes carolinensis 97

Balistes vetula 97
Balistidae 97
Ballan wrasse 73
Ballerino 52, 53
Balsamico-Specksauce: Zander auf Champagnerkraut 242 •
Banatie de mer 120
Bänderrochen 127
Bandfische 70
Bar 44, 45
Bar américain 21
Bar d'Amérique 45
Barbaray rouge 68, 69
Barbe 28
Barbeau 28
Barbeel 28, 68, 69
Barbo europeu 28
Barbotte 23
Barbouni 68, 69
Barbue 110
Barbus barbus 28
Barracouta 78
Barracuda-Schnapper 59
Barramundi 52
Barschartige Fische 19, 20, 44
Bartfaden 19
Bartumber 66, 67
Bastard sole 117
Bastardmakrele 53
Bastardzunge 117
Batcæ 29
Batogla 76
Baudroie 43
Baudroie rousse 43
Bauernkarpfen 29
Bay trout 57
Bécune européenne 72
Beizen 179
Beldyuga 92
Beliãka 28
Belone belone 42
Belonidae 42
Beluga 120
Beluga-Kaviar 134
Berggylt 73
Berice rosso 118
Berlam 91
Bernsteinfisch 54
Bernsteinmakrele 54
Berycidae 118
Beryciformes 19, 118
Béryx rouge 118
Beryx splendens 118
Besugo 61
Beurre blanc 295 •
Beurre rouge 295 •
Bica 61
Bicuda 72
Bighead carp 31
Bigtooth pomfret 56, 57
Binden 302
Bismarckhering 96
Black bass 22
Black crappie 22
Black drum 66, 67
Black flathead 105
Black goby 78, 79
Black pollack 88
Black pomfret 56
Black scabbard fish 79
Black scorpionfish 99

REGISTER

Black sea-bass 49
Black seabream 63
Black will 49
Blackfin jack 55
Blackfin tuna 83
Blackfish 49, 89
Blackspot sea bream 61
Blackspotted croaker 65
Blacktip shark 124
Blanchieren 302
Blankaal 40
Blanklachs 32
Blanquillo 52
Blattsalat: Geräucherter Karpfen
  aus dem Wok 288 •
Blau gefleckter Felsenbarsch 49
Blaubarsche 52
Blaue Makrele 80
Blaue Stachelmakrele 55
Blauer Jack 55
Blauer Marlin 85
Blauer Ziegelfisch 52
Blaufisch 52, 53
Blauflecken-Papageifisch 74
Blauflossentun 82
Blauhai 124
Blaukochen 166
Blauleng 90
Blaurückenlachs 33
Blaurücken-Meeräsche 71
Blauschuppen-Strassenkehrer 65
Blaustreifen-Grunzer 64
Bleak 28
Blei 29
Blenio viviparo 92
Blicca 29
Blicke 29
Blindling 110
Blindseite 108
Blisterside 74
Blue Catfish 39
Blue cod 75, 105
Blue keiser 65
Blue ling 90
Blue mackerel 80
Blue marlin 85
Blue runner 55
Blue shark 124
Blue sucker 31
Blue warehou 85
Blueback 33
Bluebarred parrotfish 74
Bluefin tuna 82
Bluefish 52, 53
Bluegill 22
Blue-lined surgeonfish 77
Bluescale emperor 65
Blue-spot grey mullet 71
Bluespotted sea bass 49
Blumenkohlpüree: Zander souf-
  fliert auf Limettenschaum 224 •
Blutnetze 121
Blutorangensabayon: Gefülltes
  Seezungenfilet mit Blutorangen-
  sabayon 267 •
Blut-Schnapper 59
Bocaccio 101, 102
Bocca d'oro 66, 67
Boga do mar 60, 61
Bogue 60, 61
Bohar 59

Bolota 89
Bondelle 36
Bonefish 120
Bonite à dos rayé 81
Bonite à ventre rayé 83
Bonito 81
Bonito altlántico 81
Bonito: Terrine von Edelfischen
  192 •
Bonitou 83
Boops boops 60, 61
Boquerón 95
Borracho 103
Borschtsch mit Steinbutt 209 •
Bosega 71
Bot 112
Bothidae 111
Bothus podas 111
Bottatrice 23
Bottle-nosed skate 127
Bouillabaisse 203
Bouillabaisse, französische 202 •
Bouillabaisse: Edle Bouillabaisse
  205 •
Bouquet garni 302
Bourgeois 58
Brachsen 29
Brachsenmakrelen 56
Braisieren 302
Brama brama 56
Brama japonica 56, 57
Bramidae 56
Branchiostegidae 52
Brasme 29
Brasse 29
Brassen 147
Braten in der Pfanne 144, 239
Bratfolie 259
Bratrollmops 131
Brauner Drachenkopf 99
Brauner Lippfisch 73
Brauner Zackenbarsch 49
Braunrochen 127
Braunroter Zackenbarsch 48
Brazilian Grouper 47
Bream 29
Breitkopf 31
Brema 29
Brème 29
Brème bordelière 29
Brisling 95
Brochet 37
Bronze carp 29
Brook trout 35
Brosme 89
Brosme brosme 89
Brótola de fango 90
Brotola de roca 90
Brown bullhead 39
Brown coral cod 49
Brown grouper 48
Brown meagre 65
Brunoise 302
Buckellachs 33
Bücklinge 94
Buffalo cod 105
Buglossidium luteum 116
Bulgur: Gegrillter Tandoori-
  Steinbutt mit Aprikosen-
  Tomatenchutney 280 •
Bullet tuna 83

Bull-rout 106
Buntbarsche 22
Buntlachs 32
Burbot 23
Burro catalina 64
Burro della Virginia 64
Butterfish 54, 86
Buttermischungen 291
Buttersauce, Rote 295 •
Buttersauce, Weiße 295 •

C

Caballa 80
Cabezudo 52
Caboz cabeçudo 78, 79
Caboz negro 78, 79
Cabra lira 104
Cabra morena 103
Cabra vermelha 102
Cabracho 99, 106
Cabrilla 44, 45
Cabrilla pinta 49
Cagalona de piedra 64
Cagnizza 122
Calafate de riscas 66, 67
Calamaretti: Fischfondue 218 •
Cañabota gris 123
Canaiú 68, 69
Canapú 47
Candlefish 98
Caneja 122
Canesca123
Cantara 63
Capella 108, 109
Capitaine gueule longue 65
Capitaine rouge 65
Capone gorno 103
Capone imperiale 102
Cappone gallinella 103
Cappone lira 104
Caracudæ 29
Carangidae 53
Carango cavallo 55
Carango dentice 55
Carango indiano 55
Carangue 54
Carangue cheval 55
Carangue dentue 55
Carangue du Pacifique Sud 85
Caranx crysos 55
Caranx georgianus 55
Caranx hippos 55
Carassin 29
Carassius auratus 29
Carassius auratus gibelio 29
Carassius carassius 29
Carbonero 88
Carcharinus limbatus 124
Cardin franche 110
Cardine 110
Carita 81
Carp 30
Carpaccio von Tunfisch und
  Seeteufel mit geröstetem
  Sesamöl 180 •
Carpe 30
Carta do Mediterrâneo 111
Carta-de-bico 108, 109
Carta-de-verão 111
Castagnola 56, 57

Castagnole 86
Castagnole du Pacifique 56, 57
Castañeta 56
Castañeta del Pacífico 56, 57
Castanette Tarakihi 70
Catalineta 64
Cateau bleu 74
Catostomidae 31
Catostomus catostomus 31
Catostomus commersoni 31
Caulolatilus principes 52
Cavedano 26
Cazón 123
Cefalo dorato 71
Centracanthidae 60
Centrarchidae 22
Centrarchus macropterus 22
Centroberyx affinis 118
Centrolophe noire 85
Centrolophidae 85
Centrolophus niger 85
Centropomidae 21, 52
Centropomus undecimalis 52
Centropristis striata 49
Cephalopholis fulva 47
Cephalopholis miniata 46, 47
Cephalopholis pachycentrum 49
Cephalopholis sonnerati 48
Cephalos 26
Cepola macrophthalma 70
Cépole 70
Cepolidae 70
Cerina 71
Cernia 48, 49
Cernia di fondo 46
Cernia di Nassau 48
Cernia gigante 47
Cernia gigante del Pacifico 49
Cernier commun 46
Céteau 117
Chabot 106
Chalcalburnus chalcoides 28
Channel bass 66
Channel Catfish 39
Chanos 44, 45
Chantilly-Mayonnaise:
  Fischfondue 219 •
Chaparrudo 78, 79
Char 35
Charrasco 106
Chaso 53
Cheilodactylidae 70
Cheli 40, 41
Chelon labrosus 71
Cheppia 24
Cherna 46
Cherna blanca 48
Cherna cabrilla 47
Cherna criolla 48
Cherne amarelo 48
Chevaine 26
Chilou 73
Chilou papagallos 73
China Rockfish 101, 102
Chinchard 53
Chinook salmon 33
Chirurgien 77
Chomatida 112
Chondrichtyes 121
Chondrostoma nasus 27
Chondrostoma soetta 27

Teubner Edition 305

REGISTER

Chopa 63
Christopsaro 107
Chub 26
Chub mackerel 80
Chucleto 42
Chum salmon 33
Cianchittone 108, 109
Cichlidae 22
Cicloptero 106
Ciguaterra-Vergiftung 58
Cithare feuille 108, 109
Citharidae 109
Citharoides macrolepis 109
Citharus linguatula 108, 109
Clean 26
Clean-mic 26, 27
Cleftbelly trevally 55
Clupea harengus harengus 93
Clupea harengus pallasi 93
Clupeidae 24, 93
Clupeiformes 19, 24, 93
Coal cod 105
Coalfish 88, 105
Cobblerfish 54
Cod 87
Coho salmon 33
Coho-Lachs 33
Colin jaune 88
Comber 44, 45
Common dolphinfish 56, 57
Common pompano 54
Common warehou 85
Compó 28
Coné ouatalibi 47
Coney 47
Conger 41
Conger conger 41
Congre 41
Congrio 41
Congro 41
Consommé 195, 302
Consommé herstellen 170 •
Consommé mit Saiblingstrudel 198 •
Contaluzzo 56, 57
Copper pilot 68, 69
Corb commun 65
Corcón 71
Cordonnier plume 55
Coregon 36
Coregona bondella 36
Corégone blanc 36
Coregone lavarello 36
Coregonidae 36
Coregon-mic 36
Coregono bicudo 36
Coregonus albula 36
Coregonus lavaretus 36
Coregonus nasus 36, 37
Coregonus oxyrhynchus 36
Coregonus pidschian 36
Corocoro margariteño 64
Corvallo 65
Corvina 66, 67
Corvina legítima 66, 67
Corvina pintada 65
Corvina striata 66, 67
Corvinata pintada 66, 67
Corvinón brasilieño 66
Corvinón negro 66, 67
Corvinón ocelado 66

Corvo 65
Coryphaena hippurus 56, 57
Coryphaenidae 56
Coryphaenoides rupestris 92
Cottidae 106
Courbine pintade 65
Court-Bouillon 302
Court-Bouillon mit Gemüse 167 •
Crevalle jack 55
Crocus 66
Croissant 48
Cromileptis altivelis 46, 47
Croûtons 302
Crucian carp 29
Ctenopharyngodon idella 30
Cubera Snapper 58
Cuckoo wrasse 73
Cuneata-Seezunge 117
Cuneata-Zunge 117
Curry-Fenchel-Suppe mit Seeteufel-
    Piccata 196 •
Curva 127
Cutthroat-Forelle 35
Cycleptus elongatus 31
Cyclopterus lumpus 106
Cynoscion nebulosus 66, 67
Cyprinidae 25
Cypriniformes 19, 25
Cyprinus carpio 30

D

Dämpfen 144, 211
Danube sturgeon 119, 120
Darne 302
Darnen schneiden (Rundfisch) 150
Daurade américaine 64
Deady 47
Deep sea perch 118
Deer Grouper 48
Denté 63
Dentex dentex 63
Dentice 63
Deutscher Kaviar 106
Diagramma pictum 64
Diamantschuppige Meeräsche 71
Diamond trevally 55
Dianafisch 86
Dicentrarchus labrax 44, 45
Dicentrarchus punctatus 45
Dicklippige Meeräsche 71
Dicologoglossa cuneata 117
Diplodus annularis 62
Diplodus puntazzo 62
Diplodus sargus 62
Diplodus vulgaris 62
Döbel 26
Dog salmon 33
Doggerscharbe 113
Doktorfische 77
Dollarfisch 86
Dollarfish 86
Dolly Varden 35
Doppelfleck-Schnapper 59
Dorada 62
Dorade americana 64
Dorade grise 63
Dorade mit Kerbelfüllung 266 •
Dorade rosé 147
Dorade rose 61
Dorade royale 62

Dornrochen 127
Dorsch 87
Dorschartige Fische 19, 23, 87
Dorschfische 87
Dourada 62
Dover hake 88
Dover sole 116
Drachenkopf: Edle Bouillabaisse 205 •
Drachenkopf: Französische
    Bouillabaisse 202 •
Drachenköpfe 99
Dragone 75
Drückerfisch 97
Drückerfische 97
Dunkler Felsenfisch 100, 101
Dunkler Flachkopf 105
Dünnlippige Meeräsche 71
Dünsten 144, 211
Durch den Bauch ausnehmen 148
Durch die Kiemen ausnehmen 148
Dusky flathead 105
Dviamond-scaled grey mullet 71
Dwarf spotted grouper 49

E

Ealpout 23
Eastern Australian salmon 57
Echte Barsche 20
Echte Butte 111
Echte Rochen 126
Echter Bonito 83
Echter Snook 52
Écrivain 65
Edelmaräne 36
Edle Bouillabaisse 205 •
Eel 40, 41
Eelpout 92
Eglefin 87
Eglifilet in Eihülle 257 •
Einkauf 141
Eintöpfe 195
Elasmobranchii 121
Elongate surgeonfish 77
Elopidae 120
Elopiformes 120
Émissole lisse 123
Emperador 86
Emperador boquidulce 65
Emperador relámpago 65
Empereur tidents 65
Emperor snapper 58
Engelhai 125
English mackerel 80
English sole 115
Engraulidae 24
Engraulis encrasicolus 95
Enguia 40, 41
Entfetten 302
Entgräten durch den Rücken 152
Eopsetta jordani 115
Éperlan 98
Epinephelus analogus 49
Epinephelus caninus 47
Epinephelus flavolimbatus 48
Epinephelus guttatus 48
Epinephelus itajara 47
Epinephelus merra 49
Epinephelus morio 48
Epinephelus multinotatus 49
Epinephelus niveatus 48

Epinephelus striatus 48
Erdbeergrouper 47
Erilepis zonifer 105
Erntefische 86
Ersh 20, 21
Escalo 26
Escamudo 88
Escolar 78
Escolier 78
Escorpión 75
Esocidae 37
Esonue grouper 47
Esox lucius 37
Espadarte 84
Espadilha 95
Espadon 84
Espetón 72
Estornino 80
Esturgeon 119
Esturgeon russe 119, 120
Esturión 119
Esturión del Danubio 119, 120
Eulachon 98
Europäischer Barrakuda 72
European barracuda 72
Euthynnus affinis 83
Eutrigla gurnardus 103
Exocoetidae 42
Exocoetus volitans 42
Exportfische 17

F

Fanari 43
Faneca 88, 89
Fanfre noir 49
Fangfrische 141
Fangri 61
Farce 302
Farcieren 302
Fausse limande 108 ,109, 111
Feine Hummersauce 294 •
Felchen 36
Felsenbarsch 45
Felsenfische 101
Felsengrünling 104
Felsenkliesche 115
Ferreira 62, 63
Fettfische 17, 302
Fettflosse 19
Fieto americano 86
Filet 302
Filetgewicht 147
Filetieren 150, 159, 160
Finte 24
Fisch servieren 164
Fisch vorlegen 164
Fischausbeute 147
Fisch-Crabmeat 131
Fischfond 168 •
Fischfond klären 170 •
Fischfonds zubereiten 168 •
Fischfondue 218 •
Fischfrikadelle: Mit Kaviar 149 •
Fischfrikadelle: Mit Mozzarella-
    füllung 249 •
Fischfrikadellen mit Perlgraupen
    und Kartoffelsalat 248 •
Fischgeruch 143
Fischhalbkonserven 128

REGISTER

Fischkarkassen 141, 291, 302
Fischparüren: Samtsauce 293 •
Fischprodukte 17
Fischprodukte, geräucherte 132
Fischqualität erkennen 142
Fischschupper 148, 156, 157
Fischstäbchen 239
Fischsuppe mit Zitronengras und
    Galgant 197 •
Fischvelouté 195, 291
Fischverarbeitung 128
Fischvollkonserven 128
Fischvorspeisen 177
Fish and Chips 254 •
Fish and Chips: in Tempurateig 255 •
Flachköpfe 105
Flathead grey mullet 71
Fleckrochen 126, 127
Flétan noir 114
Fliegender Fisch 42
Flier 22
Flodbarbe 28
Flodlampret 38
Flodnejonöga 38
Florida pompano 54
Flossen 18, 19, 143
Flounder 112
Flügelbutt 110
Flugfische 42
Flunder 112
Flussaal 40, 41
Flussaal, Amerikanischer 40
Flussbarsch 20
Flussneunauge 38
Fond 195, 291, 302
Fond zum Blaukochen 167 •
Forelle blau 212
Forelle Müllerin 240 •
Forelle, geräuchert: Ravioli
    von Räucherforelle im Spargel-
    sud 201 •
Forelle, geräucherte 132
Forelle: Fischfrikadellen mit Perl-
    graupen und Kartoffelsalat 248 •
Forelle:Lachsforelle im Wirsing-
    blatt 223 •
Forellenbarsch 22
Forellen-Kaviar 135
Forellenkaviar: Matjes nach
    Hausfrauenart 189 •
Forkbeard 91
Forked hake 90
Four-eyed sole 117
Four-spot megrim 110
Fragolino 61
Franzosendorsch 88, 89
Französische Bouillabaisse 202 •
Französische Rouille 296 •
Frauenfische 120
Frauennerfling 25
Frischemerkmale 141, 142
Frittieren 144, 239
Fugu rubripes 97
Fumet de poisson 168, 291
Fußlose 40

G

Gabeldorsch 90
Gabelmakrele 53
Gadidae 87

Gadiformes 19, 23, 87
Gadus macrocephalus 87
Gadus morhua 87
Gaffelmakreel 53
Gaiado 83
Gaidropsarus mediterraneus 90
Galeorhinus galeus 123
Galeos 123
Galeota maior 77
Gallano 73
Gallineta del Pacífico 101
Gallo del nort 110
Galo negro 107
Galupe 71
Gambas: Edle Bouillabaisse 205 •
Gardon blanc 25
Gardon rouge 25
Garen im Ofen 259
Garmethoden für Fisch 144
Garneo 104
Garoupa pintada 48
Garsud für Portionsstücke 167 •
Garziehen 211
Gata 122
Gatos 121, 122
Gattopardo 121, 122
Gattucio 122
Gebundene Suppen 195
Gedämpfter Wolfsbarsch mit
    Ingwer und Frühlingszwiebeln
    220 •
Gedünsteter Skrei mit Räucher-
    lachs 232 •
Gefleckte Meerbarbe 68, 69
Gefleckter Dornhai 124
Gefleckter Flügelbutt 110
Gefleckter Lippfisch 73
Gefleckter Rochen 127
Gefleckter Seebarsch 45
Gefleckter Seewolf 76, 77
Gefleckter Silberkarpfen 31
Gefleckter Umberfisch 66, 67
Gefleckter Ziegenfisch 68, 69
Gefüllte Seezungenröllchen 227 •
Gefüllter Steinbeißer in
    Eihülle 256 •
Gefülltes Seezungenfilet mit
    Blutorangensabayon 267 •
Gegrillter Tandoori-Steinbutt mit
    Aprikosen-Tomaten-Chutney
    280 •
Geissbrassen 62
Gelacktes Karpfenfilet 273 •
Gelb gesäumter Zackenbarsch 48
Gelbflossen-Tun 83
Gelbmaulfelsenfisch 100, 101
Gelbschwanz-Felsenfisch 101, 102
Gelbschwanzmakrele 54
Gelbschwanz-Schnapper 59
Gelbstriemen 60, 61
Gelee 302
Gemeiner Pompano 54
Gempylidae 78
Gemüse-Pot-au-Feu: Zackenbarsch
    in Folie mit Gemüse-Pot-au-Feu
    262 •
Georgia-Lachs 57
Geräucherte Fischprodukte 132
Geräucherte Forelle: Ravioli von
    der Räucherforelle im Spargelsud
    201 •

Geräucherte Renke mit Linsensalat
    287 •
Geräucherter Karpfen aus dem
    Wok 288 •
Geräucherter Saibling mit Spargel
    286 •
Germon 83
Geruch 143
Gesalzene Fischprodukte 129
Gescheckter Kohlenfisch 105
Geschmorter Aal mit Rotwein-
    linsen und Gemüse 234 •
Geschmorter Stockfisch mit
    warmer Feigenvinaigrette 236 •
Gestreifter Seewolf 76
Gestreifter Speerfisch 85
Gestreifter Tun 83
Gestreiftes Petermännchen 75
Getrocknete Fischprodukte 128
Ghiozzo nero 78, 79
Ghiozzo testone 78, 79
Giant goby 78, 79
Giant grouper 47
Giant sea bass 49
Giant sea perch 52
Giant stargazer 76
Gilthead seabream 62
Glace 302
Glace de poisson 169
Glacieren 146, 302
Glas- und Nilbarsche 21, 52
Glasaal 40
Glattbutt 110
Glattbutt mit Honig-Nuss-Kruste
    276 •
Glatthai 123
Glattrochen 127
Gliederstrahlen 19
Glory mullet 71
Glossa 116
Glyptocephalus cynoglossus 112,
    113
Goat mullet 68, 69
Gobie céphalote 78, 79
Gobie noir 78, 79
Gobiidae 78
Gobios 78, 79
Gobito de roca 78, 79
Gobius cobitis 78, 79
Goldäsche 71
Goldbarsch 99, 100
Goldbarsch: Fischfrikadellen mit
    Perlgraupen und Kartoffelsalat
    248 •
Goldbrassen 62
Golden grey mullet 71
Golden redfish 99, 100
Golden tilefish 52
Golden trout 35
Goldkarausche 29
Goldmakrelen 56
Goldmeeräsche 71
Goldstriemen 60
Golfflunder 111
Golffrog 127
Goliath grouper 47
Goody 66, 67
Goosefish 43
Gopa 60, 61
Goraz 61
Gorette blanche 64

Granatbarsch 118
Grand tambour 66, 67
Grande carangue 55
Grande castagnole 56
Grande coryphène 56, 57
Grande roussette 121, 122
Grande sébaste 99, 100
Grande vive 75
Granik strojny 48
Graskarpfen 30
Grass carp 30
Gräten 211
Grätenfisch 120
Grätenpinzette 156, 157
Gratinieren 302
Grauäsche 71
Graubarsch 61
Grauer Knurrhahn 103
Grauhai 123
Graved Lachs 178 •
Grayling 37
Grdobina 43
Great barracuda 72
Greater amberjack 54
Greater forkbeard 90
Greater sand eel 77
Greater weever 75
Green pollack 88
Green tench 28
Greenback grey mullet 71
Greenland halibut 114
Grémille 20, 21
Grenadier 91, 92
Grenadierfische 92
Grey gurnard 103
Grey triggerfish 97
Grondeur noir 66, 67
Grondin gris 103
Grondin lyre 104
Grondin perlon 103
Grondin rouge 102
Grönlandhai 121
Groppen 106
Groß geflecter Katzenhai 121, 122
Große Bodenrenke 36, 37
Große Goldmakrele 56, 57
Große Maräne 36, 37
Große Schwebrenke 36
Großer Barrakuda 72
Großer Roter Drachenkopf 99
Großer Sandaal 77
Großes Petermännchen 75
Großflossen-Morwong 70
Großköpfige Meeräsche 71
Großköpfiger Karpfen 31
Groupers 46
Grünaal 40
Grundeln 78
Grundhai 123
Grundsaucen 291
Grüner Lippfisch 73
Grünel 54
Grüner Hering 94
Grünlinge 104
Grünrücken-Meeräsche 71
Grunzerfische 64
Gudak 21
Guelly jack 55
Gulbrust 26, 27
Gulf flounder 111
Güster 29

Teubner Edition 307

REGISTER

Gustera 29
Gymnammodytes cicerelus 77
Gymnammodytes semisquamatus 77
Gymnocephalus cernua 20, 21
Gymnocranius robinsoni 65

H

Haarbutt 110
Haarschwänze 79
Haar-Seezunge 117
Haddock 87
Haemulidae 64
Haemulon plumieri 64
Haemulon sciurus 64
Hafsål 41
Hafsnejonöga 38
Hahnenfisch 86
Hahnenfische 85
Haie 18, 121
Haifischsteak mit Salat von grüner
    Mango 282 •
Hake 91
Halibut 114
Haltbarmachung 279
Hältern 17, 302
Hamlet 48
Hammelfisch 59
Hardhead 66
Hareng du Pacifique 93
Haring 93
Hasel 26, 27
Hauki 37
Hausen 120
Haut 18, 142
Häuten (Plattfisch) 162
Hecht 37
Hecht: Fischfrikadellen mit Perl-
    graupen und Kartoffelsalat 248 •
Hecht: Ravioli von der Räucherfo-
    relle im Spargelsud 201 •
Hechte 37
Hechtklößchen 217 •
Heek 91
Heißräucherung 132, 279
Heller Geflügelfond 171 •
Heltling 36
Heringsartige Fische 19, 93
Heringsartige Süßwasserfische 24
Heringsfische 24, 93
Heringshai 122
Heringskönig 107
Herings-Tatar 186 •, 187
Herrera 62, 63
Herring 93
Hexagrammidae 104
Hexagrammos decagrammus 104
Hexagrammos lagocephalus 104
Hexanchus griseus 123
Himmelsgucker 76
Hippoglossoides platessoides 113
Hippoglossus hippoglossus 114
Hirondelle de mer 56
Hoki 91
Honeycomb 49
Honig-Senf-Sauce: Fischfondue 219 •
Hoplostète orange 118
Hoplostethus atlanticus 118
Hork 20, 21
Hornfisk 42
Horngädda 42

Horngjel 42
Hornhecht 42
Hornhechte 42
Horse mackerel 53
Houting 36
Huachinango del Golfo 58
Huchen 34
Hucho hucho 34
Hucho taimen 34
Huchone 34
Hueva seca 128
Hummer: Edle Bouillabaisse 205 •
Hummerkarkassen: Feine
    Hummersauce 294 •
Hummer-Mayonnaise 297 •
Humpback salmon 33
Humpback whitefish 36
Hundshai 123
Hundszunge 112, 113
Huso huso 120
Hyperoplus lanceolatus 77
Hypomesus pretiosus 98
Hypophthalmichthys molitrix 30
Hypophthalmichthys nobilis 31
Hyse 87

I

Ictaluridae 39
Ictalurus furcatus 39
Ictalurus nebulosus 39
Ictalurus punctatus 39
Id 26, 27
Ide mélanote 26, 27
Idiot 101, 102
Ihle 94
Indian spiny turbot 108, 109
Indische Fadenmakrele 55, 56
Indischer Stachelbutt 108, 109
Indopazifische Spitzzunge 109
Inside-out-Sushi 183 •
Ising 115
Iskorpit 99
Istavrit 53
Istiophoridae 85
Istrongiloz 60, 61
Itajara zmienna 47
Italienischer Nästling 27
Izmarit 60

J

Jabón 74
Jacksass fish 70
Jacob Peper 48
Jakupepu 48
Japanische Sardine 95
Japanischer Aal 40, 41
Japuta 56, 57
Jesetra 119
Jewfish 47
Jez 26, 27
John Dory 107
Judenfisch 47
Judeu 83
Julienne 302
Jurel 53
Jurel dentón 55
Juwelenbarsch 46, 47

K

Kabeljau: Fischfrikadellen mit Perl-
    graupen und Kartoffelsalat 248 •
Kabeljau 87
Kabeljau im Pergament 263 •
Kabeljau: Borschtsch mit Steinbutt
    209 •
Kabeljau: Fish and Chips 254 •
Kaiserbarsch 118
Kaiser-Schnapper 58
Kalbfisch 121, 133
Kalifornischer Barrakuda 72
Kalifornischer Judenfisch 49
Kalifornischer Pompano 86
Kalträucherung 132, 279
Kamtannhai 123
Kanariengelber Felsenfisch 101, 102
Kapsardine 95
Karausche 29
Karkasse 141, 291, 302
Karkassen verarbeiten 168
Karp 30
Karpfen 30, 147
Karpfen, geräucherter, aus dem
    Wok 288 •
Karpfenartige Fische 19, 25
Karpfenfilet, gelacktes 273 •
Karpfenfische 25
Kartoffelsalat: Fischfrikadellen mit
    Perlgraupen und Kartoffelsalat 248•
Kartoffel-Oliven-Püree: Lachs-
    schnitte mit Jakobsmuschel 250 •
Kartoffelpüree: Geschmorter Stock-
    fisch mit warmer Feigenvinai-
    grette 236 •
Kasserolle 157
Katfisch 44, 76
Kathetostoma giganteum 76
Katsuwonus pelamis 83
Katzenhai 121, 122
Katzenwelse 39
Kaulbarsch 20, 21
Kaviar 134
Keler 125
Kelp greenling 104
Kephalos 71
Kerzenfisch 98
Keta-Kaviar 135
Keta-Lachs 33
Keulenrochen 126
Kharius 37
Khutam 65
Kieler Sprotten 133
Kiemen 143
King billy 66
King salmon 33
Kingfish 81
Kipper 133
Klären 302
Klare Suppen 195
Klein gefleckter Katzenhai 122
Kleine Bodenrenke 36
Kleine Maräne 36
Kleine Schwebrenke 36
Kleiner Rotbarsch 100
Kleinfüßiger Seeteufel 43
Kleinmäuliger Seestint 98
Kleist 110
Klen 26, 27
Klenia 26, 27

Kliesche 115
Klippfisch 128
Klöße und Nocken 216
Knochenfische 18, 19, 303
Knorpelfische 18, 121, 303
Knurrhahn 103
Knurrhahn Livornoer Art 231 •
Knurrhahn vom Grill mit Kräuter-
    butter 285 •
Knurrhahn: Edle Bouillabaisse 205 •
Knurrhahn: Französische Bouilla-
    baisse 202 •
Knurrhähne 102
Kochen 144
Kohlenfisch 105
Köhler 88
Kondo 120
Königin-Drückerfisch 97
Königsaal 125
Königsbrassen 63
Königsgelbschwanz 55
Königslachs 33
Konserven 130
Konservierung 279
Korégonos 36
Kotelett 303
Kräuter in Tempurateig: Glattbutt
    mit Honig-Nuss-Kruste 276 •
Kräuterbutter: Knurrhahn vom Grill
    mit Kräuterbutter 285 •
Kräuterheringe 130
Kronsardinen 131
Kronsild 131
Kuckucslippfisch 73
Kuckucsrochen 127
Kugelfisch 97
Kugelfische 97
Kugelfischverwandte 19, 97
Kuller 87
Kumquat-Tomaten-Pesto 298 •
Kürbis, geschmorter: Glattbutt mit
    Honig-Nuss-Kruste 276 •
Kurdela 70

L

Laban 71
Labridae 72
Labro pavone 73
Labrus berggylta 73
Labrus bimaculatus 73
Labrus merula 73
Labrus viridis 73
Lachs in Filoteig 265 •
Lachs portionieren 150
Lachs, geräuchert: Terrine von
    Edelfischen 192 •
Lachs, geräucherter 132
Lachs, Graved 178 •
Lachs: Fischfondue 218 •
Lachs: Gefüllte Seezungenröllchen
    227 •
Lachs: Inside-out-Sushi 183 •
Lachs: Nigiri-Sushi 182 •
Lachs: Nori Maki 183 •
Lachs: Zander souffliert auf
    Limettenschaum 224 •
Lachsartige Fische 19, 32
Lachsartige Meeresfische 19, 98
Lachsbückling 133
Lachsfische 32

REGISTER

Lachsfond 168 ·
Lachsforelle 34
Lachsforelle im Wirsingblatt 223 ·
Lachshering 94
Lachsmakrelen 57
Lachsschnitte mit Jakobsmuschel 250 ·
Lagartixa da rocha 92
Lagerzeit von Tiefkühlfisch 146
Lake 23
Lake trout 35
Lake whitefish 36, 37
Lammzunge 111
Lamna nasus 122
Lampern 38
Lampetra fluviatilis 38
Lamprea de mar 38
Lamprea de río 38
Lampreda di fiume 38
Lampreda di mare 38
Lamproie de rivière 38
Lamproie marine 38
Lampuga 56, 57
Lançon 77
Langer Grünling 105
Lange Zunge 117
Langhale 92
Langschnäuziger Speerfisch 85
Langschwanz-Seehecht 91
Langue d'avocat 117
Lanzardo 80
Lâpin 73
Largemouth bass 22
Lascar 116, 117
Latchett 103
Lates calcarifer 52
Lates niloticus 21
Latour 122
Latterino 42
Latume 82
Laube 28
Laue 28
Launce 77
Lauwarme Rotbarbe mit Gemüse-
salat und Wasabicreme 190 ·
Leatherjacket 97
Leccia scagliosa 55
Leccia stella 53, 54
Lederkarpfen 30
Left-eyed spotted flounder 108, 109
Legieren 303
Leiostomus xanthurus 66, 67
Lemon sole 114, 116
Leng 89
Lenguado 116
Lenguado de arena 116, 117
Lenguado espinudo indio 108, 109
Leopard-Felsenbarsch 49
Lepidopsetta bilineata 115
Lepidopus caudatus 79
Lepidorhombus boscii 110
Lepidorhombus whiffiagonis 110
Lepomis auritus 22
Lepomis gibbosus 22
Lepomis macrochirus 22
Lepomis microlophus 22
Lerflyndre 113
Lethrini 61
Lethrinidae 65
Lethrinus microdon 65
Lethrinus nebulosus 65

Leucaspius delineatus 26
Leuciscus cephalus 26
Leuciscus idus 26, 27
Leuciscus leuciscus 26, 27
Liebre de mar 106
Lieu jaune 88
Lieu noir 88
Limanda aspera 115
Limanda limanda 115
Limande 114, 115
Limande salope 110
Limande sole 114
Limettenschaum: Marlinsteak mit
Pak Choi und Bohnen 246 ·
Limettenschaum: Zander souffliert
auf Limettenschaum 224 ·
Ling 89
Lingcod 105
Linguado legítimo 116
Linguattola 108, 109
Lingue 89
Lingue bleue 90
Linksäugige Großschuppige
Spitzzunge 108, 109
Lippfische 72
Lippu rondeau 64
Lisa 71
Lisa dorada 71
Lisa negra 71
List 112, 116
Listado 83
Lithognathus mormyrus 62, 63
Litsa 53
Liza aurata 71
Liza dussumieri 71
Liza ramada 71
Liza saliens 71
Liza vaigiensis 71
Lodde 98
Lohi 32
Lomre 114
Long rough dab 113
Longnose Sucker 31
Long-nosed emperor 65
Long-nosed skate 127
Lophiidae 43
Lophiiformes 19, 43
Lophius americanus 43
Lophius budegassa 43
Lophius piscatorius 43
Lopholatilus chamaeleonticeps 52
Loquette 92
Lorcha 105
Loro barba azul 74
Loro de escamas amarillas 74
Loro verde 74
Losos 32
Lostaritæm 34
Lota lota 23
Lotregano 71
Lotte 43, 147
Lotte de rivière 23
Loup de mer 44, 45, 76, 147
Louvereau 86
Lovrata 62
Lubb 89
Lubin 44, 45
Lubina 44, 45
Lubina estriada 45
Luccio 37
Luccio di mare 72

Lucerna 76
Lucio 37
Lucioperca 21
Lüfer 52, 53
Lumb 89
Lumpfisch 106
Lumpfish 106
Lumpsucker 106
Lutiano rosso 58
Lutjanidae 58
Lutjanido 58
Lutjanus analis 59
Lutjanus bohar 59
Lutjanus campechanus 58
Lutjanus cyanopterus 58
Lutjanus sanguineus 59
Lutjanus sebae 58
Lutjanus vivanus 59
Lutros 72
Luvar 86
Luvaridae 85
Luvaro 86
Luvarus imperialis 86
Lychnos 76

M

Macabi 120
Macka mala 122
Mackerel 80
Macrouridae 92
Macruronus novaezelandiae 91
Made 23
Magerfische 17, 303
Magerfischkarkassen: Rote Butter-
sauce 295 ·
Magiatico 54
Maifisch 24
Maigre 66, 67
Mairenke 28, 36
Maischolle 113
Makaira nigricans 85
Makaire bleu 85
Makaire strié 85
Makrel 80
Makrele süßsauer 247 ·
Makrele: Nigiri-Sushi 182 ·
Makrelenfische 80
Makrell 80
Mallotus villosus 98
Malossol 134
Mangosalat: Haifischsteak mit Salat
von grüner Mango 282 ·
Maquereau espagnol 80
Maragota 73
Maränen 36
Marbled ray 127
Marbré 62, 63
Marinade 130, 303
Marinieren 303
Marlin azúl 85
Marlin azzurro 85
Marlin de Méditerránee 85
Marlin del Mediterráneo 85
Marlin rayado 85
Marlinos Mesogiou 85
Marlinsteak mit Pak Choi und
Bohnen 246 ·
Marmoraal 40
Marmorbrassen 62, 63
Marmorkarpfen 30

Marmorrochen 127
Marrajo sardinero 122
Maruca 89
Maruca azúl 90
Matjes 94
Matjes nach Hausfrauenart 189 ·
Matjeshering 96, 130
Maulbrüter 22
Meagre 66, 67
Medaillons 303
Mediterranean spearfish 85
Medregal 54
Meeraal 41
Meeraal: Französische Bouillabaisse
202 ·
Meeräschen 70
Meerbarbe: Französische Bouilla-
baisse 202 ·
Meerbarben 68
Meerbrassen 60
Meerengel 125
Meeresfische 17, 18, 19, 40
Meerforelle 34
Meerneunauge 38
Meerrabe 65
Meerval 39
Megalaspis cordyla 55
Megalopidae 120
Megrim 110
Melanogrammus aeglefinus 87
Melanuri 62
Mercan 61
Merekh 27
Merina 41
Merlan 88
Merlangius merlangus 88
Merlano 88
Merlu 91
Merlu argenté d'Amerique du Nord
91
Merlucciidae 91
Merluccius australis 91
Merluccius bilinearis 91
Merluccius merluccius 91
Merluccius productus 91
Merluza 91
Merluza de Boston 91
Merluza norteamericana 91
Merluzzo dell'Alaska 88, 105
Merluzzo giallo 88
Mero 49
Mero aleta amarilla 48
Mero americano 48
Mero gallina 48
Mero gigante 47
Mero gigante del Pacífico 49
Mero moteado 49
Mero criollo 48
Merote 47
Mérou aile jaune 48
Mérou cabrilla 49
Mérou géant 47
Mérou géant du Pacifique 49
Mérou marbré 49
Mérou rayé 48
Mérou rouge 48
Merra-Wabenbarsch 49
Microchirus ocellatus 117
Microchirus variegatus 117
Micropogonias undulatus 66

Teubner Edition 309

REGISTER

Micropterus salmoides 22
Microstomus kitt 114
Microstomus pacificus 114, 115
Mielga 124
Miesmuscheln: Edle Bouillabaisse
  205 •
Mietus 23
Milchner 93
Mittelmeer-Barrakuda 72
Mittelmeer-Gabeldorsch 91
Mittelmeerleng 90
Mittelmeermakrele 80
Mittelmeer-Muräne 41
Mittelmeer-Nacktsandaal 77
Mittelmeer-Speerfisch 85
Mittelmeer-Sternrochen 127
Mud flounder 112
Moderlieschen 26
Mojama de Atùn 128
Mol 91
Molmol 74
Molva 89
Molva azzurra 90
Molva dipterygia dipterygia 90
Molva dipterygia macro-phthalma
  90
Molva molva 89
Mondsichel-Juwelenbarsch 48
Monkfish 43, 76
Monochirus hispidus 117
Montieren 303
Moorkarpfen 29
Moray eel 41
Moreia 41
Morena 41
Morone americana 21
Morone saxatilis 45
Moronidae 21, 44
Morue 87
Morue bleue de Nouvelle-Zélande 75
Morue charbonnière 105
Morue du Pacifique occidental 88
Morue-lingue105
Morun 120
Moruna 120
Morwongs 70
Mostelle de roche 90
Mousse 303
Moxostoma 31
Mud flathead 105
Muge à grosse lèvre 71
Muge doré 71
Muggine dorato 71
Mugil cephalus 71
Mugilidae 70
Mugiloides chilensis 75
Mugiloididae 74
Mugle 71
Mulet daurin 71
Mulet doré 71
Mulet lippu 71
Mulle 68, 69
Mullet à grosse tête 71
Mullidae 68
Mullus barbatus 68, 69
Mullus surmuletus 68, 69
Muraena helena 41
Murena 41
Murène 41
Murique moteado 49
Murmura 62, 63

Muruna 119
Muscheln: Fischfondue 218 •
Musola 123
Mustelus mustelus 123
Mutton Schnapper 59
Mylokopi 66, 67
Myoxocephalus scorpius 106
Myxiniformes 38

N
Nacktsandaal 77
Nagelrochen
Nannygal 118
Nase 27
Nasello 91
Nasello atlantico 91
Nasenhöcker-Papageifisches 74
Nassau grouper 48
Nasssalzung 130
Nemadactylus macropterus 70
Nerfling 26, 27
Neunaugen 38
Neunaugenartige 19, 38
Neuseeländische Rundzunge 116
Neuseeländische Scharbe 116
Neuseeländischer Seehecht 91
Neuseeländische Stachelmakrele 55
Neuseeländischer Aal 41
Neuseeländischer Blaubarsch 75
Neuseeländischer Himmelsgucker
  76
Neuseeländischer Wrackbarsch 46
New Zealand blue cod 75
New Zealand sole 116
Nigiri-Sushi 182 •
Nilbarsch 21
Viktoriaseebarsch 21
Nile perch 21
Nordpazifischer Seehecht 91
Nordseehering 133
Nordseeschnäpel 36
Nori Maki 183 •
Noriega 127
Northern red snapper 58
Norwegischer Zwergbutt 110
Notidano capopiatto 123
Nursehound 121, 122

O
Oblada 62
Oblada melanura 62
Oblet 28
Occhialone 61
Occhiata 62
Ocean tilefish 52
Ocean whitefish 52
Ocyurus chrysurus 59
Offshore hake 91
Ofiodon 105
Ofiodonte 105
Oío 120
Okoun 20
Ölfisch 78
Olho vermelho 25
Ombervis 66, 67
Omble chevalier 35
Omble de fontaine 35
Ombre 37
Ombrina 66, 67
Ombrina dentata 66, 67

Ombrina nera 66, 67
Ombrina ocellata 66
Ombrine 66, 67
Oncorhynchus gorbuscha 33
Oncorhynchus keta 33
Oncorhynchus kisutch 33
Oncorhynchus mykiss 34
Oncorhynchus nerka 33
Oncorhynchus tschawytscha 33
Ophiodon elongatus 105
Orange roughy 118
Orangen-Basilikum-Sauce 299 •
Orangestreifen-Drückerfisch 97
Orcynopsis unicolor 81
Orfe 26, 27
Orfoz 47
Orhan 54
Osetr-sturgeon 119, 120
Osietra-Kaviar 134
Osietra-Stör 119, 120
Osmeridae 98
Osmerus eperlanus 98
Ostatlantische Königsmakrele 81
Ostseeflunder 112
Ostseeheringe 132
Ostseeschnäpel 36

P
Pacific bonito 81
Pacific butterfish 86
Pacific cod 87
Pacific cutlass-fish 79
Pacific hake 91
Pacific herring 93
Pacific ocean perch 101
Pacific pomfret 56, 57
Pacific salmon 57
Pagellus acarne 61
Pagellus bogaraveo 61
Pagellus erythrinus 61
Pageot 61
Pageot acarné 61
Pagre 61
Pagro dentice 61
Pagrus pagrus 61
Painted comber 46
Painted ray 127
Palaia 108, 109
Palamida 81
Palamita 81
Palamut 81
Palaya rosa 108, 109
Palée du Léman 36, 37
Paling 40, 41
Paloma pompano 53
Palombo liscio 123
Palometa blanca 53
Palometa plateada 86
Palometa roja 118
Palomine 53
Pampanito 53
Pámpano amarillo 54
Pámpano de quilla 55
Pámpano índico 55
Pampo argenteo 86
Pampus argenteus 86
Pandora 61
Panga 55
Pangasius bocourti 39
Pangasius hypothalamus 39

Pantherfisch 46, 47
Panzerwangen 19, 99
Papagaio 74
Papageifische 74
Papalina 95
Paralichthys dentatus 111
Paralichthys lethostigma 111
Paraperca azúl 75
Paraperca blu 75
Parapercis colias 75
Parastromateus niger 56
Pardelha dos alpes 25
Pardete 71
Pargo 61
Pargo caballo 58
Pargo cubera 58
Pargo de lo alto 59
Pargo del Golfo 58
Pargo legítimo 61
Parieren 303
Parophrys vetulus 115
Parposz 24
Parrotfish 74
Parüren 141, 150, 303
Passieren 303
Pastenula bianca 90
Pataraccia 108, 109
Pata-roxa gata 121, 122
Pazifikdorsch 87
Pazifischer Bonito 81
Pazifische Brachsenmakrele 56, 57
Pazifische Glattscholle 115
Pazifische Kliesche 115
Pazifische Rotzunge 114, 115
Pazifische Sardine 95
Pazifische Scharbe 115
Pazifischer Bonito 83
Pazifischer Degenfisch 79
Pazifischer Fleckenbarsch 49
Pazifischer Hering 93
Pazifischer Lengdorsch 105
Pazifischer Rotbarsch 101
Pazifischer Ziegelfisch 52
Peau bleue 124
Pegello mafrone 61
Peixe aranha maior 75
Peixe de cheiro 98
Peixe espada preto 79
Peixe lobo malhado 76, 77
Peixe lobo riscado 76
Peixe sombra 37
Peixe vermelho 99, 100
Peixe-rei 42
Peje fino 52
Pejerrey 42
Pelamide 81
Pelamiden 80
Pelotretis flavilatus 116
Peltorhamphus novaezeelandiae 116
Peluda 108, 109
Pelz-Seezunge 117
Pénzes per 37
Peprilus simillimus 86
Peprilus triacanthus 86
Perama de moça 123
Perca 46
Perca europeia 20
Perca fluviatilis 20
Perca gigante 52
Perca sol 22
Perch 20

REGISTER

Perche 20
Perche barramundi 52
Perche d'Amérique à grande bouche 22
Perche du Nil 21
Perche soleil 22
Perchia 44, 45
Perchia nera 49
Perchia striata 49
Percidae 20
Perciformes 19, 20, 44
Perles du Nord 106
Perlfisch 25
Perlin 25
Perroquet à ecailles jaunes 74
Perroquet barbe bleu 74
Perroquet vert 74
Persico sole 22
Persicospigola striata 45
Peruanische Sardine 95
Pescada branca 91
Pescado colorado 66
Pesce angelo 125
Pesce balestra 97
Pesce bandiera 79
Pesce castagna 56, 57
Pesce gatto 39
Pesce imperatore 86
Pesce lancia strato 85
Pesce papagallo 74
Pesce persico 20
Pesce San Pietro 107
Pesce spada 84
Pesce specchio atlantico 118
Pesce volante 42
Petermännchen 75
Petermännchen: Französische Bouillabaisse 202 ·
Petersfisch 107, 147
Petersfisch mit Bündnerfleisch und Kürbis 191 ·
Petersfisch mit Limettenblättern in süßem Senfschaum 243 ·
Petersfisch: Fischfondue 218 ·
Petersfische 19, 107
Petite marène 36
Petite roussette 122
Petite sole jaune 116
Petrale sole 115
Petromyzon marinus 38
Petromyzonidae 38
Petromyzoniformes 19, 38
Pez ballesta 97
Pez cinto 79
Pez de limón 54
Pez de San Pedro 107
Pez espada 84
Pez mantequilla americano 86
Pez mariz azúl 85
Pez volador 42
Pfeifen-Knurrhahn 104
Pfeilhecht 72
Pfeilhechte 72
Pferde-Stachelmakrele 55
Phanerodon furcatus 70
Phrynorhombus norvegicus 110
Phycis blennioides 90
Phycis de fond 90
Phycis phycis 91
Picarel 60
Picón 127

Pigo 25
Pike 37
Pike perch 21
Piked dogfish 124
Pilchard 94, 95
Pink salmon 33
Pintadilla cola larga 70
Pintarroja 122
Piper gurnard 104
Pirka 46
Pisi 110
Platichthys flesus 112
Plattfisch ausnehmen 160
Plattfisch bei Tisch zerlegen 164
Plattfisch filetieren 160
Plattfisch portionieren 160
Plattfische 17, 19, 108, 303
Plattieren 303
Platycephalidae 105
Platycephalus fuscus 105
Plavica 80
Plectropomus leopardus 49
Plegonero 88
Plettet mulle 68, 69
Pleurogrammus monopterygius 105
Pleuronectes platessa 112, 113
Pleuronectidae 112
Pleuronectiformes 19, 108
Plie 112, 113
Plie cynoglosse 112, 113
Plie de Californie 115
Pliete 29
Plötze 25
Pochteau noir 127
Pochieren 144, 166, 211, 303
Pochierfonds zubereiten 166
Pochierter Steinbutt 214 ·
Pochteau gris 127
Podas 111
Podust 27
Poey's grouper 48
Pogonias cromis 66, 67
Poisson blanc 52
Poisson chat noir 39
Poisson cochon 64
Poisson juif 49
Poisson montre 118
Poisson-pique 85
Polar cod 87
Polardorsch 87
Pollachius pollachius 88
Pollachius virens 88
Pollack 88
Pollack lythe 88
Pollanlavaret du Bourget 36
Polyprion americanus 46
Polyprion oxygeneios 46
Pomatomidae 52
Pomatomus saltator 52, 53
Pomfret 86
Pomoxis annularis 22
Pomoxis nigromaculatus 22
Pompaneau colombe 53
Pompaneau sole 54
Pompano 53
Pope 20, 21
Porbeagle 122
Porkfish 64
Portionieren 150, 160
Post croaker 66, 67
Potamolavrako 28

Pouting 88, 89
Pregado 109
Prionace glauca 124
Protonibea diacanthus 65
Psetta maxima 109
Psetta maxima maeotica 110
Psettodes erumei 108, 109
Psettodidae 108
Pseudosarago 70
Pseudupeneus maculatus 68, 69
Pseudupeneus prayensis 69
Pterygotrigla polyommata 103
Puitaal 92
Pumpkin scad 86
Pumpkinseed sunfish 22
Punkt-Umberfisch 66, 67

Q

Qualität 141
Qualitätsmerkmale 142
Qualitätsprüfung 143
Quappe 23
Queen triggerfish 97
Queensland halibut 108, 109
Quinalt 33
Quinnat 33

R

Raia lemga 126
Raia oirega 127
Raie à bec pointu 127
Raie bouclée 126
Raie brunette 127
Raie capucin 127
Raie mosaïque 127
Raie ondulée 127
Rainbow tilefish 52
Rainbow trout 34
Raja asterias 127
Raja batis 127
Raja bruzdowana 127
Raja clavata 126
Raja miraletus 127
Raja montagui 126, 127
Raja naevus 127
Raja oxyrhyinchus 127
Raja polystigma 127
Raja radula 127
Raja undulata 127
Rajidae 126
Rajiformes 18, 126
Rama kamenica 126
Rana pescatrice 43
Rape 43
Rapfen 27
Rascacio 99
Rascasse brune 99
Rascasse rouge 99
Rascasse verte 105
Rascasso de pintas 99
Rascasso vermelho 99
Raspalllón 62
Räucherfisch zerlegen 164
Räucherfischfond 169 ·
Räucherlachs 130, 132, 133
Räucherlachs: Gedünsteter Skrei mit Räucherlachs 232 ·
Räucherlachs: Terrine von Edelfischen 192 ·
Räuchermehl 144, 279

Räuchern 144, 279
Raue Scharbe 113
Ravioli von der Räucherforelle im Spargelsud 201 ·
Ray's bream 56
Raya de clavos 126
Raya mosaica 127
Raya picuda 127
Rayón 127
Raza scedrica 127
Razper 27
Razza bavosa 127
Razza chiodata 126
Razza monaca 127
Razza ondulata 127
Rechenclen 26
Red bandfish 70
Red bass 59
Red drum 66
Red emperor 58
Red goatfish 68, 69
Red grouper 48
Red gurnard 102
Red hake 91
Red mullet 68, 69
Red salmon 33
Red scorpionfish 99
Red snapper 58
Red Snapper auf Gemüsejulienne 260 ·
Red Snapper: Fischsuppe mit Zitronengras und Galgant 197 ·
Red Snapper: mit Trüffel oder Speck 261 ·
Redbreast Sunfish 22
Redfish 118
Redfish fillet 118
Redhorse Sucker 31
Reduzieren 303
Regenbogenforelle 34
Reinhardtius hippoglossoides 114
Rémol 110
Renke blau mit Sternanis 212 ·
Renke, geräucherte 287 ·
Renke: Fischfrikadellen mit Perlgraupen und Kartoffelsalat 248 ·
Renken 36
Requin bordé 124
Requin griset 123
Rhabdosargus globiceps 63
Ricciola 54
Ricciola di fondale 85
Ricciole di fondale australe 85
Riesengrundel 78, 79
Riesenzackenbarsch 47
Rina 125
Ringelbrassen 62
Roach 25
Robalo legítimo 44, 45
Robalo-muge 45
Robinne 74
Rochen 18, 126, 147
Rochenflügel 147, 159
Rochenflügel Grenoble 228 ·
Rochenflügel in Sardellenbutter 253 ·
Rochenflügel mit Balsamico 229 ·
Rock bass 49
Rock Greenling 104
Rock sole 115

Teubner Edition **311**

REGISTER

Rockfish 45
Rocote bermejo 101
Rodaballo 109
Rodaballo de California 115
Rogner 93
Rollizo 75
Rollmops 96, 131
Rombo chiodato 109
Rombo di rena 111
Rombo giallo 110
Rombo liscio 110
Rombou podas 111
Romerillo 85
Roncadeira preta 65
Ronco arara 64
Ronco margariteño 64
Rosa Gabelschwanz-Schnapper 59
Rotauge 25
Rotbarbe, lauwarme, mit Gemüse-
salat und Wasabicreme 190 •
Rotbarbe: Edle Bouillabaisse 205 •
Rotbarbenfilet auf Risotto 222 •
Rotbarsch 99, 100
Rotbrassen 61
Rote Bete-Wasabi 300 •
Rote Buttersauce 295 •
Roter Gabeldorsch 91
Rote Meerbarbe 68, 69
Roter Zackenbarsch 48
Roter Bandfisch 70
Roter Knurrhahn 103
Roter Schnapper: Fischsuppe mit
Zitronengras und Galgant 197 •
Roter Seehasen-Kaviar 135
Roter Tun 82
Roter Umberfisch 66
Rotfeder 25
Rotlachs 33
Rotschwanz-Papageifisch 74
Rötsimpa 106
Rotweinlinsen: Geschmorter Aal
mit Rotweinlinsen und Gemüse
234 •
Rotzunge 114
Rotzunge: Eglifilet in Eihülle 257 •
Rouget de roche 68, 69
Rouget de vase 68, 69
Rouget du Sénégal 69
Rouget-barbet tacheté 68, 69
Rouille, französische 296 •
Rózas márna 28
Ruda 29
Rudd 25
Rudderfish 54
Ruff 57
Ruffe 20, 21
Rundfisch ausnehmen 148
Rundfisch bei Tisch zerlegen 164
Rundfisch durch den Rücken
entgräten 152
Rundfisch filetieren 150
Rundfisch füllen 152
Rundfisch portionieren 150
Rundfisch schuppen 148
Rundfische 17, 303
Rundmäuler 38
Rundnasiger Grenadierfisch 92
Russian sturgeon 119, 120
Rutilus frisii 25
Rutilus frisii meidingeri 25
Rutilus pigus 25

Rutilus pigus virgo 25
Rutilus rubilio 25
Rutilus rutilus 25
Rutte 23
Ruvettus pretiosus 78
Rygstribet pelamide 81

S

Saba 80
Sable negro 79
Sablefish 105
Saboga 24
Sabre argenté 79
Sabre noir 79
Sackbrassen 61
Saddled bream 62
Safio 41
Sägebarsch 44, 45
Sägebarsche 45
Sägebauch 118
Sägebäuche 118
Sägefische 126
Saibling, geräucherter, mit Spargel
286 •
Saibling: Bachsaibling aus dem
Kräuterdampf 221 •
Saibling: Consommé mit
Saiblingstrudel 198 •
Saibling: Fischfrikadellen mit Perl-
graupen und Kartoffelsalat 248 •
Saiblings-Tatar 187 •
Saida 88
Sail-fluke 110
Saint-Pierre 107
Saithe 88
Sake 33
Salakka 28
Saláu 21
Salema 60
Salm 32
Sãlmao do Atlântico 32
Salmao-pequeno 68, 69
Salmerino alpino 35
Salmerino di fontana 35
Salmo 32
Salmo aguabonita 35
Salmo clarki 35
Salmo salar 32
Salmo trutta labrax 34
Salmo trutta trutta 34
Salmon 32
Salmón 32
Salmón australiano 57
Salmón chinook 33
Salmón coho 33
Salmón de Georgia 57
Salmón plateado 33
Salmón real 33
Salmón rojo 33
Salmón rosado 33
Salmone argentato 33
Salmóne australiano 57
Salmóne di Georgia 57
Salmone keta 33
Salmone reale 33
Salmone rosa 33
Salmone rosso 33
Salmonejo 68, 69
Salmonete barbudo 69
Salmonete colorado 68, 69

Salmonete da vasa 68, 69
Salmonete de fango 68, 69
Salmonete de roca 68, 69
Salmonete legítimo 68, 69
Salmonete manchado 68, 69
Salmonidae 32
Salmoniformes 19, 32, 98
Salmon-trout 34
Salmothymus obstusirostris 32, 33
Salpa 60
Saluvardos 90
Salvelino 35
Salvelino áretico 35
Salvelinus alpinus salvelinus 35
Salvelinus fontinalis 35
Salvelinus malma 35
Salvelinus namaycush 35
Salzhering 94, 130
Salzmakrelen 130
Salzmasse 259
Samson fish 55
Samtsauce 293 •
Sand smelt 42
Sandaale 77
Sandart 21
Sandbarsche 74
Sandfelchen 36, 37
Sandzunge 116, 117
Sar à museau pointu 62
Sar commun 62
Sarago 62
Sarago pizzuto 62
Sarda 80, 95
Sarda chilensis 81
Sarda sarda 81
Sardalya 94, 95
Sardell 95
Sardella 94, 95
Sardelle 24, 95
Sardellen, gesalzene 12, 130, 131
Sardellen: Schwertfischsteak mit
Oliven gespickt 283 •
Sardellenbutter: Rochenflügel in
Sardellenbutter 253 •
Sardin 94, 95
Sardina 94, 95
Sardina pilchardus 94, 95
Sardine 94, 95
Sardinha 94, 95
Sardinops 94
Sardinops cearuleus 95
Sardinops melanosticta 95
Sardinops ocellatus 95
Sardinops sagax 95
Sargo 62
Sargo alcorraz 62
Sargo bicudo 62
Sargo legítimo 62
Sargo picudo 62
Sarotherodon 22
Sarpa salpa 60
Sarv 25
Sauce au pistou 298 •
Sauce au vin blanc 292 •
Sauclet 42
Sauerbraten vom Seeteufel auf
Spitzkohl 275 •
Sauerlappen 96
Sauger 31
Saumon 32
Saumon argenté 33

Saumon australien 57
Saumon chien 33
Saumon de Georgie 57
Saumon keta 33
Saumon rose 33
Saumon rouge 33
Saumon royal 33
Saumon sockeye 33
Saupe 60
Saurel torpille 55
Sauteuse 157
Sautieren 239, 303
Sável 24
Savelha 24
Savetta 27
Sawback angel shark 125
Scaldfish 111
Scardinius erythrophthalmus 25
Scardola 25
Scare 74
Scaridae 74
Scarus ghobban 74
Scarus rubroviolaceus 74
Scathari 63
Schafskopf 63
Schar 115
Scharfe Asia-Sauce 300 •
Scheckenrochen 127
Scheefschnut 110
Schellfisch 87
Schellfisch: Fischfrikadellen mit
Perlgraupen und Kartoffelsalat
248 •
Schelvis 87
Schied 27
Schillerlocken 121, 125, 133
Schillerlocken-Salat 188 •
Schlangenmakrelen 78
Schleie 28
Schleimaale 38
Schleimige Makrele 80
Schleimkopfartige Fische 19, 118
Schleimköpfe 118
Schmelzschupper 119
Schmoren 211, 303
Schmorgemüse: Gefüllte
Seezungenröllchen 227 •
Schnabelbarsch 100
Schnabelfelsenfisch 101
Schnapper 58
Schnauzenbrassen 60
Schol 112, 113
Scholle 112, 113
Scholle Finkenwerder Art 245
Schollen 112
Schriftbarsch 46
Schuppen 19
Schuppen (Rundfisch) 148
Schurftvis 111
Schwarz- und Kohlenfische 105
Schwarzdorn-Doktorfisch 77
Schwarzer Heilbutt 114
Schwarzer Sägebarsch 49
Schwarzer Seehasen-Kaviar 135
Schwarzer Strumpfbandfisch 79
Schwarzer Umberfisch 66, 67
Schwarzer Zackenbarsch 47
Schwarzfisch 85
Schwarzfische 85
Schwarzflossen-Jack 55
Schwarzflossen-Tun 83

REGISTER

Schwarzgrundel 78, 79
Schwarzmeerforelle 34
Schwarzmeerplötze 25
Schwarzspitzenhai 124
Schweinsfisch 64
Schwertfisch 84
Schwertfische 84
Schwertfischsteak mit Oliven gespickt 283 ·
Sciaena umbra 65
Sciaenops ocellatus 66
Scianidae 65
Sciarrano 44, 45
Sciarrano scrittura 46
Scobar 27
Scomber australasicus 80
Scomber japonicus 80
Scomber scombrus 80
Scomberomoridae 80
Scomberomorus brasiliensis 81
Scomberomorus maculatus 81
Scomberomorus tritorm 81
Scombridae 80
Scombro 80
Scophthalmidae 109
Scophthalmus rhombus 110
Scorfano nero 99
Scorfena rosso 99
Scorpaena porcus 99
Scorpaena scrofa 99
Scorpaenidae 99
Scorpaeniformes 19, 99
Scup 63
Scyliorhinus canicula 122
Scyliorhinus stellaris 121, 122
Sea drum 66, 67
Sea kingfish 55
Sea lamprey 38
Sea perch 70
Sea pike 72
Seabass 44, 45
Seabream 61
Sea-trout 34
Sebaste del Pacifico 101
Sébaste du Pacifique 101
Sebastes alutus 101
Sebastes ciliatus 100, 101
Sebastes entomelas 101, 102
Sebastes flavidus 101, 102
Sebastes marinus 99, 100
Sebastes mentella 100
Sebastes miniatus 101
Sebastes nebulosus 101, 102
Sebastes paucispinis 101, 102
Sebastes pinniger 101, 102
Sebastes reedi 100, 101
Sebastes viviparus 100
Sebastolobus alascanus 101, 102
Sechskiemer 123
Seeaal 121, 125, 133
Seehase 106
Seehasen-Kaviar, roter 135
Seehasen-Kaviar, schwarzer 135
Seehasenrogen 135
Seehecht 91
Seehecht: Spanischer-Kartoffel-Fisch-Eintopf 206 ·
Seehechte 91
Seekarpfen 61
Seekuckuck 102
Seelachs 88, 130

Seepapagei 74
Seequappe 90
Seesaibling 35
Seeskorpion 106
Seestör 121
Seeteufel 43, 147
Seeteufel im Speckmantel 244 ·
Seeteufel: Carpaccio von Tunfisch und Seeteufel mit geröstetem Sesamöl 180 ·
Seeteufel: Curry-Fenchel-Suppe mit
Seeteufel-Piccata 196 ·
Seeteufel: Fischfondue 218 ·
Seeteufel: Französische Bouillabaisse 202 ·
Seeteufel: Sauerbraten vom Seeteufel auf Spitzkohl 275 ·
Seewölfe 76
Seezunge 116, 147
Seezunge filetieren 162
Seezunge häuten 162
Seezunge mit Tomaten und Pilzen 272 ·
Seezunge zum Füllen vorbereiten 162
Seezunge: Edle Bouillabaisse 205 ·
Seezungen 116
Seezungenfilet, gefülltes, mit Blutorangensabayon 267 ·
Seezungenröllchen, gefüllte 227 ·
Seezungenröllchen: Mit einer Farce von Riesengarnelen 227 ·
Segelfische 85
Sei 88
Seiden-Schnapper 59
Seitenlinie 19
Selachi 126, 127
Selachii 18, 121
Senegal sole 117
Senfschaum: Petersfisch mit Limettenblättern in süßem Senfschaum 243 ·
Séran noir 49
Sereia 54
Sereia camochilo 53
Seriola caballo 55
Seriola dumerili 54
Seriola lalandi 55
Sériole cheval 55
Sériole couronnée 54
Sériole du Dumerie 54
Seriolella brama 85
Seriolelle 85
Serpeling 26, 27
Serrajão 81
Serra-Makrele 81
Serran chèvre 44, 45
Serran écriture 46
Serrandell 111
Serranidae 45
Serrano 46
Serrano alecrim 44, 45
Serrano estriado 49
Serrano riscado 46
Serranus cabrilla 44, 45
Serranus scriba 46
Serreta 88
Sevruga-Kaviar 134
Sharpsnout seabream 62
Sheepshead 63, 86
Sheiry 65

Shellcracker 22
Shi drum 66, 67
Shortbill spearfish 85
Shumushugarei 115
Sierra 78
Sierra común 78
Sierra del sur 78
Siganus canaliculatus 77
Sik 36
Silber-Grunzer 64
Silberhecht, nordamerikanischer 91
Silberkarausche 29
Silberkarpfen 30
Silberlachs 33
Silberner Pampel 86
Sild 93
Silk snapper 59
Sill 93
Sillock 88
Silure 39
Siluridae 39
Siluriformes 19, 39
Siluro europeu 39
Silurus glanis 39
Silver bream 70
Silver carp 30
Silver hake 91
Silver pomfret 86
Silver salmon 33
Silver scabbard fish 79
Silver trevally 55
Simmern 303
Sinagrida 63
Sinarit 63
Sinnenqueise 75
Siven 35
Skade 127
Skalle 25
Skarpsill 95
Skate 127
Skilfish 105
Skios 65
Skipjack tuna 83
Sklat 125
Skobar 27
Skolest 92
Skorpios 99
Skrap 65
Skrei 87, 232
Skrei, gedünsteter, mit Räucherlachs 232 ·
Skrubbe 112
Slette 115
Small grouper 47
Smallspotted catshark 122
Smalltooth emperor 65
Smelt 77, 98
Smeriglio 122
Smerna 41
Smokva 73
Smoothback angel shark 125
Smoothhound 123
Smorbutte 78, 79
Snaebel 36
Sneep 27
Snoek 37, 78
Snoekbaars 21
Snotdolf 106
Snowy Grouper 48
Sockey Salmon 33
Soglia cuneata 117

Soglia occhiuta 117
Sogliola 112, 116
Sogliola dal porro 116, 117
Sogliola fasciata 117
Sogliola gialla 116
Sogliola pelosa 117
Sogliola variegata 117
Solbars 22
Soldado 117
Sole 116
Sole ocelée 117
Sole panachée 117
Sole velue 117
Solea lascaris 116, 117
Solea vulgaris 116
Soleidae 116
Solenette 116
Sole-perdrix 117
Sole-perdrix commune 117
Sole-pole 116, 117
Soletschnaja ryba 22
Solha 112, 113
Solha de pedras 112
Solha escura do mar de norte 115
Solha limao 114
Solhao 112, 113
Solho 119
Solla 112, 113
Solleta 108, 109
Solomos 32
Som 39
Sommerflunder 111
Somn 39
Somn-american 39
Somniosus microcephalus 121
Sonnenbarsch 22
Sonnenbarsche 22
Sort kutling 78, 79
Sorva 25
Southern hake 91
Spanische Makrele 81
Spanischer-Kartoffel-Fisch-Eintopf 206 ·
Spanisches Aioli 297 ·
Spanish mackerel 81
Sparaglione 62
Sparidae 60
Sparisoma chrysopterum 74
Sparisoma cretense 74
Sparling 98
Sparos 62
Sparraillon commun 62
Sparus aurata 62
Spathopsaro 79
Speckfisch 133
Speckled drum 65
Speisefische 18, 19
Speisenfolge 177
Sphyraena argentea 72
Sphyraena barracuda 72
Sphyraena sphyraena 72
Sphyraenidae 72
Spicara maena 60
Spicara smaris 60
Spicknadel 303
Spiering 98
Spigola 44, 45
Spinardo 124
Spinarolo 124
Spitzbrassen 62
Spitze 94

Teubner Edition **313**

REGISTER

Spitzkopf-Strassenkehrer 65
Spitzrochen 127
Spitzsieb 157
Spitzzungen 109
Spondylosoma cantharus 63
Spot 66, 67
Spot croaker 66, 67
Spotted cabrilla 49
Spotted croaker 65
Spotted goatfish 68, 69
Spotted grouper 49
Spotted grouper 49
Spotted sea trout 66, 67
Spotted weakfish 66, 67
Spotted wolf fish 76, 77
Sprat 95
Sprattus sprattus 95
Springmeeräsche 71
Sprot 95
Sprotte 95
Squadro 125
Squalo capopiatto 123
Squalus acanthias 124
Squatina aculeata 125
Squatina oculata 125
Squatina squatina 125
Srdela 94, 95
Sriped bass 45
Shtschuka 37
St. Petersfisk 107
Stachelbarbe 69
Stacheloser Dornhai 125
Stachelmakrelen 53
Stachelstrahlen 19
Stalling 37
Stam 26, 27
Stamsild 24
Stargazer 76
Stavridi 53
Stechrochen 126
Steckerlfisch 279
Steenbolk 88, 89
Steigaal 40
Steinbeisser 76
Steinbeißer, gefüllter, in Eihülle
    256 •
Steinbutt 109, 147
Steinbutt, pochierter 214 •
Steinbutt: Borschtsch 209 •
Steinbutt: Fischfondue 218 •
Steinbutt: Gegrillter Tandoori-Stein
    butt mit Aprikosen-Tomaten-
    Chutney 280 •
Steinbutt: Lachsforelle im
    Wirsingblatt 223 •
Steinbutte 109
Steinköhler 88
Stekelpoon 104
Stekelrog 126
Stenbider 106
Stenotomus chrysops 63
Stereolepis gigas 49
Sterlet 120
Sterrenkyker 76
Steur 119
Stint 98
Stinte 98
Stiucæ 37
Stizostedion lucioperca 21
Stöcker 53
Stockfisch 128

Stockfisch, geschmorter, mit
    warmer Feigenvinaigrette 236 •
Stockfisch: Tartelettes mit Lauch
    und Stockfisch 268 •
Stör 119
Stor rodfisk 99, 100
Störartige Fische 19, 119
Store tobis 77
Storflächig rödhaj 121, 122
Storione 119
Storione danubiano 119, 120
Storione ladano 120
Storplatted radhai 121, 122
Större kungfisk 99, 100
Storsik 36
Storsil 77
Storskate 127
Straßenkehrer 65
Strawberry Grouper 46
Streifenbarbe 68, 69
Streifenbrassen 63
Striped marlin 85
Striped pelamide 81
Striped red mullet 68, 69
Striped seabream 62, 63
Stripefisk 42
Stromaté à fossettes 86
Stromaté argenté 86
Stromateidae 86
Strømskalle 26, 27
Strömungssinn 19
Struffbutt 112
Strumpfbandfisch 79
Sturgeon 119
Sturioni 119
Suacia 111
Sucker 31
Sudak 21
Suder 28
Südeuropäische Plötze 25
Südpazifik-Schwarzfisch 85
Süger 20
Suma 83
Sumec 39
Sumik karlowaty 39
Summer flounder 111
Sumûcek zakrski 39
Sun pearch 22
Sunãanica 22
Sunfishes 22
Surf smelt 98
Surimi 131
Surimi: Nori Maki 183 •
Suro 53
Sushì 182 •, 184
Sushi-Reis 182 •
Suspensório 70
Süßwasserfische 17, 18, 19, 20
Sutare 28
Suter 28
Suutari 28
Svaerdfisk 84
Svart smörbult 78, 79
Svartkutling 78, 79
Swinka 37
Swordfish 84
Syrtis 27
Szivárványos pisztrángi 34
Szumien bialy 70

T

Tacaud 88, 89
Taggmakrell 53
Taggmakril 53
Taimen 34
Tainha olhalvo 71
Tambarello 83
Tambor 116
Tambor real 117
Tamboril 43
Tambour croca 66, 67
Tambour du Brésil 66
Tambour rouge 66
Tanche 28
Tanche grise 54
Tandbrasem 63
Tandoori-Ingwer-Sauce 301 •
Tandoori-Steinbutt, gegrillter, mit
    Aprikosen-Tomaten-Chutney
    280 •
Tanggrünling 104
Tånglake 92
Tarakihi 70
Tarbutt 109
Tarpunähnliche Fische 120
Tarpune 120
Tartelettes mit Lauch und
    Stockfisch 268 •
Tassergal 52, 53
Tauki 88
Taupe commune 122
Teigmantel 239
Tekir 68, 69
Temolo 37
Tenca 28
Terpug 105
Terpuga buffalo 105
Terpuga oregonska 104
Terrine von Edelfischen 192 •
Tetenkel 55
Tetraodontidae 97
Tetraodontiformes 19, 97
Tetrapterus audax 85
Tetrapterus belone 85
Thaleichthys pacificus 98
Thazard 81
Thickback sole 117
Thick-lipped grey mullet 71
Thin crevalle 55
Thon rouge 82
Thornback ray 126
Threadfin-trevally 55
Thunfisk 82
Thunnidae 82
Thunnus alalunga 83
Thunnus albacares 83
Thunnus atlanticus 83
Thunnus thynnus 82
Thymallidae 37
Thymallus thymallus 37
Thyrsite 78
Thyrsites atun 78
Tiburón azul 124
Tiburón macuira 124
Tiefen- oder Schnabelbarsch 100
Tiefkühlen von Fisch 146
Tilapia 22, 147
Tile 52
Tile bianco 52
Tile fin 52

Tinca 28
Tinca tinca 28
Tirsi 24
Tirsite 78
Tobi-Ko 134
Tobiskung 77
Tolstolob 30
Tomaten-Oliven-Sugo 299 •
Tomaten-Zackenbarsch 48
Tommy Rough 57
Tonfisk 82
Tong 116
Tongschar 114
Tonnette striato 83
Tonno 82
Tonnos 82
Tonnos macropteros 83
Tónos ravdotòs 83
Toothed trevally 55
Tope shark 123
Toragisu 75
Tordo fischietto 73
Tordo marvizzo 73
Torik 81
Törpe harcsa 39
Torpedo scad 55
Torpedo-Stachelmakrele 55
Torsk 87
Toutain 27
Trachichthyidae 118
Trachinidae 75
Trachinotus carolinus 54
Trachinotus ovatus 53
Trachinotus paitensis 53
Trachinus araneus 75
Trachinus draco 75
Trachinus radiatus 75
Trachurus trachurus 53
Tragalj 60
Trakonya 75
Tranche 303
Tranchen schneiden 160
Tranchieren 303
Trevally 55
Trichiuridae 79
Trichiurus lepturus 79
Trichiurus nitens 79
Trigla lucerna 103
Trigla lyra 104
Triglia di fango 68, 69
Triglia di scoglio 68, 69
Triglia macchiata 68, 69
Triglidae 102
Trisopterus luscus 88, 89
Trombeiro 60
Trommelfisch 66, 67
Tropical two-wing flying fish 42
Trota iridea 34
Trucha arco iris 34
Trucha de mar 66, 67
Trucha del mar 34
Truite arc en ciel 34
Truite de mer 34
Trup prugavac 83
Trupac 83
Trüsche 23
Truta das fontes 35
Truta marisca 34
Tschir 36, 37
Tschtika 37
Tsipura 62

REGISTER

Tub gurnard 103
Tubarão albafar 123
Tubarão sardo 122
Tun 82
Tunfisch: Carpaccio von Tunfisch und Seeteufel mit geröstetem Sesamöl 180 •
Tunfisch: Fischfondue 218 •
Tunfisch: Nigiri-Sushi 182 •
Tunfisch: Nori Maki 183 •
Tunfische 82
Tunge 116
Tungevar 111
Turbot 109
Turbot épineux indien 108, 109
Turna 37
Turpa 26
Tusk 89
Tverrstripet knurr 102
Twaite shad 24
Twin spot snapper 59
Twospot largescale flounder 109

U

Uer 99, 100
Úgena mitáchi 62
Ugor 41
Ukelei 28
Ukléika 28
Ukleja 28
Uklija 28
Ulk 106
Umberfische 65
Umbrina cirrosa 66, 67
Unagi 40, 41
Undulate ray 127
Unechter Bonito 83
Ungestreifte Pelamide 81
Uranoscope 76
Uranoscopidae 76
Uranoscopo 76
Uranoscopus scaber 76
Urophycis chuss 91
Usatschparma obecná 28
Uskumru 80

V

Valamugil seheli 71
Valse bonito 83
Vandoise 26, 27
Vangeron 25
Vanlig pompano 54
Vara vara 59
Variola louti 48
Varlovka 26
Vartari 47
Vatos 126, 127
Velouté 293 •
Vendace 36
Vermilion 101
Vermilion rockfish 101
Vernacular rockcod 101
Verrugato 66, 67
Verrugato croca 66, 67
Verwertbare Abfälle (Parüren) 147
Vetje 26
Victoriabaars 21
Vieille 73
Vieille Ananas 48
Vieille coquette 73

Vieraugenrochen 127
Vierfleck-Butt 110
Vihersimppu 105
Vinaigrette: Geräucherter Karpfen aus dem Wok 288 •
Vinaigrette: Lauwarme Rotbarbe mit Gemüsesalat und Wasabicreme 190 •
Vinaigrette: Schillerlocken-Salat 188 •
Viola 125
Violi 125
Vivaneau campèche 58
Vivaneau chien rouge 59
Vivaneau rouge 58
Vivaneau soie 59
Viza 120
Vlachos 46
Vlagzalm 37
Vleet 127
Voikal 56, 57
Volina murkulja 127
Vollheringe 94, 130
Vollkonserve 131
Vorlegen von Fisch 164
Vrakfisk 46
Vrana atlanska 73

W

Wahoo 81
Waller 39
Waller aus dem Wurzelsud mit frittierten Selleriechips 215 •
Walleye pollack 88
Warehou bleu 85
Waxdick 119, 120
Waxdix 119, 120
Wedge sole 117
Weiße Buttersauce 295 •
Weiße Stumpfnase 63
Weißer Amur 30
Weißer Brandungsbarsch 70
Weißer Grunzer 64
Weißer Heilbutt 114
Weißer Straßenkehrer 65
Weißer Tun 83
Weißer Ziegelfisch 52
Weißfische 303
Weißflecken-Drückerfisch 97
Weißflecken-Zackenbarsch 49
Weißpunkt-Kaninchenfisch 77
Weißweinsauce 292 •
Weitäugiger Butt 111
Wellenfleckrochen 127
Wels 39
Welsartige Fische 19, 39
Welse 39
West-African goatfish 69
Westatlantischer Umberfisch 66
Westindian snapper 59
Westlicher Doktorfisch 77
Whiff 110
Whiskered sole 117
White amur 30
White blotched rock cod 49
White bream 29
White crappie 22
White fish 36
White fluke 112
White grouper 48

White grunt 64
White perch 21
White seabream 62
White sucker 31
White surfperch 70
White trevally 55
White-blotched grouper 49
Whiting 88, 91
Wide-eyed flounder 111
Wildlachs 147
Wildlachs: Terrine von Edelfischen 192 •
Winde 26, 27
Witch 112, 113
Witje 112, 113
Witte tonyn 83
Wittling 88
Witwenfisch 101, 102
Wok 157
Wolf fish 76
Wolfsbarsch 44, 45
Wolfsbarsch in der Pfeffer-Salz–Kruste 270 •
Wolfsbarsch, gedämpfter, mit Ingwer und Frühlingszwiebeln 220 •
Wolfsbarsche 21, 44
Wrakbaars 46
Wreckfish 46
Wundernetze 121

X

Xaputa 56
Xaréu 55
Xiphias gladius 84
Xiphiidae 84
Xiphios 84

Y

Yaladerma 53
Yalancı palamut 83
Yellow belly sunfish 22
Yellowedge grouper 48
Yelloweye 59
Yellowfin sole 115
Yellowfin tuna 83
Yellowfinned grouper 48
Yellowscale parrotfish 74
Yellowtail 101, 102
Ying gor lie 74

Z

Zaagbaars 44, 45
Zackenbarsch in Folie mit Gemüse-Pot-au-Feu 262 •
Zackenbarsche 46
Zahnbrassen 63
Zahnbutte 108
Zalm 32
Zander 21, 147
Zander auf Champagnerkraut 242 •
Zander soufliert auf Limettenschaum 224 •
Zander: Lachsforelle im Wirsingblatt 223 •
Zander: Ravioli von der Räucherforelle im Spargelsud 201 •
Zander: Terrine von Edelfischen 192 •

Zanderfilet mit Basilikum-Pinienkern-Kruste 277 •
Zanketa glorra 110
Zargana 42
Zebra-Umberfisch 66, 67
Zeebaars 44, 45
Zeebarbel 68, 69
Zeebrasem 61
Zee-donderpad 106
Zeeduivel 43
Zeeengel 125
Zeeforel 34
Zeelt 28
Zeepaling 41
Zeeprik 38
Zeeraaf 65
Zeewolf 76
Zeidae 107
Zeiformes 19, 107
Zeilkarpfen 30
Zelenig giljan 42
Zelenika 28
Zerlegen von Räucherfisch 164
Zerro 60
Zesten 303
Zeugopterus punctatus 110
Zeus faber 107
Ziegelbarsche 52
Zigeunersauce: Fischfondue 219 •
Ziselieren 303
Zitronenmayonnaise: Eglifilet in Eihülle 257 •
Zitterrochen 126
Zoarces viviparus 92
Zoarcidae 92
Zollfisch 36
Zomervogel 111
Zonnebaars 22
Zonnevis 107
Zubatac 63
Zucchinichips: Eglifilet in Eihülle 257 •
Zuchtfische 17
Zungenbutt 112, 113
Zwaardvis 84
Zweibinden-Brassen 62
Zwergmaräne 36
Zwerg-Seezunge 116
Zwergwelse 39

Teubner Edition 315

Unsere Spitzenköche...

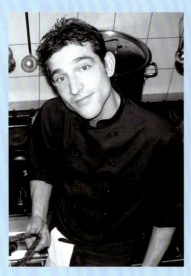   

MARTIN BAUDREXEL

MARKUS BISCHOFF

INGO BOCKLER

BOBBY BRÄUER

Martin Baudrexel lernte sein Handwerk in Montreal, Kanada. Seinen »journeyman« machte er im St. Pius Culinary Institute, mit diversen Praktika, u. a. im Hotel »Queen Elisabeth«. Nach zwei Jahren im »Intercontinental«, Montreal, wechselte er ins »toqué!« zu Norman Laprise, wo er nach eigenen Angaben »das Kochen ein zweites Mal lernte«. Es folgten Aufenthalte in der Karibik und in Asien sowie diverse Kochabenteuer auf Yachten und sogar in einem Bushcamp. Danach ging es zurück nach Vancouver ins »Establishment« und dann ins »araxi« nach Whistler.
Im Juli 2003 kam er zurück nach München. Dort leitete er erst die Küche des »orangha«, aus dem das »rubico« hervorging, in dem er sowohl Küchenchef als auch Miteigentümer ist. Nebenbei ist er mit den »Kochprofis« in einer eigenen Fernsehsendung unterwegs.

Der gelernte Koch und Konditor begründete seinen hervorragenden Ruf durch seine Arbeit in Spitzenrestaurants wie der »Auberge de l'Ill« in Illhäusern und Eckart Witzigmanns »Aubergine« in München. Sein außergewöhnlicher Kochstil mit asiatischen, aber auch bayerischen und italienischen Akzenten brachte ihm mit seinen Restaurants »Der Leeberghof« und seinem ehemaligen »Bischoff am See« am Tegernsee unzählige Auszeichnungen ein: 17 Punkte im Gault Millau und einen Michelin-Stern. Nach fast 20 Jahren in Bayern verwöhnt der Küchenmeister heute Gourmets aus Politik, Wirtschaft, Kultur und Sport im edlen Clubrestaurant »Bischoff« der DEKRA-Hauptverwaltung in Stuttgart mit raffinierten Gaumenfreuden und einem Weinkeller mit über 1200 Gewächsen.

Gute Produkte in ein gutes Essen zu verwandeln – das ist das ebenso einfache wie erfolgreiche Motto, nach dem Ingo Bockler kocht. Nach seiner Ausbildung war er in den unterschiedlichsten Restaurants tätig, so im Hotel »Alpenhof« in Murnau oder dem »Schlossrestaurant Schöningen«. Als Küchenchef im Restaurant »Merlin« in Großburgwedel erhielt er für seine kreative Küche den begehrten Michelin-Stern. Derzeit ist er Küchenchef im Hotel »Hohenhaus« in Herleshausen. Die moderne Klassik bildet in seiner Küche die Basis für seine kreativen Gerichte, die jedes für sich als individuelle Highlights aus seiner Küche kommen.

München, Düsseldorf, Berlin und Kitzbühel, wo immer Bobby Bräuer am Herd stand und steht, begeistert seine Küche Gäste und Kritiker: »So modern kann Klassik sein«, schreibt die Süddeutsche Zeitung. Und diese Begeisterung schlägt sich auch in den Auszeichnungen seiner Küche nieder: Einen Michelin-Stern erkochte er für das Restaurant »Königshof« in München, das Restaurant »Victorian« in Düsseldorf und die »Quadriga« im Brandenburger Hof in Berlin. In Kitzbühel wurde er vom Gault Millau Österreich im »Petit Tirolia« im Hotel Grand Tirolia zum Koch des Jahres gewählt. Wieder zurück in München wurde schon nach kurzer Zeit das Gourmet-Restaurant »EssZimmer« von Käfer in der BMW-Welt mit zwei Michelin-Sternen und 18 Punkten im Gault Millau ausgezeichnet.

MATTHIAS BUCHHOLZ

GERD EIS

BJÖRN FREITAG

WOLFGANG MÜLLER

Die Kochkarriere von Matthias Buchholz ist eine Erfolgsgeschichte: Ein Michelin-Stern, der mehrfache »Berliner Meisterkochtitel«, 18 Punkte Gault Millau und viele Auszeichnungen mehr erhielt er für seine Kochkunst, die sich vor allem durch »zeitgemäße Leichtigkeit und sinnliche Würzphantasie« auszeichnet.
Nach seiner Ausbildung zum Koch arbeitete Matthias Buchholz in diversen Restaurants, unter anderen im »Weinhaus Brückenkeller« in Frankfurt, im Restaurant »Schießhaus« in Gelnhausen, im Restaurant »Logenhaus« in Berlin und im Gourmetrestaurant »First Floor« in Berlin. Seit August 2011 begeistert der Sternekoch seine Gäste im »Buchholz Gutshof Britz«, in Berlin-Britz, mit exquisiter Landhausküche.

Nach seiner Ausbildung und Stationen wie dem Mainzer »Hilton« erlebte Gerd M. Eis seine kreativen Prägungen bei Johann Lafer im »Le Val d'Or«. Fortan gepackt von den Finessen der asiatischen Küche zog er nach Bangkok. Er verbrachte sieben Jahre in führenden Häusern Asiens, zuletzt als Küchenchef im Restaurant »Plume« im »Regent Hotel« in Hongkong. Zurück in Deutschland erkochte er sich in der legendären »Ente« im Hotel »Nassauer Hof« in Wiesbaden einen »Michelin«-Stern sowie 17 Punkte im »Gault Millau«. In seinen acht »Enten-Jahren« hat er sich mit seiner leichten, frischen und weltoffenen Küche einen Namen gemacht. Nach zwei Jahren im Unternehmen »Sander Gourmet« nutzt Gerd M. Eis seit Ende 2008 seine Kreativität für Innovationen und Verbesserungen auf dem Foodmarkt. Er gibt Kochkurse, ist als Privatkoch und Kochshow-Juror tätig, begleitet kulinarische Reisen und berät die Gastronomie.

Björn Freitag ist einer der jüngsten deutschen Köche mit Michelin-Stern: Sein eigenes Restaurant »Goldener Anker« in Dorsten, das er bereits als 24-jähriger übernahm, hat sich zu einem Spitzenrestaurant in Nordrhein-Westfalen entwickelt. Seinen handwerklichen Schliff erhielt der ehrgeizige junge Koch in Renommierhäusern wie der »Ente« in Wiesbaden oder dem »Brückenkeller« in Frankfurt. Seine eigene Handschrift ist heute in keinem Menü mehr zu übersehen: kreative Kombinationen mit frischesten Produkten, internationale Spezialitäten, aber auch regionale Küche. Seine Kochkünste zeigt der junge Sternekoch auch immer öfter im TV, etwa zum Thema »regionale Küche« oder »gesunde Gourmetküche«.

Aus allem das Beste machen und dabei das Leben in vollen Zügen genießen – das ist das Motto von Wolfgang Müller und dieses Prinzip setzt er auch in seiner Küche um. Wolfgang Müller arbeitete nach seiner Ausbildung zum Koch in zahlreichen Spitzenrestaurants, etwa in der »Alten Stadtmühle« in Schopfheim und im »Hotelrestaurant Adler« in Pfullendorf. Nach acht Jahren im »Imperial« im Schlosshotel Bühler Höhe eröffnete er in Berlin das »Adermann«, wo er rasch einen Michelin-Stern und 18 Punkte im Gault Millau erwarb. Danach war Müller vier Jahre Chefkoch des Restaurants »Horváth« in Berlin und erkochte sich dort bald wieder einen Michelin-Stern. Seit Mitte 2009 ist Wolfgang Müller freiberuflicher Koch, Kochbuchautor und züchtet Yaks.

FRED NOWACK | CHRISTIAN PETZ | ACHIM SCHWEKENDIEK | JÜRGEN SPERBER

Die Liebe zur italienischen Küche zeichnet die Küche von Fred Nowack aus. Nach seiner Ausbildung in der ehemaligen DDR zog es den jungen Koch zunächst nach Hamburg: Dort arbeitete er u.a. im »Il Ristorante« und im »Osteria Due«. Sein erfolgreicher Werdegang führte ihn als Küchenchef ins Restaurant »Latini« in Hamburg und schließlich – ebenfalls als Küchenchef – wieder an seinen Ausgangspunkt, das »Il Ristorante« in Hamburg, zurück. Immer wieder reist er nach Italien, wo er sich jedes Mal aufs Neue inspirieren lässt. Und daran lässt Fred Nowack als Fernsehkoch beim »ARD Mittagsbüfett« auch ein breites Publikum teilhaben. Heute hat er sich einer neuen Herausforderung gestellt und kocht bei großen Veranstaltungen im Rahmen seiner Arbeit als Küchenchef im Hotel »Hafen Hamburg«.

Für Christian Petz gilt: »... wenn man sich an ein Essen erinnert, dann waren es meistens gute, einfache Sachen«. Der Spitzenkoch arbeitete im »Königshof« in München, bei Eckart Witzigmann im Restaurant »Aubergine« in München und schließlich im Hotel »Hilton Plaza« in Wien. Seinen Ruf als Wiener Spitzenkoch begründete er im »Palais Schwarzenberg« und im »Meinl im Graben«, wo er 2002 zum Koch des Jahres vom Guide Gault Millau gekürt wurde. Nach Erreichen der vierten Haube im Palais Coburg hat Christian Petz sich nun ganz der süßen Seite der Küche zugewandt und ist mittlerweile Geschäftsführer und Teilhaber der »Xocolat-Manufaktur« in Wien. Hier entstehen unter seiner Anleitung Schokokreationen, die geprägt sind von edlen Zutaten und höchster handwerklicher Kunst.

Was auch immer bei Achim Schwekendiek auf den Teller kommt: Es ist gekocht mit viel Leidenschaft. In seiner Laufbahn als Koch überzeugte er mit einer Küche, die sich durch absolute Perfektion und Einfallsreichtum auszeichnet: So war er im Mainzer »Hilton«, im renommierten »Tantris« in München und auch im Pariser First Class Hotel »Crillon« tätig. Nach diesem Ausflug ins Ausland zog es ihn in das idyllische Hotel-Restaurant »Hohenhaus« in Herleshausen, wo ihm ein Michelin-Stern verliehen wurde. Achim Schwekendiek ist ein Tüftler in Sachen neue Rezepturen, gibt Kochkurse und ist seit 2004 Küchendirektor im Schlosshotel »Münchhausen« bei Hameln.

Jürgen Sperber war nach seiner Ausbildung zum Koch in zahlreichen Gourmetrestaurants tätig, u.a. in »Petermanns Kunststuben« in Zürich und dem Restaurant »Joel Robuchon« in Paris. Insbesondere seine Erfahrungen, die er in den Küchen Singapurs und Malaysias machte, kommen dem Gast nun in Sperbers eigenem Restaurant zugute: Im Januar 2001 eröffnete Jürgen Sperber in Abstatt den puristisch eleganten Hotelneubau »Sperber«. Unter dem Motto »East meets West« bereitet Jürgen Sperber hier kulinarische Highlights wie etwa »Lauwarmen Hummer mit Cocos-Vinaigrette« zu. Daneben begeistert er seine Gäste aber auch mit feiner regionaler Küche. Bereits im dritten Jahr nach der Hoteleröffnung zeichnete ihn der Gault Millau mit 15 Punkten aus.

Von A wie Alaska-Königskrabbe
bis Z wie Zeigen Sie guten Geschmack.

Alles über Meeresfrüchte und die Kunst sie zu geniessen:
DAS GROSSE BUCH DER MEERESFRÜCHTE.

www.teubner-verlag.de

IMPRESSUM

Verlag	© 2005 TEUBNER
	Original ISBN 978-3-7742-6966-8
	Grillparzerstr. 12, D-81675 München
	TEUBNER ist ein Unternehmen des Verlagshauses
	GRÄFE UND UNZER, GANSKE VERLAGSGRUPPE
	leserservice@graefe-und-unzer.de
	www.teubner-verlag.de
Projektleitung und Redaktion	Dr. Maria Haumaier
Fachinformation und wissenschaftliche Beratung	Dr. Michael Türkay
Bildredaktion	Claudia Bruckmann, Sonja Ott
Redaktion, Text und Lektorat	Bärbel Schermer
Lektorat (Sondertexte)	Claudia Bruckmann
Redaktionsassistenz	Sonja Ott
Strategische Mitarbeit	Dr. Sabine Wölflick
Herstellung	Susanne Mühldorfer
Beratung	Bobby Bräuer
Rezepte	Martin Baudrexel, Markus Bischoff, Ingo Bockler, Bobby Bräuer, Matthias Buchholz, Gerd Eis, Björn Freitag, Wolfgang Müller, Fred Nowack, Christian Petz, Achim Schwekendiek, Jürgen Sperber
Freie Autoren	Historie, Sonderseiten, Rezeptvarianten, freie Mitarbeit: Stephanie Wenzel
	Sonderseiten: Margarethe Brunner, Ursula Heinzelmann, Jörg Zipprick
Fotografie	Alle Rezeptaufnahmen, Haupttitel, sowie Kapitelaufmacher: Westermann Studios GbR
	Jan-Peter Westermann, Nikolai Buroh, Thordis Rüggeberg
	Foodstyling: Maren Jahnke, Roland Geiselmann, Pio, Petra Speckmann
	Styling: Maria Grossmann
	Alle Warenkunde- und Küchenpraxisaufnahmen:
	Foodfoto Teubner, Füssen
	Odette Teubner, Andreas Nimptsch
	Foodstyling: Odette Teubner
	Schwarz-Weiß-Reportagen: Peter von Felbert, München (siehe Bildnachweis unten)
Gestaltungskonzept	independent Medien-Design (München), Sandra Gramisci
Layout und Satz	Dorothee Griesbeck
Reproduktion	Repromayer, Reutlingen
Druck & Bindung	DZS Grafik, Slowenien
ISBN	978-3-8338-6260-1

Liebe Leserin und lieber Leser,

wir freuen uns, dass Sie sich für ein TEUBNER-Buch entschieden haben. Mit Ihrem Kauf setzen Sie auf die Qualität, Kompetenz und Aktualität unserer Bücher. Dafür sagen wir Danke! Ihre Meinung ist uns wichtig, daher senden Sie uns bitte Ihre Anregungen, Kritik oder Lob zu unseren Büchern. Haben Sie Fragen oder benötigen Sie weiteren Rat zum Thema? Wir freuen uns auf Ihre Nachricht!

Wir sind für Sie da!
Montag – Donnerstag:
9.00 – 17.00 Uhr
Freitag: 9.00 – 16.00 Uhr

Tel.: 08 00 - 72 37 33 33*
Fax: 08 00 - 50 12 05 44*
(* gebührenfrei in D, A, CH)

E-Mail:
leserservice@graefe-und-unzer.de

GRÄFE UND UNZER Verlag
Leserservice
Postfach 86 03 13
81630 München

Ein Unternehmen der
GANSKE VERLAGSGRUPPE

Wir danken der Firma **RÖSLE** für die Bereitstellung der verschiedenen Küchenutensilien und
Frau **Manuela Ferling**, Agentur Kochende Leidenschaft, für die Vermittlung der Köche (www.kochende-leidenschaft.de).

Bildnachweis:
S. 6: StockFood (Torri, Matteo), S. 7: StockFood (Maass, Herbert), S. 8: StockFood (Euler, Bernd), S. 10: StockFood (Meuth, Bettina), S. 11: akg-images, S. 31: CORBIS (Stapleton Collection), S. 38, oben: StockFood (Maass, Herbert), S. 40: StockFood (Görlach, Martina), S. 50: CORBIS (Paul A. Souders), S. 51: Foodfoto Teubner, S. 57, oben: StockFood (Kern, Thorsten), S. 78: StockFood (Innerhofer Photodes.), S. 81, unten: Dr. M. Türkay, S. 84, unten links: StockFood (Bischof, Harry), S. 94: StockFood (Deimling-Ostrisky, Achim), S. 96: StockFood (Madamour, Christophe), S. 97, unten rechts: Mauritius-Images (Nakamura), S. 106, links: Dr. M. Türkay, S. 109: CORBIS (Kim Sayer), S. 113: StockFood (Maximilian Stock, LTD), S. 116: CORBIS (Tim Thompson), S. 118, unten links: StockFood (Krauth, Brigitte), S. 120, oben: CORBIS (Earl & Nazima Kowall), S. 122: Mauritius-Images (Bloom), S. 129: StockFood (FoodPhotogr. Eising), S. 130: StockFood (Maximilian Stock, LDT), S. 132: StockFood (Euler, Bernd), S. 140: Foodfoto Teubner, S. 142: StockFood (Leser, Nicolas), S. 156/157: 5 Bilder Fotograf Felbert, S. 179, unten: Fotograf Felbert, S. 203: Mauritius-Images (Truffy), S. 233, unten: StockFood (Maximilian Stock, LDT), S. 293: Fotograf Felbert, S. 295: StockFood (Ellert)
schwarz-weiß Fotos: S. 178, S. 181, S. 184/185, S. 187, S. 189, S. 204 (unten), S. 212, S. 216 (unten), S. 217, S. 226 (unten), S. 229 (unten), S. 235, S. 240, S. 245 (unten), S. 249, S. 255, S. 261, S. 270: alle Foodfoto Teubner

Das Werk einschließlich aller seiner Teile ist urheberrechtlich geschützt. Jede Verwertung außerhalb der engen Grenzen des Urheberrechtsgesetzes ist ohne Zustimmung des Verlages GRÄFE UND UNZER GMBH unzulässig und strafbar. Das gilt insbesondere für Vervielfältigungen, Übersetzungen, Mikroverfilmungen und die Einspeicherung und Verarbeitung in elektronischen Systemen.

Umwelthinweis: Dieses Buch ist auf PEFC-zertifiziertem Papier aus nachhaltiger Waldwirtschaft gedruckt.